JN302276

Basic Theory of
Law and Development

開発法学の基礎理論

良い統治のための法律学

Jurisprudence for Good Governance

松尾 弘
Hiroshi Matsuo

勁草書房

はしがき

　本書の目的は，開発法学（Law and Development）の全体像を鳥瞰する理論枠組と基礎理論を提示することにある。

　1950年代終わり頃に開発法学が誕生して以来，60年代の隆盛，70年代の衰退，80年後半以降の復活を経て，今また開発法学は再興隆をみせ，開発のための法改革が進展している。その一方で，法改革の成果に対する懐疑論も芽生えつつある。こうした盛衰の原因として，この学問分野に特徴的な外部事情の影響がまず考えられる。60年代の隆盛を支えた，東西冷戦の深まりを背景とする西側諸国の自由・民主主義に基づく開発援助政策，70年代の衰退のきっかけとなった途上国の累積債務危機，軍事政権による独裁化，80年代後半以降の再興隆をもたらした社会主義諸国の市場経済化と東西冷戦の終結に伴う国内外の秩序の再構築，近年の懐疑論の背景にあるグローバル化の副作用に対する批判などである。

　しかし，開発法学の盛衰には，この学問分野の内部事情がつねに付きまとってきたことを看過できない。それは開発法学の学問的な理論枠組の欠如ないし未成熟である。様々な理論構築が試みられながら，未完成のまま，関係者の関心が離れていったことに，この分野の根本的な欠陥があったように思われる。今や開発法学にとって，従来の理論と実践の蓄積を踏まえ，今後深めるべき課題を明確にするための認識枠組が不可欠である。それなくしては，この分野は三たび衰退の局面を迎えることになるであろう。

　本書は6章に分かれている。第Ⅰ章では，開発法学を定義し，その展開経緯を辿り，現在の到達点と課題を概観する。開発法学は，法制度改革を手段として開発を進め，社会の仕組みを改善し，人々の間の正義を実現し，それを通して人間の幸福を実現することを目指すものであるから，社会の仕組みの中で法制度が果たす役割を明らかにすることが，開発法学の理論枠組みの基盤となる。本書では，社会を個人，組織，制度および規範体系という4つのレベルからなるものと捉え，その統治システムを構築し，維持するための法制度および法改革のあり方を探求する。

この社会認識モデルを踏まえ，第Ⅱ章では，個人の集合体（社会の第1レベル）の視点から，人間の行動パターンをどのように捉えることができるのか，なぜ人間行動は社会の構築へと向かうのか，そのことが法制度の必要性や法改革の方法とどのように結びついているのかを分析する。

　第Ⅲ章では，個々人が構成する組織（社会の第2レベル）の視点から，市場・企業，政府，市民社会という，ミニマムな国家を構成する基本的な組織に焦点を当て，このような特徴をもった一定の組織が人間社会にとってなぜ必要なのか，それらが相互にどのような関係にあるか，組織それ自体や組織相互間の関係を構築し，維持するためにはどのような問題があるのかを考察する。

　そして，第Ⅳ章では，人間社会における様々な組織を可能にし，組織間の関係を調整するために生成されてきた制度（社会の第3レベル）の重要性を分析し，法もそうした制度の中の特色ある一部であることを確認する。その際には，制度が社会の様々な相違（いわゆる先進国と途上国の相違を含む）を特徴づける根本要因となり，社会の開発・発展には制度改革が不可欠であり，その手段として法改革が重要な意味をもつことを確認する。そして，法改革を通じた制度変化がどのようにして可能になるのかを検討する。

　さらに，第Ⅴ章では，そうした制度の内部や制度間における矛盾や欠落を補正し，制度を整備するためには，既存の制度を評価し，批判する規準としての規範体系（社会の第4レベル）が不可欠であることを確認し，その基本的な要素を分析する。

　こうした基礎理論を踏まえ，開発法学は，特定の国家において統治を構築ないし改善するための法改革プログラムを策定・実施し，その効果を測定しながら，改善策を練るという応用理論へと展開することになる。しかも，そうした開発法学の課題は，グローバル化が進展する状況下では，今や国内の統治のみならず，国家間の統治の問題にまで及んでいる。しかし，世界全体を丸ごと直接に包み込むような統治システムの構想は，少なくとも現在の国際情勢の中では現実的とはいえない。そこで，個々の国家における法改革を通じた統治改革と，それら国家間の協力関係の形成という間接的なルートによるグローバルな統治システムの構築が目指されるべきである。このような観点から，第Ⅵ章では，開発法学の理論が将来展開すべき方向性を展望する。

　本書の刊行に際しては，鈴木クニエさん（勁草書房）から様々なアドバイスをいただいた。記して感謝を申し上げたい。

本書が，開発法学の基礎理論を構築するための小さな一歩を踏み出すきっかけになれば，これに過ぎる幸いはない。

2012年7月12日

松尾　弘

目　次

はしがき　i

Ⅰ　概観——開発法学とは何か … 1
1. 開発法学の定義　1
2. 開発と制度改革　5
3. 制度改革の理念と良い統治　9
4. 制度改革のための法改革の方法と開発法学の理論枠組　22

Ⅱ　人間——人間本性と人間行動のモデル化 … 55
1. 人間行動の多様性とモデル化の可能性　55
2. 人間行動のモデル化の方法　56
3. 人間本性と行動準則・制度の形成　61
4. 制度変化の限界的局面における主観的意識の先行性　65
5. 精神モデルの合理的修正の可能性　67

Ⅲ　組織——良い政府と市場・企業および市民社会 … 71
1. 社会の機能分化と国家を構成する組織の相互作用　71
2. 市場と企業　73
3. 政府　84
4. 市民社会　105

Ⅳ　制度——法改革を通じた制度変更の可能性 … 117
1. 制度の本質と構造　117
2. 制度の存在意義　118
3. 非形式的制度　121
4. 形式的制度　124
5. 制度変化のメカニズム　128

  6 法制度の意義と法改革の方法 143
  7 権利の体系と所有権――所有権法の論理 174
  8 開発における「法の支配」 185
  9 法改革と文化 201

Ⅴ 規範――幸福と正義 …………………………………………… 213
  1 規範体系の意義 213
  2 規範体系の中核価値――人間の幸福とは何か 216
  3 規範体系の具体化原理――正義論 226
  4 グローバルな規範の必然性と方向性 232

Ⅵ 展望――基礎から応用へ ……………………………………… 239
  1 良い統治の構築方法と法改革のプログラム 239
  2 良い統治のジレンマを解く鍵
    ――新開発国家論と法の支配の柔軟化 240
  3 正義アクセスの改善への連結的アプローチ 245
  4 国家統治を通じて地球的統治へ 263
  5 開発法学の再定義――本来あるべき法律学？ 289

文献一覧 293
索引 319

図表一覧

図表 I-1　開発法学とその他の法分科・社会科学の関連分野　2
図表 I-2　「良い政府」の諸側面　12
図表 I-3　良い政府から良い統治へ：良い統治の諸要素　14
図表 I-4　統治の三類型（M・ウェーバー）　20
図表 I-5　統治の形態・原理と法の形態　21
図表 I-6　開発法学の展開　23
図表 I-7　サイドマンによる「法と開発の一般モデル」　33
図表 I-8　社会認識モデル　50
図表 II-1　人間の知覚・判断の過程に関するレンズモデル①：外界の知覚のモデル　57
図表 II-2　人間の知覚・判断の過程に関するレンズモデル②：外界への適応行動モデル　58
図表 II-3　人間行動のモデル化と精神モデルの変更可能性　59
図表 III-1　ミニマムな自律的社会としての国家（state）の構成要素　72
図表 III-2　市場と政府の密接な関係　76
図表 III-3　市場と企業の相互（補完）関係　78
図表 III-4　取引費用の主要構成要素　79
図表 III-5　制度・取引費用・経済成果　80
図表 III-6　企業と政府の密接な関係　84
図表 III-7　「良い政府」の構成要素　88
図表 III-8　市場化と民主化の同時追求の帰結例　100
図表 III-9　市民社会と国家　107
図表 IV-1　制度の全体構造　122
図表 IV-2　制度変化のメカニズム　130
図表 IV-3　比較制度分析（CIA）による制度変化メカニズムのモデル化　139
図表 IV-4　制度変化の諸相　141
図表 IV-5　制度における法制度の位置づけと構造　146
図表 IV-6　権利の体系と法の支配との結合可能性　155
図表 IV-7　法体系の形成と所有権（グロティウス『オランダ法学入門』〔1631〕による）　177

図表・Topic 一覧　vii

図表Ⅳ-8	所有権制度の外延と現代的所有権論の課題	182
図表Ⅳ-9	法の支配のディメンジョンと概念の拡散	191
図表Ⅳ-10	「法の支配」の重層構造	193
図表Ⅳ-11	主流派の開発モデル	205
図表Ⅳ-12	個人主義度／権力格差・不確実性回避度と法	207
図表Ⅳ-13	帰責の根拠と法文化	208
図表Ⅴ-1	個人主義・自由主義・民主主義の相互関係	223
図表Ⅴ-2	正義論の拡散	231
図表Ⅵ-1	法の支配指標（WJP 2011）	250
図表Ⅵ-2	開発プロセスにおける正義アクセスの概念化	257
図表Ⅵ-3	正義アクセスの改善への連結的アプローチ	259
図表Ⅵ-4	共同体法理と市場法理を調整する統治システム	262
図表Ⅵ-5	国家統治の構築プロセス	263
図表Ⅵ-6	グローバル化とは何か	268
図表Ⅵ-7	地球的統治(グローバル・ガバナンス)を構成する統治(ガバナンス)の諸形態	275
図表Ⅵ-8	良い政府から良い統治へ，良い統治から地球的統治(グローバル・ガバナンス)へ：良い統治の全体像	277

Topic 一覧

Topic ①	震災復興と開発法学	5
Topic ②	統治は法を超えるか	17
Topic ③	制度変化時における人々の意識の変化	66
Topic ④	無政府状態の社会の状況	85
Topic ⑤	民主化要求への政府の対応	95
Topic ⑥	国際的な相互依存の緊密化	264
Topic ⑦	武力による問題解決は真の問題解決に通じるか？	278
Topic ⑧	「ハンバーガーを求めて列に並ぶ」若者	278

I 概観──開発法学とは何か

1 開発法学の定義

(1) 開発法学の特色と他の学問分野との関係

　開発法学（Law and Development）とは，法制度の改革を通して，社会の開発を促し，その構成員である人々の幸福を増進させる方法を探求する学問分野である。法律学の中でも，法制度を開発のための手段と捉えることが，開発法学に独自の特色を与えている。

　開発（development）とは，人々の幸福を増進させる方向へと社会の仕組み全体を改革することを意味する（開発の意味と目標については，後述Ⅴ2参照）。そのために開発法学は法制度を構築したり，改革したりするプロセスを考察対象とする。それゆえに開発法学は既存の法を個別事件に適用する方法を探求する法解釈学を超え，立法学の領域に及ぶ。しかしまたそれは法を生み出す国家の統治システム自体の改革──いわゆる**国づくり**（state building）──をも対象とする点で，立法学をも超えている。

　しかし，そうした法律学における開発法学の特色ゆえに，開発法学は法律学内外の学問分野からの知見なしには成り立ちえない。第1に，開発法学は，法解釈学や立法学から法の内容に関する情報や法体系の構築方法に関する知見を取り入れ，法制度づくりに役立てている。第2に，法制度は各々の社会に固有の法，宗教，道徳，伝統などと密接に関わりながら生成されることから，開発法学は当該社会に固有のルールを法制度にどのように編み込むべきか，他の社会と共通の普遍的ルールとどのように調和させるかを模索するために，比較法学，比較法文化論，法社会学，法制史等から学ぶべき知識が多い。第3に，開発法学は人々の行動を現実に規定する規範意識や遵法精神に変化が生じるメカ

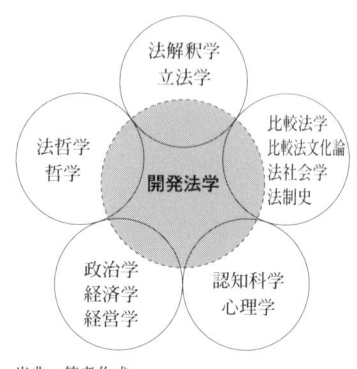

図表 I-1　開発法学とその他の法分科・社会科学の関連分野

（図：中央に「開発法学」、周囲に「法解釈学・立法学」「比較法学・比較法文化論・法社会学・法制史」「認知科学・心理学」「政治学・経済学・経営学」「法哲学・哲学」）

出典：筆者作成

ニズムを知るために，認知科学や心理学の分析成果から学ぶべきことが少なくない。第4に，開発をリードする政府，市場・企業，市民社会といった様々な組織の活動を効率化し，かつ相互調整する国家統治の観点からは，政治学，経済学，経営学等の成果が十分活用される必要がある。第5に，開発法学は既存の法制度の欠陥や矛盾を明らかにし，長期的で包括的な視野に基づいて法制度を構築または改革するために，体系的な規範理論を必要としている。そのために法哲学ないし哲学から獲得すべき知見も多い。その結果，開発法学は法制度改革を開発に結びつけるために，関連する学問分野の成果を法制度改革を通じた開発に活用可能な形に加工するインターフェースの機能を果たすものとすらいうことができる（図表 I-1）。

(2)　開発法学における法観念：相関的・動態的法観念

　こうした特色をもつ開発法学は，《法とは何か》，《法は何のために存在するか》という，法の本質や目的に関する根本的な問いに対し，1つの明確な解答をもっている。すなわち，開発法学は社会の開発を促し，人間の幸福を実現する手段として法を捉えている。したがって，各々の社会の発展の過去の経緯，現在の段階および将来の方向に照らし，その社会に最も相応しい法のあり方を問うている。その結果，開発法学における法は，所与の画一的で固定的な内容をもつものではなく，各々の社会の発展を実際に促すために最も相応しく，か

つその社会の変容に伴って変化しうる動態的なシステムとして捉えられる[1]。この点に，開発法学の本質的特色がある。

　法については様々な定義があるが（法の定義，本質については，後述Ⅳ6（1）参照），このような開発法学に固有の法観念（the conception of law）——法の概念（the concept of law）というよりも法の捉え方——は，法を社会の特質に相関するものとみる点で，モンテスキューのいう「法の精神」に通じるものがある。モンテスキューは「法律とは，その最も広い意味では，事物の本性に由来する必然的な諸関係である」[2]と捉えつつ，より狭義において，人間の法律は「その作られた目的たる人民に固有のものであるべきで，一国民の法律が他国民にも適合しうるというようなことは全くの偶然である」とみる。つまり，「それらの法律は，その国の自然的なるもの」でなければならない。その結果，「農耕民族，狩猟民族，遊牧民族といった民族の生活様式に相関的でなければならない。それらの法律は，国制が容認しうる自由の程度に，住民の宗教に，その性向に，その富に，その数に，その商業に，その習俗に，その生活態度に関係していなければならない」。そして「これらの関係がすべて一緒になって，『法の精神』と呼ばれるものを形成する」（傍点引用者）[3]。

　人間の法律は国制——ある社会の国家統治のあり方——および民族の生活様式と相関的に捉えられる。このような法の捉え方は，開発法学における法観念と基本的に合致する。なぜなら，開発法学は，各国の歴史と文化を尊重し，国民が自らの尊厳を保ちながら，より良い生活に向けて，現状を徐々に改善するために，法が果たしうる役割を探求するものだからである。このように「法」を相関的かつ動態的に捉える開発法学に固有の法の捉え方を《**相関的・動態的法観念**》と呼ぶことができる。それは，ひとまず相対的にみて当該社会の現状に最も適合的な内容の法から出発しつつ，究極的な開発の目標（後述Ⅴ2）に照らして規範理論的に良い（good）内容の法へ向けて，不断の改革のプロセスを歩む，《**進化し続けるルールのシステム**》である。

---

[1] しかし，開発法学は普遍的な正義や究極的な価値の存在を否定するものではない。それは法の根源にある普遍的原理や根源的価値（後述Ⅴ）を承認しつつ，それらは各々の社会の歴史と現状に相応しい固有のプロセスを通じてのみ具体的に実現されると考えている。

[2] これは自然現象に典型的な「法則」であり，その意味ではありとあらゆる存在がその法律をもっている。「神はその法律をもち，物質的世界はその法律をもち，…動物はその法律をもち，人間はその法律をもつ」。モンテスキュー／野田ほか訳1989-1: 39頁。

[3] モンテスキュー／野田ほか訳1989-1: 48-49頁。

(3) 開発法学の対象

　開発法学は一方で，法を整備し，司法制度を改善し，国民の正義アクセスを着実に増進し，「法の支配」（後述Ⅳ8）を浸透させ，国家の「良い統治」（後述3）を構築するためにはどのような方法が効果的かということに注目する。しかし他方で，開発のための法改革は比較的短期間のうちに大規模な統治改革を行おうとすることから，社会の様々な面で歪みを生じさせる。例えば，格差の急速な拡大，公害・環境破壊，汚職の増大，……等々である。開発プロセスに多かれ少なかれ随伴するこれらの副作用にどのように対処すべきかということに，開発法学はとくに強い関心を払うものである。

　ところで，開発法学は，その成立の1つのきっかけが発展途上国に対する法整備支援にあったことから，発展途上国の法整備に対する国際協力の方法を探求するものであるという理解がある。日本でも「開発法学」の語が用いられ始めた当初，それは「第三世界の開発・発展をめぐる法政策学的研究」と定義された[4]。それは，一方で，①開発途上地域の法と政治・経済・社会発展とのさまざまな関係を究明し（理論研究），②そこで得られた知見を動員することにより，政策提言とともにその批判的検討を行う（政策研究）という2つの課題からなるとされた[5]。このこと自体は間違ってはいないが，開発法学の対象はそれに限定されるものでもない。むしろ，開発法学がそうした対外援助の観点からの「第三世界の法と開発」という枠組に限定されないことは，「法と開発」自体が国内の法改革や地域開発の実践，そして，そのために法改革と社会変動との因果関係を社会科学的に分析する諸理論にも起源の1つをもっていることに表れている[6]。何より，開発のための法改革の余地はいわゆる先進国にも依然として存在する。むろん日本も例外ではない。明治期以降の近代化のプロセスで達成されなかった都市と農村のバランスのとれた開発から公共精神の涵養に至るまで多くの課題が残されている。また，急速な開発の副作用としての公害，環境破壊，景観形成の失敗などの問題を克服してはおらず，今なお発展途上の段階にある。加えて，震災時の救助のみならず，震災後の復興，さらには予知困難な災害に備え，被災地政府の機能不全などを含む事態をも広く想定した包括的な災害対策のために法制度が果たすべき役割を明らかにすることも，

---

4) 安田編1992: 1-19頁（安田信之）。
5) 安田2005: 5頁。
6) Merryman 1977: pp. 461-473.

開発法学の重要な対象領域である【TOPIC ①】。このような理由から，本書は開発法学の対象領域を発展途上国の法整備への協力に限定せず，あらゆる国家における開発のための法制度改革を視野に入れるものである。

【TOPIC ①　震災復興と開発法学】

　日本では，災害対策基本法（昭和36年11月15日法律223号）が，伊勢湾台風（昭和34年。死者・行方不明者約5,100人）を契機に制定された。しかし，救援・救助に焦点が当てられ，災害後の復興（被災者の居住，被災地の再建，金融支援，二重ローン対策等々），災害の予防（災害に強いまちづくり等）についての法制度は未成熟である。また，災害対策基本法では，災害時における避難所の設置等，市町村長に権限を集中するシステムを採用したが，東日本大震災（2011年3月11日）では市町村役場自体が破壊され，機能不全に陥り，迅速な意思決定や的確な情報収集ができず，救助要請を出したり，救援物資の確保，避難所への搬送ができない等の事態も生じた。災害後の無政府状態に乗じた略奪等の犯罪も発生した。災害時における原子力発電所の管理，原発事故への緊急対応と事後対応を含め，大規模災害を想定した日本の統治システムは脆弱なものであることが判明した。今後，災害対策基本法の改正をはじめ，関連法制度の改革により，災害への対策・予防を取り込んだ統治システムの構築は，開発法学の重要なトピックであるといえる。

2　開発と制度改革

(1)　開発の根本問題：人々の間の格差の拡大

　人類が直面する深刻な危機のうち，開発の観点から最も重要な問題は，貧困問題に象徴される人間の間の格差とその拡大である。国家間および一国内における人々の間の格差は，加速度的に拡大し，高度の懸念を抱くべき問題になってきた[7]。それは国内外の社会秩序を不安定にする根本的要因であり，グローバルな開発協力を要請する原点にある問題状況である。

　とりわけ問題視されるのは，世界人口のうち，比較的富める上層10億人と発展から取り残された最下層10億人（アフリカ，中南米，中東，中央アジア，東アジアに散在）との間の隔絶的な格差の拡大である。この最底辺にある10億人の人々

---

[7]　松尾2009b: 1-3頁参照。

の所得は，中間層40億人の5分の1にすぎず，1990年代——冷戦終結と9.11事件（2001年）の間の「黄金時代」——においてすら，その平均所得は5％減少したとみられる。そうした停滞の原因として，天然資源が豊富に存在するがゆえの資源の獲得・輸出をめぐる利権政治の歪みという逆説的現象，政治的問題を抱える隣国に囲まれた内陸国（ウガンダ，ルワンダ，ニジェールなど）の閉鎖的状況，内戦の勃発，そして，統治の失敗である[8]。

中でも統治の失敗は，格差拡大と直接かつ最も頻繁に関わる最重要問題といえる。社会主義経済の行詰り，それを打開するための急速な市場化による混乱，冷戦構造を前提にして西側または東側の大国の援助を受けていた政府の後ろ盾を失ったことによる弱体化，その対抗勢力との内戦の勃発，グローバル化への対応の失敗等により，1980年代後半以降，少なからぬ国家がそれ以前よりも不安定化し，動揺を示した。それがまた，前述した国家間格差の拡大に通じた。その結果，諸国家の状態は，①強い国家（strong state）から，②弱い国家（weak state），③失敗しつつある国家（failing state），④失敗国家（failed state），⑤崩壊国家（collapsed state）へと多様な状況を呈し，全体として国際秩序は一層不安定化した[9]。

人類がかつて原始的な狩猟・採集をしていた段階ではさほど大きな相違を生じていなかったであろう諸社会が，なぜ，どのようにして，今日みられるように異なる発展段階に分化したのであろうか。D・ノースは，人類の過去約1万年間の圧倒的特徴は，それが宗教的・民族的・文化的・政治的および経済的に根本的に異なる社会へと進化してきたことであり，豊かな国と貧しい国のギャップは今日これまで以上に遥かに大きくなっているとみる。人類の歴史的変化の道程がなぜこのように広範に分散するに至ったのか，どのような諸条件がさらなる分散に通じ，あるいは収斂を生み出しうるのか，その理由の解明は「人類史の中心的難問」であるとみられている[10]。

この歴史認識は，社会が次第に発展することを当然視してきた人々の世界観を根本的に覆すものである。そうした発展史観は事実に反し，限られた社会の人々の狭い世界観に基づくものかも知れない。むしろ発展は人為的努力がたまたま実を結んだ例外現象であり，長期的停滞こそが圧倒的に多くの社会の本質

---

[8] Collier 2007: pp. 3-75.
[9] Rotberg (ed.) 2004: pp. 1-49 (Robert Rotberg).
[10] North 1990: pp. 6-7（竹下訳1994: 7-8頁）.

的傾向である可能性も否定できない。格差の拡大は，人々の競争や淘汰を通じて社会が発展方向に収斂すると想定する新古典派経済理論や進化論的仮説によっては説明することができない。なぜ国家によって経済発展や民主化等の開発指標に大きな格差が生まれ，拡大し続けているのであろうか。何が開発途上国の停滞を常態化させているのだろうか。

(2) 格差の原因としての制度の相違

　開発途上国の長期的停滞と国家間の不均等発展の原因は，気候，天然資源などの自然的条件から，民族的気質，社会構造，植民地経験の有無などの歴史的条件に至るまで，様々な理由が複合的に絡み合っており，その因果関係の全体像をミクロ・レベルから逐一再現することは困難である。しかし，そうした複合的原因を構成要素とし，特定の経済成果や政治構造を生み出す人々の行動を直接に左右する要因として，**制度**（institution）の相違が注目される。それは法律・命令などの形式的（formal）な制度の相違にとどまらず，その背後にあって社会のルールの圧倒的に多くの部分を占め，それゆえに人々の行動を現実に規制している非形式的（informal）な制度——慣習・道徳・宗教・その他文化と総称される行動規範——を含む，制度全体の違いを意味する（制度については，後述Ⅳ参照）[11]。とりわけ人々のイデオロギーや価値観を形づくる精神モデルに根差し，習慣化した行動規範のような非形式的制度は個々人の脳裏に刻み込まれ，世代を超えて存続するために，変更することがきわめて困難である。そうした非形式的制度に制約された人々の行動が経済的観点からみて非効率的な場合——実際多くの社会がそうであるが——，社会が停滞したままで常態化することは，けっして不自然なことではない。

　ここにおいて広がりつつある国家間格差を生み出す原因として，人々の日常生活における1つひとつの行動選択をその都度たえず規定している目に見えないルールとしての行動規範，それらを含む総体としての制度の重要性がクローズ・アップされることになる。例えば，勤勉に働けば見返りがあって豊かになれる，だから努力すべきであるという規範は，全人類に共有された普遍妥当的な規範とはいえない。なぜなら，どれほど肉体を酷使し，知識を活用しても，自己の財産の増価に通じない制度の中では，勤労の見返りとして財産が分配さ

---

[11] North 1990: pp. 7-8（竹下訳1994: 8-11頁）．ノースの制度理論に関しては，松尾2001: 1-25頁参照．

れるという規範が成立することは困難だからである。実際，サハラ以南のアフリカでは，財産は人々の間で平等に分割されるべきであるという規範体系が進化してきた。その理由は，生まれつきの境遇が異なる人々の間で同様の労苦が生み出す結果にあまりに膨大な差異が存在するときは，財産の取得は直接に勤勉な努力に由来するものとは考えられず，ある者が富裕になったのはその者の技能や努力によるのではなくて幸運によるものであるから，幸運な人々はそうでない者と獲得財産を共有すべきであるという規範が成立する傾向があるというものである。ノースはつぎのように指摘している。

> サハラ以南のアフリカでは，再配分規範に対する一連の信念，つまり，財産は人々の間で平等に分割されるべきであるとの信念が進化してきた。なぜ，そのような信念体系が進化したのだろうか？ 答えはまだ明らかでないが，最も近いと思われるのは，異なる境遇の下で人々の成果特性の間にあまりに膨大な差異が存在するために，財産の取得が直接に勤勉な努力に由来するものとは考えられなくなってしまうということである。そのような境遇の下では，ある者が富裕になったとすれば，それはその者の技能によるのではなくて幸運によるものであるという考えが広く支持されている。そして，幸運な人々はそれを他の皆と共有すべきであるという規範が進化する傾向にある[12]。

仮にこの理解が当たっているとすれば，そのような信念は富裕という成果を勤勉と倹約の産物とみるユダヤ－キリスト教的な伝統やプロテスタントの倫理とはまったく対照的な規範に基づくものである[13]。そのような再配分規範が身に染みついた者の精神的ソフトウェアを，勤勉に努力すれば成果が上がって発展するという交換的正義の規範によって置き換えるのは，並大抵のことではない。

しかし，そうした非形式的制度を含む制度全体をより生産的・創造的・効率的なものへと改革することなしには，経済や政治の開発政策にどれほど物や資金や人を導入しても，発展には結びつかないであろう。開発を真剣に考えれば考えるほど，制度の改革は避けて通ることができない。それは難問であるが，発展を現実的なものとするための頼みの綱である。

---

12) North, 2001/2002: pp. 321-322. 傍点は引用者による。
13) North, 2001/2002: pp. 321, 322.

（3） 制度改革の手段としての法改革

　途上国の長期的停滞の少なくとも一因が非効率的な制度にあり、それを一定程度は是正することが承認されるとすれば、どのような手段が考えられるであろうか。停滞の主な原因となっている非形式的制度は、人々の日常的な習慣に深く根づいており、文化の一部をなすものであるから、容易には変化しないであろう。そこで、まずは人間が政治的プロセスなどを用いて比較的短期間のうちに人為的に操作可能と考えられる形式的制度を変更し、それを起点にして非形式的制度の変更を試みるという、いわば2段構えの方法が考えられる。その第1段階に属するのが、形式的制度の変更の典型例である法改革（legal reform）である。それは、①新しい立法や旧法の改正を行い、②その普及活動を通じて、③法の適用をうける人々が新しいルールに対する理解と共感を覚え、より生産的で創造的になるインセンティブを提供することにより、④新しいルールが人々に受容され、新たな習慣として徐々に定着し、⑤それによって既存の非効率的な制度の変更が促され、⑥経済成長などの発展に結びつくという、一連の制度変更プロセスの起点に位置する。

　問題は、このような一連の制度改革の一環としての法改革のプロセスを、誰が、何を指針にして、どのようにして実現できるかである。開発途上にある国家においては、法をつくり、それを実施し、生じた紛争に適用するための機関が整っているとは限らない。したがって、そうした政府機構自体の構築から始め、そこに権限と人材と資源を集めて法改革を実施しながら、そのようにして強大化した政府の権限行使をコントロールし、経済成長などの現実の発展の成果を生み出してゆかなければならない。法改革を通じた制度改革といっても、けっして単純なことではないのである。この困難な課題は、次節でみるように、強くて善良な政府と、効率的な市場・企業と、強固な市民社会が相互に手を携えて遂行するほかない。その方法を明らかにすることが、開発法学の目標である。

3　制度改革の理念と良い統治

（1） 開発援助政策の展開：良い政府・良い統治の着目へ

　開発のために制度改革が重要であることは、途上国に対する開発援助政策を試行錯誤的に展開する中で、徐々に明らかになってきた。以下ではその紆余曲

折をフォローし，開発法学の課題である制度改革が向かうべき方向性を再確認する。

①第二次大戦後の開発援助政策は，世界銀行・国際通貨基金（IMF）を機軸とするブレトン・ウッズ体制の下で推進されてきた。東西冷戦が深まる中，1960年代は，アメリカのイニシアティブで国際開発協会（IDA）が設立され（1960年），途上国への低利融資を拡大し，経済成長を通じて開発を促すことに主眼を置いた[14]。そこでは，W・ロストウらの経済発展段階論に従い，輸入代替工業化を目標とする開発プロジェクトが実施され，公的資金を用いて国内産業を保護・育成し，途上国経済を工業化することにより，経済成長が促され，その果実が貧困層にも「滴り落ちる」との**トリクル－ダウン理論**が信奉された。

②しかし，1970年代には，経済成長政策は貧困問題を効果的に解決できずに批判され，絶対的貧困の解決やそのための再配分に主眼が置かれた。この時期における開発政策の指導理念は，アメリカ国際開発庁（USAID）の「新路線」（1973年）で提示された**ベーシック・ヒューマン・ニーズ**（BHN：栄養・保健衛生・医療・教育など，基礎生活分野における人間としての最低限の要求充足）であった。

③しかしなお，中南米やアフリカの途上国では発展が滞って累積債務問題が顕在化する一方，米英の国内では小さな政府・規制緩和・民営化などを推進する**新自由主義**（neo-liberalism）政策が支持された。これを背景に，1970年代後半から1980年代にかけて，世界銀行・IMFは**構造調整政策**を採用した。これは，①規制緩和・民営化による政府介入の縮小，②貿易・投資の自由化，③緊縮財政による財政赤字の削減・金融引締めなどの制度改革により，市場メカニズムの活性化と政府の失敗からの脱却を図った。

④ところが，構造調整政策に則った比較的形式的な法改革は，途上国の経済成長にも経済格差の是正・貧困問題の解決にもはかばかしい効果を発揮しなかった。かえって，急激な私有化，規制緩和，民営化などにより，レント・シーキングや腐敗を助長する一方，共同体（的土地利用）を破壊し，福祉サービスやセーフティ・ネット関連の予算も削減された。そのために，貧富の差が一層拡大する結果となった。

そこで，1980年代末から1990年代以降は，形式的制度の変更から非形式的制度の変化に至るまで，長期にわたる制度改革のプロセスを持続的・効率的に推

---

[14] 開発援助政策の変遷に関しては，トダロ＝スミス／岡田監訳2004；小池2004: 82-101頁参照。

進し，かつ実効的にコントロールできる能力を備えた**良い政府**（good government），および良い政府が市場と手を相携えた国家（market-friendly state）における**良い統治**（good governance）の重要性が強調されるようになった。そうした開発の実践における試行錯誤の中で，「1989～90年頃，突如として，『良い統治』の概念が国際援助の前線に登場した」といわれる[15]。それは支援側の開発政策における新機軸として，とくに被支援国の政治問題への介入が制約されている世界銀行を中心とする国際金融機関により，融資条件（conditionality）として要求されるようになった。また，先進国政府による２国間援助においても，相手方（被支援国）の選択条件（selectivity）として要求されるようになった。このようにして制度改革の指針となった良い統治の概念は，当初は，公共部門における①管理能力の効率化，②説明責任の強化，③法的枠組に基づく予見可能性の保障，④透明性と情報化の推進など，改革を主導する政府が備えるべき性質として理解された[16]。したがって，それは２国間レベルにおける法整備支援の指針とされた良い政府の理念とオーバーラップしていた[17]。

　ちなみに，良い統治の概念は，被援助国の政治体制への介入が制約される世界銀行，IMFなどの国際金融機関により，**市場化**の推進に力点を置くコンテクストで用いられる傾向があったのに対し，良い政府の概念は，２国間援助の供与国により，**民主化**の促進に重点を置くコンテクストで用いられることが多かった。もっとも，良い政府の中に市場化の諸施策を含めたり，良い統治の中に民主主義，司法制度の充実，人権保障，法の支配を含めるなど，両者の概念区分はさほど厳格ではなかった。

　しかし，良い統治の概念は，企業，NGOから地方公共団体，政府，国際機構，国際社会まで，次第に様々なレベルの組織に適用されるようになり[18]，同レベル／別レベルの組織間の関係調整の視点も含むに至っている。国家(state)レベルでも，政府（government）の活動のほか，企業・市場等の民間部門（経済的組織）や市民社会組織（非政府的・非経済的組織）の役割分担と均衡が重視され，それらを含む国家全体の統治を問題にできる点で，法整備支援の目標として主

---

15) Doornbos 2001: p. 93.
16) World Bank 1992; World Bank 1994.
17) 良い政府という場合は，民主化，言論・出版の自由化，刑事法改革，社会的権利の増進等に力点を置いて語られる傾向もみられる。関連文献を含め，松尾1999-1: 93-113頁参照。
18) 横田1999: 83-84頁参照。

I 概観——開発法学とは何か

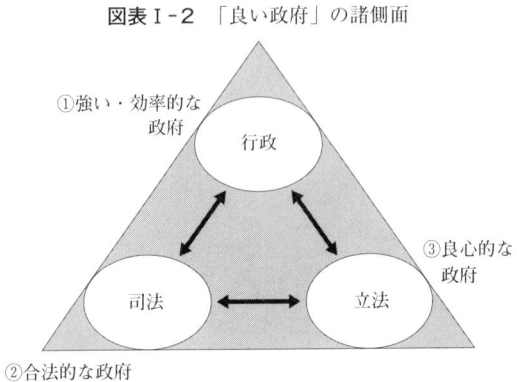

図表 I-2 「良い政府」の諸側面

①強い・効率的な政府 — 行政
③良心的な政府
②合法的な政府
司法 ⇔ 立法

出典：筆者作成

流化していった[19]。

(2) 制度改革における政府の役割

制度改革を持続的・効率的・実効的に推進する良い政府を構築するには，相互に関連する以下の3つの側面のバランスにとくに配慮する必要がある（図表 I-2）[20]。

(i) 強い・効率的な政府

市場システムを構築し，維持するためには，政府が，①法律を制定して財産権を定義し，公正な裁判によって財産権を取り引きする契約を保護し，裁判結果を確実に執行する能力を備える必要がある。②また，急激な規制緩和や民営化を排し，計画的・漸進的に自由化を進めるようコントロールし，③競争ルールを創設・定着させ，④時には保守派の反動を封じて農地改革，税制改革などを推進し，再配分システムを整備することも求められる。⑤さらに，政府はグローバル化の衝撃から国内企業や国民を当面は保護しつつ，徐々にグローバル・スタンダードに適応させるように誘導する必要がある。こうした能力を備えた政府は，**強い・効率的な政府**と呼ぶことができる。

---

[19] 良い統治の概念は，国際秩序に関しては，（世界）政府なき統治（governance without government）を構想しうるメリットもある（後述（4））。
[20] 松尾2002a: 221-225頁。

(ⅱ) 合法的な政府

しかし，強い・効率的な政府は，それに必然的に伴う権力行使の濫用と逸脱の危険を回避するシステムを備えていなければならない。そのためには，①まず，最も広範な権力をもつ行政部内の自律的正義（透明性、衡平性、廉潔性、説明責任の確保）を実現する必要がある。②ついで，行政の外部から，立法部が法治主義（法律による行政の原理）に基づき，行政部の権限行使をコントロールすることが求められる。③さらに，独立した司法部の公正な裁判により，行政部・立法部の権限行使に対する司法審査を行うと同時に，国民の司法部へのアクセスを確保し，司法部によるコントロールを実質化することにより，法の支配を徹底しなければならない。このようなシステムを備えた政府は，**合法的な政府**と呼ぶことができる。

(ⅲ) 良心的な政府

もっとも，合法的な政府のシステムは，いずれも政府内部のコントロールにとどまる。その限界を克服するために，政府はその権力行使を外部からコントロールできる主体としての非政府組織の成立を促し，その批判に自らを委ねる機会を，いずれかの段階でもたなければ，国家システムは完結しない。そのためには，政府組織ともそれが支援する経済的組織（市場・企業）とも異なる第三者の立場にある非経済的な非政府組織としての市民社会を自ら育むことが求められる。こうして多元的主体が参加可能な民主化を進めることがいずれ必要になる。このような性格を具備する政府は，**良心的な政府**と呼ぶことができる。

(3) 制度改革の理念としての良い統治

(ⅰ) 効率的な市場および企業

このような良い政府の構築を梃子にして，目指すべき制度改革の理念は，以下の3つの組織が良好な相互作用を保ちうる国家（state）の建設にあるといえる（図表Ⅰ-3）。

社会の構成員は，自らの生活を維持するために必要な物・サービス・情報の自給ができないかぎり，他人から調達する必要がある。その際，できるだけ良い品質のものを，安価に，迅速に，確実に入手するためには，情報を集積し，技術革新を促し，取引費用を削減する必要がある。そのために人々は市場および企業という**経済的組織**を発達させてきた。

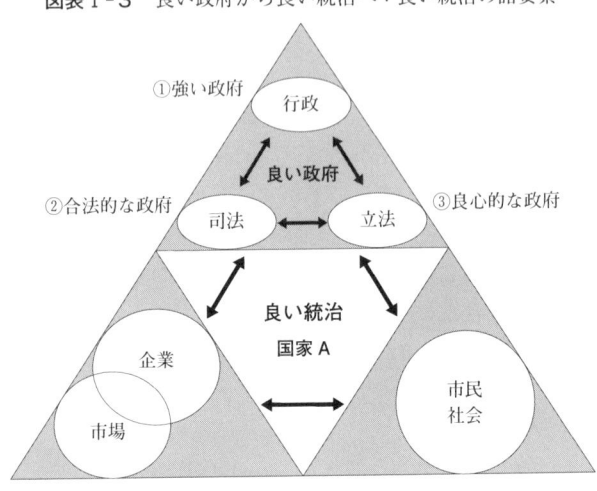

図表Ⅰ-3　良い政府から良い統治へ：良い統治の諸要素

①強い政府　　行政
　　　　　　　良い政府
②合法的な政府　司法　立法　③良心的な政府
　　　　　　　良い統治
　　　　　　　国家A
　企業　　　　　　　　市民
　市場　　　　　　　　社会

出典：筆者作成

(ii)　良い政府

しかし，市場で行われる契約や企業の権利・義務関係をめぐるルールを確定し，実現するためには，予め客観的に定立された統一的な立法，それに基づく公正な裁判，そしてそれを確実に執行できる強制権限をもった**政府組織**が不可欠になる。

(iii)　成熟した市民社会

ところが，そうした強大な権限を付与された政府には，権限行使の濫用や逸脱の危険がある。これを回避し，抑制するために，最終的には，政府組織からも経済的組織からも独立した第3の組織としての**市民社会組織**の存在が不可欠になる。

このようにして経済的組織（市場・企業），政府組織（行政部・立法部・司法部），および非経済的・非政府組織（市民社会）が相互に固有の存在意義を発揮しつつ，良好な相互作用の均衡が成立した国家の理想状態を**良い統治**と呼ぶことができる[21]。

---

21)　松尾2002a: 225頁。

（4） 統治の重層性と連続性：国家統治から地球的統治へ

　ここで改めて統治とは何か，統治概念を整理してみよう。**統治**（governance）とは，社会における様々な組織（社会システム）の運営者が，一方では，現在の制度の下で当該組織の目的に照らして本来の機能を発揮させるように管理しつつ，他方では，その機能をより高めるために必要な制度改革を関連組織に意図的に働きかけるメカニズムであると定義することができる[22]。それは，地球社会・国際機構・国家・地方公共団体・企業・市民団体等の様々なレベルに存在する[23]。ここで重要なのは，これら多様なレベルの統治が必ずしも各々で自己完結しているのではなく，密接な相互作用をもち，一つの包括的システムを構成していることである。

　例えば，**企業統治**（corporate governance）は，企業経営者の経営能力を向上させ，企業の活動を活性化する一方で，違法または非倫理的な行為を抑制するために，株主・株主総会・従業員・融資機関，市民社会等が企業活動を監視し，管理する全般的システムである[24]。しかし，このシステムの機能は個々の企業内部における組織改革や内規改正のみによっては十全に実現することが困難であり，政府の支援をはじめとする良い国家統治を必要とする。さらに，各国が良い国家統治を実現するためには，多様な国際協力が必要になる。このレベルでは，**地球的統治**（global governance）が要請される。それは，国際関係における様々な行為主体（個人・企業・NGO・国家・国際機関等）の活動を活性化する一方で，その違法または非倫理的な行動を抑制するために，主権国家群を中心とする行為主体が，世界政府をもつことなしに，コントロールする全般的統治システムであると定義できる。それは，想像上の世界政府のように完成された安定的・統一的システムではなく，国際社会における多元的な行為主体の間に辛うじて成立する，しかし実効的な秩序を求める動的営みである。このように地球的統治は国内統治から国際統治に至る連続性をもったものとして構想できる[25]。つまり，良い統治としての国家像を基盤に，そうした統治を構築した諸国家間の関係としての平和的な国際社会の状態が地球的統治である。それは，国家統治を超えるものではなく，むしろそれをなお中心的な構成単位とするも

---

22)　統治の様々な定義を含め，以下の記述については，松尾2004c: 34-57頁参照。
23)　横田1999: 83-84頁参照。
24)　川村1994: 684-705頁，松尾2004c: 37頁。
25)　猪口1996: 70-71頁；松尾2004c: 51-52頁；cf. Rosenau 1992: pp. 1-25; Young 1993.

のである。

　今日，グローバル化の進行に伴い，国家間および国内の格差が急速に拡大し，社会の秩序が世界各地で崩壊する中で，《平和へのもう1つの道》として，法整備支援（協力）の重要性が急速にクローズ・アップされることになった（後述Ⅵ4）。その主題は，被支援国政府・支援国政府・国際機関・NGO等の間に規範形成の協力ネットワークを構築し，被支援国と支援国における良い統治の確立を促すことを通じて，平和的国際秩序としての地球的統治を展望することである。したがって，開発法学が提示すべき制度改革の理念像は，こうした地球的統治によって完結する。それについては，第Ⅵ章で立ち返ることにする。

（5）　統治と法：統治は法を超える

　統治に関して最後にもう1つ確認すべきことがある。それは開発というコンテクストにおいては，必要なことのすべてについて予め法律がつくられているわけではなく，そもそも法律の定めることのできない事項も少なくないことである。なぜなら，いったん確立した国家において人々の経済活動を活発にし，政治参加を促し，社会を安定化させるには，市民も政府も既存の法秩序を遵守し，そのようにして法の支配を実現することが重要である。そして，必要であればある程度時間をかけて立法する等，法に従った支配を検討する余裕がある。しかし，開発プロセスにおいては，法律の手続に厳格に従っていたり，新たに立法がされるまで待っていたのでは，緊急に判断を要する事態に対応できないおそれもある。さらに，そもそも国家の統治に必要なことのすべてを法律が定めることもできない。

　アリストテレスは「あるものは法律によって包括することのできるものであるが，他のあるものはできないもの」であるが，「熟慮を廻らすようなことについて立法するのは不可能な事に属する」ことを認めている。その場合，「最善の人」による支配の可能性も示唆している[26]。それは，今日では先見の明ある支配者ないし政府（民主主義的なそれであれ，権威主義的なそれであれ）であり，その判断に委ねることを意味する。

　「熟慮を廻らす」必要のあることについて統治が法を超える場面は，開発プロセスでは少なからず発生する。そこでは国家と国民のために最善の判断がで

---

26)　アリストテレス／山本訳1961:172頁（『政治学』3巻16章10-11節［1287b］）。

きるような統治のあり方が求められる【TOPIC ②】。このことは，法の支配のジレンマと限界について論じる際に再度触れる（後述Ⅳ8）。そして，国家統治を支える手段としての法は，国家統治が存続するかぎり，主権の所在の変更にもかかわらず，連続性を保ちうるものといえる。

【TOPIC ②　統治は法を超えるか】

(1)国連カンボディア暫定統治機構（UNTAC）（1992年2月28日設立）は，パリ和平協定（1991年）に基づくカンボディア停戦合意の監視の最中に，ある政党幹部の射殺事件の被疑者として警察官を逮捕・勾留した。UNTAC代表（明石康氏）によって任命された特別検察官が暫定刑事法（UNTACが起草）に従って現地の裁判所に勾留状の発布を求めたが，同裁判所は却下した。同暫定刑事法の規定によれば，その場合は被疑者を釈放しなければならないことになっていた。しかし，UNTAC代表は超法規的措置として勾留の継続を宣言し，UNTAC撤退まで勾留し続けた。暫定刑事法に従った被疑者の釈放は，UNTACがその監視を任務とする公正な選挙の実施を妨げ，かつ重大な人権侵害行為の被疑者に対して公正な裁判を行う機会を逃すであろうとの判断によるものであろう。これは，紛争後平和構築という開発プロセスにおいて，統治組織が自ら定めた法をあえて破って統治を維持した例ということができる[27]。

(2)2011年2月11日，民主化運動によってエジプト大統領が事実上辞任したため，既存の憲法改正手続によることができないまま新憲法の草案が起草され，3月19日にこの事実上の憲法改正案への賛否を問う国民投票が実施された。そして，圧倒的な支持（有効投票数の約77%が賛成したといわれる）が得られたことを根拠に，政府は新憲法に基づく国家の再建を行ってきた。これもまた既存の憲法に従った手続ではないことから，超法規的な――一種の革命的な――措置といわざるをえない[28]。

(3)ネパールでは1996年に共産党毛沢東主義派（マオイスト派）が王制を打破すべく人民戦争を開始し，内戦状態に陥った。2006年11月21日，政府とマオイスト派は無期限停戦を誓う包括和平協定に調印し，2007年1月15日，議会（下院）が暫定憲法を発布した。それに基づいて2008年4月10日，制憲議会選挙が行われた。同年5月28日，制憲議会が招集されたが，統治の形態を「連邦民主共和政」と宣言（決議）したことにより，王制が廃止され，ギャネンドラ国王は退位した。しかし，制憲議会は，議会内の党派対立のため，暫定憲法64条が定め

---

[27] 佐藤2010: 11-12頁。
[28] 「ムバラク大統領辞任」日本経済新聞（夕刊）2011年2月12日1頁，「エジプト国民投票　憲法改正案を可決」日本経済新聞2011年3月22日8頁。

た2年間（2010年5月27日まで）の制憲議会の任期内に憲法の制定決議をするに至らなかった。そこで，暫定憲法64条の制憲議会任期の条項を改正する方法により，2010年5月に1年間の任期延長がされ，その後同様の方法で3か月の任期延長が2回，6か月の任期延長が1回行われ，合計2年間の任期延長が行われた。この最後の任期延長決議に対し，2011年9月21日，弁護士2名がその無効確認を求めて最高裁に提訴した。

2011年11月25日，ネパール最高裁判所大法廷の決定はこの最後の任期延長は有効と判断したものの，それ以上の任期延長はもはや認められず，制憲議会が憲法制定決議をしないまま最終期限（2012年5月27日）を経過したときは，制憲議会は自動的に解散されるとの判断を下した。その場合について最高裁は，①暫定憲法157条に基づき，制憲議会が合意に達しなかった事項を整理・列挙して，国民投票を実施する，②暫定憲法63条に基づいて制憲議会議員選挙を実施し，新たなマンデートを得た制憲議会を開会する，または③その他の何らかの合憲的な方法をとるという可能性を提示したが，そのいずれかに決定するかは純粋に政治的問題であり，もはや司法部の判断領域を超えているとした。

この最高裁の決定に対し，制憲議会事務局は，検察庁を通じ，暫定憲法の修正は制憲議会の権限であるとして，同決定の再審査を申し立てた。制憲議会の主要3政党のうち，マオイスト派と統一マルクス・レーニン主義派（UML）のリーダーは最高裁の決定が権力分立を蔑ろにするもので，司法部の権限を逸脱していると批判したが，コングレス派は最高裁の決定を尊重すると述べた。2011年12月27日，最高裁は再審査の申立てを退けた。これに対し，首相およびそのスポークスマンが同決定の見直しを求める申立てをしたが，2012年3月28日，最高裁は，首相らの申立てには再審査を求める法的理由が示されていないとして退け，制憲議会議員601人の任期は延長されず，同年5月27日に満了する旨の前年11月25日の判断を確認した。

2012年5月22日，内閣は主要4政党の同意を得て制憲議会任期の3か月延長を求めることを決定し，暫定憲法64条の修正案を議会に登録したが，これに対して2名の弁護士が同法案提出の中止命令を求めて最高裁に提訴し，最高裁は翌5月23日，同修正案提出を中止すべき旨の仮命令を下した。その後，同年5月25日の最高裁の決定は，制憲議会任期の延長が認められるのは，国家非常事態が宣言された場合（暫定憲法64条但書）に限られるとした。また，同年5月28日の最高裁決定は，2011年12月27日の最高裁決定の再審理を求める首相らの申立てに対し，再審理すべき理由が示されていないとして退けた。

2012年5月27日深夜，バッタライ首相は，制憲議会の解散を宣言するとともに，同年11月22日に新たに制憲議会議員選挙を実施すると発表した。これに対し，

同年5月29日、弁護士1名が、暫定憲法63条は制憲議会議員選挙が再び行われることを予定していないとして、制憲議会選挙の実施に関する内閣の決定に対する中止命令を最高裁に申し立てた。ちなみに、暫定憲法63条7項は、選挙権者の要件として「2006年12月15日までに満18歳になった者」と規定しており、それによるかぎり、その後2012年11月22日までに18歳になった者も選挙権はないことになるという問題も指摘されている。しかし、同年5月30日、最高裁は、内閣の決定は回復不可能な損失をただちに公衆に与えるものではないとして、申し立てられた中止命令を下す必要はないとした。しかし、このほかにも再選挙の決定の効力を争う申立てが複数行われている。

さらに、制憲議会の復活を求める申立ても行われたが、最高裁は、申立人に対してその理由を示すよう求める一方、2012年6月1日、その審理を特別法廷に付託した。

以上のようにネパールでは、憲法が存在せず、暫定憲法の規定も明確でない中で、どのようにして議会を立ち上げ、憲法のほか、制憲議会に係属中であった数多くの重要法案（民法・民訴法・刑法・刑訴法・量刑法等の各法案を含む）の審議を行うべきか、解決の目途がつかないまま、混迷が続いている。最高裁は暫定憲法116条によって付与された裁判所の判断の拘束力および法律・法原則の解釈権限に基づき、可能なかぎり制憲議会の任期中に憲法制定がされるよう、約半年前から、それ以上の任期延長はない旨の大法廷判断を示して、制憲議会を促してきた。これに対し、制憲議会側は、最高裁の判断が議会の権限を侵害するとの反発もあり、結局は最高裁の思うような誘導が叶わなかった。元々単一で議会の過半数を占める政党はなく、内閣の支持基盤も脆弱であり、2012年11月22日の選挙の実施を危ぶむ声もある。制憲議会選挙が行われるにしても、2013年になる可能性もあり、その場合には立法府が存在しないまま、現在の政治的混乱が相当長期にわたって続くことも予想される。このような状況下で何が正しい解決策なのかが不明のまま、きわめて難しい問題状況が続いている。

（4）日本の現行憲法の制定時にも、超（憲）法的現象が生じていたとみる余地がある。日本国憲法は形式的には大日本帝国憲法（明治憲法）73条に基づく改正という手続をとったが、実質的には主権の所在を含む明治憲法の基本原理を変更しており、その点については新たな憲法制定に当たるとする見解が多い。これも既存の憲法が想定していなかった統治形態をつくり出した例といえるとすれば、その法理的説明を検証する必要がある[29]。

---

29) 例えば、ポツダム宣言受諾（1945年8月14日）によって明治憲法の天皇主権は否定され、国民主権が成立し、それに基づいて国民自身が憲法制定権力に基づいて新たに日本国憲法を制定したと解釈する八月革命説（宮沢俊義）は、明治憲法を超える憲法制定の法理を説明する1つの方法とみうる。

20　Ⅰ　概観――開発法学とは何か

図表Ⅰ-4　統治の三類型（M・ウェーバー）

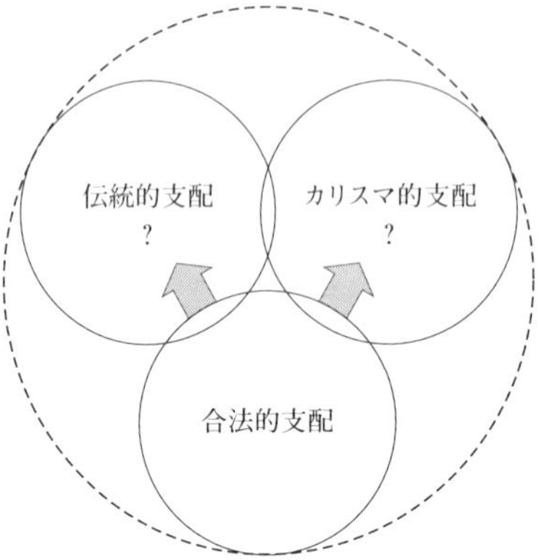

（伝統的支配？／カリスマ的支配？／合法的支配）

出典：筆者作成

　以上のように，開発プロセスでは，既存の法が予定していない事態が発生することも珍しくない。その場合でも，既存の法秩序が想定していたと解釈できる場合はよいが，そうでない場合は事実上形成された秩序を法的にどのように取り扱い，正当化したり，否定したりすべきかという問題に直面する。実際には，想定外の事態の中で事実上形成された秩序を事後的に追認する形で，新たな国づくりが推進されることが多い。このように国づくりや社会秩序の形成期には，しばしば超法規的措置をとることがやむをえないと判断されることもある。そうした措置の当否は，最終的には「良い統治」の理念に即して妥当であったかどうかに従って判断し，妥当と判断されるときは，生成された秩序を法的に正当化してゆくことが考えられる。ここには統治が法を超える局面が見出される。

　法は開発という目標達成のための有力な手段であるが，けっして唯一の手段ではない。開発というコンテクストにおいては，法による統治が統治の1形態にすぎない事実を自覚しておくことは重要である。M・ウェーバーは統治の形態として，①伝統的支配，②カリスマ的支配，③合法的支配という3つの理念型を提示している（図表Ⅰ-4）[30]。これらはいずれも統治の正当性（legitimacy）の根拠であり，三者間に論理必然的な優劣はない。たしかに，合理的な法的統治を生み出したヨーロッパは，官僚制に支えられた中央集権的国家が発達し，

30）　ウェーバー／世良訳1960；ウェーバー／世良訳1962。

図表 I-5　統治の形態・原理と法の形態

統治の形態（政体）		統治の原理	法		
			実定的法		自然的法
①共和政	民主政	市民の徳	国制の法*	市民の法*	
	貴族政	貴族の節度			
②君主政		君主の名誉			
③専制君主政		恐怖	―		

＊「国制の法」は「政体を形成するもの」、「市民の法」は「政体を維持するもの」と捉えられている。
出典：モンテスキュー『法の精神』に基づき，筆者作成

競争的市場を育成し，資本主義の成立を促し，飛躍的な経済成長をもたらした。それは非ヨーロッパ世界にも広がっている。しかし，合法的支配が経済発展を生み出す唯一の方法である保障はなく，当然のように他の統治形態を駆逐して拡大し，一般化してゆくとも限らない[31]。

また，法の形態および内容自体も，統治の形態と原理に応じて異なる。モンテスキューは，統治の形態（政体）に応じ，統治の原理と法の形態・内容が異なることを示唆する（図表 I-5）[32]。すなわち，①**共和政**のうち**民主政**は市民の徳により，**貴族政**は貴族の節度により，また，②**君主政**は君主の名誉によって統治される。そして，それぞれの国制を成立させ，構成するための国制の法および国制を維持するための市民の法という実定的法が存在する。これに対し，③**専制君主政**は専制君主が国民に恐怖を与えることによって統治され，そこには実定法は存在しない。

開発法学においては，法は統治というシステム全体のうちの一部の（しかし合法的支配のシステムの場合はその多くの部分を占める）システムであることから，統治の形態が異なるに応じて法は異なった形態をとりうることに十分に留意する必要がある。

31）トゥルーベック／松尾訳2010: 293-296頁参照。
32）モンテスキュー／野田ほか訳1989-1: 51-86頁。

4　制度改革のための法改革の方法と開発法学の理論枠組

(1)　「法と開発」研究の展開
(ⅰ)　近代化論と「法と開発」の第1波
(ア)　「法と開発」運動の成立

　「かつてマーク・トゥウェインが天気についていったように，皆が法と開発について語るものの，誰もそれについて大したことをしていない」[33]。R・サイドマンがこう述べてから約40年，**法と開発**（Law and Development）はどのような足跡を残してきたのであろうか。はたしてそれは，1つの学問分野として独立承認を得たといえるであろうか。

　法と開発の直接の端緒は，1950年代から60年代にかけてアメリカの主要なロー・スクールに開設された研究・教育プログラムに見出される。例えば，フォード財団の支援により，開発途上地域の租税法・租税行政の現状分析と比較法を行う「ハーバード国際租税プログラム」（1952年），アメリカ合衆国国際開発庁（USAID）の支援によるイェール大学「法と近代化プログラム」（1969年），同じくスタンフォード大学「ラテン・アメリカにおける法と開発研究」（1971年），同じくウィスコンシン大学土地保有権センターの活動などが知られている。それらは，ラテン・アメリカ，アフリカ地域などの開発途上国を中心舞台とする法改革の実践と結びつき，**法と開発運動**（Law and Development Movement: LDM）と呼ばれた[34]。

　LDM成立の背景として，1950年代に始まっていた**政治発展運動**（political development movement）の影響を看過することができない。それは，T・パーソンズの構造機能主義に立脚し，**近代化論**（modernization theory）および進化論の結合した発展観に基づき，どの社会でも必然的に経済的・政治的・法的な社会制度が分化し，最終的には西洋におけると同様の，①自由な市場経済システム，②民主主義的政治制度，③法の支配の原理に基づく法システムが形成されると想定するものであった。

　この運動に触発されたLDMが，東西冷戦の開始直後において，個人主義・自由主義・民主主義を信奉する西側の価値観に立脚した法制度の普及運動とい

---

33) Seidman 1972: p. 311.
34) Merryman 1977: pp. 457–491; Burg 1977: pp. 492–530.

図表Ⅰ-6　開発法学の展開

	（ⅰ）第1波	（ⅱ）第2波	（ⅲ）第3波
（A）社会背景	東西冷戦構造の形成	東西冷戦構造の深化	東西冷戦構造の崩壊，グローバル化の進展
（B）社会思想	個人主義・自由主義・民主主義，交換的正義重視	平等主義・社会主義・計画主義，配分的正義重視	多元主義，交換的正義と配分的正義との調和
（C）開発・発展観	近代化論的・進化論的発展観	従属論的・意図的開発観	ポストモダン的・脱イデオロギー的開発・発展観，開発目標の対話型探求
（D）法律観	社会工学的法律観，法道具主義	計画的・介入主義的法律観，法道具主義	制度理論的法律観，法道具主義
（E）実践目標	法学教育，法律家養成，法案起草など	開発の国際法，新国際経済秩序，海洋法条約，発展の権利など	良い政府・良い統治，（その一環としての）法整備支援など

出典：筆者作成

う側面をもっていたことは否めない。こうした社会思想と発展観の下では，自由主義を実現するための財産法・契約法，民主主義を実現するための選挙制度などの法整備により，発展の速度は容易に加速するものと予想された。法は開発の有用な道具であり（法道具主義），法を通じた社会統制（social control through law）が比較的容易であると信じられていた（**図表Ⅰ-6・（ⅰ）**）。

（イ）法と開発研究の展開

　そのような価値観・社会観・発展観・法律観の下で，開発法学の理論としての**法と開発研究**（Law and Development Study: LDS）——が蓄積されていった[35]。とくに初期の開発法学の文献には，社会構造全体の中で法システムの機能を解明しようとする社会科学的な問題意識，および開発法学の学問的特色を自覚的に明確化しようとする方法論的関心の強い研究が発表されていた。例えば，L・フリードマンは「法，文化および発展の間の一般的関連性」の探求を目指す**法と開発の一般理論**（a general theory of law and development）を構想し，法を①構造的（structural）要素（法を生み出す組織構造の特色），②実体的（substantive）要素（①のアウトプットに当たる形式的法令），③文化的（cultural）要素（①・②に対する人々の価値観・意識・態度）からなるものとして立体的に捉える**法システム**（legal

---

[35]　そうした初期の開発法学文献のリストとして，Merryman 1977: pp. 484-489がある。

system）論の骨格を提示した。それは②が中心の平面的比較にとどまっていると批判された当時の比較法学との相違を強調するものでもあった[36]。

また，J・メリーマンは，開発法学の「知的起源」を，①17世紀に登場した進歩（progress）の観念とその変容（19世紀における進化論的進歩観から，20世紀における18世紀的な意思的進歩観への回帰），②様々な法改革運動，③法と社会との関係に関する諸科学（法社会学・法人類学・法と経済学・法政策学・法と心理学・法制史），④法を通じた社会工学，⑤対外援助の実践と理論に求めた。さらに，開発法学の「類似物」として，⑥植民地行政，⑦占領軍の経験，⑧国内少数民族居住地の管理，⑨地域開発，⑩自国の発展研究も加えた。そして，これら先駆的業績を活用し，各々の国家・地域の実情に即した法と開発への問い（inquiry）を積み重ね，法と社会発展との関係を説明する理論（theory）の構築を目指す**比較・法と社会変動**（comparative law and social change）へと開発法学が脱皮すべきことを提唱した[37]。

しかし，こうした開発法学の原点にあった社会科学的・方法論的問題意識[38]は，その後，実践優位のLDMと実証化・細分化傾向を強めるLDSの展開の中で承継・深化されることがないまま，実践寄りの個別論を中心とする研究へと傾斜していった[39]。その結果，開発法学の一般的定義や全体論的方法論を確立する機会は失われた。

（ウ）　法と開発の「危機」

LDSの学問的基盤の脆弱性は，LDMの行詰りの影響をまともに受ける運命にあった。とりわけ，中南米諸国へのアメリカ的法制度の移植にもかかわらず，はかばかしい経済成長が達成されず，軍事的・権威主義的政治体制の蔓延が改善されない現実は，LDMの存在意義をにわかに疑わせ始めた。加えて，アメリカ国内における公民権運動およびベトナム反戦運動は，アメリカ的法制度やその移植に対する自己懐疑を生じさせた。その結果，アメリカ国内のLDMは1970年代半ば以降急速に衰退した。この傾向に敏感に反応してLDSの主唱者らは，LDSの基本モデルである自由主義的合法主義（liberal legalism），とりわけその中心概念である法の支配そのものが自国中心主義的で世間知らずのモデル

---

36)　Friedman 1969: pp. 29-44.
37)　Merryman 1977: pp. 461-481.
38)　ほかに古典的業績として，Galanter 1966: pp. 153-165; Trubek 1972: pp. 1-50（松尾訳2010: 273-343頁）などがある。
39)　Merryman 1977: pp. 473-483.

であったと自己批判し，それによる法発展支援の沈滞が「自己疎外」を生み，LDSが「危機」に陥っていると自認した[40]。

ただし，イギリス，フランス，アフリカ諸国，ラテン・アメリカ諸国，インドなど，全体的視野からみれば，LDSは継続的に蓄積され，国連などを中心とする条約，モデル法の起草作業なども不断に継続されてきた。このように解決すべき現実的で具体的な問題に直面する途上国の法律家が近代法モデルの継受に一貫して取り組んできた事実に鑑みると，その傍らで，主としてアメリカの国内事情に起因するLDSの沈滞に過剰反応して自己疎外に陥った法学者が，代替モデルを提示しないまま，LDSの崩壊ないし死亡を宣告することは，《自国中心主義の法制度の押付け》と同様に批判されるべき，《自国中心主義の批判の押付け》と非難されてもやむをえない[41]。かくして「墓碑銘はまだ刻まれないままであった」[42]とみるのが妥当であろう。むしろ，今日の目からみれば，それはアメリカのLDSのかつての担い手たちによる集団的な自己「失踪宣告」ともいうべきものであり，それは宣告後20年余を経て，「取消し」が行われることになったのである（後述（ⅲ））。そして，この現象もまたLDSの理論的基盤の脆弱性を裏づけるものにほかならない。

(ⅱ) 従属論と「法と開発」の第2波

もっとも，1970年代半ばには開発法学に重要なパラダイム変化が生じた。それは，経済的・政治的な低開発状態が継続する主要因は，植民地支配の結果として形成された国際的従属関係にあるとみる**従属論**（dependency theory）に基づき，世界経済システムの不平等な従属構造を意識的に打破し，人為的変革をもたらす「開発」が不可欠とみる，従属論的開発観の影響を受けた法改革論（以下，従属論的開発法学という）である[43]。そこでの「法」は西洋諸国による植民地拡大の道具としての法に対決し，従属状態を人為的に変革するための手段であった。その意味で第2波の開発法学は第1波の開発法学以上に，道具主義的法律観が強いともいえる（図表Ⅰ-6・(ⅱ)）。

従属論的開発法学は，「**新国際経済秩序（NIEO）樹立宣言**」（1974年5月1日国連総会決議 A/RES/S-6/3201）を実現し，途上国がもつ開発（援助）／発展への**原初**

---

40) Trubek and Galanter 1974: pp. 1063-1064, 1070-1080, 1080-1102.
41) Tamanaha 1995: pp. 473-474（松尾訳2006: 234-240頁）.
42) Chua 1998: p. 13.
43) Cf. Snyder 1980: pp. 723-804; Greenburg 1980: pp. 129-159.

的権原 (entitlement) を正当化し、**開発の国際法**の分野を開拓し、「**発展の権利宣言**」(1986年12月4日国連総会決議 A/RES/41/128) へと結実した[44]。

　しかし、従属論は低開発の一因を明らかにしたものの、その全体像を描き出すものではなかった。実際、開発途上国における低開発はその程度も原因も多様であり、従属論によって一様に把握することは困難である。新興工業国 (NICs)——1979年経済協力開発機構 (OECD) 報告書による。1988年以降は新興工業経済地域 (NIEs)——、とくにアジア NICs/NIEs——韓国・台湾・香港・シンガポール——のように目覚しい経済発展を示した国々もあれば、依然として低開発にあえぐ国々もある。それゆえ、従属論は当時の開発法学を全面的に支配したわけではない。むしろ、国際開発金融機関やアメリカをはじめとする主要先進国の開発観や開発政策には決定的影響を与えなかった。その結果、国際開発政策の主流派は、依然として1960年代以来の市場化・民主化・法の支配の移植を重視し、従属論的開発法学は第2波というほどのインパクトをもたなかったとみている[45]。

　しかし、近代化論がより長期の視野の下で発展を展望するのに対し、従属論はより短期の視野の中で開発を企図するとみれば、両者はともに開発法学の有用な素材たりうるとみるべきである[46]。

(ⅲ)　制度理論と「法と開発」の第3波
(ア)　「新しい」法と開発

　1996年3月28日、かつて開発法学の「危機」(前述 (ⅰ)(ウ)) を自ら宣言した D・トゥルーベックは、第90回アメリカ国際法学会のパネルディスカッションの司会を務め、冷戦終結後における**新しい法と開発** (the New Law and Development: NLD) の成立を宣言した[47]。それはいわばかつての開発法学の失踪宣告を本人の帰来によって自ら取り消したものといえる。NLD 成立の背景としてトゥルーベックは、①旧ソ連邦の解体、②国際的な人権運動の進展、③ワシントン・コンセンサス[48]に基づく法改革の推進、④グローバル化の進展と

---

44)　Tamanaha 1995a: pp. 478-479 (松尾訳2006: 245-255頁).
45)　とくにアメリカでは、従来はこのような見方が根強い。後掲注47参照。
46)　Tamanaha 1995a: p. 484 (松尾2006: 263頁); 松尾2004a: 105頁.
47)　Trubek 1996: pp. 223-226. 興味深いことにトゥルーベック自身は NLD を、1960年代の法と開発に対し、「法と開発の第2波」(second wave of law and development) と呼ぶ (ibid., p. 224). 前掲注45および該当本文参照.
48)　ワシントン・コンセンサス (Washington Consensus: WC) は一定の手続に従って決定された形

いった現実世界の変化とともに，⑤法社会学・法と経済学・批判法学研究などの法学界における経験的方法の進展による，第1波の開発法学にみられた「過度に割り切った進化論的自民族中心主義」の回避を挙げる。そして，「古い法と開発」がテーマとして取り上げなかったが，NLDが答えるべき問題として，法の支配が成立しうる「ミクロ的基礎」の探求，法と開発に関する「真に多国間の会話」，法と開発が目指す「規範的ヴィジョン」の提示を指摘する[49]。その後1990年代には，法と開発の「再生」，「新しいパラダイム」，開発法学の正統派を批判して新しい方法論を提示する研究なども現れた[50]。しかし，何が「新しい」かについての自覚的な共通理解が最初からあったわけではない。

しかし，そうした「新しい」要素として一定の共通理解も看取される。例えば，①普遍的価値に関するポストモダン的・脱イデオロギー的・対話型の探求，②多元主義的開発・発展観，③各々の国家・地域の歴史と経済的・政治的・社会的現状のコンテクストに従った開発プロセス，④法改革と発展との因果関係に関する経験的・実証的分析の重視，⑤法改革への参加ないしオーナーシップの重視，⑥宗教・民族・その他の文化的要素を考慮に入れた法改革プログラムの策定などである（図表Ⅰ-6・(ⅲ)（A）～（C））[51]。

(イ) 制度理論の影響

「新しい」法と開発の胎動に大きなきっかけを与えた要因として，**新制度派経済学**（New Institutional Economics: NIE）の展開を看過できない[52]。それは人々の行動がつねに既存の諸制度（institutions）に制約され，誰も「合理的な効用最大化行動者」たりえないこと，それゆえ市場で行われる取引にも費用がかかり，その多寡が制度の内容に左右される結果，制度構成の違いが経済の長期的発展

式や固定的内容をもつものではなく，ラテン・アメリカへの開発援助プロセスを経て徐々に形成され，国際通貨基金（IMF）や世界銀行（WB）が融資条件として途上国に求めるようになった一連の開発政策である。それは，①所有権法の確立，②貿易の自由化，③投資の自由化，④為替の安定と規制撤廃，⑤金融の自由化，⑥規制緩和，⑦国営企業の民営化，⑧補助金カットなどによる財政支出の削減と財政赤字の是正，⑨財政支出における教育・保健・インフラの重視，⑩税制改革を含む（Williamson 1994: pp. 17, 26-28; Rodrick 1996: pp. 12-23）。

49) Trubek 1996: pp. 224-226.
50) Mehren and Sawers 1992: pp. 67-102; Rose 1998: pp. 93-140; Chua 1998: pp. 1-107; Perry 2002: pp. 282-307.
51) Tamanaha 1995a: pp. 476-477, 483-485（松尾訳2006: 243-245頁，260-267頁）；中越2000: 181-195頁。
52) 新制度派経済学が開発の理論と政策に与えた影響に関しては，Harris, Hunter and Lewis (eds.) 1995; World Bank 2002参照。

の相違を決定づける基礎的要因になることなど，新古典派経済学の前提仮説を切り崩し，発展にとっては「制度が重要である」ことを浮き彫りにした。こうして NIE は，法律を含む制度の存在意義・構造・制度変化のプロセスに関する分析を深め，開発を促すためには法改革を通じた制度変化とそのプロセスが決定的であることを明らかにした。その帰結として，以下の2点が重要である[53]。

①制度の構成要素として**非形式的制度**（informal institutions）を無視できない結果，制度改革はたんに成文法令などの形式的制度の導入によって完成するのではなく，それを非形式的制度（文化を含む）と調和させることなしには達成されない。しかし，非形式的制度は各々の社会が歩んできた長い歴史的経緯に由来する強靭さと多様性をもつ。それゆえに変更は容易でないし，ある国で成功した法改革モデルを普遍的で理想的なものとして他国に導入しても同じように制度改革が実現するわけではない（図表 I-6・(ⅲ)(D)）[54]。

②そこで，制度改革を実現するためには，法令などの形式的制度を創設または変更するだけでなく，それによって生じる非形式的制度とのギャップを埋めるために，粘り強く新法の普及に努め，それに従った裁判を行い，新法を確実に執行できる存在としての**政府の役割**がきわめて重要になる。例えば，市場化も民主化も，たんなる規制の撤廃によって成立するものではなく，自由な取引や意思決定のためのきめ細かなルールの作成，それに基づく公正な裁判，確実な執行が不可欠である。とくに，新法の制定によって既得権益を変更したり，マイノリティーを優遇したり，自由化の結果必然的に生じる格差を是正すべく再配分を実行するためには，相当に強く・公正で・善良な政府（good government）でなければならない（図表 I-6・(ⅲ)(E)）[55]。

(ⅳ) 新たな懐疑論の萌芽

こうした開発法学の発展により，「開発においては制度が重要である」(Institutions matter in development.) という認識は，1990年代には先進国や国際開発機関による数々の法整備支援プロジェクトを通じて実践されるようになった[56]。そうした中，『世界開発報告2002——市場制度の構築』(World Bank 2002)

---

53) 松尾2001: 1-25頁。
54) Cf. Trubek 1996: p. 226.
55) Chua 1998: pp. 62-105; 松尾2004a: 146-147頁。
56) それはしばしばアメリカ，ドイツなどの先進国間の法整備支援競争の観を呈することもあった（Schmiegelow 2006）。

は，開発における制度の重要性に焦点を当て，①市場・企業（とくに農業部門，企業統治，金融部門），②政府（とくに行政，司法部門）および③市民社会（とくにインフォーマル組織，コミュニティ，メディア）が固有の機能を発揮するために，各組織を動かすソフトウェアとしての制度の相違がなぜ，どのように影響するか，効果的な制度を構築するうえで形式的制度と非形式的制度がどのような関係に立つかを多角的に分析している。市場化，民主化，人権擁護のための法改革，そのシンボル的表現としての「法の支配」の推進は，ミレニアム宣言（2000年），ミレニアム開発目標（2005年），国内・国際両レベルにおける法の支配の増進に関する国連総会決議（2006年）などを通じて国際的コンセンサスを獲得し，「良い統治」の確立という開発政策スローガンの中核的要素として主流化してきた[57]。

しかし，開発法学の理論自体は1990年代以後さほど進展を示していないように思われる。そして，2010年代になると，法改革が経済・政治・社会の発展にどれだけ寄与しうるかをめぐり，楽観主義者と懐疑主義者への二極分化がみられ，その中で多様な懐疑論が増大している[58]。こうした懐疑は1970年代に開発法学に「危機」をもたらした頃から完全に払拭されないまま潜在し続けていた開発法学の理論基盤の脆弱性に由来すると考えられ，今やそれは無視できない状況を示している。そうした脆弱な基盤の上で続けられてきた法改革，そのための国際開発協力の実践としての法整備支援（legal assistance）ないし法整備協力（legal cooperation）は順調に成果を生んでいるのだろうか。この漠然とした不安に対して正面から向き合うことなしには，かつて1950年代に華々しく誕生し，1960年代に隆盛を迎えて間もなく，1970年代に自己懐疑に陥った開発法学の失敗を繰り返すだけではないのか。かつて開発法学の開拓者でありながら「自己疎外」の危機を宣言したトゥルーベックらに対し，開発法学の成果と将

---

[57] 日本でも1995年頃から，法学者の個人的な活動を契機に，国際協力機構（JICA），法務省法務総合研究所国際協力部（ICD），日本弁護士連合会，大学，法学研究者や法律実務家個人などにより，法整備支援が本格的に展開されてきた。これまでに数々の試行錯誤が繰り返され，様々な経験的知見が蓄積されてきた（国際協力機構2009）。そして，2009年4月には，日本の法整備支援に関する初めての基本戦略として，「法制度整備に関する基本方針」が海外経済協力会議（当時）で報告・承認された。そこでは，ベトナム，カンボジア，ラオス，インドネシア，中国，モンゴル，ウズベキスタンの7か国が重点国に指定され，毎年成果と問題点がレビューされることとなったほか，ネパール，東ティモールなど，その他の国家・地域との協力も同時に進められることになった。

[58] Davis and Trebilcock 2008: pp. 915-938.

来を擁護するコメントをしたB・タマナハが[59]，近年では開発法学の展開に懐疑的見方を示していることも[60]，開発法学の混迷を象徴している。

もっとも，法と開発に対する懐疑論にも様々なレベルのものがある[61]。第1に，法改革の実施レベルにおいて，これまで法改革に携わってきた主体が真に必要な問題点を識別し，適切な法改革を実行してきたかどうかである（**法改革の実行方法への懐疑**）。第2に，法制度そのものの性質として人為的改革は相当困難であり，そもそも法システムが社会における操作可能な独立した構成要素かどうかである（**法改革の実現可能性への懐疑**）。第3に，法改革と発展との間には本当に何らかの因果関係が存在するのかどうかである（**法改革の必要性への懐疑**）。

第1の，法改革の実行方法への懐疑は，現在の法改革プロジェクトが当該国家における社会正義の達成に資するかどうか，貧困削減という目標を離れて法曹や公務員に対する法学教育を過度に重視していないか，アラブ世界におけるアメリカの法の支配プログラムのように市民的・専門家的教育よりも司法制度改革に偏っていないか，外国人の視点から行われる法の支配改革が現地で歴史的に蓄積されてきた知識や現地の諸条件への適合性についての重要性を認識し損ねていないかといった方法論的懐疑である。加えて，いくつかの法改革は貧しい国家の発展を支援するのとは反対に，グローバルな安全保障に関してドナー側に固有の利益を増大させ，その価値を輸出しようとする外国人アクターによって推進されているのではないかといった法移植のバイアスへの懐疑もある。これに対しては，ドナー側が相手国に固有の歴史・価値規範・文化および制度的伝統の重要性を相手国と共有しながら，法改革が自国の利益になるか相手国の利益になるかを争うゼロサム・ゲームではなく，両者に真の利益をもたらす**プラスサム・ゲーム**のルールづくりを目指すことにより，克服の可能性を展望できるであろう（後述Ⅵ4（7）参照）。

これに対し，第2の，法改革の実現可能性への懐疑は，法システムは各々の国家を構成する社会の歴史的・経済的・文化的・政治的な諸要因における根本的な「変化」——いわば下からの自然的で漸次的な変化——に応える形で変化するのであって，現在試みられているような法整備支援の方法，とりわけトッ

---

59) Tamanaha 1995a: pp. 472-476（松尾訳2006: 233-242頁）。
60) Tamanaha 2009.
61) Davis and Trebilcock 2008: p. 917.

プダウン的な「改革」によっては変化しえないのではないかというものである。NIEの影響により，あらゆる制度改革が既存の足場から出発しなければならず，白紙からのフレッシュ・スタートを切ることはできないという経路依存性（path dependence）は，今や開発法学でも常識化している。しかし，制度変化のプロセスについては，NIEとはやや異なる視点から，アクターの行動変化における進化論的な均衡とみる比較制度分析（the Comparative Institutional Analysis: CIA）の立場も現れており，議論は動揺している。そこで開発法学は，法システムをどのように変更しうるか，それを通じて制度がどのように変化しうるか，**制度変化のメカニズム**の理論を提示する必要がある（後述Ⅳ 5 参照）。

さらに，第 3 の，法改革の必要性への懐疑は最も徹底した開発法学批判である。なぜなら，この立場はそもそも法改革というものが行うに値するものかどうかを問題とするものだからである。それは，社会の法システムと発展との間に必然的関係はなく，当該社会の人々の間で共有されている内面化された道徳的行動規範などの非形式的規範システムによって法システムは代替可能であり，法がなくてもやっていけるとみるものである[62]。これは，質の高い法システムが発展の前提要件であること自体は否定しない第 2 の懐疑論と異なり，発展は特定のタイプの法システムと必然的関係をもたず，それゆえに法システムをより良質なものへと改革することは発展の指標にはならないとみるものである。ここでは「どのような法システム」が発展にどのように役立つかを示すだけでなく，そもそも「発展」なり「開発」が善いことか，それが人類に共通する人間性の実現に結びついているかという，根本の懐疑に通じている。そこで開発法学は，開発そのものの意義や目標を正面から問うことにより，そうした根本的懐疑に答える必要がある（後述Ⅴ 2 参照）。

(ⅴ) 開発法学の到達点と忘れられた原点
(ア) 開発法学の理論的到達点

開発法学の現在の理論的到達点（第 3 波。前述（ⅲ））は，近代化論的な自由化（市場化・民主化）の理念（第 1 波。前述（ⅰ））を維持しながら，それを実現する方法として，政府を排除するのではなく，むしろあるべき機能を備えた政府を要請することにより（第 2 波。前述（ⅱ）），政府の機能を活用した自由化を模索する結果になっている。こうしてみると開発法学の第 1 波→第 2 波→第 3 波とい

---

[62] Davis and Trebilcock 2008: pp. 932-936. この点に関しては，松尾2011bも参照。

う展開は，テーゼ→アンチテーゼ→ジンテーゼの図式によって把握することができる。その意味で，開発法学の第3波は，第1波および第2波の長所と短所を補完する形で，一定の必然性をもった展開であったといえる。それを1つの学問分野として確立するためには，制度理論が提示した課題を十分に消化し，制度改革の理論を構築する必要がある。

(イ) 開発法学の一般モデルの試み

この観点からは，R・サイドマンの「法と開発の一般モデル」が再評価に値する[63]。サイドマンは，特定の法規範と特定の種類の社会変動との関係に関する**個別論的研究**（atomistic studies）が豊富に蓄積される一方で，「ルールと行動に関する一般仮説を展開する」ような**全体論的研究**（holistic studies）がほとんどみられない状況を前に，「法と社会変動に関する一般モデル」が必要であると考えた。しかし，それに属するL・フリードマンやM・ギャランターらによる「法と開発」の一般理論的・総論的業績にサイドマンは満足せず[64]，それを「学術的」（academic）であると批判する。そして，現実問題に適用可能で，立法者などの制度改革の行為主体が具体的な判断過程で利用可能な実践主義的（pragmatic）な一般モデルの構築を目指した。この点にサイドマン理論の最も特徴的な点が見出される。

このことは，サイドマンの一般モデルの出発点ないし基本枠組が，J・デューイの調査論（the theory of inquiry）[65]にあることに端的に示されている。それによれば，社会調査（social inquiry）のプロセスは，①解決困難な問題状況の存在，②それについての政策決定者による認識，③その困難な状況を説明する理論の形成および検証による，その状況の基礎にある問題の確定，④その問題の解決のための様々なアイディアの展開，⑤これらのアイディアを当該主題に関する既存の知識に照らして比較し，吟味する推論プロセス，⑥解決のために提示された仮説の蓋然的帰結に関する熟慮プロセスを通じての吟味，⑦当該仮説によって規定された活動の開始，という手順を辿る。

サイドマンは，これら一連のステップを法的問題状況に当てはめる。その際，法と開発のモデルに期待される機能は，ステップ②に当たる立法者が，問題の所在を確定し（ステップ③），解決策を模索し（ステップ④），決定し（ステップ⑤），

---

63) Seidman 1972: pp. 311-342.
64) フリードマン，ギャランターの業績については，前掲注36，38および該当本文参照。
65) Dewey 1966.

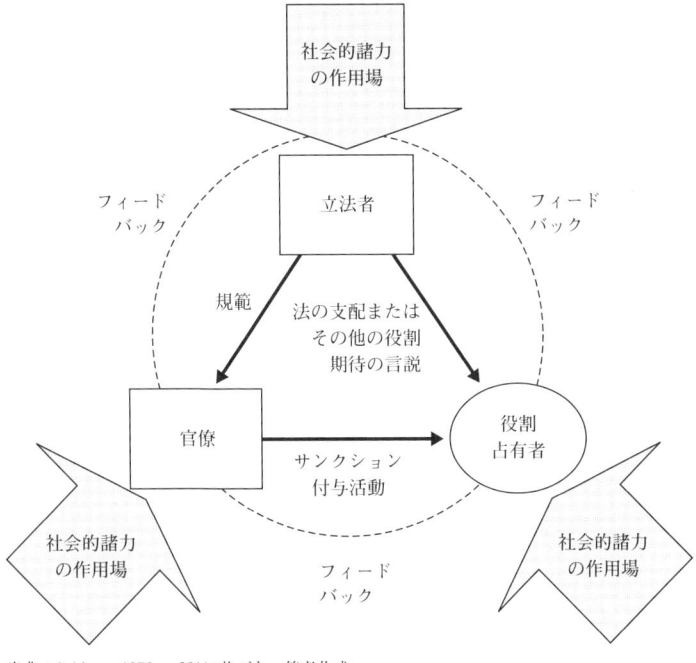

図表 I-7 サイドマンによる「法と開発の一般モデル」

[社会的諸力の作用場 → 立法者 → 規範 → 官僚、法の支配またはその他の役割期待の言説 → 役割占有者、サンクション付与活動、フィードバック、社会的諸力の作用場]

出典：Seidman 1972, p.321に基づき，筆者作成

起こりうる帰結を吟味し（ステップ⑥），そして，解決策を試行する（ステップ⑦）に当たり，様々な選択肢の中から意思決定を行うための基準を提供する点にある。すなわち，法と開発の適切なモデルは，立法者自身の主観的価値が，考えられる代替的な説明方法や解決策を曖昧なものとすることを無意識的に許容したのではないと立法者が確証できるような，「導出的な道案内」(a heuristic guide) を提供すべきであるとする。この指摘は開発法学の理論が何を，何のために明らかにしようとしているのかという，理論の目的を明らかにするうえで有益な示唆を提供している。例えば，サイドマンは，デューイの提示したステップ⑥に当たる結果の予測に関し，つぎのようなモデルを提示する（図表 I-7参照）。

【仮説Ⅰ（A）】

 a．法のルールはどれも役割占有者（a role occupant）がどのように行為すべきであると期待されているかを規定する。

 b．役割占有者が法の規範に応えてどのように行為するかは，設定されたルール，そのサンクション，執行組織の活動，およびその者に影響を及ぼす社会的・政治的・その他の諸力の全複合体——サイドマンのいう社会的諸力の「作用場」（field）——の関数である。

 c．執行組織（官僚）が法の規範に応えてどのように行為するかは，設定されたルール，そのサンクション，それに影響を及ぼす社会的・政治的・その他の諸力の全複合体——社会的諸力の「作用場」（field）——，および役割占有者からのフィードバックの関数である。

 d．立法者がどのように行為するかは，役割占有者に対して設定されたルール，そのサンクション，役割占有者に影響を及ぼす社会的・政治的・イデオロギー的・その他の諸力の全複合体，および役割占有者ならびに官僚機構からのフィードバックの関数である[66]。

　さらに，法と開発のモデルは，立法者（または官僚機構，その他の役割占有者）の規範的選択を指導する基準となる「価値に関する標準」を提供できなければならない。この点についてサイドマンは，「文明化された」社会（"civilized" society）ではどこでも単一で同質的な価値体系——それは法システムに対する大抵の要求を包摂する——が存在するとみたパウンドを批判し，アフリカ諸国のような発展途上世界では，身分（status），契約（contract）および計画（plan）という価値が今なお並存し，それぞれが承認を求めて競合していると反論する。そして，以下のように仮説を拡張する。

【仮説Ⅰ（B）】

１．（a）地位志向的政治体（a Status-oriented polity）の一般化された目的は，安定性の維持と変化の回避である。それは帰属的権利（ascriptive right）による権限と特権の分配（allocating）を通じて行われる。

（b）その変更モデルはシステム・モデルである。

２．（a）契約志向的政治体（a Contract-oriented polity）の一般化された目的は，１人当たり国民総生産の増加である。それは，

　①収益への欲求によって動機づけられた私企業が，契約という法的枠組の範

---

[66]　【仮説Ⅰ（A）】に関しては，Seidman 1972: p. 321に掲げられた図を参照。

囲内で行使するイニシァティブ，および②私企業の活動に資するインフラストラクチャー的で制度的な環境を提供することによる国家のイニシァティブを通じて達成されうる。
(b) その変更モデルは開発的モデルである。
3．(a) 計画志向的政治体 (a Plan-oriented polity) の一般化された目的は，権限と特権のより平等主義的な配分に伴う1人当たり国民総生産の増加である。それは，生産およびインフラストラクチャーに関する部門が国家計画を通じて行使するイニシァティブと命令を通じて行われうる。
(b) その変更モデルは変更のためのモデルである。

この【仮説Ⅰ (B)】はきわめて一般的なものであるが，これをアフリカにおける法秩序に当てはめると，以下のように一歩具体化した仮説を展開することができる。

【仮説Ⅰ (C)】
a．アフリカ法の法律的テーマは，地位・契約・計画である。これらは順次，生存経済・通貨によって取引が行われる私的部門の市場経済・公的部門の生産関係とそれぞれ結合している。
b．これらの法律的テーマは，経済活動に関するいくつかの特別法がそれぞれ該当する枠組を構成する。
c．開発は，高度の特化と交換を伴う，通貨によって取引が行われる経済〔市場経済〕，〔または〕統合された経済〔計画経済〕に通じる法を要求する。
d．地位に関する法律的テーマは，開発によって要求される類の経済ではなく，生存経済に相応しい。
e．それゆえに，開発に関する法のルールは，地位に関するものではなくて，契約か計画に関する法律的テーマをもつことが期待されている。

このようにサイドマンは，開発の法モデルとして，契約または計画を通じて生産・分配が行われる経済システムを構築するための法システムを構想している。しかし，このような一般モデルは，サイドマンが目指す立法者，その他の政策決定者がいくつかの選択肢の中から意思決定をする際に具体的な指標を得られるようなレベルにはなっていない。そこで，さらに具体的レベルの理論の展開が求められる。

サイドマンは，一般理論を具体的な政策選択に活用可能な指標へと媒介する

ものとして，相互に関連し，証明された一連の「中間レベルの仮説」を探求する。すなわち，法と開発の一般モデルを構成する仮説には，①一般的性質をもつ仮説に加え，法と社会との因果関係に属する個々の局面に関する仮説として，②役割占有者に対して作用する社会的諸力に関する仮説，③官僚機構に関する仮説，④フィードバックに関する仮説，⑤サンクションに関する仮説，⑥政策選択に関する仮説，⑦意思決定および意思決定構造のデザインに関する仮説などがある。サイドマンはその各々について「中間レベル」の仮説を展開する。

《中間レベルの仮説①》一般的性質をもつ仮説
【仮説Ⅱ（A）】
　a．開発は，人々が新しい方法で行為することを要求する。
　b．独立時に継受された法体制は，植民地時代と同様に行動し続けるように人々を誘引する制度を構築した。
　c．それゆえに，法における普及した変化は開発の付随物であると期待される。

このうち，植民地法に関しては，

【仮説Ⅱ（B）】
　a．植民地法は契約の体制と地位の体制の共存に代表される二重の社会および経済を制度化した。
　b．統一化された経済は一連の統一化された制度を要求する。
　c．それゆえに，時間が経つに連れて二重の法体制は消滅する傾向にあり，統一化された法システムによる置き換えが可能である。

そこで，植民地法がどのようにして変化させられるかが問題になる。この点に関しては，さらにつぎのような仮説が展開される。

【仮説Ⅱ（C）】
　a．特定のサンクション機関を伴う社会的・政治的・経済的コンテクストにおいて，特定の種類の活動を誘引する法は，偶然による場合を除いて，異なる社会的・政治的・経済的コンテクストにおいても類似の活動を誘引するであろう。
　b．①それゆえに，アフリカに継受されたイギリス法が，イギリスにおいて生み出すのと同様の種類の活動を役割占有者によって生み出すことは期待されえない。

②それゆえに，アフリカにおいてある時期にある種類の活動を誘引する法が，他の時期において同様の種類の活動を生み出すことは期待されえない。

《中間レベルの仮説②》役割占有者の行動に影響を及ぼす諸力の識別
【仮説Ⅲ（A）】
役割占有者がその活動のために設定されたルールに従って行為するかどうかは，以下の3つの変数に依存するであろう。すなわち，
 a．当該規範が伝達されたかどうか。
 b．当該規範が役割占有者の当該地位に関して設定された目標にとって機能的かどうか。
 c．役割占有者が逸脱的に行動するよう動機づけられているかどうか。

サイドマンはこれらの一般的仮説に従い，経験的検証に供しうる，そして，関連する変数を識別することのできる，多様な中間レベルの仮説を生み出すことができるとみている。例えば，開発の規範に関しては，以下のような仮説が成り立ちうる。

【仮説Ⅲ（B）】
 1．開発の規範は，それが既存の物理的諸条件の下では実行されえないがゆえに，機能不全に陥ることが想定されうる[67]。
 2．開発の規範は堅固に身を固めた利益集団および階級によって反対されることが想定される。
 3．既存の制度は提案された開発の規範が機能不全となるような〔役割占有者の〕行動を助長することが想定されうる。
 4．伝統的社会において支持されている役割と開発の規範との間の役割紛争は，逸脱行動への動機づけに通じることが想定されうる。
 5．開発の規範に対しては，それが文化的価値の体系によって称揚された価値に反する価値を具体化していることを理由に，数多くの役割占有者が逸脱行動へと動機づけられることが想定されうる。
 6．開発の規範に対しては，役割占有者らの準拠集団が〔開発の規範と〕矛盾する規範に固執することを理由に，数多くの役割占有者が逸脱行動へと動機づけ

---

[67] ここでは，費用ばかりかかって結局は失敗に終わるずさんな計画が上げられる。例えば，ガーナの監獄における設計上の限界が理由となって，1888年以降ガーナの監獄条例の規定対象はその全体が違反状態にあった（Seidman 1972: p. 339, note 3）。

られることが想定されうる。
7．既存の文化によって提示された役割のカタログが開発の役割と矛盾する多くの役割を含むことを理由に，数多くの役割占有者が逸脱行動へと動機づけられることが想定されうる。
8．開発の規範に対して，それが開発のイデオロギーと相容れないイデオロギーを採用したことを理由に，数多くの役割占有者が逸脱行動へと動機づけられることが想定される。

《中間レベルの仮説③》官僚機構に関する仮説
【仮説Ⅳ（A）】
a．法によるサンクションを加える官僚機構およびその構成員は，その組織に対する緊張を緩和し，その組織に対する報酬を最大化するような方法で行為する傾向にある。
b．共同体の中で権限および特権を保持する階級は，官僚機構にとっては最大の緊張をもたらし，かつ最大の報酬を提供する。
c．それゆえに，法によるサンクションを加える官僚機構は，共同体の中で最大の権限と特権を保持する階級の要求に合致するように，開発の規範に関するサンクションを加える傾向があると想定されうる。

このような一般的仮説から，より具体的な中間レベルの仮説が引き出される。

【仮説Ⅳ（B）】
1．アフリカにおける官僚機構は，反抗的に行動するのでないかぎり，すでに権限および特権を保持している階級――すなわち，①伝統的なエリートおよび支配階級，②国外の在住者の経済的利益およびそのアフリカにおける代表者，③官僚機構のエリート自身――の利益に合致するように行為するものと想定される。
2．アフリカ政府は，法合理的な正当性（legal-rational legitimacy）を維持するために，官僚機構による目標代替（goal-substitution）を阻止すべく，新しい制度と法律を発展させることが期待される。
3．官僚機構からの立法者に対するフィードバックが実効的であるかぎり，立法者は合法性を維持する制度を発達させないであろう[68]。

---

[68] その理由はおそらく，そうする必要性が実際には生じないからであろう。法治主義（的な意味での法の支配）の内容も，こうした政府組織における機関相互間の実態により，実際には多様であると考えられる。

4. 政府がより平等主義の原理に与すればするほど，それがエリートによる目標代替を阻止する規範を発達させることがますます多くなるであろう。
5. 官僚に付与された裁量権限の範囲が広くなればなるほど，目標代替が起こる可能性も高くなる。
6. 政府が開発に与すればするほど，それが官僚に広範な裁量権限を付与することがますます多くなる[69]。
7. 政府が開発および平等主義に与すればするほど，それが官僚への広範な権限付与と目標代替を阻止する制度とを同時に発展させるように試みることがますます多くなる。
8. 計画に与する政府は，契約に与する政府よりも，法合理的な正当性を維持することがますます多くなる。

《中間レベルの仮説④》フィードバックに関する仮説
【仮説Ⅴ（A）】
新法の制定がただちに特定の種類の活動を生み出すわけではないことを考慮しつつ，
　ａ．役割占有者に向けられたある規範に対応するこの者の活動は，部分的には官僚の活動の関数である。
　ｂ．官僚の活動は，部分的には当該規範に対する役割占有者の反応および官僚の活動それ自体の関数である。
　ｃ．それゆえに，役割占有者に対する官僚の活動は，役割占有者の反応が官僚機構にどれほど深く思い知らされるかに応じて多様であることが想定される。

　この仮説の例として，政府の同意なしに不動産売買をすることを禁じたタンザニアの制定法が，経済的な圧力のゆえに数多くの地域で違反されたことが挙げられる。その際，第１審裁判所は，これらの売買が制定法に反するにもかかわらず，それらを是認した。そうした裁判所の活動は，制定法に対する役割占有者の反応への裁判所の対応ということによってのみ説明可能である。
　いずれにせよ，フィードバックのチャンネルを構築することは正当性，参加および新しい行動の制度化に対して重大な帰結をもたらす。そして，役割占有者・官僚・立法者の間に純粋に協力的な関係が構築されるチャンスが増えれば増えるほど，**・行・動・の・変・更**――それこそがまさに開発にほかならない――をもた

---

[69] これは開発のパラドックスというべき必然であり，後にみる良い政府のジレンマを生じる原因となる（後述Ⅲ3（3）参照）。

らす蓋然性も高くなる。このプロセスの理論化はきわめて重要である。

【仮説Ⅴ（B）】
1．新しい形態の開発によって変更されたと称する規範が，とりわけ家族生活および両性間の関係におけるそれが，強力に支持されればされるほど，官僚に対する役割占有者による反応的なフィードバックはますます強くなり，したがって，官僚が新しい規範を強制することはますます少なくなる。
2．立法者に対するフィードバック・チャンネルが明確に文言化されればされるほど，そして，それらが活発に利用されればされるほど，当該フィードバック・チャンネルにアクセスする公衆の正当性の蓋然性はますます高くなる。
3．フィードバック・チャンネルが明確に文言化されればされるほど，そのメッセージ量が増えれば増えるほど，そして，送り主と〔政治的な〕意思決定者との間のチャンネルにおける段階が少なければ少ないほど，役割占有者による意思決定への参加はますます増大する。
4．役割占有者による意思決定への参加が増大すればするほど，立法者および官僚によって誘引することが求められた変更が制度化される蓋然性はますます高くなる。

《中間レベルの仮説⑤》サンクションに関する仮説
【仮説Ⅵ（A）】
ａ．ある社会的・政治的・経済的コンテクストにおける法のルールへの反応として特定の種類の活動を誘引したサンクションは，偶然による場合を除き，それと異なる社会的・政治的・経済的コンテクストにおいては類似の活動を誘引することはないであろう。
ｂ．それゆえに，イギリスにおけるある法のルールへの特定の種類の反応を誘引するサンクションが，アフリカにおける類似の法のルールへの同様の種類の反応を誘引することはないであろう。

この【仮説Ⅵ（A）】はまた，消極的な罰としてのサンクション概念だけでは法と開発の問題にとっては不十分であることも示唆しており，サンクションの新しい定義を必要としている。そこで，以下の仮説が提示される。

【仮説Ⅵ（B）】
ａ．「サンクション」は役割占有者の逸脱傾向を克服するためにデザインされた

政府のあらゆる活動である。
　ｂ．開発の状態においては，法の努力は，既存の文化の視点からは逸脱とみえるような新しい方法で行為するよう，人々を誘引することである。
　ｃ．アフリカにおいては，開発の状態下での法的サンクションの機能は，既存の社会のサンクションに対して軽い追加的な力を与えるのみならず，開発の規範の遵守を罰する傾向をもちうる既存の社会のサンクションに反対するような状態を創り出すことである。
　ｄ．それゆえに，サンクションは，典型的には，たんに逸脱者を処罰することよりもずっと広い範囲の政府活動をカバーするものと想定されうる。

　こうした開発のコンテクストを考慮に入れたサンクションの積極的側面に関しては，以下の仮説が提示される。

【仮説Ⅵ（C）】
　１．開発に関する法は，典型的には，罰則よりも報酬によってサンクションを与えられるであろう。
　２．報酬によってサンクションを与えられた法は，典型的には，諸個人が開発の新しい役割を満たすための自己選択を行う機会を創造する。
　３．サンクションを与える活動が開発に関する役割占有者による創造性とイニシアティブをますます鼓舞するようにデザインされればされるほど，開発のために設定された目標はより多く達成される。
　４．開発に関する法が成功するとすれば，特定の技術，教育および訓練を経た幹部団を発展させるべくデザインされた教育的，訓練的およびイデオロギー的な制度が創設されなければならない[70]。

《中間レベルの仮説⑥》価値判断に依存して行われる政策選択に関する仮説
【仮説Ⅶ（A）】
民間部門に相応しい活動を生み出す法は，偶然による場合を除き，公的部門に相応しい活動を生み出すことはない。
【仮説Ⅶ（B）】
　１．契約志向的な政治体における開発に関する法のルールは権限創造的ルールである傾向がある一方，計画志向的な政治体におけるそれは役割占有者における特定の活動を誘引することを求めるであろう。

70）　このような開発観に基づく開発戦略は，サイドマンに特有の考え方を反映している。

2．契約志向的な経済における計画では主として民間企業の努力の帰結として到達するように望まれる目的が設定される一方で，計画志向的な政治体における計画は特定の役割活動を求める特定の物理的プロジェクトのために設定される傾向をもつであろう。
 3．法は民間部門における特定の種類の投資にサンクションを付与し，公的部門における政府による特定の生産的投資を開始するものと想定されている。前者は契約志向的な政治体において，後者は計画志向的な政治体において強調されている。
 4．政府が迅速に開発を達成することを追求すればするほど，ますます計画という法律的テーマを採用することが適切に〔採用しがちに〕なる。
 5．政府が開発に関する法についての中心的な法律的テーマとして契約に依拠すればするほど，既存の二重経済が自己を再生産することが多くなるであろう。

 アフリカでは迅速な開発が求められた。その結果，計画法の衝撃的で急速な発展がみられ，憲法および行政法の構造が急速に変更される度合いが高かった。

《中間レベルの仮説⑦》意思決定および意思決定構造のデザインに関する仮説
【仮説Ⅷ（A）】[71]
 a．官僚機構は特定の意思決定構造を具体化する。
 b．意思決定構造は，官僚機構が直面する決定に関して議論すべき課題にとって適切なものでなければならない。
 c．開発の状態にあるアフリカの独立した政府が意思決定に際して議論すべき課題は，植民地時代の政府のそれとは大きく異なる。
 d．それゆえに，アフリカの政府における意思決定プロセスを定義する法においては，急進的な変更が想定されうる。

【仮説Ⅷ（B）】
 a．官僚機構は目標志向的な制度〔組織〕である。
 b．アフリカの独立した政府の目標は植民地時代の政府の目標とは異なるものと称されている。
 c．官僚機構の組織はその目標によって多様である。
 d．政府の官僚機構の組織は法によって定義される。

---

71) サイドマン論文（Seidman 1972: p. 334）においては，この仮説は"Ⅸ（A）"と表示されているが，その前の説明との連続性に鑑みて，本書ではⅧ（A）と解して引用する。

e．それゆえに，独立状態にある政府の官僚機構の組織を定義する法は，植民地状態下におけるそのような制度〔官僚機構〕の組織を変更するものであることが期待されている。

　ここでサイドマンは，開発による社会変動のスピードをとくに問題にしている。そして，この点について，K・ポパーが《漸進的変化のみが合理的である》と主張するのに対し[72]，サイドマンはその示唆を尊重しつつも，ポパーとは微妙な温度差を示している。すなわち，漸進的変化は現行の有効なルールに対する軽微な調整という比較的連続的なプロセスを含むのに対し，包括的または革命的変更は不連続的なプロセスを含むことを認める。しかしながら，「開発ならではの本質は，それが不連続的プロセスであることが多い」とみる（傍点引用者）。そして，「権限における変化は，歴史的には漸進的手段によってはほとんど達成されなかった。それが達成された場合でも，それはおそらく発生期のアフリカ諸国には与えられないであろう〔ような長い〕時間的間隔を占めてきた」とみる[73]。

　これは，先進国がきわめて長期の歴史的経緯の中で達成してきた変化を，比較的短期間のうちに実現させようと試みる開発の宿命をどう受け止めるべきか，開発法学にとって根本的な問題提起というべきである。私見は革命的・不連続的な変化には懐疑的であり，漸進的変化を支持する（後述Ⅳ5参照）。しかし，いずれにしても開発は現状の意識的変更という人為性の濃い働きかけであり，それゆえに何の変化も現れなかったり，思わぬ副作用が生じたりすることも往々にしてある。サイドマンはここでその宿命を背負う覚悟を示しているように思われる。

【仮説Ⅷ（C）】
　a．開発は既存の二重経済および二重社会が急進的に変更されることを要求する。
　b．変更のプロセスにおいては，権限および特権を引き出している階級および利益〔団体〕が既存の社会の構造から必然的に追い立てられるであろう。
　c．それゆえに，開発は一連の漸進的な変化よりもむしろ包括的または革命的な変化を要求するものであることが期待される（傍点引用者）。

---

[72]　Popper 1957.
[73]　Seidman 1972: pp. 335-336.

サイドマンは、【仮説Ⅷ（C）】のコロラリーとして、以下の仮説を追加する。

【仮説Ⅷ（D）】
1. 開発に関する法の変化は、契約の枠内においては、包括的または革命的というよりは漸進的である傾向をもつであろう。
2. 開発に関する法の変化は、計画の枠組においては、新たな制度が創設されるまでは包括的または革命的な変化である傾向をもち、その後は変化は漸進的なものであろう。
3. 開発に関する法によって要求される変化が包括的なものであればあるほど、望まれた活動が実現される可能性はますます低くなる。
4. アフリカの政治体は、包括的または革命的な変化に随伴するリスクを削減するための工夫を発展させることが期待されるであろう。例えば、
　a．パイロット・プロジェクト。
　b．開発の周辺部分に関する変化よりもむしろ「鍵となる関連部分」（key links）における変化。
　c．計画への関心の増大。
　d．迅速なフィードバックおよび改正のための装置を内蔵した立法の利用。
　e．国家全体の範囲における包括的変化を一遍に達成することを追求するよりも、むしろ地理的に限定された地域における包括的変化を一度に達成すること。

ここでまたサイドマンは、政策判断に際しての費用－便益計算の視点をも重視する。

【仮説Ⅷ（E）】[74]
　a．提案されたルールのコストには以下のものが含まれる。
　　①当該ルールが誘引するであろう役割占有者の活動がもたらすと想定される不利な帰結、
　　②援用されたサンクションの費用、
　　③官僚機構によるサンクション付与活動の費用、
　　④サンクションを付与する官僚機構の活動によって誘引されるであろうフィードバック活動。
　b．提案されたルールの便益には以下のものが含まれる。

---

74) Seidman 1972: p. 337では、"Ⅸ（F）"と表示されているが、その前の説明との連続性に鑑みて、本書ではⅧ（E）と解して引用する。

①当該ルールが誘引するであろう役割占有者の活動がもたらすと想定される有利な〔好ましい〕帰結,
②当該ルールに関するサンクションとして企図された官僚機構の活動についての,役割占有者に対する教育的効果,
③当該ルールを執行する試みについての,官僚機構に対する教育的効果。
ｃ．提案された選択肢が採用されるかどうかは以下の2つの指標に依存する。
①当該選択肢が立法者の価値枠組の範囲に入るかどうか,および
②その価値枠組において便益が費用を上回るかどうかである。

サイドマンは,主として1960年代までのアフリカ社会の現実を念頭に,法と開発の一般モデルを提示した。その特色として以下の点を挙げることができる。
①サイドマンは,法制度の発展が大抵は「古い瓶に新しい酒を注ぐことによって達成されてきた」[75]ことを認めながら,法を通じた開発は相当急進的な,一定のスピードをもって行われる制度変更であると捉え,かつそれが必要であると考えている。このことは,「開発は既存の二重経済および二重社会が急進的に変更されることを要求する」(前述【仮説Ⅷ(C)】a),「開発は一連の漸進的変化よりもむしろ包括的または革命的変化を要求するものであることが期待される」(【仮説Ⅷ(C)】c)という仮説によく表れている。

②もっとも,サイドマンも,急進的制度改革がどれほど困難であるか,また,そこには数多くのマイナス要因やリスクが存在することを看過しているわけではない。このことは,前記仮説にも表れている。そして,この点に関するサイドマン・モデルの特色は**折衷的な解決策**を模索していることである。例えば,**「国家全体の範囲における包括的変化を一遍に達成することを追求するよりも,むしろ地理的に限定された地域における包括的変化を一度に達成すること」**(【仮説Ⅷ(D)】e)がよいと考えている。こうした折衷的戦略は,1980年代後半以降,今日に至るまで続いている中国における一連の法と開発の実践を彷彿とさせるものがある。とくに経済特区を設け,投資を誘発するための法改革(土地利用権の付与,税の減免措置,紛争解決の迅速化等)によって変化を促すことは,今でも頻繁に行われている。

開発をもたらすための制度変更はある程度急進的でなければならないという見解に対しては,NIEおよびその影響により,非形式的制度も含む制度の変化

---

[75] Seidman 1972: p. 316.

は実際に漸進的であるという認識が徐々に広まっている（後述Ⅳ3（3），5（1）参照）[76]。しかし，NIEによる制度分析は，制度変化のプロセスをより詳細に分析するための視点を提供したものの，そうした制度変化を誰が，どのようなプロセスを通じて生じさせることができるかという，制度変化のメカニズムに関しては発展途上にある。この観点から，制度変化の主体とプロセスに関する問題意識を自覚的に堅持して試論を展開し始めたサイドマン理論の先駆的業績は，再評価されて然るべきであろう。しかも，NIEの分析対象からは漏れていた規範体系についての理論（後述Ⅴ参照）の要素が，サイドマン理論には萌芽的ながら見出される。例えば，規範的な分配の基本原理としての地位・契約・計画——これらの相違は配分的正義と交換的正義の配合度の相違に見出しうる——を並列的に取扱い，社会の変化に応じた制度変更の可能性を示唆している。

　サイドマンは開発を「特定の形態の社会変動」であると捉えるが[77]，どのような形態の，どのような方向への社会変動を制度改革を通じて促すべきかは，個々の社会においてその時々の状況に応じ，制度改革の主体——公務員，その他決定権限をもつ者，市場参加者，企業ないし企業経営者・従業員，市民団体やその構成員等——によって決定される。開発法学はこれらの行為主体が直面する問題局面において必要と感じる制度改革に向けて具体的判断を行い，行動を選択するために，明確な基準の提供を期待されているといえる。

　その際，制度改革の主体は，大いなる緊張をもって「開発」に取り組まなければならない。なぜなら，①政府が開発に与すればするほど，官僚に広範な裁量権限を付与することがますます多くなり，また，開発のための法改革によって要求される変化が包括的なものであればあるほど，望まれた活動がもたらされる可能性はますます低くなる。さらに，②われわれが直面している社会状況は漸進的制度変化を待つには長すぎるが，短期間のうちに急進的改革を試みても実際の制度変化が生じるとは限らない状況から解放されることがない中で，開発法学の一般理論を模索し，洗練してゆかなければならないからである。

（2）　開発法学の課題と方法

（ⅰ）　開発法学の課題

　以上のような展開経緯を足場にして開発法学の理論枠組を構築する必要があ

---

[76]　この点については，松尾2001: 1-25頁参照。
[77]　Seidman 1972: p. 313.

る。法改革と社会変動の関係について全体論的研究の必要性を説いたサイドマンの「法と開発の一般モデル」（前述（1）（v））は，メリーマンの「比較・法と社会変動」（前述（1）（i）（イ））の構想を一部先取りして具体化する試みでもあったと評価できる。しかし，それが真に全体論的研究となるためには，社会の全体構造を視野に入れた社会認識モデルに立脚し，法と社会変動との関係を構成する諸要素間の相互作用を包括的に把握できるものである必要がある。この観点から，開発法学の課題は以下のように集約することができるであろう。

課題1 社会の仕組みにおける法の位置づけの解明

一般に「社会あるところ法あり」（Ubi socieatas ibi ius）といわれるが，はたして社会には法が不可欠なのか，不可欠であるとすればそれはなぜか，法はどのような役割を果たしているか，その本質は何か，そして，法の変化と社会の変化はどのような関係にあるかを明らかにしなければならない。このように社会の仕組みにおける法の位置づけ・本質・役割が，社会構造および社会変動メカニズム全体の中で動態的に解明されることが，開発法学の第1の課題である。なぜなら，開発のために法という手段を使いこなすためには，社会の仕組みとの関係で法の本質や変化のメカニズムを十分に知る必要があるからである。

課題2 法改革と社会変動の因果関係の分析

社会と法の関係に関する一般理論を踏まえ，法改革によってどのような社会変動が生じ，それによってどのような経済的・政治的・社会的成果が見込まれるか，より具体的な知識の蓄積が求められる。この課題は，法改革が経済成長や民主化や福祉の向上といった具体的な発展にどのように結びついているか，因果関係の解明を目指すものである。その際には，法改革の分野と社会変動の成果の領域を絞ったミクロ・レベルの分析が求められる。

課題3 法改革の戦略的プログラムの策定および実施

以上の知識を応用して，特定の国家ないし社会において，誰が・どのような手段およびプロセスにより，個々の法制度改革を実践すべきか，長期的で具体的で包括的なプログラムを策定する必要がある。それは目的と手段の重層的連鎖を明確にした法改革の**戦略**（strategy）の策定を意味する。すなわち，個別の法改革プロジェクトの目的⇄それを手段とする一連の法改革プログラムの目的⇄それを手段とする特定の施策の目的⇄それを手段とする，より上位の政策目的……という目的・手段の関連づけによる法政策体系の構築である。このコンテクストにおける「戦略」とは，たんに目標達成を確実にするための手段の明

確化にとどまらず，戦略本来の意味，すなわち，目的・手段関係の連鎖をたえず双方向に辿り，繰り返し検証することにより，**真の目的**が何であるかを明確化にすること，つまり，**本質の洞察**および**真理の探求**を指している[78]。このような法改革の戦略的プログラムの策定・実施，実施結果のフィードバックによるプログラムの改良・実施，実施結果のプログラムへのフィードバック，……の繰り返しは，課題1および課題2よりも実践的な課題であるといえる。

課題4 開発の最終目標の明確化

そうした一連の法改革戦略によって実現されるべき究極目的は何か，換言すれば，開発の目標とは何か，あるいは端的に開発・発展とは何かについて，たえず探求する必要がある。というのも，何のための法改革か，最終目標が明確にされ，その達成の見込みが少しでもなければ，戦略自体が動揺し，具体的な経済成長や民主化や福祉の向上に通じなかったり，従前よりも悪化することもないとはいえない。そうした開発の究極目標を明らかにするためには，人間にとって普遍的価値が何であるかを考察対象とする規範体系についての理論が不可欠である。より具体的にいえば，開発が目指す人々の幸福とは何かを，各々の社会の歴史や文化を考慮しつつ，解明するものである。その際には，普遍的価値に関する規範的議論を正面から行う必要がある。

（ⅱ）開発法学の方法

これらの4つの課題に順次検討を加え，それぞれの問題に答えてゆくことが，開発法学の理論構築に通じる最も確実な方法であろう。このうち，本書では，主として第1課題および第4課題に重点を置いて検討する。理由は2つある。第1に，第1課題および第4課題は，開発法学の基礎理論というべき一般的な理論枠組の構築に関わるからである。これらの課題は，第2課題および第3課題に取り組むためにも，予め十分に考察を加えておくべき重要性があり，優先度が高いと考えられる。第2に，第2課題および第3課題は，より具体的な法分野，発展領域（経済的・政治的・社会的成果）および特定の国家ないし社会に焦点を当てた各論的研究を中心とするからである。

（ⅲ）社会認識モデルの構築

開発法学の4つの課題，とくに第1課題を追求するための出発点になるのが，そもそも社会（society）とは何かという問いである。ここでは社会の仕組みを

---

78) 野中＝戸部＝鎌田＝寺本＝杉之尾＝村井2005: 338, 349頁参照。

端的に捉えるための社会認識モデルの構築が求められる。複雑な社会の仕組みを可視的に単純化して認識することは容易でない。しかし，フリードマンが構造的要素・実体的要素・文化的要素からいわば立体的に観念した「法システム」（前述（1）（i）（イ））論は，すでに社会構造論を意識したものであったといえる。とりわけ，法とそれを生み出す立法機関や裁判所等の組織とが区別され，かつそうした組織による所定の手続を通じて形式化された法と法について長期間にわたって漸次的に形成された人々の価値観・意識・態度等の法文化とが識別されていることが注目される。それらは，その後 NIE によって意識的に明確にされた組織と制度との区別，および制度における形式的制度と非形式的制度との区別に通じるものと解されるからである（後述Ⅳ1, 3, 4参照）。

社会はその構成員が互いによく知り合った人々の間だけでなく，構成員同士が必ずしも相互に知らない者の間にも成り立ちうる。国家や地方公共団体はその例である。お互いに顔も知らない者同士の間になぜ社会が成り立つのだろうか。そこでは構成員を相互に結び付けるものとして，構成員の精神の中に形成される想像上の目に見えない《紐帯》があるのではないだろうか。より可視的なものから考察すると，社会には少なくとも以下の4つのレベルが存在することが認められる（図表Ⅰ-8）。

（ア）　個人のレベル

社会には複数の人々，すなわち，2人以上の**個人**（individuals）が存在する。個々人は，各人が置かれた状況下で，その時々の刺激，情報等に反応し，各人の判断力，欲求，動機および意思決定に従い，きわめて多様な行動をしている。そして，社会認識において現実に手に触れて確認できるのは，この個人のレベルのみである。個人のレベルから上の世界（図表Ⅰ-8のⅡ・Ⅲ・Ⅳ）はすべて抽象化された想定の世界である。それでもなおそれらの所在がどこにあるかをしいていえば，それは諸個人の精神の中にあるというほかない。つまり，組織も制度も規範理論もみな人間精神の産物である。もっとも，その抽象度は一様ではなく，Ⅱ（組織）→Ⅲ（制度）→Ⅳ（規範理論）と進むに連れ，抽象度が次第に高まるものということができる。

（イ）　組織のレベル

社会は複数の人々から構成されるが，その逆は必ずしも真でない。なぜなら，複数の人々が相互に目的を共有することなしにたまたま集合した状態（例えば，赤信号で歩道脇に立ち止まった人々）を社会とはいわないからである。人々が共通

図表 I-8　社会認識モデル

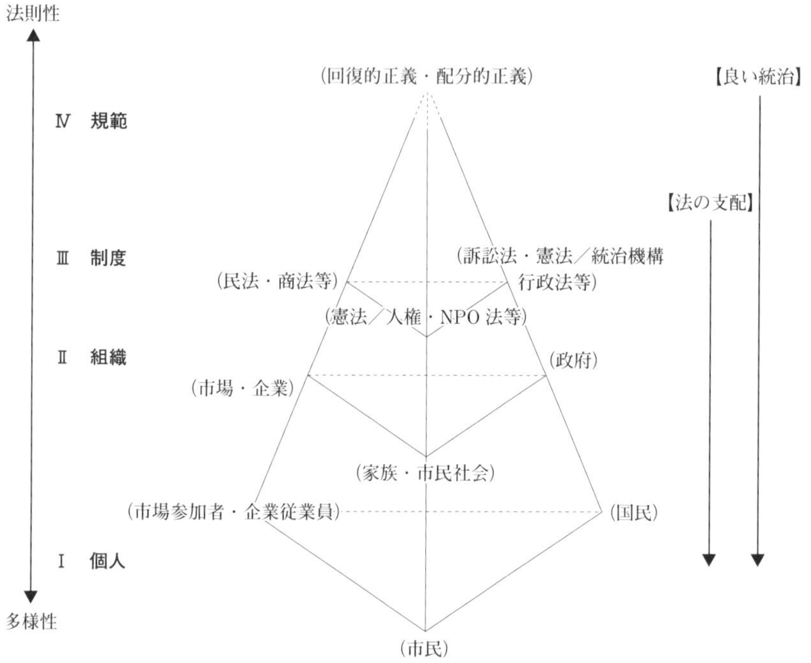

```
法則性 ↑
                    (回復的正義・配分的正義)              【良い統治】
  Ⅳ  規範
                                                        【法の支配】
  Ⅲ  制度                    (訴訟法・憲法／統治機構
              (民法・商法等)......... 行政法等)
                        (憲法／人権・NPO法等)
  Ⅱ  組織
              (市場・企業)................(政府)
                        (家族・市民社会)
              (市場参加者・企業従業員)......(国民)
  Ⅰ  個人
多様性 ↓
                          (市民)
```

出典：筆者作成

の目的を達成するために**組織**（organizations）を形成することが，社会の特徴といえる。実際，家族，企業，市場，労働組合，協同組合，ボランティア団体，宗教団体，学校，学会，同好会，スポーツ団体，福祉団体，自治会，政党，地方・中央の政府（議会，裁判所，行政庁，独立行政委員会），国際機関等々，大小様々な数多くの組織（団体や財団）が存在する。それらの組織は「様々な目標を達成するという共通の目的によって結びつけられた，個々人の集合である」[79]。そこには自発的なものも非自発的なものもある。そして，1人が複数の組織に所属することも，組織が他の組織の一部を構成することもあり，複雑な所属関係を形成している。

　人々が様々な組織に所属し，組織としての活動が行われることにより，個人

---

[79] North 1990: p. 5（竹下訳1994: 5頁）.

では達成困難な目的を実現することができる。この意味で組織は人間の協力（cooperation）の典型的形態である。協力はあらゆる社会問題の根源に位置するキー・ポイントである。あらゆる社会問題は人々の間の《**協力の失敗**》として捉えることができる。その最悪の事態が戦争である。反対に，《**協力の成功**》は社会の発展を促進する。すなわち，「中心的な焦点は人間の協力問題にある。……複雑な交換に対する協力解を得るための快適な環境をつくる制度の生成発展は，経済成長をもたらす」[80]。政治的・社会的にも経済的にも，「人間は協力に依存している」ということができる[81]。

（ウ）制度のレベル

そうした協力関係を維持するためには，構成員の非協力的行動を抑制し，協力的行動を促進する仕組みが必要になる。そのために様々な組織の内部では自ずからルールが形成される。この意味で，組織とは共通ルールに服する複数の人間の集合体であり，「組織は……ルールによって構成されている」ともいえる[82]。また，組織相互間の関係を調整するためにも，一定のルールが必要になる。これらのルールを総称して**制度**（institutions）と呼ぶことができる。制度も社会に不可欠の構成要素である。制度は個人の行動や組織の活動に制約を与え，それらが一定のパターンから逸れないように促す。制度上の行動パターンは，個々人や組織の実際の活動よりもはるかに少数のモデル的なものである。それは組織とその構成員個人との関係を整え，構成員の行動をコントロールすることによって組織の目的達成を容易にしたり，組織と組織あるいは組織と構成員以外の個人との関係を整えることによって紛争を予防したり解決することができる。それにより，人々の行動には相互に予測可能性が与えられ，不確実性を削減することができる。

制度を組織から識別することを強調したのは NIE である。それは組織と制度をサッカー，野球等のゲームにおけるプレイヤーやチーム（組織）とルール（制度）の関係に類比する。

> 制度と組織との間に決定的な区別がなされる。……概念上，はっきりと区別されなければならないのは，ルールとプレイヤーである。ルールの目的はゲー

---

80) North 1990: p. vii（竹下訳1994: ii 頁）．
81) ラッセル／安藤訳1991: 43頁．
82) 盛山1995: 23頁．

ムが行われる仕方を定義することである。しかし，そのルール集合の中でのチームの目標は，……そのゲームに勝利することである。チームの戦略と技術をそれが実際に発展してきたようにモデル化することは，ルールの創造，発展およびその諸帰結をモデル化することとはまったく別のプロセスである[83]。

　こうして制度を組織から識別する意味は，制度が組織の構成員の行動や組織の活動を規制する一方で，規制対象である組織およびその構成員から，ルールの遵守・不遵守，改革要求等の形で不断に反作用を受けており，時にはそれが制度変更に通じる等，両者間にはたえず緊張関係が存在する現実を明らかにすることである[84]。そして，制度がどれだけ実効的かつ効率的に組織やその構成員の行動をコントロールできるかが，各国の発展の相違に大きな影響を与えてきた[85]。このことは組織やその構成員の行動に変化を起こさせる手段として，制度改革が有用であることも示唆する。

(エ)　規範のレベル

　制度を構成する複数のルールの間には相互の矛盾が存在したり，論理的にあるべきルールが欠落していることがある。また，一連のルールからなる制度と制度の間にもそうした矛盾や欠落は考えられる。さらに，ルールや制度の矛盾・欠落は社会の経済的・政治的状況の変化に応じて新たに生じることもある。そこで，そうしたルールや制度の矛盾・欠落を発見し，公の議論，法解釈，立法等を通じて是正する諸活動（市民運動，マスコミの問題提起，世論，裁判・立法・行政等の政府の行為等）の指針となるような諸原理を首尾一貫した形で提示するための**規範**（norm）の体系が要請される。

　その際，ある社会が首尾一貫した規範体系についての理論（規範理論）をもっているとすれば，図表Ⅰ-8の三角錐の頂上（いわば究極的な価値と正義の規準）は1点に収斂するはずである。しかし，現実の社会においては，究極的な価値と正義の規準に基づく矛盾や欠缺のない規範体系が確立しているとはいい難い。そこには様々な価値観や正義感の相違が存在するからである。だからといって，そうした規範体系が無意味であるとか不要であるということにはならない。究

---

[83]　North 1990: pp. 4-5（竹下訳1994: 5頁）．
[84]　「様々な組織が生まれること，およびそれらがどのように発展するかはともに，基本的には制度的枠組みによって影響される。反対に，組織は，制度的枠組みがどのように発展するかに影響を与える」（North 1990: p. 5（竹下訳1994: 6頁）．なお，制度それ自体の存在理由，構造等については，改めて考察する（後述Ⅳ1, 2）。
[85]　North 1990: pp. 6-7（竹下訳1994: 7-8頁）．

極的な価値と正義の規準に基づく矛盾や欠落のない体系的規範はあくまでも「要請」され，探求と議論が続けられるべきものである。この意味で，図表Ⅰ-8の頂点が1点に収斂することは現実には困難で，複数の価値と正義の規準が併存する状態にあるものというべきかも知れない。

しかし，たとえそうであっても「社会」には，その構成要素である個人・組織・制度を支える基盤としての「理念的な構想」が存在することは否定できない。それは，「人々が世界に対して賦与している意味」によって構成され，しかもそれは人々の「主観的な意味世界」とは異なる「経験的で客観的な存在」であり，社会的事実であるといえる[86]。これはいわゆる「個人主義的社会実在論」の立場であり，「集合主義」（社会・組織・制度といった集合的なものが，個人の主観的了解を超えた外の世界に根拠を持つと解する立場）とは異なり，個人主義の系列に属する。しかし，それは集合的なものが個人の行為のみから構成されるとみる方法論的個人主義とも異なる。本書のとる社会構造論の基盤にある社会観も，個人主義的社会実在論の系列に属する。

このように社会制度が実定的秩序と理念的構想の二重構造から成り立っているという認識は，法学の世界では，実定法と自然法（論）の関係として古くから承認されてきた。もっとも，われわれ人間が普遍的妥当性をもつような規範体系を理論化しうるか否かについては，「すべての理論はその論者のイデオロギー（ideologies）によって色づけられている」とする懐疑的見方も存在する[87]。しかし，人間の思考がその環境から無影響ではありえないことを認めることは，普遍的な規範体系の可能性を否定するものではない。われわれには，自分たちの価値観や正義感のイデオロギー性を承認しつつ，なおそれとは別の価値観や正義感をもつ人々と共有しうるミニマムな規範体系について議論し，承認する余地が残されているからである。幸福および正義についての体系的理論は，その中心軸となる（後述Ⅴ3）。

このように本書では，社会の仕組みを①複数の個人，②組織，③制度および④規範からなるものとみる社会認識モデルに基づき，社会の仕組みの中で法の存在を位置づけ，法改革を契機とする制度変更による開発のメカニズムを解明する。

---

86) 盛山1995: iv-v 頁。
87) North 1990: p. 23, note 7（竹下訳1994: 35頁）。

II 人間——人間本性と人間行動のモデル化

1 人間行動の多様性とモデル化の可能性

　法改革を通じて開発を促すためには，人間の行動に現実に影響を与えるような制度改革のプロセスを明らかにする必要がある。その前提として人間の行動原理およびその変更の可能性や条件の探求を避けて通ることができない。というのも，法改革を通じた制度変更を現実に生じさせるためには，非形式的制度を含む制度全体がより効率的な内容のものへと実際に変化する必要があるが，その変化が生じる場所は当該社会の個々の構成員たる人間の行動パターンにある。そうであるとすれば，人間行動が引き起こされ，繰り返され，そこに行動準則が形成され，そしてそれが変化するメカニズムを知らなければならない。とりわけ，政府権力が脆弱な途上国において，法を実施したり裁判を執行するための外部的強制の実効性や継続性が必ずしも期待できない場合は，《人々の心の中に刻みつけられた法》としての行動準則が変容するかどうかが一層重要になる。また，行動準則が社会の中で普及して非形式的制度が形成されると，それは社会の文化の一部をなす。したがって，法改革に際して当該社会の文化をどのように考慮すべきか，そうした文化が法改革の内容にどのような影響を与えるかを検討する際にも，人間本性やそれに基づく人間行動のパターンの分析は重要な意味をもってくる（後述IV 9）。こうしてみると，開発法学の基礎理論を構築するためには，社会認識モデルにおける個人のレベルにまで掘り下げ，人間本性の探求と人間行動のモデル化から出発することに十分な理由がある。

　社会理論の構築を試みた哲学者・思想家の多くが，人間本性論から出発していることは興味深い。アリストテレスの『政治学』は最初に人間本性についての考察を行っているし，J・ロックの『人間悟性論』，D・ヒュームの『人間本

性論』，A・スミスの『道徳感情論』は，社会理論の基盤として，人間の本性・認識・理性・意思決定のメカニズム等を探求している。開発法学の問題意識に最も近い古典的著作といえるモンテスキューの『法の精神』でも，このことは強く意識されている。すなわち，「私はまず人間を研究した。そして，私は，法律や習俗のこの無限な多様性のうちにあって，人間がただみずからの気紛れだけから行動しているのではないと考えたのであった」[88]。

　個々の人間の行動は一見多様で，捉えどころがなく，何らかの原理に基づく法則性はないようにもみえる。かといって，人間行動がまったく理由のない偶然の動きであるとみることも真実でないように思われる。法改革による制度変更を通じて人々の実際の行動に何らかの作用をもたらすということは，そうした人間の行動原理を見出し，それと因果関係をもちうる原因を制度的に創出することにほかならない。

2　人間行動のモデル化の方法

　人間行動は多様な原因によって引き起こされている。時には利己的動機から自己利益を最大化すべく行動することもあれば，時には家族や地域社会や国家のために自己利益を犠牲にして行動することもある。利他的行動は他者への同情や慈悲心から引き起こされることもあれば，信仰する宗教の教義に基づいて行われることもある。このような人間行動をモデル化し，一定の法則性を見出すには，人々の現実の行動を支配しているメカニズムを解明する必要がある。観察者の偏見による現実離れした理論モデルが実際の政策と結びつくときは，社会的弊害をもたらしかねない。この観点から，R・コースは，従来の規範的経済学の方法論的前提である**合理的な効用最大化行動者**（a rational utility maximiser）の仮定が実際の人間の行動原理から乖離している点を批判し，「現実の諸制度によって課された諸制約の枠内で行為する**あるがままの人**（man as he is）から出発」することを提言した[89]。では，「あるがままの人」の行動様式のモデル化は，どのようにして可能であろうか。まずは人間行動の根本的規定要因から明らかにする必要がある。

　人間の知覚・判断プロセスのモデルとしては，ブルンスヴィク（E. Brunswik,

---

88)　モンテスキュー／野田ほか訳 1989-1: 33頁。傍点は引用者による。
89)　Coase 1984: p. 231; 松尾 2000a: 3頁参照。

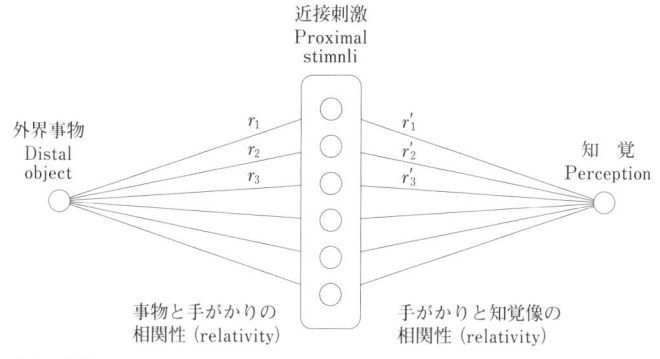

図表Ⅱ-1　人間の知覚・判断の過程に関するレンズモデル①：外界の知覚のモデル

```
                          近接刺激
                          Proximal
                          stimnli
                            ○
         外界事物      r₁  ○  r'₁       知　覚
         Distal       r₂  ○  r'₂       Perception
         object       r₃  ○  r'₃
              ○          ○          ○
                            ○
                事物と手がかりの      手がかりと知覚像の
                相関性（relativity）   相関性（relativity）
```

出典：佐伯 1986: 235頁。

1903-1955）が提唱したレンズモデルがある[90]。これは，外界の事物は生体が直接に受容する刺激（近接刺激）と確率的な相関関係をもっており，生体はいわば直観的な統計学者として，外界の事物との相関性（relativity）の高い近接刺激を選択し，これに注目するようになり，次第に近接刺激自体から準合理的（ratiomorphic）な推論に基づいて外界事物の知覚像を形成するとみる（図表Ⅱ-1）。ついで，生体は，知覚の形成だけでなく，近接刺激に対して自己の活動目標を達成するために最も有効な行為（action）としての身体運動（近接反応）をも選び取ることにより，外界ないし環境の事物（遠隔対象）に対して適応行動をとるようになる（図表Ⅱ-2）。このように外界ないし環境から与えられる刺激に対し，人間は決定論的に同一の反応を確実にしているわけではないが，人間の知能が相関的な情報処理を行う結果，一定の刺激 – 知覚 – 行動の間には合理的な結合関係が形成される。その理由として，人間は外界事象の確率的な因果の結びつきのネットワークを直感的に把握する能力をもっており，不確かな環境の中で判断し，決定する行動は基本的に確率論や統計学から導かれる規範的ルールに従っている――**直観的統計学者としての人間**（Man as an intuitive statistician）――という説明がある（規範的合理性の仮説）。その結果，人間の判断や行動は環境との生態学的な妥当性（ecological validity）を保ち，複雑な環境条件の下でも最適に行動する傾向性をもっているとみることができる[91]。これは**経済人**（homo

---

90)　佐伯 1986: 89-93頁，235-236頁。
91)　佐伯 1986: 35-60頁。

図表Ⅱ-2 人間の知覚・判断の過程に関するレンズモデル②：外界への適応行動モデル

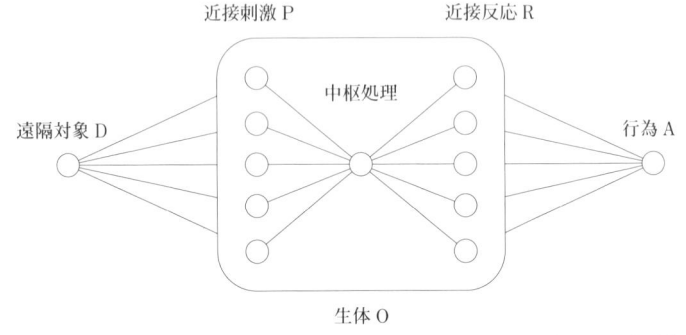

近接刺激 P　　　　　　　近接反応 R

中枢処理

遠隔対象 D　　　　　　　　　　　　　　　　　　行為 A

生体 O

（生体／情報処理系 [information processing system: IPS]，近似刺激／近接課題，反応／近接応答，遠隔対象／状況）
出典：佐伯 1986: 236頁

economics）の仮説とは相当異なるが，より現実味のある仮説といえる。

　人間がしばしば誤った判断や行動をするからといって，人間の合理性を否定し去ることはできない。とくに不確かな状況下では，人間はすべての可能性を網羅した吟味の末に最良の決定を下すのではなく，当面の状況の中で実現できる満足水準をとりあえず設定し，その目標を満足化することを目指して最良の手段を選ぶ。不安定な社会状況の下で不確定な考慮要因が多過ぎる等，計算が複雑で情報処理が困難な場合は，近似解を出して満足することも，それなりに合理的な行動であるとみられる（簡便法的合理性の仮説）[92]。この意味の合理性は，人間がその時々の失敗や新たな情報を取り込み，より正しい解を求めるために，知覚および行動を修正できることを含意している。それは人間の学習可能性および教育可能性を肯定するものにほかならない。

　このことは開発法学にとって重要な示唆を与えている。不安定で混乱した社会状況の下に置かれた人々に対しては，安定した社会状況にある人々と同様の行動を期待することはできない。しかし，だからといって，そのような不安定な状況にある人々に当該社会状況に相応しい合理的行動が期待できないことにはならない。どの社会の人々も，その社会の状況に最も適合した合理的行動をとりながら，新たな情報や説明が繰り返し提供される中で学習し，認識を改め

---

[92]　佐伯 1986: 67-87頁。

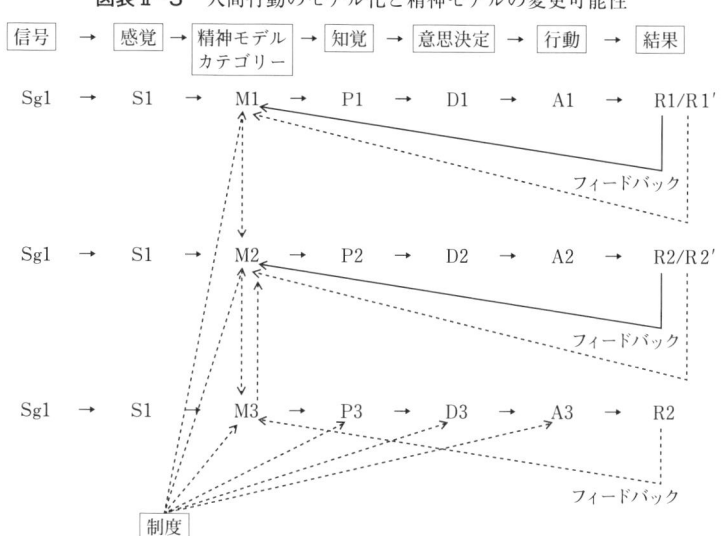

図表Ⅱ-3　人間行動のモデル化と精神モデルの変更可能性

```
信号 → 感覚 → 精神モデル → 知覚 → 意思決定 → 行動 → 結果
              カテゴリー

Sg1 →  S1  →  M1  →  P1  →  D1  →  A1  →  R1/R1'
                                              フィードバック

Sg1 →  S1  →  M2  →  P2  →  D2  →  A2  →  R2/R2'
                                              フィードバック

Sg1 →  S1  →  M3  →  P3  →  D3  →  A3  →  R2
                                              フィードバック
              制度
```

出典：筆者作成

て行動を修正する可能性もある。それは制度改革による開発に通じる。

　以上のことを前提にすると，外界の刺激，人間の感覚による受容，知覚の形成，情報処理，判断（意思決定），および行動の間には，以下のような一定の規則的ないし規範的な関係が成立するとともに，その修正可能性があるとみることができる（**図表Ⅱ-3**）[93]。

（ⅰ）感覚による信号の受容

　外部からの様々な**信号**（signal）（刺激・情報・データ等）が，人間の**感覚**（sense）によって受容される。

（ⅱ）知覚の形成

　感覚によって受容された信号は，既存の主観的構造である**カテゴリー**（category）によって意味付与が行われ，**知覚**（perception）が誕生する。この意味付与が次の反応を準備する判断の素材となる。どのような信号に対し，どのような知覚が形成されるか（カテゴリーの形成）を規定するのは，遺伝と経験（その

---

[93] サイモン／宮沢監訳 1970; サイモン／稲葉＝倉井訳 1979; 宮川 1975; 佐伯 1980; 佐伯 1986; North 2000: pp. 8-10.

源泉は各人が置かれた物理的環境および言語的・文化的・社会的環境によって左右される）である。

（ⅲ）精神モデルの構築，確認・強化，修正

精神モデル（mental model）とは，個々の知覚を組織化し，記憶し，環境から不断にもたらされる多様な信号を継続的・安定的に解釈するための包括的で体系的な精神構造であり，環境解読の指針である。それは，何らかの統一的な目標の下に，様々なカテゴリーを関連づけるものである（**図表Ⅱ-3**）。

新しい信号（signal）Sg1が繰り返し同一の人間の感覚（sense）S1によって捉えられた場合，まったく同じ意味付与が行われることもあれば，以前とは異なる意味付与が行われることもある。同じ意味付与が行われるときは，この者の既存の精神モデルM1（したがって，それに基づくカテゴリーも）が確認・強化されるのに対し，既存の精神モデルが何らかの理由でM2に修正されるときは，以前とは異なるカテゴリーによる意味付与が行われ，異なる知覚P2が形成される。実際，信号の解釈は経験によるカテゴリーの確認・強化または修正によって多かれ少なかれたえず変化しているが，それはより包括的な精神モデルの変化に影響されている。

精神モデル自体も遺伝と経験に規定されているが，経験による精神モデル自体の確認・強化またはその修正とそれを通じたフィードバックが存在する。人間がある信号を受容し，意味付与し，それに基づいて判断を行い，行動した結果の評価とフィードバックに基づき，既存の精神モデルを徐々に修正して行くプロセスが**学習**（learning）である。

注意すべきは，精神モデル（したがって，それに基づくカテゴリー）の修正の難易が各国の制度内容自体によっても規定されることである。民主主義が進展し，人間の「自由」がより広く認められる社会では，そうでない社会に比べて，精神モデルの修正は相対的には起こりやすいと考えられている[94]。

（ⅳ）意思決定・行動と結果のフィードバック

精神モデルに基づき，人々はたえず判断し，**意思決定**（decision-making）D1を行う。個々人による意思決定のほか，各人が属する組織としての意思決定もある。重要なのは，意思決定もつねに制度の制約の下で行われており，それゆえに制度内容によって意思決定や変更の難易が左右されることである[95]。そして，

---

[94] North 1990: p. 81（竹下訳 1994: 107頁）.
[95] 組織の意思決定の効率化を促進するための制度改革は，企業統治や国家統治の主要問題でもある。

個人や組織は意思決定に基づいて**行動** (action) A1を起こし，行動の**結果** (result) R1を評価し，それを既存の精神モデルにフィードバックすることにより，精神モデル，カテゴリー，知覚，意思決定の確認・強化または修正を行う（学習）。この段階でも，**数多くの試行錯誤による学習を許容する社会が最も効率的な制度とその成果を生み出すものとみられる**[96]。

3　人間本性と行動準則・制度の形成

(1) 人間社会におけるルール生成のメカニズム

　こうした個々人の意思決定と行動の繰り返しの中で，制度というものがどのようにして形成されるのであろうか。ここでは，制度形成のメカニズムが人間本性と深く結びついていることを確認しておきたい。

　人間は本性的に社会的動物であるといわれる。アリストテレスは「共同体へ向う衝動は自然に凡ての人のうちに備わっている」と考え，「人間は自然に国的動物である」とみた[97]。こうした人類の社会的性向の根源は，人類進化の長いプロセスの中に見出される。人類が類人猿と共通の祖先から進化した契機の1つは，地球環境が乾燥して森林が減少していった時代に，熱帯雨林に残った類人猿と異なり，草原に出て**肉食**もし，**集団で狩猟**や木の実・根菜類の採集を行うようになったことにあると考えられている。これにより，食物の確保，調理等にも**集団の協力や知識・技術の共有**が必要になり，さらに，子どもがそうした知識・技術をを習得するまで時間がかかることから**子育てにも集団で協力**するようになった。そして，**他者を自分に置き換えて考えてみる**という思考習慣，それによる**互恵的利他行動** (reciprocal altruism)，協力行動をとることへの進化が，500～600万年前に人類の祖先をチンパンジーの祖先と分岐させたという進化生物学の分析がある。こうした生活習慣の形成に伴い，①他人と協力する，②他人の痛みや気持ちが分かる，さらに，③しばしば自分の利益を犠牲にしても他人を助けるという特質を形成していったとみられる。とくに，《**時には自分を犠牲にしてまでも他人――血縁関係のある者の間に限られない――を助けることが巡りめぐって相互に見返りをもたらすこと**》が学習され，利他的行為自体が社会的善として評価される観念とシステムが，人類に固有の特色

---

[96]　North 1990: p. 81 (竹下訳 1994: 107頁)．
[97]　アリストテレス／山本訳 1961: 35, 36頁．

を形づくることになった[98]。他人の痛みをあたかも自分の痛みであるかのように感じる傾向が、深く人間本性に根差している事実を看過すべきではない。考えてみれば、人々が家族、地域社会、民族、国家を超え、まったく系統の違う民族と一定のコミュニケーションができるのは、不思議な現象である。少なくとも、自分が属するコミュニティとは別のコミュニティの人々の生き方に関心をもち、**両者を取り込んだより大きなコミュニティで自分が生きることを想像すること**は、人間らしいことだといわなければならないであろう。

このような人類の生活習慣による互恵的利他行動・協力行動の成立は、人間の行動準則の形成、それによる原初的な制度（道徳、その他の非形式的ルール）の形成に通じていったと考えられる。このことをA・スミスは以下のように描写している。

> 他の人びとの行動についての、われわれの継続的な観察は、気づかぬうちにわれわれを導いて、なにが、なされたり回避されたりするのにふさわしく適切であるかについての、**ある一般的諸規則**（certain general rules）を形成させる。かれらの行為のうちのいくつかは、われわれの自然な諸感情のすべてに衝撃をあたえる。われわれは、われわれの周辺のどの人も、同様な嫌悪をそれらにたいして表明するのをきく。このことは、それらのみにくさについての、われわれの自然な感覚を、さらにいっそう確認し、激化させさえする。**他の人びとがそれらを同じ見方でみていることを、われわれが知るとき、それらを自分が正当な見方で見ている**ということが、われわれを満足させる。……こうしてわれわれは自然に、つぎのような一般的規則を、われわれ自身にたいして設定するのである。すなわち、われわれを、嫌悪すべきもの、軽蔑すべきもの、処罰すべきものとし、われわれが最大の恐怖と嫌悪をいだくすべての感情の対象とする傾向のある、すべての行為は回避されなければならない、ということである。反対に、他の諸行為は、われわれの**明確な是認**をよびおこし、そしてわれわれは自分たちのまわりのあらゆる人が、それらの行為について、おなじく好意的な意見を表明するのをきく。……われわれは、類似のことを遂行しようという野心をもつようになり、こうして自然に、われわれ自身にたいして、**もうひとつの種類の規則を定める**[99]。

スミスによれば、人は**自分を他の人々の立場に置き換える思考実験**を行い、

---

98) 長谷川寿一＝長谷川眞理子 2000: 87-118, 163-184頁。
99) スミス／水田訳 2003-1: 328-329頁。強調は引用者による。

他の人々が自分と同じ見方をしていることを知るときに，自分の見方が正当であると感じることができる。そのような見方を通して，自分および人々が嫌悪や恐怖を感じることを回避し，同じく是認や好意を抱くことを遂行すべきであるという**良俗についての一般的規則**（the general rules of morality），すなわち，非形式的な制度が形成される。

　しかし，そうした一般的規則の生成に先立ち，その生成プロセスにおける最もミクロなレベルにおいて，人々がある行為は是認すべき，ある行為は否認すべきと判断する際の前提にある規準はどのようにして形成されるのであろうか。この問いはおそらく際限なく続くに違いない。スミス自身は「窮極的には，個々の実例において，われわれの**道徳的諸能力，値打ちと適宜性に関するわれわれの自然な感覚**（our moral faculties, our natural sense of merit and propriety）が，なにを是認または否認するかについての経験にもとづいている」とみる[100]。つまり，価値判断の究極にある「道徳的諸能力」ないし「自然的感覚」自体が，個々人の日々の行為における数限りない是認・否認の繰り返しの経験によってたえず形成され，変容している。その経験を辿ることは，人類と人間社会のとてつもなく長い歴史を遡るに等しいであろう。しかし，その核心には，他人の痛みが分かる，他人の気持ちが分かるという人類が獲得した人間らしさを示す能力がある。

（2）ルール遵守の基礎：人々はなぜルールを守るのか

　人間社会における一般的規則，およそ組織における自生的ルールの生成プロセスに関する以上の考察は，さらに重要な含意をもっている。それは，なぜ人々がルールを守るのか，ルール遵守の理由を解明することに通じる可能性がある。

　人々がルールを守る理由は，多様である。一般的に認められているのは，プラスおよびマイナスのサンクションの存在である。つまり，ルールを守ることによって得られる最終的利益の存在，およびルールを破ることによって課される制裁の不利益ないし恐怖が，人々にルールを守らせるインセンティブを提供する。

　では，人々はプラスまたはマイナスの何らかのサンクションという外部的要

---

[100] スミス／水田訳 2003-1: 330頁。強調は引用者による。

因が存在しなければ，ルールを守る動機をもたないのであろうか。そうした外部的要因は，人々にルールを守らせる動機を強める付加的要因には違いないが，ルール遵守の根源的理由はさらに人間の内部的要因にある可能性もある。それは，とりも直さず，先にみたルールの生成メカニズムそのものの中に発見することができる。それはまさにルールに対する人々の承認である。つまり，他人のある行為を周囲の者が嫌悪していることを観察し，自らはそれを回避しようとする否認の感情，反対に，他人のある行為を周囲の者が好意的にみていることを観察し，自分もそれを模倣しようとする是認の感情が，ルールそれ自体がもつ，つまり，外部からのサンクションの付加以前に存在する，ルールを受け容れ，それに従おうとする感情ないし意識の内面的基礎構造であるとみることができる。ちなみに，H・ケルゼンは，人々が規範を守る理由として，①規範を遵守することによって生じる利益，②規範に違反することによって生じる不利益（の蓋然性）とともに，③**規範によって規定された行為それ自体の直接的な魅力**を挙げていることが注目される[101]。③に見出される規範への嗜好は，ルールを是認する人々の内面的意識ないし感情と不可分であるように思われる。

仮にこのことが妥当するとすれば，自発的に生成されるのでないルールを人為的に外部から——典型的には法律などの形式的ルールの制定や改正によって——新たに課そうとする場合において，それに実効性をもたせるためには，外部からのサンクションの強さに意を用いるだけでなく，むしろそれ以前に，そうした新たなルールに対し，その適用対象となる人々がどれだけ共感感情をもちうるか，顕在的・潜在的な是認の可能性について細心の注意を払う必要がある。外部的サンクションの付加なしにもルールが実効性をもちうる最も強固な基礎は，それが人々の信念体系に合致することであろう。

したがって，形式的な法改革によって新たに導入されたルールが実効性をもつかどうかは，たんに当該ルールの成立とそのサンクションについての人々の認識にとどまらず，それに対する人々の是認ないし承認までが必要であるとみるのが，本書の立場である[102]。

---

101) もっとも，ケルゼン自身は，②を人々が規範を遵守する標準的理由であるとみている。ラズ／松尾訳 2011: 147-148頁；松尾 2011a: 291-292頁参照。
102) この問題は，制度変化のメカニズムを分析する際に再び取り上げる（後述Ⅳ5）。

4　制度変化の限界的局面における主観的意識の先行性

　いったん形成された行動準則や制度は，はたして変更が可能であろうか。可能であるとして，そうした変更はどのような条件の下で，どのようなメカニズムとプロセスを通じて生じるのであろうか。

　その想定されるメカニズムについては，すでに一般的な人間行動モデルにおいて提示しした（前述2，図表Ⅱ-3）。人間行動のモデル化が開発法学の理論構築に対してもつ最も重要な含意は，**精神モデルの修正**のプロセスの理解にある。というのも，精神モデルの修正こそが，《人々の心の中に刻み込まれた法》の変化を含む，制度変更の究極的な実体をなすと考えられるからである。

　例えば，**奴隷制の廃止**という制度変化の原因は，①奴隷所有者にとっての奴隷所有コストの高額化による相対価格の変化のみならず，②当該制度に対して人々の心の中に形成された嫌悪感と，③それを表明するコストの低下の混合物であると解されている[103]。ここでは，制度変化のプロセスにおいては，既存の制度に対する人々の否定的な評価（およびそれと裏腹の，新たな制度の内容についての肯定的評価）という主観面での変化の存在が示唆されている。

　しかしまた，精神モデルの修正（およびそれに基づく意思決定と行動）自体も，まったくフリーハンドで行われるわけではない。むしろ，そうした主観的なものの変化ですら，既存の制度的制約の中で行われる。その結果，制度の内容次第で精神モデル等の修正の難易が左右されることに留意する必要がある（前述2（ⅲ）・（ⅳ））[104]。この事実は，人間行動のモデル化そのものも，個々の人間にだけ着目していたのでは不可能であることを意味する。最も主観的で一見バラバラであるかのような個々人の，社会の縁辺における営みでさえ，制度——非形式的意制度と形式的制度の集合体（その意義につき，後述Ⅳ1～4参照）——の影響を免れていないのである[105]。このことも考慮に入れると，個々人の精神モデルの修正プロセスには，われわれの想像をはるかに超える複雑で重要な

---

[103]　North 1990: pp. 85-86（竹下訳 1994: 111-113頁）．
[104]　すなわち，たとえ個人的な意思決定であっても，それはつねに社会の中で，したがってその制度的制約の中で行われていることを意味する．
[105]　もっとも，個々人のレベルにおける精神モデルの修正は，制度変化メカニズムに不可欠の重要なプロセスであるが，そのすべてではなく，あくまでもその一部にすぎないことにも留意する必要がある．

一端が隠れている可能性がある。とりわけ，非形式的制度としての文化の内容が，当該社会の構成員の精神モデルの修正可能性に対して与える影響は重要である。人間は，論理的推論能力よりも，そもそも問題をどのように理解するか，その認知過程において，文化の影響を大きく受けているからである。

　また，制度変化のプロセスにおける人々のその時々の意識の変化・精神モデルの変化・制度の変化の関係は，一方向的で一回的な作用ではなく，双方向的で反復的な作用であると考えられる【TOPIC ③】。さらに，当該社会の制度が人々の精神モデルや意識の持ち様に対し，世代を超えて繰り返し繰り返し与える作用は，その時々の人々の記憶に刻印され，その判断や行動に影響を与える。人間の最も主観的な部分ですら，完全に自由ではなく，制度的なもの，社会的なものとつねに不可分に結びついている。

【TOPIC ③　制度変化時における人々の意識の変化】

　日本の旧憲法体制から現行憲法体制への移行期において，国民の意識にはどのような変化が生じていたでのあろうか。そこには実際に制度変化が存在したのだろうか。当時の状況関する具体的証言には興味深いものがある。

　太平洋戦争終結後，前線から復員した元教員はつぎのように語っている。「私が復員して還ってきたときは，まだ憲法はつくられていませんでした。しかし，食糧が手に入りませんから『コメよこせ』と叫んでデモをし，今こそ日本を民主化する好機と捉えて，『吉田内閣打倒，人民政府をつくれ』などという政治的スローガンを掲げたデモ行進を全国的に展開したことを記憶しています。そうした反政府デモは，敗戦前の日本では考えられなかったことで，確かにその時期私たちの手には思想の自由，表現の自由を勝ち取ったという実感がありました。／その後成立した日本国憲法は，国際的な民主勢力の支援を受けて実現したものではありますが，戦前，戦中の苦難の時代を耐え，地下を流れる水脈のようにわれわれ民衆の心の中に脈々と生きていた民主，人権，自由がいま日の目を見たという喜びであり，押し付けられた憲法という意識は，コレッポチもありませんでした。／『この憲法が日本国民に保障する基本的人権は，人類の多年にわたる自由獲得の努力の成果であつて，これらの権利は，過去幾多の試錬に堪へ，現在及び将来の国民に対し，侵すことのできない永久の権利として信託されたものである。』という憲法第97条の言葉を，私は身に沁みて納得したのでした」(K. I.)。

　ある建築家は，終戦時の状況につき，「終戦で空白状態に陥った私たちは一方で，ある種の自由や解放感も感じていた」とする。その一方で「戦争中とまる

で変わらない慣習やルール」への抗議も覚えていたと語っている（A.I.）。

　ここで注目すべきは，現行憲法が保障する自由，人権，民主主義等の規範は，一部は憲法制定以前から，すでに旧憲法下を生きた人々の意識の中に是認の感情をもって受け容れられていたという事実である。そうした規範は新憲法によって全面的に新たに導入されたものとはいえないようである。かといって先行する革新的意識のみによって新憲法が導入されたともいえない。人々の意識が一方的に憲法をもたらすのではなく，憲法が一方的に人々の意識を変革するのでもなく，人々の意識の一部は憲法制定に先行し，一部は憲法制定後に是認を経たものもあろう。ここで法改革が先か革新的意識が先かを問うことは，鶏が先か卵が先かの問題のようにも思われる。しかし，現実に生じた制度変化においては，少なくとも一部の規範については，企業家精神に富んだ人々の革新的な知覚とそれに基づく制度変更への意図的な働きかけが，制度変化に若干先行していることが少なくないであろう。そして，究極的には，どちらかといえば，人々の意識に最初の小さな原因性を認めうるのではないかというのが，本書の立場である（後述Ⅳ5）。

　仮に制度変化の限界的局面における意識の先行性が妥当するとすれば，その制度改革への含意として，法改革（を通じた制度改革）を提案する者は，当該社会の人々が意識的・無意識的にどのような改革要求をもっているか，その顕在的および潜在的な改革願望が指し示す地点を見越して，法改革の提案をすべきであるということができよう。

5　精神モデルの合理的修正の可能性

　法改革に先行する場合であれ，後行する場合であれ，制度変化の核心部分をなす個々人の精神モデルは，合理的な内容のものに修正され，それを通じて制度を効率化させることは一般的に可能であろうか。これに関して興味深いのは，人間は確率判断の変更に対してきわめて保守的（conservative）であるという見方があることである[106]。個々人の信念や信仰といった精神モデルが容易に変化するものではないことをわれわれは経験的に知っている。問題は，(a) そう

---

[106]　ベイズの定理（Bayes' theorem）を適用する，ベイジアン心理学の立場等である。

した保守性の背後にはそれなりの合理的な思考過程があるとみるべきか，あるいは（b）人間は本質的に保守性という非・合理的な性質をもっているとみるべきかである。

　（a）説の立場から，人間の判断や行動の合理性について肯定的な見解として，人間行動についての**「規範的合理性」**の仮説がある。それは，人間の判断や行動は環境との生態学的な妥当性（ecological validity）を保っており，複雑な環境条件の下で「最適に」行動するような傾向性をもっているとみる考え方である（前述2参照）。その中には，人間は，外界事象の確率的な因果の結びつきのネットワークを直感的に把握する能力をもっているという確率的機能主義（probabilistic functionalism）の立場，人間が不確かな環境の中で判断し，決定する行動が，基本的には確率論や統計学から導かれる規範的ルールに従っているとみる，直観的統計学者としての人間（Man as an intuitive statistician）の見方等がある[107]。これらは，「人間は本質的には合理的な存在である」というメタ理論を前提にしている。

　もっとも，それらは人間を経済人（homo economics）とみる仮説とは異なり，人間がしばしば誤った判断や行動をとることを否定しない。しかし，人間が誤った判断や行動をすることがあるからといって，人間の合理性を否定し去ることはできないであろう。とくにある人間が直面している課題状況が「急場しのぎ」を要求しているときは，誤りをおかすことも，それなりに「合理的な」方略とみることができる。情報処理の困難さ，心的計算の複雑さから，近似解を出して満足することもあるからである[108]。

　重要なことは，そのような誤りを犯したと気がついた後の人間の行動である。この場面において，人間には**学習可能性と教育可能性**が認められるとすれば，人間は試行錯誤を通じて，一定期間のうちにより合理的な行動をとることへと導かれる。そのプロセスで当該人間の精神モデルが徐々に修正され，結果に対する納得を経て，修正された精神モデルが新たな確信に変わりうる。そして，それを観察する周囲の他者の共感を通じて，それらの人々が構成する組織ないし社会の制度自体も次第に合理的な方向へと変化しうる。

---

[107]　佐伯1986: 35頁以下。
[108]　例えば，H・A・サイモンの発見法（heuristics）が示すように，人間は不確かな状況の中では，すべての可能性を網羅した吟味の末に最良の決定を下すのではなく，当面の状況の中で実現できる目標（満足水準）をとりあえず設定し，その目標を満足化することを目指して最良の手段を選ぶ。それは，情報とその処理能力に限界をもつ人間にとって，そのような状況下では合理的といえるであろう。

人間が学習する可能性は，広く認められている。そもそも，人間を含む動物自体が学習可能な存在であると認められている。動物にとって**学習とは，将来生じる事象を的確に予測するための因果関係の知識の獲得である**ということができる。しかし，ここでも重要なのは，動物が1回で学習することはきわめて稀であるという事実である。なぜなら，相関関係と因果関係は混同されやすいものの，実は違うことを，動物自身がよく知っているからである。例えば，Aという現象の直後にBという現象が生じたからといって，ただちにAがBの原因だとみなすわけにはいかない。それに続く十分な回数の試行とその結果の観察により，原因と結果のメカニズムを自他ともに納得できる説明によって推論する必要がある。したがって，動物の学習には，広く承認された既存の知識から因果関係がただちに推論できる場合でないかぎり，何回もの試行を要するのが通常である[109]。

　そして，**教育は，学習の回数を増やし，因果関係に関する知識の獲得の機会を提供することにより，学習のプロセスを補助的に支援する手段として**，有用な機能を果たすものと理解することができる。

　人間による学習の可能性とプロセスに関するこのような観察は，様々な分野の法改革プログラムの策定と実施に対し，きわめて重要な肯定的示唆を与えるものと考えられる。

---

[109]　佐伯1986: 111-114頁。

III 組織——良い政府と市場・企業および市民社会

1 社会の機能分化と国家を構成する組織の相互作用

　社会構造（図表 I -8）の第 2 レベルは**組織**（organization）である。社会には**経済的組織**である市場や企業，**政治的組織**である中央政府や地方公共団体，**非経済的・非政治的組織**である NPO, NGO, その他の市民社会組織等，様々な組織が存在する。社会の中でそれらの組織が機能分化し，各組織が固有の機能を発揮しつつ，相互作用の均衡が成立した状態が**国家**（state）であり，その状態の善さが良い（国家）統治（前述 I 3）である。既述のように，開発法学は法改革によって良い統治を構築することを目指すものであるから，国家統治の中味を構成する主要な組織とその存在意義，機能，特質，仕組み，各々の組織相互の関係を知る必要がある。

　家族，市場，企業，地方・中央の政府，自治会，学校，同好会，政党，宗教団体，NPO, ……。非自発的なものから自発的なものまで，社会には様々な組織が存在する（図表III-1）。中には国際組織に発展したものもある。それらは人間社会が機能分化を果たしてきた帰結といえる[110]。社会が集団の安全の確保，平和の維持，生産の増大，資源の活用，生活の保障等々，その機能を拡大するに連れ，社会の組織は機能分化し，複雑さを増してきた。

　開発は，そうした社会の機能を一定の目的に従って増大させるために，社会の組織を創設ないし改革しようとする。その手段として法改革を用いるのが開発法学である。したがって，ある社会が一定の開発目標を達成するためにどのような組織を，どのように創設・改革すべきか，社会における主要な組織とそ

---

[110] Parsons 1951（パーソンズ／佐藤訳 1974）；橋爪 1994: 1-32 頁。

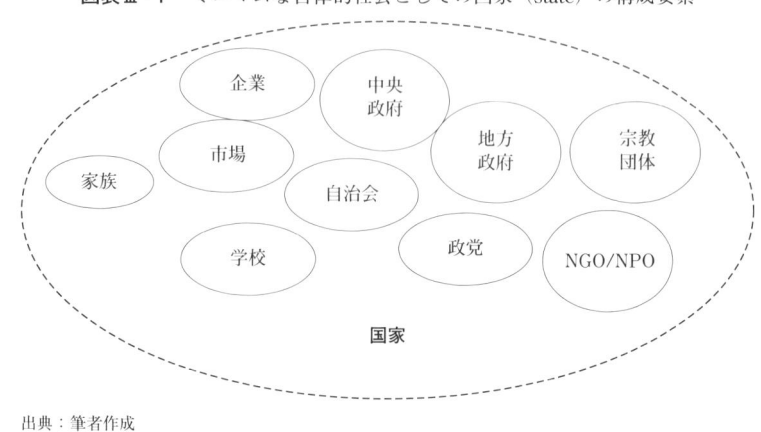

図表Ⅲ-1　ミニマムな自律的社会としての国家（state）の構成要素

（図：国家（破線の楕円）の中に、家族、企業、市場、中央政府、自治会、地方政府、宗教団体、学校、政党、NGO/NPO の各楕円が配置されている）

出典：筆者作成

の機能および主要な組織間の相互関係についての一定のモデルがあるとすれば、そのために必要な法改革を考えるのに有用である。もちろん、どの社会も1つとして同じ状態にはない。しかし、各々の社会の状況の相違に応じ、そうしたモデルをアレンジして、当該社会に相応しい組織の創設・改革とそのための法改革の方法を考案することができるであろう。

　人間は誰もが出生してから少なくとも自立するまでは、食料・衣料の供給、監護・教育等、他人からの供給に依存する。その一部は、**家族**（family）の中で供給される。しかし、家族の中で自給・自足できるのでないかぎり、財・サービス・情報の提供等について、家族の外部との交換、その他相互の協力を必要とする。その場合は、各々の社会の中でより良質の財・サービス・情報をより低コストで迅速・確実・安定的に交換するシステムを構築できるかどうかが、当該社会の豊かさを規定する。このような社会の暗黙の要請の中で機能分化してきた組織が、**市場**（market）と**企業**（firm）である（後述2）。もっとも、市場や企業も完全に自律的ではなく、共通の取引ルールの設定・それに基づく裁判・それらの執行を行いうる権威ある組織としての**政府**（government）を必要とする。政府はまた、人間の生命・身体、名誉、財産の所有の侵害に対して安全を保障するためにも必要とされる。それはとりわけ司法の役割であるが、それこそが「国内統治の基礎」であり、財産の私有こそが「正規の統治を最初に

成立させた」とみられる[111]。他方，市場や企業に対する政府の法的規制は商品の安価を目的とする行政の対象でもある[112]。さらに，その政府の機能を監視したり，その他の組織の機能を監視・補完する機能を果たすべく**市民社会組織**（civil society organizations）が発達してきた[113]。こうして家族，市場・企業，政府，市民社会，…と社会の諸組織の機能が次第に発達し，最低限度の自足的な均衡が達成されたとき，**国家**（state）が成立するとみることができる。

2　市場と企業

(1) 市場の生成・拡大・限界
(i) 市場の機能
(ア) 物の調達機能

　人々が生活するために必要な財・サービス・情報で，自らの所有物家族の中で調達することができないものは，家庭外から調達する必要がある。しかし，個々の家計ごとの交換では，必要なものを適時に必要なだけ安定的に確保することは，けっして容易でない。そのような場合に，人々は**市場という交換の場を備えた組織**を発達させることにより，家庭内で調達することができない必需品を獲得することができる。それは外界の有体物（**不動産・動産**）であることも，無体物である知識や情報であることも（**知的財産など**），他人の労働力（**サービス**）であることもある。市場には様々な機能があるが，このように必要な**物の調達機能**は，市場の最も原初的な機能であるといえる。そこでは，より良いものを，より早く，より安価に，より確実に調達することが求められる。

(イ) 技術革新の誘因機能

　市場は，参加者がより多くの顧客からより多くの収益を得るために，より良いものを（より早く，より安価に）提供すべく，財やサービスの質を向上させようとして**競争するプロセス**を通じ，**技術革新**（innovation）**への誘因**を与えうる[114]。しかし，競争が当然に技術革新に通じるとは限らず，かえって品質の

---

111) スミス／水田訳2005: 23, 25頁。「所有がないかぎり，統治というものはありえないのであり，その目的はまさに，富の安全を保障し，貧者にたいして富者を防衛することなのである」（同前40頁）。
112) スミス／水田訳2005: 23頁参照。
113) 市民社会については，後述（4）参照。
114) 平井1995: 124-125頁，田村2000-1: 571頁参照。

低下をもたらすこともあることから，競争が技術革新に結びつく条件を明らかにする必要がある。競争参加者に品質向上へのインセンティブを与えるためには，少なくとも持続可能な公正な競争を確保する必要があり，その手段として政府の適切な規制が求められることもある。

(ウ) 情報の発見・伝達，資源の効率的分配機能

市場には，価格メカニズムを通じて，財やサービスの**需給状況に関する情報を発見**し，**市場への参加者に伝達**し，その結果として，**資源がより効率的に配分**されるように促す機能もある[115]。

(エ) 自由の保障機能

さらに，市場には，それが生み出す直接・間接の効用だけでなく，**市場に自由に参加し，交渉し，取り引きすることそれ自体**に，自由を保障する機能も認められる。この機能を強調するのは，A・センである。

> 市場取引の自由についてまず主張すべきことは，自由そのものの重要性である。われわれが買ったり売ったりする，すなわち交換をし，交換を基礎に繁栄できる生活を追求するのには十分な理由がある。この自由を一般的に拒否することは，それだけで社会の大きな失敗なのである。この根本的な認識は所得，効用等々で見た市場の最終的な結果を示すうえで証明できる，あるいはできない定理……**以前の問題なのだ**[116]。

このように市場の機能は，①財・サービス・情報の調達という直接的・私的効用，②技術革新，需給に関する情報の発見・伝達，資源の効率的配分といった間接的・社会的効用，および③市場の存在それ自体による自由の確保という形で，重層的に捉えることができる。もちろん，③自由の確保も私的・社会的効用の増大に寄与している。しかし，仮にそうした「何の役に立つか」という効用判断と切り離しても，人間が希求する本質的欲求としての自由を実現する市場には，効用獲得の手段以上のものが含まれている。このことも市場の創設・改善のための法改革において考慮に入れられるべきである。

(ⅱ) 市場の本質と構成要素

(ア) 組織としての市場

こうした社会的機能を担う市場の本質と構成要素は何であろうか。市場は，

---

115) 平井 1995: 123-125頁，田村 2000-1: 571頁参照。
116) Sen 1999a: p. 112（石塚訳 2000: 126頁）。訳文ゴチック部分は原文イタリック。

取引が行われる**場所や施設の所有者および取引に参加する企業家**たちによって「**組織された**」。このことはまず国王の許可を得て創設された中世の市場に当てはまる。また，前近代の市場が小売業者や卸売業者の経営する店舗の増加に伴って衰退した後に，新たに登場した商品取引所や株式市場などの近代の市場にも当てはまる[117]。

(イ)　施設・取引ルール・執行システム

　前近代の市場にも近代の市場にも共通に当てはまる構造的特色として，市場は，①取引が行われる**場所・設備・その他の施設**，②取引の安全を確保するための**規制，その他の取引ルール**，③そうしたルールの違反者を迅速に裁判し，その結果を確実に執行する**裁判システム**を構成要素としていた。

　政府の権力が比較的弱かった時代には，市場ルールも裁判システムも，市場施設の所有者等，市場を組織する者によって設定され，実行された。その後，小売店舗等が各地に成立する一方，次第に法が整備され，政府が取引安全の確保に責任をもつようになるに連れ，伝統的な市場の管理者は安全確保の責任や司法的機能の遂行から手を引いていった。しかしなお，近代の商品や株式の市場では，取引所は市場参加者の活動に対し，取引時間，取引対象，参加者の責任，決済条件等について細かな規制をし，紛争を裁定する機関として規則違反者に制裁を課すシステムを備えている[118]。その結果，市場は自由な取引の場ではあるが，けっして「**規制の真空状態**」ではないことが分かる。むしろ，それは参加者の権利・義務や行動規制を定めた緻密なルール，その迅速な裁判および裁判結果の確実な執行のシステムを最小限の構成要素としているとみることができる。

(ウ)　市場の自律性の限界と政府の支援

　市場が規制を内に含むという事実は，市場の自律性の限界も意味する。なぜなら，取引ルールの設定・裁判・執行は，取引所のように市場構成員が同じ場所に集まり，取り引きされる商品の種類が限定され，ルール違反者に対する免許取消しが参加者にとってルール遵守の大きなインセンティブになる状況の下では，比較的容易である。しかし，小売業や卸売業が発達して市場の物理的施設が分散し，異なる利害関係をもつ多くの人々によって所有される場合は，個々の市場の施設で私的なルールの設定・裁判・執行を行うことは，市場施設

---

117)　Coase 1988: pp. 8-9（宮沢＝後藤＝藤垣訳 1992: 10-11頁）．
118)　Coase 1988: pp. 8-9（宮沢＝後藤＝藤垣訳 1992: 10-11頁）．

図表Ⅲ-2　市場と政府の密接な関係

```
┌─────────────┐    ←取引ルールの設定     ┌─────────────┐
│             │    ←裁判                │             │
│    市場     │    ←執行                │    政府     │
│             │    ←経済法的規制         │             │
└─────────────┘     納税→               └─────────────┘
```

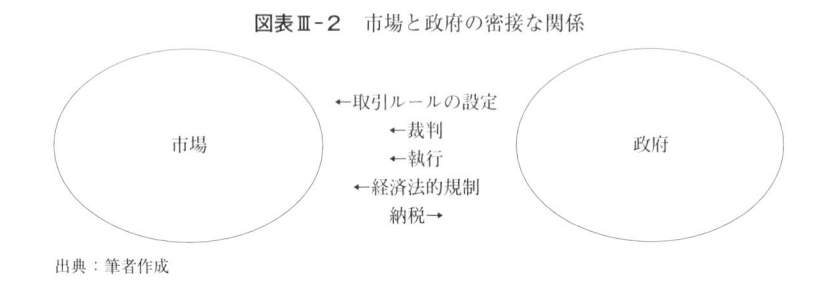

出典：筆者作成

の所有者にとって能力的に困難であったり，過大な費用を要する。こうして市場の拡大と分散の結果，市場に参加する人々は**国家の法体系**（the legal system of the State）に依存せざるをえなくなる[119]。この帰結は，市場が政府の支援を必要とするに至ることを予感させる（**図表Ⅲ-2**）。

市場取引がごく限られた，お互いのことをよく知り合った者同士の間で行われていた時は，ルール違反は，市場からの排除という大きな代償を伴うゆえに，比較的少なく，市場は比較的安価な費用で管理・運営されたであろう。そこには，①取引が同一の（少数の）当事者間で行われ，②両当事者が相手方のことも含めて完全な情報をもち，③取引が無限に繰り返されるという，ゲーム理論にいう自発的な協力が成立可能な条件（自己執行的な協力条件）に近い状態が存在していたと考えられる[120]。

しかし，これらの前提条件は，仕事の特化と分業が進み，**人格的繋がりのない者同士の交換**（impersonal exchange）が常態化した産業社会では，もはや期待することができない。そこでは，①取引が同一の（少数の）当事者間で行われるとは限らず，②両当事者がお互いのことをよく知らず，かつ③取引が必ずしも繰り返されるわけではない。にもかかわらず，西欧諸国は，取引の経済的潜在力を現実のものとし，莫大な利益を引き出した[121]。その成功の鍵はどこにあったのだろうか。

このパズルに対する１つの解答は，最終的には強制力をもって契約を履行させる第三者（執行機関）としての政府の役割である。ノースは，取引は「**国家**

---

119) Coase 1988: p. 10（宮沢＝後藤＝藤垣訳 1992: 12頁）．
120) North 1990: p. 57（竹下訳 1994: 76-77頁）．
121) North 1990: p. 12（竹下訳 1994: 15頁）．

のない社会」(stateless societies) にも存在したものの，社会が**実効的で低コストの契約執行**のシステムを発達させる能力を欠いていることが，歴史上の経済的停滞と現代における第三世界の低開発にとって最も重要な原因であるとみた[122]。ノースによれば，最も実効的で低コストの契約執行を可能にするシステムこそが政府である。取引が時間的・場所的に複雑になるにつれ，協力的な帰結を実現するための費用も高まり，人格的繋がりのない者同士が私的な強制の威嚇等によって合意を執行するシステムを運営する費用は法外なものになる。これに対し，「第三者として行為し，合意を執行するために強制を用いる政治体」が合意を監督し，執行することには「莫大な規模の経済」が存在する[123]。政府の強制力を背景とする裁判・執行システムの存在意義は，1つにはこうした社会的費用の節約によって説明される[124]。

　しかし，政府の役割は契約の執行にとどまらない。それは，**競争制限などの不公正な取引行為を排し，公正で自由な競争が行われる環境を維持する**ために公的規制を行う点でも重要な役割を果たしている。これもまた市場を支えるために不可欠の政府の重要な機能である。さらに，政府は，国家にとって有望な産業を育成するために，補助金の支給を含む積極的な政策措置を実施し，そのために**産業経済法**を制定し，執行する。開発プロセスでは，公正な競争の確保と競争力ある産業の育成の両要素を含む意味での**経済法**（economic law）の重要性を否定することができない（**図表Ⅲ-2**）。

　しかし，市場を支える組織は政府だけではない。とくに市場取引にかかる様々な費用を節約することによって市場を補完する組織として，企業の役割を看過することができない。

(2) 企業の生成・拡大・限界
(ⅰ) 市場と企業との関係

　市場で行われる物やサービスの取引は，企業によっても行われている。例えば，①労働力の調達は，労働市場から日雇い，パートタイマー等を雇用して行われる場合と，企業を設立して常勤の従業員を雇用して調達する場合がある。

---

[122]　North 1990: p.54（竹下訳 1994: 73頁）．
[123]　North 1990: p.58（竹下訳 1994: 78頁）．
[124]　しかしまた，この正当化は，政府に与えられた強大な権力の行使をどのように監視できるかという新たな問題を生み出す（後述（3））。

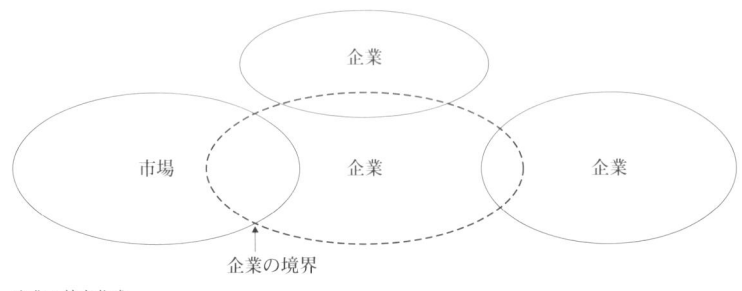

図表Ⅲ-3　市場と企業の相互（補完）関係

（図中：市場、企業、企業、企業、企業の境界）

出典：筆者作成

②生産素材は，市場から調達する場合と，企業に取り込んだ当該素材の生産部門から内部調達する場合がある。また，③生産物の集荷・輸送・販売も，流通業者の市場を利用する場合と，これらの活動を企業内部に組織化して行う場合がある。

　企業は本来的には**生産要素**(インプット)を**生産物**(アウトプット)に変換する組織である[125]。しかし，企業の役割はそれにとどまらない。コースは「市場を通じて取引を実行するための費用に比べて，それが少ない費用で済むときには，市場で行われていた取引を組織化するために企業が生まれる」とみた（**取引費用への適応としての企業の発生**）。なぜなら，「取引費用が存在すると，取引を行おうとする人々をして，つねに取引費用の低下をもたらすような慣行に従うように導く」からである。したがってまた，「取引を組織化する費用が，それを市場を通じて実行する場合の費用と等しくなるところ」が，「企業が何を買い，生産し，販売するか」を決定し，「企業の規模の限界」を画するとみる（**図表Ⅲ-3参照**）[126]。

　このようにコースは，「取引にかかる費用」を鍵概念にして，企業の誕生および拡大のプロセスを市場との関係において連続的に説明することに成功した。

（ⅱ）取引費用とは何か

　コースは**取引費用**（transaction cost）の概念を，「価格メカニズムを利用するための費用」，「公開市場で交換という手段で取引を実行するための費用」，「市場利用の費用」（marketing cost），「市場取引の費用」（cost of market transactions）とも呼ぶ。例えば，その論考「社会的費用の問題」では，①交渉しようとする相手

---

125) Coase 1988: p. 5（宮沢＝後藤＝藤垣訳 1992: 8頁）．
126) Coase 1988: pp. 6-7（宮沢＝後藤＝藤垣訳 1992: 8-9頁）．

図表Ⅲ-4　取引費用の主要構成要素

費用項目	R・コース	C・ダールマン	D・ノース
①関連情報収集	———	①探索と情報	①測定費用（客体の属性測定）
②相手方探索	①相手方探索		———
③取引条件伝達	②交渉の意向，取引条件伝達	———	
④取引交渉	③契約締結までの駆引き	②交渉と意思決定	———
⑤契約締結	④契約締結	———	
⑥契約履行状況の監視	⑤契約遵守状況の点検	③監視と強制	②執行費用（権利保護，契約監視，執行）
⑦契約執行			
⑧取引への課税	⑥売上税など	———	———

出典：筆者作成

が誰であるかを見つけ出すこと，②交渉をしたいこと，およびどのような条件で取り引きしようとしているかを伝えること，③成約に至るまでに様々な駆引きを行うこと，④契約を結ぶこと，⑤契約の条項が守られているかを確かめるための点検を行うこと等々に要する費用を挙げている[127]。

取引費用の分類方法には，①探索と情報の費用，②交渉と意思決定の費用，③監視と強制の費用といった三分法（C・ダールマン）や，①測定費用＝「交換されるものの有用な属性を測定する費用」，②執行費用＝「権利を保護し，契約を監視および執行する費用」といった二分法（ノース）などもあるが[128]，実質的な項目・内容はほぼ共通している（**図表Ⅲ-4**）。問題は，これらの取引費用を企業がどのように節約できるかである。

①企業は，土地・労働・資源・資金といったインプットを商品・サービスというアウトプットに変形するが，その際には加工等の**変換費用**（transformation costs）がかかる。また，②土地・労働・資源・資金を調達するには，取り引きする（transacting），つまり，財産権を変動させるために財産権を定義し，契約し，契約による財産権の変動を監視・執行し，取得した財産権を保護するための**取**

---

[127]　Coase 1988: pp. 6-7, 114（宮沢＝後藤＝藤垣訳 1992: 8-9, 131頁）．

[128]　Coase 1988: pp. 6-7（宮沢＝後藤＝藤垣訳 1992: 8-9頁）; North 1990: p. 27（竹下訳 1994: 36-37頁）．

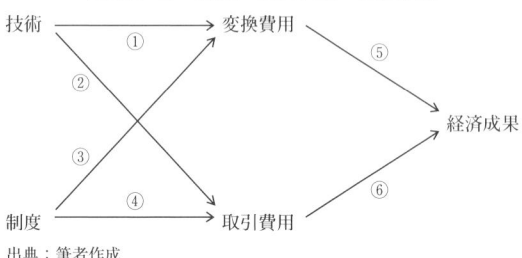

80　Ⅲ　組織──良い政府と市場・企業および市民社会

図表Ⅲ-5　制度・取引費用・経済成果

技術 → 変換費用　①
　　　　　　　　　②
　　　　　　　　　③
　　　　　　　　　④
制度 → 取引費用
変換費用 → 経済成果　⑤
取引費用 → 経済成果　⑥

出典：筆者作成

引費用（transaction costs）がかかる。

　これらの費用の多寡に影響を与える要因として，まず，企業が利用できる技術の水準が変換費用の多寡を左右する（**図表Ⅲ-5・矢印①**）。つぎに，法律，慣行等の制度の内容が取引費用の多寡に影響を与える（同矢印④）。さらに，技術が取引費用に，制度が返還費用に影響を与えることもある（同矢印②・③の因果関係も存在する）。例えば，熟練度の低い労働者にも利用可能な技術の開発は取引費用を引き下げる（同矢印②）。また，油田の合同開発をしやすくする制度の創設は変換費用も引き下げる。さらに，開発された新技術に対するライセンスの制度は変換費用と取引費用の双方を引き下げる効果をもちうる（同矢印③）。これらの費用の多寡が個々の企業および企業全体のパフォーマンスに影響を与える[129]。

　このうち，取引費用は財産権の定義，保護および変動の制度をどのように設計するかによって高くなったり安くなったりするから，取引費用が無視できない場合，ある社会が利用可能な資源をどれだけ効率よく分配して多くのアウトプットを生み出すことができるかは，とりわけ財産権に関する制度の構造によって相当大きく変わってくる。その意味で，「**取引に費用がかかるときは，制度が重要である**」[130]。とくに所有権等の財産権に関する制度の構成が重要である。例えば，財産権を定義する費用には，財産権の主体・客体・内容を法律で定める費用だけでなく，実際の取引において個々の当事者がそれらの具体的属性を測定する費用も含まれる。しかし，それらの**測定費用**だけでも相当の額に上り，それでも完全に正確な測定は困難である。また，これらの測定情報を当

---

129) North 1990: pp. 5-6, 61, 65-66（竹下訳 1994: 6-7, 83, 88-89頁）．
130) North 1990: p. 28（竹下訳 1994: 37頁）．

事者が等しくもっているとは限らず，事業者と消費者に典型的なように，情報がいずれかに偏った非対称性が存在する。それは当事者による契約の交渉や履行のパターンに影響する[131]。さらに，執行費用も問題になる[132]。

ちなみに，アメリカ合衆国では，市場取引にかかる費用——例えば，銀行・保険・金融・卸売・小売に関係する費用，弁護士・会計士・不動産仲介業者・信用調査会社等に支払われる費用等——は，この20世紀の間に国民所得の約25％から45％へ（！）と上昇し，さらに上昇し続けていると観測されている[133]。

(ⅲ) 企業の本質

(ア) 指揮・命令のメカニズム

これらの取引費用を企業が節約できる理由は何か。企業は他の企業や個人，その他の外部者との関係では，主に市場を通じて財・サービス・情報を取り引きしている。その場合は価格メカニズムに従ってできるだけ安く良いものを調達するように努めるが，様々な取引費用（前述（ⅱ），図表Ⅲ-4）を避けることはできない。これに対し，企業の内部関係では，市場も価格メカニズムも利用することなく，調整者としての企業家（entrepreneur）が企業内部の各部門間の財・サービス・情報の分配と生産を決定することができる。そこでは市場取引の費用はかからない。例えば，企業Aの内部で労働者W1がα部門からβ部門に移動する場合，W1は賃金の相対価格の格差のゆえに移るのではなく，使用者から移るよう命じられたからそうするのみである[134]。ところが，企業Aが企業Bの従業員W2をAのβ部門に同様に移動させるには，W2との交渉，契約，場合によってはBに支払うべき損害賠償金等の取引費用を考慮に入れなくてはならない。その結果，AがW1とW2に支払う賃金が同一であっても，すでに企業内部に雇っているW1をβ部門に移動させる方が，その都度W2を外部から雇って移動させるよりも人件費は節約される[135]。この節約効果は，異動の人数・回数等の規模が大きくなればなるほど増大する。

---

[131] North 1990: pp. 29-30（竹下訳 1994: 39-40頁）.
[132] North 1990: p. 32（竹下訳 1994: 42頁）.
[133] North 1990: p. 28（竹下訳 1994: 37頁）.
[134] Coase 1988: pp. 35-36（宮沢＝後藤＝藤垣訳 1992: 40-41頁）.
[135] 同じことは財の調達にも当てはまる。もっとも，予め品質を約定し，約定した品質への適合性を審査し，必要に応じて代替品を市場で入手しやすい財に比べ，そうしたことが困難な労働力の調達は，企業に内部化するメリットが大きい。Cf. Coase 1988: p. 40（宮沢＝後藤＝藤垣訳 1992: 45頁）.

企業にこの節約ができる根本的理由は，使用者Aと被用者（労働者）Wの雇用（労働）契約に基づいてAがWに対する指揮・命令権限を取得し，WがAの指揮・命令に服従する義務を負うからであり，それは**雇用（労働）契約**という法制度が社会的に承認されていることに起因する[136]。雇用（労働）契約に特有のこの絶大な効力は，Aから仕事の注文を受けた請負人Cとの請負契約，Aから法律・会計・税務等の事務処理を委された弁護士，公認会計士，税理士などの受任者Dとの委任契約では，AはCやDに対し，特約のないかぎり，Wに対するような指揮・命令権限をもたないことと比較すると，一層鮮明になる。
（イ）　税制上の取扱いの相違

　企業を設立して財やサービスを内部調達するメリットには，市場における財やサービスの取引にかかる売上税等の課税が，企業内の財やサービスの移動には通常課税されないことも無視できない[137]。また，各種の費用控除なども含む税制上のメリットも，企業設立の動機の大きな部分を占める。これらもそのような取扱いをする税制という法制度が社会的に承認されているからにほかならない。

（ウ）　取引費用の節約以外の存在理由

　コースが論証した取引費用の節約は，企業の設立理由のすべてであるとはいえない。それと両立する様々な存在理由を企業はもちうる。例えば，企業を設立して労働者の行動の不確実性を削減することは，強い目的意識をもつ企業家であればあるほど，企業の目的を共有する結束の固い構成員からなる組織を構成する喜びの獲得という，費用節約以上の効果を享受するであろう。また，少なからぬ従業員にとっても，ある企業に所属し，その目的を共有して労働を提供することが，自己の同一性証明の手段となったり，他人と協力して成果を分かち合う協働の感覚や生き甲斐を得る源泉になることもある。それは，そのことが高じて**会社主義**（company-cult）といわれる労働状況や過労（死）をもたらす原因とも密接に結びついている。

　さらに，企業は，従業員に対する福利・厚生の提供，年金の提供の媒介，災害復興時の被災者に対する支援等，社会保障ネットワークの一翼も担いうる。

　以上にみた諸理由のうち，何が企業の本質をなすかは，ア・プリオリに決ま

---

136)　すでにコースもこの特徴を指摘している。Coase 1988: pp. 53-54（宮沢＝後藤＝藤垣訳 1992: 57-58頁）。

137)　Coase 1988: p. 41（宮沢＝後藤＝藤垣訳 1992: 46頁）。

っているものではないと考えられる。したがって，企業の存在理由，市場との関係，国家における役割は，各社会における企業の成立経緯，機能，国家の歴史や構造に照らし，当該社会の人々の期待に最も適合する形に構築されるように，法改革が目指されるべきである。

(エ)　企業の拡張と市場への回帰

　企業は，生産や交換に必要な財やサービスの内部調達が非効率になったときは，一度は内部に取り込んだ従業員や財を再び市場に放出し，市場調達に切り替える**アウトソーシング**も行うから，市場と企業の関係は互換的である（図表Ⅲ-3）。これは，財やサービスの市場価格の推移，取引費用と返還費用の関係等により，企業の経営費用の方が市場取引の費用よりもつねに安価であるとは限らないからである。そうでなければ，企業の拡大——①企業家が市場で行っていた取引を企業内部に組織化する**統合**（integration）および②複数の企業家が組織していた取引を1つに組織化する**結合**（combination）[138]——によって市場は駆逐され，社会の全生産は巨大な1企業によって行われているはずである。この考え方によれば，**企業は，追加的取引を自己の企業の中に組織化する費用が，同じ取引を市場で行う費用または他の企業の中に組織化する費用と等しくなるところまで拡大することになる**[139]。したがって，取引費用に関しては，企業家は市場の価格メカニズムを通じて物的・人的資源を調達する契約を結び，事業を開始する**創意**（initiative）とそれを組織の内部に取り込む**起業**（enterprise）のみならず，企業の内部に取り込んだ人的・物的生産要素をたえず価格変化を考慮して再編成する**管理**（management）の能力も求められる[140]。

(iv)　企業の自律性と政府の支援

　企業は，企業家の命令によって財やサービスを移転し，契約執行費用を回避するなど，市場よりも自立性が高く，政府から距離を置いているようにみえる。しかし，①企業と従業員との関係は雇用契約に，役員との関係は委任契約に基づく権利・義務関係である。また，②企業の対外的関係は多くが市場取引である。さらに，③企業統治（corporate governance）の実効性は法制度の構成によって大きく左右される（図表Ⅲ-6）。こうして企業の活動も，市場に劣らず，政

---

138)　企業の拡張パターンとして，コースは，Coase 1988: pp. 46-47（宮沢＝後藤＝藤垣訳 1992: 50-51頁）。
139)　Coase 1988: pp. 42-45（宮沢＝後藤＝藤垣訳 1992: 47-49頁）。
140)　Coase 1988: p. 55（宮沢＝後藤＝藤垣訳 1992: 58頁）。

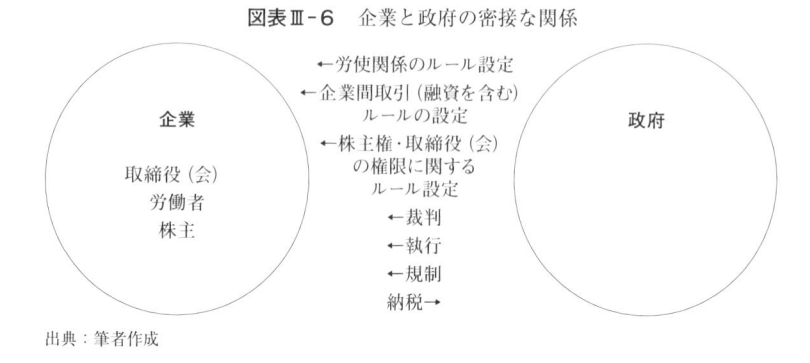

図表Ⅲ-6　企業と政府の密接な関係

```
                    ←労使関係のルール設定
   ┌──────┐  ←企業間取引（融資を含む）      ┌──────┐
   │ 企業  │     ルールの設定              │ 政府  │
   │      │  ←株主権・取締役（会）          │      │
   │取締役（会）│    の権限に関する            │      │
   │ 労働者│     ルール設定               │      │
   │ 株主 │    ←裁判                    │      │
   │      │    ←執行                    │      │
   │      │    ←規制                    │      │
   └──────┘    納税→                    └──────┘
```

出典：筆者作成

府の支援と密接に結びついている[141]。

3　政府

(1) 政府の存在理由

（ⅰ）　開発のコンテクストにおける市場・企業と政府の関係の緊密化

　市場の範囲が広がり，人格的繋がりのない者の間で行われる取引が一般化するにつれ，統一的な取引ルールを制定し，紛争を裁判し，裁判結果を執行できる政府の役割が重要になってきた。また，企業でも使用者と従業員との権利・義務関係に関するルールの制定，それに基づく紛争解決等における政府の役割が無視できないものになっている。たしかに，政府による監視が及ばない国境を越えた取引においてすら契約の自律的執行を可能にした組織および制度も存在した[142]。しかし，それを可能にした人々の間の信頼ネットワークと同様の条件が，途上国を含む多くの社会に一般的に存在するとはいえない。現代でもそうしたネットワークの構築は努力に値するが，少なくともその形成途上で，市場および企業の活動を支える制度づくりの担い手として，政府の機能を認めてよいであろう。

　そのことは，現実に存在する腐敗した政府を黙認することを意味するもので

---

[141]　企業・市場と法規制との関係につき，神田 1993: 171-198頁，企業と政府との関係につき，恒川 1996: 2頁以下，46頁以下，316頁以下参照。
[142]　例えば，中世後期（11～14世紀）のイスラム商人と遠隔地の代理人との契約を通じた国際的な市場組織は，自律的執行力を維持した。グライフ／岡崎＝神取監訳2009。

はない。どのような政府であっても，その権限をどのようにコントロールするかという問題は不可避である。発展途上にあるほど政府の強力なイニシアティブが期待されるが，そうであれば一層政府の権限のコントロールは困難になるというジレンマが生じる。しかし，このパズルを解くことなしには発展は望めないだろう。開発プロセスにおける政府の権限の強化とコントロールは，困難ではあるが，避けて通ることができない課題である。

(ⅱ) 自然状態の仮定

　政府の機能を明らかにするために，政府が存在しない**自然状態**を想定することは，実際には困難である。せいぜい戦争や自然災害によって一時的に無政府状態になった社会に何が起きるかを観察することができるにすぎない【TOPIC④】。しかし，そうした特殊な条件下ではあるが，人々が政府なしに平和的状態を形成する自然的傾向をもつかどうかは，予断を許さないように思われる。

【TOPIC ④　無政府状態の社会の状況】

　　アフガニスタンの旧タリバン政権が崩壊した直後，新政権の統治が実質的に及ぶ前の首都カンダハルでは，略奪等の激しい混乱が生じた（2001年12月）。また，イラクのフセイン政権崩壊直後，バグダッドでは，役所・博物館・食糧倉庫等への襲撃・略奪が生じた（2003年7月）。インド洋大津波の被害を受けたインドネシア・スマトラ島北部の州都バンダアチェでは，警察や国軍が救援活動に忙殺される中で，宝飾店等への略奪が相当規模で発生した（2005年1月）。キルギスタンの首都ビシケクでは，旧政権崩壊後，新政権による権力掌握が不十分な状況下で，商店・銀行等への略奪が発生した（2005年3月）。ソロモン諸島の首都ホニアラでは，新政権の組閣前に反対派の暴動が発生し，そうした状況下で略奪行為が多発した（2006年4月）。インドネシア・ジャワ島中部のジョグジャカルタ特別州では，大地震の発生後に，救援活動が難航する中で，多くの略奪行為が発生した（2006年5月）[143]。

　　こうした傾向は，いわゆる先進国にもある。大型ハリケーン「カトリーナ」による被災で治安が悪化したアメリカ・ルイジアナ州ニューオーリンズ市内では，商店街において多くの略奪が発生した（2005年9月）。日本でも，東日本大震災（2011年3月11日）の直後から，それに乗じた盗難事件等が，少なからず発生した。例えば，地震と津波で割れたI県の銀行の窓ガラスから侵入し，現金を盗もうとしたとした者が現行犯逮捕された（2011年3月15日）。M県の信用金庫では，

---

[143] 本文中（　）内の年月は，報道時期を指す。

津波で電子ロックが損壊した銀行店舗の金庫室から現金約4000万円が盗まれた（2011年3月22日）。こうした混乱に乗じた窃盗は，人のいないコンビニなどを狙う事件が多く，地震発生から3日目の2011年3月13日までに，M県だけでも計21件発生した[144]。これらの事件は，政府の統治機能の低下と犯罪の抑制効果の減少との関連性を示唆している。

こうした事例は，途上国・先進国を問わず，無政府状態に一定の条件（経済の停滞，不況や失業の蔓延，潜在的不満をもった社会階層の存在等々）が加われば，市民の間で身体や財産への侵害が生じる一般的な可能性があることを示唆している。

(ⅲ) 政府の成立と市民の所有権の保障

これらの事態の背景事情は相当に特殊かつ多様であるから，各々の帰結を安易に一般化することは危険である。したがって，そこから自然状態を想定し，国家や政府の存在理由を十分に論証することは困難である。しかし，政府の役割が市民の生命・身体・財産の保護にあることは，自然状態をどう想定するかにかかわらず[145]，承認されるであろう[146]。

もっとも，政府の強制執行権力が存在しなければ，そもそも人々が相互に尊重すべきであると考えるような所有権，その他の権利の概念や，守らなければならないと観念する契約の概念自体が成立しないかどうかは，検証が困難である。(a)《政府による保護の保障がないところに所有権はなく，政府による履行の保障がないところに契約はない》というべきか，あるいは (b)《政府以前にも所有権や契約は存在するが，それをより完全なものにするために，政府を承認または設立した》というべきか。(a) T・ホッブズは，**所有権**（property）は「主権者権力に依存」するとみる。そして，この「所有権」と主権者の権力設定以前に「すべての人がすべてのものに対してもつ権利」とを

---

144) また，被災地から離れた東京都内でも，駐車された車やバイクなどからガソリンが抜き取られる窃盗被害が多発した（地震発生後，10日間で約40件）。震災の発生以前は，都内で車両のガソリンが盗まれる被害はほとんどなかったという。
145) 例えば，ホッブズは「諸政治国家（Civil States）のそとには，各人の各人に対する戦争がつねに存在する」とみた。ホッブズ／水田訳 1992-1: 210頁。一方，ロックは自然状態ではすべての人間が自由であるが平等であり，「他人の生命，健康，自由または財産を傷つけるべきではない」との自然法が存在し，犯罪者に対しては各人が自然法の執行者になる権利をもつとみた。ロック／鵜飼訳 1968: 10-15頁。
146) ホッブズ／水田訳 1992-2: 32-33頁，ロック／鵜飼訳 1968: 27頁，ルソー／桑原＝前川訳 1954: 29頁参照。

区別する[147]。これに対し，(b) J・ロックは，自然状態においては「所有権の享受は，はなはだ不安心であり，不安定である」から，**所有**（property）すなわち「**生命，自由および資産**」の「相互的維持」のために，人々は「国家として結合し，政府のもとに服する」とみた[148]。これらの見解の相違は，ある程度は所有権の定義にも依存する。いずれにせよ，所有権の保障は強い政府に支えられた国家においてより実効的であり，所有権は国家（政府）に根本的な存在理由を与えている。スミスもいうように，所有権と国内統治は緊密に相互依存する[149]。所有権の保護と所有の不平等の維持が最初に国内統治を形成し，所有権の状態は統治の形態に伴って変わったに違いない。

(iv) 国家起源論

この問題は，政府を中核とする国家の起源の問題に通じる。国家は人々が自らの生命・自由・財産等の安全と平和を確実にするために合意に基づいて《設立》したものか，あるいはより優位な実力をもつ組織が他を《征服》した結果か，議論が存在する[150]。各国の政府がどのようにして強制権力を確立してきたか，そのパターンは多様であるが，権力確立による国家の形成が血まみれの闘争の結果である場合が少なくない。

このことは，各国がそのプロセスにおける不正義をすべてリセットし，最初から正義の構築をやり直すことがいかに困難であるかを含意する。われわれはつねに現在の所有の分配に基づく国家状態が，ひょっとすると不正義を含む過去の上に成り立っている可能性を排除し切れない事実をつねに直視しながら，統治の改善を不断に図るしか方法がない。

(2) 良い政府

(i) 良い政府の概念

多くの途上国では，植民地支配，隣国の征服，内戦による地域勢力の征服等を経て政府が成立・承継され，一般国民の経済的・政治的自由はいまだに制限されている。そうした社会では，市民が新たに良い政府を合意によって設立す

---

147) ホッブズ／水田訳 1992-2: 43-44頁。
148) ロック／鵜飼訳 1968: 127-128頁。
149) スミス／水田訳 2005: 31頁。
150) 社会契約論は基本的に合意説をとる。これに対し，征服説の立場として，萱野 2005: 104-105頁参照。征服説と内的発生説の狭間で，結社（アソシエーション）の国家形成力に注目する見解として，ローウィ／古賀訳 1973，とくに82頁以下参照。

図表Ⅲ-7　「良い政府」の構成要素

要素	内容	アウトプットの具体例
Ⅰ 強い・効率的な政府	[1]所有権の保護	1)民法／2)漁業法，鉱業法，著作権法・特許法・実用新案法・意匠法・商標法・商法／3)建物区分所有法，信託法等の制定・実施
	[2]市場取引ルールの設定	1)民法・商法，会社法／2)民事訴訟法・民事執行法・民事保全法・消費者契約法（消費者団体訴訟を含む），仲裁法・民事調停法，破産法・会社更生法・民事再生法，不動産登記法・商業登記法・船舶法・小型船舶登録法等の制定・実施
	[3]規制緩和・民営化	民営化関連法の制定・実施
	[4]市場基盤ルールの創設	1)自動車抵当法・航空機抵当法・建設機械抵当法・農業動産信用法・抵当証券法・仮登記担保法・各種の財団抵当法・企業担保法，担保付社債信託法，社債等の振替に関する法律，動産・債権譲渡特例法／2)手形法・小切手法，電子記録債権法／3)消費者基本法・割賦販売法・消費者契約法・特定商取引法・金融商品販売法・製造物責任法・消費者生活用製品安全法，借地借家法・農地法・利息制限法／4)独占禁止法・不正競争防止法・不当景品類及び不当表示防止法・個人情報保護法，金融商品取引法・金融先物取引法・商品取引所法・卸売市場法・中小小売商業振興法・大規模小売店舗立地法・貸金業法・信託業法・抵当証券業法・保険業法・建設業法・宅地建物取引業法・旅館業法・人材派遣業法等の制定・実施
	[5]産業育成ルールの創設	特定産業の振興法，工場立地法等の制定・実施
	[6]再配分ルールの創設	自作農創設特別措置法，税法，社会法等の制定・実施
	[7]グローバル化への対応	輸入規制関連法等の制定・実施
Ⅱ 合法的な政府	[1]行政的正義の確保	透明性，衡平性，廉潔性，説明責任の確保
	[2]法治主義の確保	選挙法，政党活動関連法の制定・実施
	[3]法の支配の実現	司法の独立，公正なルール，司法アクセスの実現
Ⅲ 良心的な政府	[1]非営利法人の設立	一般法人法・公益法人認定法・特定非営利活動促進法の制定・実施
	[2]表現の自由の保障	
	[3]集会・結社の自由の保障	
	[4]少数派への配慮	議会関連法（割当制，拒否権を含む）の制定・実施

出典：筆者作成

ることが困難で，より現実的かつ平和的な選択肢として，既存の——時には悪い——政府が市民の権利を保護・実現する組織へと変容することを促す方法を

とる場合もある。そして，新たな政府の設立指針にせよ，既存の政府の批判規準にせよ，良い政府とは何か，とくにその「良い」（good）ということの主要な要素を抽出し，諸要素間の関係を体系的に明らかにすることが有用である。

良い政府の評価基準として，①政府の介入，②公共部門の効率性，③公共財の供給，④政府の大きさ，⑤政治的自由に関する指標を用いた部門別・国家別測定の試みもある[151]。本書では，良い政府を判断する諸要素の体系的な理論枠組の構築に主眼を置き，その指標化は次段階の問題とする。そのような観点から，以下ではすでに提示した「良い」政府の構成要素――「強い・効率的な」政府，「合法的な」政府，「良心的な」政府（前述 I 3．図表 I-2）――の内容をさらに掘り下げる。

(ii) 強い・効率的な政府

良い政府の要素として**強い政府**が求められる理由として，以下の点が考えられる（**図表Ⅲ-7**参照）。まず，①市民の所有権に象徴される権利が侵害された場合に，侵害者にサンクションを加え，**被侵害者の権利を迅速かつ確実に回復すること**にある。

ついで，②政府は公平な第三者として，市場取引の対象となる**財産権を定義**し，その移転方法および移転原因としての**契約のルールを制定**し，それに従って**紛争を迅速に裁判し，裁判結果を確実に執行することが求められる**[152]。政府が市場取引ルールの運営を実効的かつ低コストで行いうるかが，社会の経済発展を決定的に左右する。この面では**効率的な権限行使**が求められる。

加えて，③体制移行国や市場経済化の推進を図る社会では，生産・流通・金融・投資などの取引を自由化する際に，計画的プログラムを策定し，必要な規制を残しつつ，不必要な規制を徐々に撤廃する等，**着実に規制緩和を主導できる政府の存在が不可欠である**。それはいわば，経済への介入から「**政府を排除するための強力な政府**」であるが，これも「正統なパラドックス」として承認する必要がある。また，公企業の民営化も，民営化後の事実上の独占に対処しうる，効果的な規制枠組との結合が必要である[153]。ここでも，市場化は単純な規制の撤廃ではないことが確認できる。

さらに，④市場を支えるための法整備は，市場取引ルールだけでは完結しな

---

151) da Porta, Lopez-de-Silanes, Shleifer and Vishny 1999: pp. 222-279.
152) 民事実体法と民事手続法が中心になる。図表Ⅲ-7・I [2] 1) ・2)。
153) 松尾 1999-1: 97-98頁参照。

い。それはさらにメタ・レベルのルールとして，市場を構築・維持・活性化させるための**市場基盤ルール**にも及ぶ。それは，1）資金調達とそのための債権担保に関する法，2）取引から生じた債権・債務を安全・確実・低コストで決済する法，3）経済過程の進行に伴って生じる情報量や交渉力の格差を調整し，契約交渉当事者の実質的対等性を確保する法（消費者保護法など）を含む[154]。また，4）公正な市場競争を確保するために，独占禁止法，不正競争防止法等の競争法を整備し，それを通じて人々の行動様式に刻み込まれるまで競争の文化を定着させることも不可欠である[155]。とくに非形式的ルールに属する競争文化の定着は，一朝一夕には達成困難である。それは，経済活動が政治家，官僚，利益団体などのアド・ホックな決定によってではなく，競争原理によって統制されるように主導することであり，政府には長い年月をかけた「巨人の労苦」が求められる[156]。

⑤市場基盤ルールは政府の市場介入の要素を含むが，それは市場における実質的な競争の確保を目的とする。しかし，開発プロセスでは政府がより積極的に，自国が比較優位をもつ特定の産業を育成し，また，環境との調和を図り，企業の持続可能な発展を図るなど，**産業政策を実施するために市場介入する手段**として産業（経済）法に関する法令を定め，実施する必要に迫られることも珍しくない。

⑥政府の一層大きな市場介入として，市場取引に先立って存在し，または市場取引よって必然的に増大する経済格差を調整するための**再配分**も，開発プロセスでは軽視できない。例えば，農地改革による土地の再配分，社会法，税法による資産や所得の再配分等である。これらは既得権益との衝突を伴うことから，しばしば実現困難である。しかし，それもまた持続可能な市場システムに不可欠のルールの一環として位置づけられるべきである。それをいささかなりとも促進するために，交換的正義と配分的正義の不可分一体的関係の理論的解明が不可欠である（後述Ⅴ3）[157]。

さらに，⑦政府は，**グローバル化の衝撃**から国内企業や国民を強力に保護しつつ，徐々にグローバル・スタンダードへの順応を促すよう誘導することも求

---

154) 図表Ⅲ-7・Ⅰ [4] 1）〜3）。これらは，一面では，前述②の市場取引ルールの延長ともいえる。
155) 図表Ⅲ-7・Ⅰ [4] 4）。
156) 松尾 1999-1: 101頁参照。
157) 松尾 1999-1: 101-106頁参照。

められる[158]。

　これらの諸局面で強く・効率的な政府（a strong and efficient）が要請される[159]。とくに開発政策を主導する行政部が意思決定と事務処理を迅速かつ確実に行い，利用者に対して好意的な**良い官僚制**（good bureaucracy）を備えることが求められる[160]。

(ⅲ)　合法的な政府

　しかし，政府が強力かつ効率的に権限行使をしようとすればするほど，その濫用や逸脱の危険性も必然的に高まる。そこで，そうした権限行使の正当性をどのようにして確保するかという問題に突き当たる。

　この問題への対応策として，まず，①開発政策を推進する中心主体である行政部内での**行政的正義**（透明性，衡平性，廉潔性，説明責任等）の原則に基づく自律的コントロールが求められる。ついで，②行政部外から，**法律による行政の原理**（法治主義）に基づく立法部によるコントロールがある[161]。さらに，③行政部および立法部の権限行使に対し，**立憲主義**（constitutionalism））に基づき[162]，独立した司法部が司法審査を通じて行うコントロールがある。その前提条件として，1）司法判断の基準となる公開され，明確で，公平で，最終的に憲法に根拠づけられた安定した法的ルールの存在，2）司法部の独立性の保障，3）公正かつ公開の審理手続の保障，4）他の国家機関の行為についての司法審査権の付与，5）市民の司法部へのアクセスの充実が求められる[163]。

　以上のような仕組みを備えた政府は**合法的な政府**（a lawful government）ということができる（図表Ⅲ-7・Ⅱ）。しかし，これらの方策はなお政府内部のコントロール・システムにとどまり，権力行使の実質的な正当性を確実に保障するものとはいい切れない。その結果，強い・効率的な政府と合法的な政府との両立可能性が依然として残された問題である。

---

158)　Hurrell and Woods 1995: pp. 447-470.
159)　また，前記諸政策を効率的に遂行するための中央政府と地方政府との適切な権限分配も，この要素に含まれる。
160)　松尾 1999-2: 121-122頁参照。
161)　もっとも，この法原理を実効的なものとするためには，政党活動の活性化，選挙制度の不断の見直しなどを通じ，立法部に対する民主的コントロールを確保する必要がある。これは，市民社会の構築の課題である（後述Ⅲ4）
162)　これはしばしば法の支配（the rule of law）の原理とも呼ばれる。本書では，国家権力の濫用や逸脱の抑制と人民による法の遵守の両側面をもつものとして「法の支配」概念を用いる（後述Ⅳ8）。
163)　松尾 1999-2: 122-126頁，松尾 1999-3: 6-7頁参照。

ノースはこの問題を「**経済発展の根本的ジレンマ**」と呼ぶ。つまり，経済発展に通じる市場・企業システムを構築し，維持するためには政府による強力な支持が不可欠であるが（前述（ⅱ）），われわれはそうした政府を十分にコントロールする術をまだ獲得していない。ノースは「われわれは国家なしで済ますことはできないとしても，国家に耐えることもできない。どのようにして国家を公平な第三者のように振る舞わせるのであろうか」[164]と吐露する。その前提には，「国家が強制力をもつならば，国家を運営する人々は，社会のその他の人々を犠牲にして，その強制力を彼ら自身の利益のために用いるであろう」という拭いがたい危惧がある。このコンテクストにおける「国家」は，本書の用語法では「政府」と置き換えることができる。ノース自身は「所有権を監視し，契約を効果的に執行できる強制力としての国家」を「どのようにして創造するかは誰にも分からない」とし，「われわれの知識の段階においては，そうした実体をどのように創造すべきかを誰も知らない」と率直に述べている[165]。1ついえることは，政府のジレンマを克服して進歩してきた国家は，いずれも相当に長い時間をかけてジレンマの解消に取り組んできたということである。ところが，現在開発に直面している国家にとって時間をかけるという条件は十分に用意されていない。かといって，何もしないという選択もできない。これは開発そのもののジレンマといえる。

　V・オストロームは，**正しい立憲的形態**（the correct constitutional forms）を導入することが政治権力の暴君的行使の制約に通じるとみている[166]。この見方は，政府のジレンマへの最もポピュラーな対応策といえる。W・ライカーはこれに反論し，オストロームは人間が自由であることの少なくとも一部の理由は，われわれが一定の立憲的形態をもっていることにあると信じているが，「立憲的構造が政治的条件および世論の状況をもたらす」というよりも，「政治的条件および世論の状況が立憲的構造を生み出す」ものとみる。この問題は一見すると鶏か卵かの問題のように因果関係の方向性がなさそうにもみえるが，やはり原因は大抵の場合には政治的条件や世論であり，立憲的形態は典型的には**派生的**（derivative）なものであると捉えている。逆方向の因果関係は，あったにしても稀であり，ルソーが主張したように，結局大切なのは「**人々の心の中に刻**

---

164) North 1990: p. 58（竹下訳 1994: 78頁）．
165) North 1990: p. 59（竹下訳 1994: 80頁）
166) Ostrom 1971.

み込まれた法」であるとみる[167]。こうした因果関係の方向性は，最近では，2011年2月以降，エジプト民衆の間に広まった民主化運動が，憲法構造の変更をもたらした例にも当てはまるであろう。

　ではどうやって自由の法を心の中に刻み込んだ市民が世論を形成し，政府権力の暴君的行使を抑制できるようになるのであろうか。ノースはその例を17世紀イギリスで進化した立憲的形態に見出す。が，その成功の条件は相当限定されたものである。

> 確かなことは，それが形式的および非形式的制約の混合であった，ということである。法に対する尊重および裁判官の誠実さならびに正直さに対する尊重の双方が，この成功物語の重要な部分である。それらは，行為の自己執行的な標準であり，そうした自己執行的標準が重要なものであると，私は信じている。そうした自己執行的な制約はどのようにして創造されるのであろうか。その部分的な解答は，実効的な執行および行動に対する道徳的制約のシステムの創造は，仮にそれが進化するにしても，それが発達するのには時間を必要とする，長い，ゆっくりとしたプロセスである。——これは，アフリカにおける部族社会から市場経済への急速な変容において著しく欠けている条件である[168]。

　ここでノースは，自由な世論という政治的条件が当該社会の非形式的制度の一部をなすことを示唆している。それは，その変化が通常ゆっくりしたプロセスにならざるをえない理由を暗示している。しかしまた，そうだとすれば，それは待つ以外に方法がないことを意味するものでもない。このプロセスを発動する鍵は，中東における2011年以降の改革運動の多様な帰結にも表れているように，市民の動員を促し，市民社会の状態に変化を生じさせる最初のきっかけである。それが政府の外部からもたらされるほかないとすれば，ジレンマの解決には相当の時間を要するだろうが，政府自らが発想を転換して市民社会の育成に乗り出すとすれば，大きな展望が開かれるだろう。それは政府にとって自ら不利を招くことを意味するのであろうか。

（iv）　良心的な政府

　答えはおそらく否である。政府がその権限の濫用や逸脱に対する内部的コントロールの限界を克服するために，その権限行使を外部からチェックできる主

---

[167]　Riker 1976: p. 13. ノースはライカーに与する。North 1990: p. 59（竹下訳 1994: 80頁）。
[168]　North 1990: p. 60（竹下訳 1994: 81頁）。

体(非政府組織)の育成に配慮することは,政府自体を長続きさせるためにプラスになるだろう。そのことには十分な理由と実例がある。実際,長期間存続した政府は,君主制であれ共和制であれ,一般民衆の欲求に対してつねに細心の配慮を施してきた。逆にそうでない政府は,いったんどれほど絶大な権力を獲得したとしても,滅亡は時間の問題であった。歴史の常として,彼らが不満を募らせた場合,**「何百万という市民はなにものか」**だからである[169]。

そうした非政府組織は,市場・企業等の経済的組織からも独立している必要がある。それにより,営利組織の活動から必然的に生じる不平等の増大に配慮し,極端な格差を是正するために,企業や政府に対策を働きかけ,市民の権利保障を確実にすることが可能になるからである。その結果,政府の権限行使を外部からチェックし,コントロールする主体は,非政府的かつ非経済的な第3の組織としての市民社会(後述Ⅲ4)を意味する。

政府の,したがってまた国家の持続的発展を図る視点から,市民社会を積極的に養成することが政府にとっても有利であるとして,それを具体化するためには,政治的意思決定および意見表明のコストの削減が不可欠である(図表Ⅲ-7・Ⅲ)。そこで,政府は,社会の安定性に配慮しつつ,①NPO法人などの非営利・非政府の組織を低コストで設立する制度を整備し,②表現の自由や集会・結社の自由を社会状態に応じて徐々に具体化し,④代表民主制と多数決原理の実現に向けたプログラムを次第に実現すべきである。加えて政府は,女性,少数派(少数民族,その他)等の集団的利益にも配慮した意思決定システム(割当制,拒否権等)を開発し,すべての市民による実質的意味の民主化を徐々に進め,市民活動を支援することが重要である[170]。

実際,国内外の様々な要請や圧力に押され,民主化に取り組む政府も少なくない。しかし,そのような「民主主義」が要請する「良い政府」は,「**人民への気配り,品格ある振舞い,ならびにすべての人民を心底いま一度自分自身としてみるような行動への意志**」をもつことが求められる[171]。それゆえに,この意味における良い政府は,**良心的な政府**(a benign government)と呼ぶことができよう。

---

169) Voltaire 1764, edited and translated by T. Besterman 1971: pp. 192-194; ヴォルテール／中川=高橋訳 2005: 381-384頁)。
170) 松尾 1999-2: 131頁。
171) テイ／松尾訳 1997: 107頁。

（3）良い政府のジレンマ

（i）「良い政府」は幻想か

　以上のように、「良い」(good) 政府とは「強く・効率的で、合法的で、かつ良心的な」(strong and efficient, lawful and benign) 政府を意味するものと理解できよう。しかし、大きな問題が残っている。それは、良い政府の3側面の各要素がおのずから調和的なものとはいえないことである。とくに、①強い・効率的な政府と合法的な政府は、強力かつ迅速な開発政策の推進と、そうした政策遂行の合法性の保障をめぐり、緊張関係に立つ。また、②強い・効率的な政府と良心的な政府は、市場化と民主化の両立困難をめぐり、調整の容易でない緊張関係に立つ。さらに、③合法的な政府と良心的政府の要素が緊張・対立関係に立つこともある。これらは**良い政府のジレンマ**と呼ぶことができる。こうした内部的緊張を抱える「良い政府」は本当に統一的な実像を結びうるのだろうか、あるいは概念矛盾を孕んだ虚像ないし幻想なのだろうか【TOPIC ⑤】。

【TOPIC ⑤　民主化要求への政府の対応】

　2007年8月、ミャンマー政府による燃料費値上げに端を発し、市民から僧侶へと拡大した反政府デモは、9月末に治安部隊の武力行使に至り、民間人や外国人ジャーナリストの死者が出るなど、痛ましい爪痕を残した。ミャンマーでは1988年9月の民主化運動でも市民の犠牲を伴った。1989年6月に中国の天安門事件でも大規模な民主化運動が抑制されたことが記憶に残る。これらの事件からは、政府が社会の安定性を維持しながら開発政策を推進することと民主化を促進することの調整がいかに困難であるかを垣間見ることができる。

　また、市民社会を中心とする政府の外部からの民主化要求と政府との対立だけでなく、それと密接に関連しながら、政府の内部においても、行政部と司法部との対立に象徴されるように、しばしば判断の食違いが生じることもある。例えば、2007年3月、強権をもって政権と秩序の安定を優先させてきたパキスタンのムシャラフ大統領（当時）は自らの再選に立ちはだかる最高裁長官を停職処分にした。これに対し、同年7月、最高裁大法廷はこれを違法と判断し、親大統領派と最高裁長官派の対立が激化したまま、10月に大統領選挙が実施され、ムシャラフが最多得票したものの、その立候補資格をめぐる違憲審査で不利な判決が下されると観測されて緊張が高まる中、11月に非常事態宣言が出され（憲法の効力停止、メディア規制）、軍部隊が最高裁やテレビ局を包囲するに至った。しかし、12月にブット元首相・パキスタン人民党（PPP）総裁が暗殺され、2008

年２月の総選挙ではPPPが勝利し，PPPから首相が選出され，イスラム教徒連盟との共闘合意が成立した結果，同年８月にムシャラフは辞任に追い込まれた。ところが，PPPとイスラム教徒連盟との共闘は，PPPからの大統領の選出後に解消されて政情不安定が続き，パキスタン領内のタリバン勢力への圧力が弱まったことにより，アフガニスタン領内ではタリバン勢力の軍事攻勢が強まった。これに対する米英軍を中心とするタリバン掃討作戦の強化は，空爆等による一般市民の死傷者を増大させる結果となった。

こうした経緯からは，政府が社会秩序を安定させること，憲法に則って権限行使をすること，および民意を尊重して政治的意思決定に反映させることの同時追求がけっして容易でない事情が窺われる。これらの事件が残した帰結を顧みて，あの時何が「正しい」答えだったのだろうか。今に至るまでの経過を考慮に加えて振り返っても，難問である。

こうして開発を推進するために求められる「良い政府」の３要素のうち，①強い政府と合法的な政府，②強い政府と良心的な政府は，それぞれ開発政策遂行の効率性と合法性および市場化と民主化をめぐり，しばしばジレンマに陥ることが珍しくない。また，③合法的な政府と良心的な政府との間にも対立の契機はある。例えば，選挙直後の立法部の多数派が，政治的熱情を帯びて革新的な法改正（一部の市民や企業の資産の国有化やラディカルな再配分立法等）を行おうとするのに対し，司法部が違憲審査権等を行使し，憲法に照らして行き過ぎた権限行使を抑制しようとする場合は，司法部と立法部の対立が顕在化する。良い政府を構成する諸要素間のこうした対立・緊張を緩和する手段がなければ，良い政府は現実味のない幻想ないし虚像に帰してしまうであろう。

(ⅱ)　良い政府のジレンマの諸相
(ア)　「強い政府」対「合法的な政府」

市場システムを構築し，経済成長を促すための政策を迅速かつ確実に遂行しようとするプロセスでは，(a)「強い・効率的な政府」の顔が前面に出ることが多い。その際，個々の権限が行政的正義・法治主義・立憲主義の原理に則って行使されるよう，(b)「合法的な政府」との両立を求めることは，市民にとって政府の行動の予見可能性と信頼性を高める一方で，権限行使の手続的コストを増大させ，国内外の経済・政治・社会情況の変化に応じた柔軟な意思決定を困難にすることもある。ここで公務員に裁量を付与することは，(a)の観点からは**柔軟**（flexible）と評価されるのに対し，(b)の観点からは**恣意的**

(arbitrary) と批判される。しかし，両者は本質的に同じコインの裏表の関係にある。

例えば，政府が開発を推進するプロセスでは，国内外の経済・政治・社会情勢の変化に対して臨機応変に取引や投資を規制する必要に迫られるし，国民もそれを期待している。しかし，他方で，それはしばしば市民や企業や投資家の財産権を規制することにもなる。こうした緊張関係は，多くの国の政府の中に一般的に存在するが，開発プロセスではとくに深刻である。なぜなら，開発途上国が金融危機，その他の経済危機，侵略，内乱，略奪等の急速な状況変化に直面する場合はとくに，これら両要素の調整が実際上困難になり，効率性と合法性のジレンマに陥りやすいからである。

このように効率性と合法性の同時追求が困難な状況下では，政府は，国家統治のあらゆる状況を考慮に入れ，(a)《**最悪の結果を回避しつつ次善策に甘んじることも良しとする**》か，(b)《**最悪の結果を覚悟しつつも最善策を追求する**》かを択び取ることにより，ジレンマからの脱却を図るほかないだろう。多くの場合は (a) の立場が選択されるだろうが，状況次第では (b) の立場が統治の観点から正当化される局面がないとはいえない。

(イ)「強い政府」対「良心的な政府」

開発プロセスにおいて，社会秩序が不安定な段階では，強い政府には強制力を背景にして社会秩序の安定を図ることが期待される。しかし，そのことは，市民の立場に立ってできるだけ自由な活動や集会や表現の機会を確保すべき良心的な政府の要請と強い緊張関係に立ち，衝突することも少なくない（**社会の安定性と表現の自由の対立**）。

また，良心的政府の要請に従って民主化を推進するプロセスでは，多数派が貧困にあえぐ社会では，比較的ラディカルに再配分を進める法改革が試みられることもある。しかし，そのことが所有権の保障と自由な取引を基盤にして効率的に市場システムを構築しようとする強い政府の要請と衝突し，社会の不安定や混乱を招いたり，改革が膠着状態に陥ることもある（**民主化と市場化のジレンマ**）。

(ウ)「良心的な政府」対「合法的な政府」

さらに，一見すると整合的にみえる良心的な政府と合法的な政府の間にも，大きな溝が生じうる。例えば，活発な民主化運動が展開される局面では，盛り上がった世論を反映して，貧しき多数派が議会を支配し，ラディカルな国有化

や再配分立法を行うことも珍しくない。しかし、それが憲法による財産権保障などの基本ルールと衝突する場合は、裁判所が新法の個別事件への適用を制限したり、違憲判断を下したりすることもある。

また、凶悪犯罪が多発するなどして社会不安に対する市民の危惧が高まった状況下では、恐怖心や憤怒を高ぶらせた世論を反映して、議会が刑事法関連の規制や罰則の強化を図ることもある。そのような状況下では、司法部自体が世論の圧力を強く受け、それが裁判に反映することもありうる[172]。そのように世論を反映した政府の対応が、法秩序全体を踏まえて罪刑の均衡を逸脱していないか、合法的な政府の観点から妥当性を検証することも必要になる（**世論と立憲主義ないし法の支配のジレンマ**）。

ここでは憲法原理に照らした裁判所の熟慮による判断が、**議会（議員）**の説得に奏功することにより、ジレンマの解決に通じることが少なくないように思われる。

(ⅲ) 解決への展望

以上に概観した「良い政府のジレンマ」の解決策をさらに検討するために、以下では「強い政府」対「良心的な政府」の例として挙げた市場化と民主化のジレンマ（前述（ⅱ）（イ））に着目する。というのも、多くの発展途上国において市場化と民主化の調和を阻害する様々な構造的障害が存在し、開発のコンテクストにおいては両者の関係がとくに深刻な問題を生じさせるからである。

市場化を推進する「強い・効率的な政府」が目指す経済的自由と、民主化を促す「良心的な政府」が目指す政治的自由との関係は複雑で、強い緊張関係に立つ[173]。両者の関係につき、(a) 経済的自由は政治的自由の十分条件ではないが、少なくともその必要条件であるから、経済的自由を優先すべきであるとの考え方がある[174]。例えば、経済成長を強力に主導するための（柔らかい）権威主義の主張は、この立場に属するといえる。

反対に、(b) 政治的自由の保障が経済的自由をもたらすとみて、政治的自由を優先させるべきであるとの考え方もある。例えば、第二次大戦後の日本の民主化は、政府の不安定へと帰結せず、むしろ国民の「支持的参加」を得て一層安定した政府が、経済の自由化政策を強力に推進した結果、急速な経済成長

---

172) 井上 2007: 264-272頁。
173) 松尾 1999-2: 130-134頁、松尾 2002a: 225-226頁。
174) Cf. Apter 1998: p. 387.

がもたらされ，それが所得の再配分を促進し，さらなる支持的参加と政府の安定への好循環を生み出したという分析がある[175]。

他方，(c) (a) の例も (b) の例もあるが，実際には両者の自由の追求がともに失敗した例が多いとの見方もある[176]。この立場によれば，経済的自由と政治的自由の両立は困難であり，両者間には「自由のトレードオフ」が存在するとする[177]。

いずれの見解が妥当かを考える前に，両者がなぜ強い緊張関係に立つのか，その理由を明確にする必要がある。それについて**民族性**（ethnicity）の観点から分析したA・チュアの研究が注目される[178]。チュアは民族性を「アイデンティティについての主観的感覚」の重要性を認めるものであり，①人種的系統（例えば，アメリカ合衆国や南アフリカにおける黒人と白人），②地理的起源（例えば，マレーシアにおけるマレー人，中国人，インド人），および③言語的・宗教的・部族的またはその他の文化的系統（例えば，アイルランドにおけるプロテスタントとカトリック，ルワンダにおけるフツ族とツチ族）に従った相違を含む包括的な概念として捉える[179]。そして，発展途上国を共通に特徴づける要因の1つとして，潜在的な民族紛争等，民族性に起因する問題の存在を指摘する。つまり，発展途上国は，政治的には多数であるゆえに強力であるが，**経済的には貧困な状態に置かれた土着の多数派が，経済的に支配する民族的少数派**と闘争する構造をもつことが多い。それゆえに，民主化と市場化の同時追求は民族間の緊張を高め，市場と民主主義の双方を破壊してしまう効果をもたらす可能性もある。そうした傾向は，選好を最大化させるという合理的な行動によっては説明できず，**民族的憎悪**と結びついた選好と行動に基づくものとみられる。それは正確に数値化できず，定量化して比較することも困難であるがゆえに，多くの経済モデルが仮定する合理性には当てはまらないが，市場化と民主化の同時推進を妨げる作用をもつ原因として，厳然として存在している[180]。

チュアは，ほとんどの発展途上国において，土着の多数派を経済的に支配する1つまたは複数の民族的少数派が存在すると分析する。しかも，民族的少数

---

175) Kabashima 1984: p. 336.
176) Huntington 1987: p. 15.
177) Huntington 1987: p. 14.
178) Chua 1998: pp. 1-107. その概要につき，松尾 2004b: 54-59頁，初鹿野 2007: 30-33頁参照。
179) Chua 1998: p. 10.
180) Chua 1998: pp. 5-6.

図表Ⅲ-8　市場化と民主化の同時追求の帰結例

前提条件		①経済の低開発 ②深刻な民族分裂 ③市場を支配する民族的少数派の存在 ④貧困に陥った土着の多数派の存在	
Ⅰ		多数派の少数派に対する民族経済的憎悪	ベトナム
Ⅱ		多数派による少数派の市場支配排除に向けた民族国家主義的運動	下記Ⅲへのプロセス
Ⅲ	ⅰ	反市場的反動（少数派の産業国有化，経済活動規制）	南アフリカ
	ⅱ	市場を支配する少数派の排除（国外追放，残虐行為）	インドネシア（中国人追放，1950～60年代），ビルマ，ケニア，フィジー（インド人追放），ルワンダ（ツチ族追放），旧ソビエト非ロシア系国家（ロシア系国民追放・大量移住，1980年代），ビルマ（インド人虐殺，1930～40年代），インドネシア（中国人虐殺，1965～66年），カンボディア（ベトナム人虐殺，1970年；中国人虐殺，1975～79年），ルワンダ（ツチ族虐殺，1994年）
	ⅲ	民主主義の後退	カザフスタン，インドネシア（スハルトによる立法府解散，選挙中止，独裁，スカルノ流「指導された民主主義」終了，1965年）

出典：Chua 1998をもとに筆者作成

派による経済的支配は，市場化が進めば進むほど増大する傾向にある。なぜなら，市場化の利益は市場を支配する民族的少数派に圧倒的に有利に分配され，それが市場支配を強化する原因となり，市場化が国民の大多数に即時に広範な利益を生み出すことを妨げている。そうした中，市場化と民主化を同時に進めようとすると，以下の前提条件が満たされるときは，破滅的帰結に至る可能性がある[181]。それは，①経済の低開発，②深刻な民族分裂，③市場を支配する民族的少数派の存在，および④土着性ゆえに「国家の真の所有者」であると主張する，貧困に陥った多数派の存在という4条件である。

　これらの前提条件の下で，市場化と民主化が同時追求された場合，以下の段階的モデル（Ⅰ⇒Ⅱ⇒Ⅲⅰ／ⅱ／ⅲ）に示された状況が生じる可能性がある（**図表Ⅲ-8**）[182]。

　Ⅰ　市場化の帰結として，貧しい多数派の経済的地位がわずかばかり改善さ

---

[181] Chua 1998: pp. 21, 33, 37, 41 note 205.
[182] Chua 1998: pp. 34, 48, 52, 54, 55.

れたとしても，民族的少数派による市場支配は，不利な多数派の間に，少数派に対する根深い民族経済的憎悪（ethnoeconomic resentment）を誘発し，継続または増大させる。

Ⅱ　民族的多数派の間に広まった民族経済的憎悪が，民主化に伴い，民族的少数派の市場支配を排除しようとする民族国家主義者の運動へと動員される。

Ⅲ　市場化と民主化の同時遂行が困難となり，以下の帰結のうちの1つまたは複数のものへと通じる強い圧力が生じる。

　　ⅰ　民族的に標的を絞った反市場的反動（例えば，憎悪の標的とされている民族的少数派が支配する産業の国有化，それらの少数派の経済活動に対する特別な規制など）。

　　ⅱ　市場を支配する民族的少数派の排除に向けた行動（例えば，国外追放や残虐行為）。

　　ⅲ　民主主義の後退（例えば，政府が経済の成長または再生のために少数派の資金力やノウハウを活用すべく，市場化を維持し，市場支配的な少数派に有利な反民主的な戦略を採用する場合）。

この分析は，民主主義がつねに市場と緊張関係に立ちながらようやく前進する理由を示唆している。たしかに，前提条件①〜④を満たすにもかかわらず，段階的モデルⅠ〜Ⅲの帰結が当てはまらない反例や，そうした典型的帰結と異なる，より複雑な帰結に至る例も存在する[183]。しかし，地理的・文化的条件や歴史的背景が異なるにもかかわらず，比較的顕著にこのモデルの帰結を示す国家もある[184]。

段階Ⅰの例　ベトナムでは，経済の自由化が進むに従い，都市部に居住する中国系少数派の経済的繁栄と，農村におけるベトナム系多数派の貧困との格差が顕在化し，段階Ⅰの兆候が現れた。このような状況下でベトナム政府は，市場化を推進する一方で，民主化には慎重な態度をとってきた。その結果，民族間の経済的格差に起因する憎悪がただちに段階Ⅱに通じるとはいえなものの，それが顕在化する危険性が存在した。このような状況下では，市場化によって少数派が獲得する利益を，とりわけ農村部のベトナム系多数派に対し，「目に見える形」で再配分する政策（例えば，インフラの改善，住宅・病院・学校の建設等）

---

183) Chua 1998: pp. 57-61. その場合，ここで想定された前提条件以外のいかなる原因がモデルの適用を妨げ，または複雑化させているかの解明が必要になる。
184) Chua 1998: pp. 63-105.

や，海外のベトナム人による投資やその帰還を促すような優遇措置の実施が有効であるとみられている[185]。これは，政府が市場化と民主化を慎重にコントロールして統治を維持してきた例とみることができる。

段階Ⅱ→Ⅲ／ⅰの例　　南アフリカでは，段階ⅡからⅢ／ⅱまたはⅲに至る潜在的危険性が存在した。この状況下で南アフリカ政府は，農村におけるアフリカーナー（白人）による土地の利用や譲渡を制限し，黒人の土地保有を確保しようとして，土地保有権拡大確保法案，水資源の国有化を含む国家水資源法案，雇用均等法案などを策定した。また，低価格住宅の提供，労働者持株制度，アクセスが容易な低利融資制度など，実質的に黒人に対するアファーマティブ・アクションのプログラムを実施した。これらは民族問題に対処するための自由市場への介入を意味する。しかし，そのように南アフリカの現実に即し，**民族問題を意識して注意深く仕立てられた市場介入**こそが，**適用可能な最善の「次善」策**（the best of 'the second best' solutions）であったとみられている。その実施により，さらなる国有化，反白人の人権侵害行為，民主主義の崩壊などを未然に防ぐことができたと考えられるからである。これに対し，人種中立的で累進的な税制や社会福祉政策，その他の「自由主義的な積極国家」の伝統的構成要素をなす政策は，実質的に白人に有利に作用する結果となり，望ましいものではないと考えられる[186]。

段階Ⅱ→Ⅲ／ⅲの例　　カザフスタンでは，市場化を推進する一方で，大統領が権力を独裁化し，民主化を後退させる面がみられた。しかし，そのようにして経済と政治を安定させ，カザフ人の間に反ロシア人感情が生じるのを抑制すべくコントロールしようとしたことが，市場化の顕著な成功と民族的安定性の両立にある程度寄与した可能性を否定できない。これは，民族問題を意識して市場介入を行った南アフリカのケースとは対照的に，**民族問題を意識して仕立てられた民主化プロセスのコントロール**の例といえる[187]。

以上の例も踏まえて，市場化と民主化を調整する政策の処方箋はどのように調合されるべきであろうか。チュアは，深刻な民族対立を抱える発展途上国で

---

185)　Chua 1998: pp. 97, 104-105.
186)　Chua 1998: pp. 75-77.
187)　Chua 1998: pp. 83-85, 91. もっとも，カザフスタンではロシア人（人口の約38%）とカザフ人（同約42%）の関係が，市場支配的な民族的少数派と貧困にあえぐ民族的多数派の対立といえるほど緊張した状態になかったともいえる。その意味でモデルの前提条件③・④自体がカザフスタンではそれほど顕著でなかったことが，民族的安定性の背景として影響していたかも知れない。

は,市場化と民主化とは同時追求による市場システムの破壊や民主化の破局といった最悪の事態(段階Ⅲ/ⅱ,Ⅲ/ⅲの極端な形態)を回避すべきものと考える。そこで,各国の個別状況に応じ,**民族問題を意識して注意深く仕立てられた市場介入または民主化プロセスのコントロール**が,より大規模な破壊的活動の機先を制するための**最善の「次善」策**として評価される[188]。

市場化と民主化の同時追求が困難な状況下では,刻々と変化する事態に適合する柔軟な次善策のうちの最善のものを選び取ることが正当化されるであろう。さらに,政府の様々な施策を総合的に評価した結果としてのベクトルが民主化の方向を向いて進んでいる以上,たんにそのスピードが遅いことを理由に開発援助を停止するなど民主化への国際圧力をかける手段は,正しい国際協力の姿勢とはいえないであろう[189]。しかし,チュアの処方箋に対しては,**次善策が恒久化される危険性をどのように回避するか**という問題への対処方法を予め考慮した補完が必要である。とりわけ,「最善の次善策」が政府による過度の市場介入や民主化抑制の口実として利用される危険性に歯止めをかける装置が必要である。

もっとも,チュアはそもそも市場化や民主化自体に多くの幻想を抱くことは危険であるとみる。そして,法と開発の分野で国際的に活躍するアメリカの法律家に警告を発する。

> 市場が大多数の市民を貧困から引き上げるということはないであろう。むしろ,市場は,少なくとも外見上は,そしておそらく現実にも,民族間における既存の富の不均衡配分をさらに悪化させるであろう。民主主義は,すべての投票者が自らを友愛に満ちた国家共同体の共同参加者だと感じるようにはさせないだろう。むしろ,投票をめぐる競争は,往々にして,(とりわけ貧困に陥った多数派の中での)民族的な政治的企業家の出現と,活動的な民族国家主義者の運動を一層助長しがちであろう。市場も民主主義も,深々と分断された社会における民族間抗争の危険性に対する解決策であるとは,無条件にはみなされえない。とりわけ,アメリカの法律家が先例のない国際的影響力をもっている今日の状況下において,市場化と民主化に携わりながら,発展途上世界における歴史的な再配分問題を,中でもその民族間配分の問題を無視し続ける法律家は,「ロマン

---

[188] Chua 1998: pp. 8, 62, 77, 91.
[189] 古田 1998: 158-159頁参照。

チックな幻想かそれよりも悪いもの」に耽っている[190]。

こうしてチュアは「法と開発の正統派」が自由民主主義イデオロギーに立脚し，市場化と民主化の同時追求により，諸問題の自然的治癒を可能と考える点を批判する。そのために民族性の要素を取り込んで市場化と民主化との関係を分析する「法と開発のための新しいパラダイム」を提示する。そこには開発法学の第3波（前述Ⅰ4）の特色が見出される。

すなわち，第1に，チュアが着目する民族性の実体は，チュア自身も認めるように，特定の民族に固有の習慣的行動様式，その他の文化的行動パターンである。これはある特定の民族に見出される「労働習慣，節約性向，または教育や商業への態度における集団的差異の結果，企業家としての成功へと『文化的に』(culturally) 仕向けられている」一般的傾向である[191]。それは特定の民族の経済的成功についての「文化的諸要因」に基づく「文化的説明」[192]である。このような文化的要素は，非形式的ルールの1種であり，新古典派経済学の選好最大化行動の仮説によっては説明できないが，人々の行動の現実の規定要因として，NIEが重視するものにほかならない[193]。このように非形式的ルールの内容の1部を構成する民族性への着目は，開発法学の第3波の特色を顕著に示している。

第2に，チュアの分析・提言の最も重要な帰結は，発展途上国において市場化と民主化を達成するためには，深慮遠望に富んだ政府の，慎重で，粘り強い，一貫したコントロールが決定的に重要であることを確認した点にある。ここにも政府の重要かつ困難な役割に着目する開発法学の最近の問題意識が共有されていることが窺われる[194]。

しかし，チュアの「新しいパラダイム」は非形式的ルールの中でも民族性の

---

190) Chua 1998: pp. 106-107.
191) 例えば，マレーシア，フィリピンなどの東南アジアにおける華僑の「熱心な利潤追求動機」，カンボディアにおけるベトナム人の「質素・勤勉・創意」，カリブ海地域や東アフリカにおけるインド人の「労働と蓄財へのひたむきさ」，また，韓国人，レバノン人，中国人，インド人それぞれの間での「連帯意識」や「社会的ネットワーク」などである（Chua 1998: pp. 30-31）。
192) もっとも，「なぜ一定の民族集団が商業的に有利な文化的性向を発達させるのか」は，さらに追及の余地があるとして，チュア自身も回答を留保している（Chua 1998: p. 32）。
193) 前述Ⅰ4，後述Ⅳ3参照。
194) それは「良い政府」の「内在的問題」ともいえる。文献につき，松尾 1999-2: 130-134頁，松尾 2002a: 225-226頁参照。

要素に的を絞ったものである。また，そこで示された具体的政策もひとまず「次善の」策であり，自由化の目標達成までのシナリオを全体的に提示したものではない。その結果，チュアの「新しいパラダイム」がそれらの次善策を恒久化しようとする政府の口実に利用される危険性があることは，既述のとおりである。

そうした危険性を回避するためには，民族性を含む各国の文化ないし非形式的ルールの作用の仕方を考慮に入れて市場化と民主化の関係を分析し，各国の状況に応じて内容とペースを調整しながら市場化と民主化を推進する具体的プログラムの策定が求められる。そこにはじめて「良い政府」の現実の姿が現れるであろう[195]。

4　市民社会

(1) 国家と市民社会
(ⅰ)　市民社会の概念とその変容：政治社会，経済社会から非政治的・非経済的社会へ

社会構造の第2レベルである組織（**図表Ⅰ-8参照**）のうち，これまで経済的組織としての市場・企業および政治的組織としての政府について，その性質と機能を検討した。では，われわれの生活に必要な国家を構築し，維持するために不可欠の主要な組織は，これらによって尽くされているだろうか。たしかに，経済と政治は社会生活の主要部分をカバーしており，市場・企業と政府がそれぞれの機能を発揮するとともに，相互に監視することにより，国家運営の偏向を抑制することも期待できる。とりわけ，大企業や活動的な経済団体は，たえず政府に働きかけを行っており，社会に大きなインパクトを与える強大な力をもっている。しかし，2個の力の均衡は非常に脆い面をもっている。なぜなら，両者が同じ方向を向いて走り始めた場合，その当否をチェックし，必要に応じてブレーキをかけることが困難になるからである。その危険性が現実化し，国家運営の暴走を食い止めることができなかった事態は枚挙に暇がない。比較的最近の日本の現代史にもその例はある。

そこで，経済的組織とも政治的組織とも緊張関係を保ちつつ，健全な国家統

---

[195]　そうしたプログラム化は，特定の国家を前提にして，開発法学の応用編で取り扱う。

治にとって必要な第3の組織の可能性を看過することができない。この観点から，**市民社会**（civil society, société civile）の意義と機能が注目されている。とりわけ，「政府や民間企業を監視することができ，これまでと異なる形での政治参加を実践できる活動的な市民社会」は，民主的な統治の中核的組織と目されている[196]。その構成員である**市民**（citizen, citoyen）は，保護・実現されるべき自己の権利とそれに対応する義務を正確に認識し，それゆえ他人の権利も尊重するとともに，公共的視点をもち，問題を発見したときはその意見を政治的意思決定に反映させるべく働きかける能動的主体であることが期待されている[197]。もっとも，市民社会の意義およびその国家における位置づけは，変遷を重ねてきた。

　(a) 17・18世紀の近代自然法論では，市民社会（civil society）は平和の信約に基づき，自然状態から国家状態に移行した市民に服従を求める支配機構であり，政治権力（civil power）をもって国内統治（civil government）を行う**政治社会**として観念された。それは，所有権と参政権をもつ自由な市民が構成する共同体（polis, civitas）としての国家（res publica）と同義的に捉えられた（ポリス・モデル）[198]。

　(b) これに対し，19世紀になると，政府権力から解放され，自立した近代市民層が形成する**経済社会**としての市民社会（bürgerliche Gesellschaft）の概念が成立した。それは，(b-1) 自由・独立の私人からなる**脱政治的社会**と観念される一方で（自由主義的モデル），(b-2) 有産階級市民からなる**ブルジョワ社会**として批判的文脈でも用いられる（社会主義的モデル）[199]。

　(c) さらに，20世紀末からは，市民の自由意思に基づく結合関係（結社）であり，**非政府的かつ非経済的社会**として，第3の社会領域ともいうべき市民社会（Zivilgesellschaft）の概念が生成し，にわかに普及し始めた（公共圏モデル）。例えば，「教会，文化的なサークル，学術団体，……独立したメディア，スポーツ団体，レクリエーション団体，弁論クラブ，市民フォーラム，市民運動，……同業組合，政党，労働組合，オールタナティブな施設」などである。それ

---

196) UNDP 2002: p. 4（邦訳5頁）．
197) さらに，「政治参加と自由は，人間開発の基礎をなす」意味でも重要である（UNDP 2002: p. 14（邦訳17頁）．
198) ホッブズ／水田訳 1954-1: 232-233頁，ロック／鵜飼訳 1968: 90-91頁，ルソー／桑原＝前川訳 1954: 135-136頁，スミス／水田洋訳 2005: 19-21頁．
199) リーデル／河上＝常俊編訳 1990: 12-13, 89-97頁．

図表Ⅲ-9　市民社会と国家

国家	市民社会A （広義の 市民社会）	市民社会B／α （経済社会）
		市民社会C／γ （非経済的・非政治的組織／狭義の市民社会／ 固有の意味における市民社会）
	政治社会（市民社会β）	

出典：花田1996，星野1998，吉田1999に基づき，筆者作成

は，政府権力と対峙する点では経済社会としての市民社会（前述(b)）と共通点をもつものの，「労働市場・資本市場・財貨市場をつうじて制御される経済の領域」という意味はもはや含まないものとされる[200]。したがって，それは，経済社会を含む広義の市民社会に対し，狭義の市民社会とも呼ばれる[201]。

こうした変遷を経て多様化した市民社会概念の相互関係を明確にするために，様々な整理方法が試みられている。例えば，経済社会としての市民社会（前述(b)）を市民社会α，政治共同体（前述(a)）としてのそれを市民社会β，自由意思に基づく非政治的・非経済的な結社（前述(c)）を市民社会γとして識別する見解がある[202]。また，政府から自律した市民社会を広義の市民社会ないし市民社会A，その中で経済社会としてのそれを市民社会B，広義の市民社会（市民社会A）から経済社会（市民社会B）を除いた狭義のそれを市民社会Cと呼ぶ方法もある（**図表Ⅲ-9**）[203]。しかし，市民社会概念の多様性は平面的に比較するのではなく，その変容の時代背景を踏まえた社会的コンテクストの中で理解する必要がある。それにより，いずれの市民社会概念もその意味を失っていないことが分かる。

(ⅱ)　固有の意味における市民社会

市民社会概念の変容は，その時々の国家の喫緊の課題を反映している。(a)市民社会概念の成立当初は，市民に服従を求めることのできる政治権力の確立

---

200)　ハーバーマス／細谷＝山田訳1994: xxxvii-xxxviii頁，齋藤純一2000: 31頁。
201)　星野1998: 115-116頁。
202)　吉田1999: 106-111頁。それは，民法学の中心的対象領域として，市民社会αに重点を置きつつ，市民社会γも重視する（同前109頁，111頁）。
203)　花田1996: 165-167頁，星野1998: 115頁。市民社会Cをあえて「狭義の」市民社会と呼ぶ理由は，それが「自立した平等な人間相互の非権力的で自由な関係を規律する基本的な法」としての民法の規律対象として，最も相応しいとみることによる（同前122頁）。

がその最も重要な課題であった。それは司法制度や生活行政等の国内統治を通じ，交易性向を自由に発揮しようとする市民間の分業に基づく経済的組織の活動を支えるためにも不可欠であったことから，市民の自由と対立・矛盾するものではなかった。しかし，(b) 経済的組織が一層発達するに伴い，経済活動に対する政府の様々な規制との対立・矛盾が顕在化し，経済的組織はその自立性を広範な場面で要求するに至った。ところが，(c) 市場や企業の機能拡大によって市民間の経済的格差が不可避的に増大し，富裕層と貧困層の階層分化が顕著になるに伴い，労働条件・福祉・貧困等の社会問題が深刻化する。その結果，福祉行政の領域が拡大し，経済社会への政府の介入，そのための制定法の増大と官僚制の肥大化が生じ，経済的組織と政府とのバランスが崩れ，いずれかの組織に権力が偏在するという問題を生じた。そこでは，政府による過度の規制と介入を抑制しつつ，経済活動の活発化に伴って必然的に生じる歪みを明らかにし，政府の機能と経済的組織の機能のバランスを回復するための第3の組織の役割が重要になる。20世紀末以降における狭義の市民社会 $C／γ$ は，このような社会問題を背負って登場したものといえる。それは，政府の失敗と市場の失敗の両者を克服する必要に迫られた問題状況の中で，社会主義的政策の問題点と資本主義的政策の問題点の双方に向き合うことを求められている。

　なお，政府・企業・自発的団体を統合する**第4セクター**として民衆組織を位置づける見解もある。すなわち，「政府，企業，ボランタリーの三つのセクターは，相互に依存しつつ，ときに相対立する三つの社会勢力」であり，これら「三つのセクターの一つでも欠けている社会は，深刻な問題を抱えた社会といえる」としつつ，「民衆組織は第三者組織ではなく当事者組織であり，強制，経済，結集の三つの力を統合する固有の能力をもつことから，第四のセクターを形づくっている」という見方である。そして，「自立的な協同組合，土地なし農民の組合，水利組合，葬儀組合，信用組合，労働組合，政治団体などは，以上の要件を満たせば民衆組織である」とされる。なぜ民衆組織を「第四セクター」として別に分類しなければならない理由としては，それが「強制，経済，結集という三つの力すべてを効果的に使う格別の能力をもっているから」であるとする[204]。

　この見解には傾聴すべきものがある。それは市民社会概念が，その変容にも

---

[204] コーテン／渡辺訳1995: 124-125頁。

かかわらず，各々の時代背景の下で強調されたそれぞれの意味に通底する共通の核を持ち続けていることを示唆するからである。つまり，市民社会概念は，政治社会（政府）が他者ではなくて《われわれの政府》であり，経済社会が他者ではなくて《われわれの経済社会》であり，そして，当然ながら，様々な自発的組織も他者ではなくて《われわれの自発的組織》であって，すべての市民が参加資格と責任の一端を担っていることを含意している。このようにすべての者が国家組織の構成員であり，責任分担者である事実に目を向けさせ，当事者意識を涵養する点にこそ，市民社会概念に独自の意義があるといえる。もっとも，この意味の市民社会は，第4セクターというよりも，市民社会概念の発展経緯を通じて維持されている共通の核（＝オリジナルな意味）として率直に再認識すべきであろう。

したがって，今日一般化している狭義の市民社会の概念も，政府や市場・企業の機能と区別することに意味があるのではなく，むしろそれらとの機能的関連性の緊密さに注意を喚起することに意味がある。市民社会に固有の機能の特化は，市場・企業および政府の機能の発達に伴う国家の機能分化の帰結にすぎない。そうしたオリジナルな意味を維持しながらの機能分化を前提に，本書では狭義の市民社会を《**固有の意味の市民社会**》と呼ぶ[205]。

(ⅲ) 市民社会の超国家的性質

しかし，固有の意味における市民社会がもつ非政府的側面の特質として，経済的組織（市場・企業）とともに，それが国家の枠を超えて国際的に展開する可能性をもつ点も看過できない。独裁国家における民主化を国際的な市民社会組織が支援したように，われわれはこのような市民社会の超国家的性格がますます重要度を増していることを目の当たりにしている。それは，統治に失敗した政府の下で権利を侵害されている国民に対し，外国政府や国際機関が主権の壁に阻まれて実施困難な諸活動であっても，市民社会組織を通じて行うことができるからである。われわれはいずれかの国家に属しながらも，同時に様々な非政府組織としての市民社会に属することが可能であり，そうした国家と超国家

---

[205] 花田1996: 166頁は「単に市民社会」とする。なお，市民社会を現実の次元，法規範の次元および価値概念の次元の3層で把握する見解（吉田1999: 111頁。なお，星野1998: 120-121頁も参照）がある。これに対し，本書では市民社会をあくまでも《組織》の一種として社会構造の第2レベルに位置づけ，市民社会の活動を規制する法制度，およびそれを支える価値理念は，それぞれ《制度》＝社会構造の第3レベル（後述Ⅳ），および《規範理論》＝社会構造の第4レベル（後述Ⅴ）で取り扱う。そうしたレベルの相違は，市民社会に限らず，政府にも市場・企業も同様に妥当するからである。

組織への同時所属をグローバル化が後押ししている[206]。

しかし、そうした**超国家的市民社会**（transnational civil society）が政府による民主化運動の抑制を批判的に監視し、民主化を促す機能をどのように評価すべきかは、国際社会の現実を踏まえて《グローバルな民主的統治》のシステムをどのように構想すべきかという広い視野の中で、慎重に検討する必要がある[207]。留意すべきは、そうした超国家的市民社会も、それが持続可能であるためには、けっして根無し草の市民から構成されるものではなく、各人が所属する国家を基盤にしながら持続的に活動できる**根のあるコスモポリタン**（a rooted cosmopolitan）によって運営されるということである。それは国内の民主化に取り組む市民社会と本質的に異なるものでもない。心あるコスモポリタンたちが、各人が行いうる方法で、自らが居住する地域、国家、あるいはグローバル化する国際社会が直面する諸問題——民主化もその1つである——に貢献することが、本来の**地球市民**（a global citizen）のあり方といえる[208]。グローバル化を意識し、グローバルなコミュニティの一員として行いうるかぎりの努力をする者は、そこに居ながらにしての地球市民ということができる。

(2) 開発における市民社会の機能

固有の意味における市民社会の存在意義は、第1に、政府による権限行使の内部的監視システムの限界を補完し、政府権力を外部から監視し、時には世論を通じてコントロールすることのできる、最も独立性の高い主体であることにある。それは、政府および経済的組織（**市場・企業**）と緊張関係に立ちつつ（図表Ⅰ-3照）、政府による法的・政策的支援に深く依存する経済的組織よりも独立した立場から、政府を監視する機能を果たすことが期待できる。NGO/NPOが行う行政部や司法部の活動の監視、立法部への働きかけはその典型例である。例えば、弁護士会は検察・警察による刑事事件の不適切な捜査、不当逮捕に対する被疑者の権利の保護、冤罪が疑われる事件に対する再審請求の支援等を行っている。そうした固有の意味における市民社会が期待された機能を果たすためには、市民社会組織相互間の健全な批判が不可欠である。そのため

---

206) このことは、固有の意味の市民社会のみならず、超国家的に展開する企業等の経済的組織についても妥当する。
207) Held 1995: pp. 16-23, 221-286; see also Fox and Roth (eds.) 2000; Marsiaj 2004.
208) 松尾 2000b: 57頁および同所注38参照。

にも市民社会組織の多様性と自律性が不可欠である。注意すべきは，政府による権限行使をその外部から監視・コントロールする市民社会を，さらにその外部から監視・コントロールできる主体はないことである。したがって，それは**政府の権限行使の逸脱や濫用を防ぐことのできる最後の砦**として，国家において不可欠の重要な役割を果たすことが期待されている。それは組織としてきわめて質の高いものである。

　第2に，固有の意味における市民社会は，市場・企業等の経済的組織に対しても，その活動を監視し，その活発化につれて必然的に生じる経済格差，貧困問題，倫理問題に対し，政府とは独立の立場から必要な提言を行うことができる。また，企業の社会的責任（CSR）の履行を促したり，その内容を公平な立場から評価することも可能である。実はそのことが経済的組織の活動を持続的なものとし，経済の自由化の基盤を強固なものとすることに留意する必要がある。なぜなら，固有の意味の市民社会が，経済的組織の活動から生じる弊害を明るみに出して批判し，経済社会における利益追求競争から脱落した者に**セーフティ・ネットを提供する**ことが，経済社会自体の運行をより円滑なものとするからである。

　第3に，市民社会は，構成員たる市民が自発的に結成・参加し，自律的に運営する組織であるから，そうした活動を通じて市民が**民主主義のルール・態度・振舞いを涵養する**ことを可能にする。これは民主主義の強固な基盤になる。

　第4に，こうした市民社会が成熟することにより，国家法から独立した自発的かつ自律的ルール（道徳，倫理）が形成され，社会的問題の自律的解決を可能にする。市民社会の自律的な問題解決機能が増すことは，政府が本来的に解決すべき法的問題への集中を可能にし，政府の運営を効率化する。このような**道徳性の形成**，それによる**法と道徳との区別**も，市民社会の重要な機能の一部といえる。

　これら4つの機能は，開発のコンテクストにおいてとくに重要になる。なぜなら，比較的短期間のうちに経済成長を促すべく，発展の原動力となる市場機構を整備し，企業活動を活性化するために，政府が強力なイニシアティブを発揮して開発政策を遂行するプロセスでは，政府がルールを逸脱したり，権力を濫用し，市民の権利を侵害する可能性が高くなるからである。また，政府の支

援を受けた市場や企業の活動が活発化する一方で，経済格差が急速に拡大する傾向にある。そうした状況下では固有の意味における市民社会こそが政府の権力行使を監視し，営利組織の活動から必然的に生じる格差の拡大に対処すべく，政府および営利組織に対策を働きかけ，市民の権利を実質化する主体となる[209]。また，開発プロセスでは政府によって抑制されがちな民主主義の促進や，社会的に看過されがちな社会道徳の涵養を，市民社会がリードすることができる。いずれの側面においても，質の高い市民社会は国家の良い統治を実現するために不可欠の存在であり，質の高い市民社会の存在は良く統治された国家のバロメーターでもある。実際，社会の発展に伴い，いわゆる先進国には数多くの市民社会組織が成立し，非政府的・非営利的な社会活動の規模が拡大している[210]。そうした市民社会の規模の拡大は，それを支える制度変革とともに進んできたことも看過できない（後述（4）（ⅱ）参照）。

　政府および経済的組織と市民社会とが緊張関係に立つことは，それらが対立関係にあることを意味しない。むしろ，「政府や企業との垣根」を高いものとせず，「積極的な連携や協働・補完を行うこと」が，参加市民の選択肢を増やし，その活動を持続可能なものとするために有用であろう[211]。それは市民社会に固有の性質とはけっして矛盾しない。

（3）市民社会の本質

　では，そうした固有の意味における市民社会の本質とはいったい何であろうか[212]。時には政府や企業を批判し，時にはそれらと連携して協力活動を営む市民社会に求められるのは，組織としての自立性である。それは最終的には個々の市民社会組織の構成員が究極的な価値判断において**あらゆる権威に依存しない高度の自律的判断力**を備えることによって可能になる。それを担保するのは，参加者の自発性に基礎づけられた連帯性ないし共同性であると考えられる。それは政府権力によって上から形成されるのでも，私的利益の獲得・増大による経済的動機によって結びつけられているのでもない。その契機は，結社の目的を共有する構成員1人ひとりが，相互の人格を理解し合ったうえで，自

---

209) 松尾 2002a: 224頁。
210) ドラッガー／上田＝田代訳1991，モロー／石塚＝中久保＝北島訳1996:，佐藤慶幸2002。
211) 西川 2007: 300頁。もっとも，そうした連携は「西欧の市民社会を前提とした議論とは異なる」（301頁）とされるが，その点は再検討の余地があろう。
212) なお，市民社会の構造，とくにNGO・NPOとの関係については，前述8（1）参照。

発的かつ個人本位で参加することにより，下からの動きによって形成される。その結果，市民社会そのものは必然的に，多様で相互に交錯する雑多な諸結社の集合となる。それは「国家社会の中から」，「無数の任意的集団，自発的結社，あるいは契約的社会」として，たとえ「どんなに弾圧されても繰り返し輩出してくる」組織である。それらは既存の制度によって縛られた伝統的集団ではなく，そうした縛りを離脱し，目覚めた個人が自主的に「横の連帯的集団形成」によって生み出す「自発的結社，契約的集団，任意的組織」であり，「存在や制度に規定され，"それ故に"出てくるもの」ではなく，反対に「"にもかかわらず"出てくるもの」として特徴づけられている。その契機は「パーソナルな交際から始まる」のが自然である[213]。それはまた「目的遂行のための苦楽を共にする活動の中に，『同志愛』が生まれ，人間的共感，人間的親密性が育って」ゆくことにより，結社として維持される[214]。

　こうして個人が自発的に結成し，自律的に運営する非政府的・非営利的組織は，個人主義の実現に不可欠の環境でもある。そのようにして**「諸個人が個人的決定に直面する社会」**こそが「開かれた社会」と呼ぶことができるであろう[215]。

(4) 市民社会のアンビヴァレンスとジレンマ
(i) 市民社会のアンビヴァレンス
　このように市民社会の自立性と不偏性を担保するものは，上からの命令によらない自発性とそれゆえの非規定性，雑多性ないし多元性にある。しかも，1人の個人は1つの市民社会組織のみに所属することは要求されず，同時に複数の市民社会組織の構成員でありうる。その結果，きわめて多様な非政府的・非営利的組織が存在し，かつある組織の構成員が別の組織の構成員であることもある。そうした個々の市民社会組織の内実は有り体にいえば雑多であるが，その活動が違法なものでない以上，政府はそれに対する評価や規制はできるだけ控えるべきであろう。それに対する監視や評価をすべきは，相互の市民社会組織ないし市民社会そのものである。ここには政府による特定の価値観の押付けを本質的に排除するがゆえに，必然的に玉石混交の組織からなる**市民社会のア**

---

[213] 久野 1995: 42, 224-225頁。
[214] 星野 1998: 123-127頁（NGO・NPOや宗教団体にはこのようなものが多いとされる）。
[215] ポパー／内田＝小河原訳 1980-1: 172頁。強調は引用者による。

ンビヴァレンスが生じる[216]。そうした中で，市民社会組織が相互に的確に批判し，その結果を謙虚に反省し，着実に改善することが，市民社会の質の向上および成熟を促すであろう。

(ⅱ) 市民社会のジレンマ

固有の意味の市民社会は，政府を監視する一方で，その円滑な形成・維持・運営のための法制度改革をはじめとする政府の支援も必要とする。それはまた，企業活動を監視する一方で，その寄付や支援にも少なからず依存する。ここには**市民社会のジレンマ**というべきもの生じる。その決定的な解決策は，ただちには見出されない。しかし，市民社会に対する政府および企業の良心的な配慮は必要かつ有効である。とりわけ，市民社会の制度的基盤を構築するために，政府が市民社会組織（公益法人等）の設立・運営を容易にする制度を整える必要がある。それは政府の許認可および監督のシステムから，より自由な設立および（事業や会計に関する情報開示を前提とする）市民の監督による自律的システムへと脱皮することが目指すべき本来の姿といえる[217]。しかし，市民社会組織の設立と運営を容易にする制度を市民の側でも適切に運用し，濫用を回避する努力が不可欠であり，それなくしては制度自体の後退をもたらすことになる[218]。市民社会組織を育成するための制度改革と自律的な市民意識の成長とは，あたかも立憲主義と世論の進歩との関係（前述3（2）（ⅲ））のように，前者によって後者がもたらされる保障はなく，むしろある程度は後者の進展がなければ前者も望めない関係にあるように思われる。後者を進展させる原因は，市民自身による持続的な努力をおいてほかにない。

そうした市民意識の進展を促すためには，市民が各自の人格および財産に対する基本的権利（人格権および財産権）およびそれに対応する義務をもち，それを相互に尊重し，保護ないし実現すべきであるという意識を普及することがそもそもの出発点になるといえよう。そのようにして自己の権利・義務を正確に

---

216) 松尾1999-2: 127頁。
217) それを具体化した例として，イギリスのcharityの制度が参考になる。
218) 日本では，特定非営利活動促進法（平成10年法律7号。NPO法）によって市民活動を容易にするための制度改革が試みられた。しかし，その後，一般社団法人及び一般財団法人に関する法律（平成18年法律48号）および公益社団法人及び公益財団法人の認定等に関する法律（平成18年法律49号）へと通じた非営利法人制度改革は，政府による公益法人の認定の方向へと一歩後退しており，自発的に設立・運営され，相互監視の下で自律的に運営されるべきものとしての市民社会組織の法という理念にはまだ距離がある。その背景にはNPO法の濫用の問題を看過することができない。

自覚することにより，公共性の精神を育んだ市民が，自分たちの権利・義務を一層確実に保護し，実現するために，自発的に形成する固有の意味の市民社会が，国家統治の基盤になると考えられる。この意味では，論理的には，国家以前に存在しうる市民社会において，すでに所有権を中核とする権利・義務の観念が成立していることが望ましいといえる。政府はそうした権利・義務の保護・実現を一層確実にするために設立・運営するものと位置づけられる。しかし，現実にはそうした市民社会の形成条件を欠く点にこそ，発展途上社会を特徴づける状況が存在する。

(5) **市民社会と民主主義**

市民社会概念の変容，とりわけ固有の意味の市民社会の出現は，20世紀を最も特徴づける現象とされる民主主義の台頭と密接に関連している。「民主主義の世界的拡大こそ今〔20〕世紀の最も特筆すべき進歩であった」とみるA・センは，民主主義の3つの価値として，①政治的・市民的権利の獲得によって自由を拡大し，個人の生活を豊かにする**本質的重要性**，②政府に対して国民の必要性（飢饉や経済危機など）を知らせ，積極的な行動を起こさせる**手段的価値**，③価値観と行動規範を形成し，正義を発見し，人々の間に定着させる**構築的役割**を挙げる。そして，これらは公共的議論や公開対話を通じてのみ獲得され，民主主義的プロセスを通じて民主主義を獲得することこそが真の民主化をもたらすとみる[219]。このプロセスを具体化する主体こそ，固有の意味の市民社会である。

---

219) セン／和山訳 1999c: 130-147頁。

Ⅳ　制度——法改革を通じた制度変更の可能性

1　制度の本質と構造

　社会構造の第3レベルは**制度**（institutions）である。それは，社会構造の第1レベルである個人，第2レベルである組織に比べ，抽象度を増し，直接目で見ることはできない。しかし，社会的存在のすべてが目に見えるわけではないし，目に見えないものが存在しないとも限らない。実際，個人および組織の行動は偶然に行われるのでも完全に自由に行われるのでもなく，つねに何らかの制約（constraints）の中で行われている。それはわれわれが個人として，また組織の一員として行動するときに，つねに実感することのできる存在である。その制約の内実は，われわれが日々意識的・無意識的に従っている様々なルールであるといえる。個人の習癖から家庭の習慣，地域の習俗，社会のモラル，宗教の教義，国家の法律，国際社会の慣行に至るまで，人々の行動を制約する多様な形態のルールが，社会には厳然として存在している。そうした**一連のルールの総体を制度と呼ぶ**ことができる。制度は人間精神の構成物であり，人々の心の中に存在し，その行動に指針を与える。したがって，制度はその適用を受けて行動する個人および組織（前述Ⅱ，Ⅲ）とは明確に区別される。チームによるゲームを社会に例えれば，ゲームのルールが制度に，チームおよびプレイヤーは組織とその構成員に当たり，両者は明確に区別することができる[220]。

---

[220] North 1990: pp. 3-5, 107（竹下訳 1994: 4-5, 141頁），前述Ⅰ4（2）（ⅲ）（ウ）。

2 制度の存在意義

(1) 開発においては制度が重要である

　社会の発展度の相違は，相当程度，制度の相違に起因する。これは開発法学の出発点にある問題意識である（前述Ⅰ2）。各々の社会がどのような制度をもつかにより，その経済的・政治的・社会的な発展の程度と内容が異なってくるとすれば，発展を妨げている制度をどのように改革するかが開発の根本問題であり，そのために法をどのように利用できるかが開発法学の中心問題になる。そのためにも，①制度の存在理由および②制度の構造を確認し，③制度変化のメカニズムを知る必要がある。

　われわれが日々繰り返し行っている無数の意思決定と行動（作為・不作為を含む。以下同じ）は，それほど偶然でも自由でもなく，つねに現在の制度の中で行われている。その結果，制度は人々の経済的・政治的・社会的活動，土地の利用方法，建築物の種類・質・量，街や田園の風景，集団の雰囲気等々，社会の様々な特徴を刻印する。

　このうち，制度が経済成果に与える影響を重視したのはNIE（前述Ⅰ4（1）(ⅲ)（イ））である[221]。それは，個々の経済活動とそれによる資源配分が瞬時に摩擦のない市場で——目的物の性質やその所有権に関する情報の獲得，契約の執行等に費用がかからない交換過程で——行われるという仮説を前提とする新古典派経済理論を批判し，「現実の諸制度によって課された諸制約の枠内で行為するあるがままの人」を人間行動のモデルとした[222]。実際の取引では，自然や社会の不確実性に起因する膨大な取引費用を無視することができない。そして，取引費用の多寡は制度の内容次第で大きく異なり，それが経済の長期的成果の基礎的決定要因となる。それゆえ「取引に費用がかかるときは制度が重

---

[221] 新制度派経済学の特徴につき，松尾 2000a: 1-15頁参照。
[222] R・コースは，これを「本来あるべき経済学」の前提仮説とみる（松尾 2000a: 3頁・同所注11）。コースは新制度派経済学の諸理論（同前1-2頁，4頁）の中でも，ノースの理論（後掲・注380参照）が「現代制度派経済学が達成しつつある成果を最もよく指摘する」と評価する（松尾 2000a: 2頁・同所注7・8,9-10頁・同所注51-58）。ノースの制度理論につき，松尾 2001: 1-25頁。なお，新制度学派に分類される経済学者のうち，O・ウィリアムソンの理論は，わが国でも相当詳細に分析されている。内田 1990:，内田 1996: 11頁以下，内田 2000: 284頁以下，中田 1994:，森田 1996: 182頁以下，平井 1999: 96頁以下，101頁以下など。

要である」[223]。

例えば，ある製品を製造する工場を建設して操業を開始すること，およびその工場の機械の1部品が壊れた場合に代わりの部品を調達して修理することにどれだけの時間と費用がかかるかを考えてみよう。それは制度の違いによって相当異なることが予想される。工場建設のための政府の許認可に1年以上かかる国と1か月しかかからない国，1部品の調達に1年以上かかる国と半日で調達できる国とでは，生産活動やその成果である生産物の質・量に与える影響は測り知れない[224]。これらの期間が賄賂を使えば短縮できるとしても，そのための費用やストレス自体が少なからぬ取引費用を生じさせる。このように取引費用の多寡はその社会の現実の制度の内容によって影響され，それが経済成果の質と量を大きく左右する。このことは経済成果のみならず，政治発展・社会開発等を含む他の開発・発展指標にも当てはまるであろう。こうして**制度の違いが社会発展の相違を規定する**ということができ，それゆえに**開発においては制度改革が重要である**。

(2) 制度の存在理由
(i) 不確実性の削減

ではなぜ制度が存在するのだろうか。制度の存在理由は，第1に，**人々の相互作用の不確実性**（uncertainty）**を減少させ，社会を安定化させること**である[225]。人間の行動とその相互作用に不確実性が生じる理由は，①人間が行動を起こす**動機が複雑**であること（利益の最大化，利他主義，その他の理由で自らに課した行動準則，イデオロギー，理念，教義等），②相手方の行動の意味を分析し，自分がとるべき行動を決定するために必要な**情報が不完全**であること，③たとえ完全な情報を与えられても，それを解読し，最適解を引き出す**情報処理能力に限界**があることである[226]。しかも，③個人の情報処理能力の限界による環境解

---

223) North 1990: pp. 11-12, 107（竹下訳 1994: 13-14, 141頁）．
224) North 2001/2002: pp. 320-321．ノースは，工場の機械の1部品が壊れた場合に，代わりの部品を調達するのにどれだけ時間と費用がかかるかについて，1980年代ペルーでは「合法的」に行動すれば18か月，3～4回賄賂を使えば2週間であるのに対し，アメリカでは12時間で調達できるという例を紹介している。
225) North 1990: pp. 3-4, 6（竹下訳 1994: 3-4, 7頁）．
226) North 1990: pp. 17, 20-21, 23-26（竹下訳 1994: 22, 26-27, 30-34頁）．不確実性の原因には人間の行為以外のものもある。

読の不正確さは，②相手方の行動の解釈や対応策の選択を混乱させ，それによって行為者が得る情報が不完全になればなるほど，①人々の意思決定が非合理的要因に左右される度合いも高くなる等，**不確実性の悪循環**も生じうる。しかし，このような状況下で制度をつくり，人間行動とそれに対する反応パターンを規則化して提示することにより，行為者の選択の幅を制限し，相互作用に必要な情報を削減し，問題解決プロセスを単純化することができる。こうして制度——とくに自生的に生成した非形式的制度（後述3参照）——は本質的に**安定性**を志向し，人々の間に時間と場所を超えた複雑な相互作用を可能にする。それは，制度の自然的・静態的な存在理由といえよう。

しかし，制度が安定性をもつことは，それが**効率的**であることを必ずしも意味しない。むしろ，発展途上国の多くの制度が非効率的なまま安定化している[227]。その結果，制度の安定性は既存の制度に付着する非効率性をも持続させてしまう。その際，支配者たちは往々にして彼ら自身の利益になるように財産権の内容を定め，取引費用を高め，非効率的な財産権を安定化させるインセンティブをもつ。発展途上国が貧しい理由は，その国の制度が人々の生産的活動にインセンティブを与えるような内容のものではないことに起因すると考えられる。反対に，ある国の制度の内容が人々の創造的で協力的な活動にインセンティブを与える内容のものであるときは，経済を成長させるだけでなく[228]，民主化を促し，社会発展に通じる好循環を生み出すであろう。

（ⅱ）インセンティブ構造の付与

そこで，制度の存在理由として，第2に，制度——とくに新たに創造される形式的制度（後述3参照）——は人々が従来よりも創造的で協力的な活動をするように行動パターンを変更する方向へのインセンティブ（または相変わらず非創造的で非協力的な活動をし続けることに対するディスインセンティブ）を持続的に与える手段にもなることである。とりわけ，人々の行動を効率化する——つまり，従来と同様のコストを費やした人々の行動がより多くの経済的・政治的・社会的成果を生み出す——方向へのインセンティブは，長期的な発展を促すための決定的な要因になる[229]。

ところで，人々は取引を繰り返すことにより，従来の非効率的な行動パター

---

227) North 1990: pp. 83-84（竹下訳 1994: 109-110頁）．
228) North 1990: pp. vii, 7, 9, 110（竹下訳 1994: ii, 8-9, 11, 146頁）．
229) North 1990: p. 135（竹下訳 1994: 179頁）．

ンを自発的に改め、より創造的で協力的な活動をし、各自の行動を効率化する方向に変更しないのであろうか。たしかに、①取引が繰り返され、②当事者が相互に相手方に関する完全な情報をもち、かつ③取引当事者の数が少ないという条件が満たされる場合は、自発的な協力も期待できる[230]。しかし、社会の生産システムにおいて大規模な特化と分業が進み、人格的に繋がりのない者同士の交換（impersonal exchange）が一般化した現代社会の取引では、①取引は必ずしも同一当事者間で繰り返さず、②相手方のことを知らず、③少数の相手方と取り引きするわけでもない。その結果、人々が創造的・協力的に活動する方向へと行動パターンを自発的に変更することは、一般的には期待できない。そうした状況下では、人々の行動を効率化する方向へのインセンティブを与える制度として、①効率的な財産権と契約、②強制力ある政府、③②をコントロールできる法の支配、④人的資本への投資等が挙げられる[231]。これは制度の政策的・動態的な存在理由ということができる。もっとも、これらの制度はたんに立法されて形式的制度として存在しているだけでは足りず、現実に人々の行動を指導している非形式的ルールと合致し、かつ政府がそれを実際に執行できるものでなければならない。そこで、つぎにそうした制度の種類を確認しておこう。

3 非形式的制度

(1) 非形式的制度の意義と特色

　制度には、①制定法のように**創造される**（created）制度としての**形式的制度**（formal institutions）と、②習俗・習慣・伝統・道徳・行動準則（良きスポーツマンシップなど）のように**時間をかけて生成する**（evolve over time）制度としての**非形式的制度**（informal institutions）がある（**図表Ⅳ-1**）。後者②は文化的制約（cultural constraints）とも呼ばれ、当該社会において自生的に成立したものであるから、構成員によって自発的に遵守され、その違反に対しては当該社会のサンクションを受け、それが執行される度合いも前者より高い[232]。もっとも、形式的制

---

[230] ゲーム理論の協力モデルによる。North 1990: p. 12（竹下訳 1994: 14-15頁）。
[231] North 2001/2002: pp. 321-324, 330; North 1990: p. 14（竹下訳 1994: 17頁）。もっとも、政府の強制力のコントロールも困難で、「経済発展の根本的ジレンマ」が生じる（前述Ⅲ3（2）(ⅲ)）。
[232] North 1990: pp. 4, 6, 40（竹下訳 1994: 4, 7, 53頁）。

図表Ⅳ-1　制度の全体構造

制度	形式的制度	法律，命令，規則，通達，告示 契約 判決（判例法） 慣習法
	↑↓ 形式化（承認・裁判・変更手続）	適合化（変容期待）↓
	非形式的制度	事実上の慣習 習癖・習慣・習俗・道徳・宗教教義 精神モデル，イデオロギー，文化 遺伝子情報に組み込まれた行動パターン

出典：筆者作成

度と非形式的制度との相違は相対的で，程度の問題ともいえる。例えば，英米法の主要法源であるコモン・ロー（the Common Law）は，判例法（case law）であり，その素材となる個々の判決は何時，誰が，どのような内容をもって下したかを特定できる形式的制度であるが，一連の判決から抽出される**原理**（principle）としてのコモン・ローそのものは時間をかけて生成され，いつ，誰が，どのような内容のものとして創造ないし設定したかを特定することが困難であるという意味で，非形式的制度と特徴づけることも可能である。宗教の教義もこれに類似している。

　われわれにとって最も身近で最も一般的なルールである非形式的制度は，すでに人間行動について考察した際に確認したように（前述Ⅱ3），一定の行為が是認されまたは否認されることを人々が観察を通じて経験的に知ることによって形成される[233]。すなわち，われわれが他の人々行動を継続的に観察しているうちに，周囲の誰もが嫌悪し，軽蔑し，恐怖を抱き，あるいは処罰すべきものとしている行為は，自分も回避しなければならないと感じる一方，周囲の誰もが明確に是認し，好意的意見を表明する行為については，行うべきものと感じ，自分も類似のことをしようという野心をもつようになる。こうした自然の感情に基づき，人々は自分が他の人々と同じ見方で他人の行為をみていることを知るときに，自分が正当な見方で見ていると満足し，何を行うことが相応しく，何を行わない（回避する）ことが適切であるか，一般的な道徳的ルールを

---

[233]　前述Ⅱ3。スミス／水田訳 2003-1: 328-329頁参照。

心のうちに形づくるようになる。そして，そうした一般的ルールの生成に先立ち，人々がある行為は是認すべきで，ある行為は否認すべきであるという感情を抱くことができるのは，ある行為の値打ちと適切さに関するわれわれの自然の感覚——道徳的能力——に帰せられる[234]。この道徳的能力ないし自然的感覚自体が，個々人の日々の行為における数限りない是認・否認の繰り返しによって絶えず形成され，変容している。

（2）非形式的制度の機能

　非形式的ルールはわれわれの日常生活を支配する制度の圧倒的に多くの部分を構成するのに対し，形式的ルールは最も発展した国家においてすら，人々の選択を形づくる制度全体の，非常に重要ではあるが，ほんの小さな部分を構成するにすぎない[235]。この事実は，以下のように人間社会にとって非形式的ルールがもつ機能の重要性によるものと思われる。

　①非形式的ルールは形式的ルールを補完し，緻密化し，拡張し，修正する（**形式的ルールを補完する機能**）。とりわけ，形式的ルールの導入直後に生じる，新ルールと実際のルールとの不均衡状態は，新たな非形式的ルールが徐々に形成されることによって再均衡化し，安定性を回復する[236]。

　②非形式的ルールは，人々が意思決定し，行動する際に，判断材料の曖昧さを減少させ，人々の生活を単純化し，共同体内部の社会的コントロールのシステムを機能させるために，人々の活動を組織化する枠組を与える（**社会秩序を形成する機能**）[237]。

　③その延長として，情報の解釈・解読の方法に関する，歴史的に体系化された一連の非形式的ルール（メタ・ルール）は，当該社会の文化（culture）を形成・維持する機能を担っている（**文化を形成・維持する機能**）。文化は繰り返される学習の機会を通じ，同じ社会の人々の脳（記憶）に刻み込まれるとともに，世代を超えて伝達される[238]。

---

234) スミス／水田訳 2003-1: 330頁。前述 II 3（1）参照。
235) North 1990: p. 36（竹下訳 1994: 48頁）。
236) North 1990: pp. 40, 44-45, 87-88（竹下訳 1994: 53, 60, 115-116頁）。
237) North 1990: pp. 38-39（竹下訳 1994: 51-52頁）。
238) 文化の定義，法と開発への文化を基礎にしたアプローチにつき，後述（6）参照。

(3) 制度改革における非形式的制度の含意

以上の点に鑑みると、法改革（新立法や法改正という形式的制度の変更）による制度改革は、非形式的制度の特色と機能を熟慮することなしには、実現不可能であることが分かる。この観点から、ノースは制度改革の実態についてつぎのように指摘する。

> 革命または軍事的な征服および服従といった不連続的制度変化は、たしかに新たな帰結を生み出す。しかし、最も衝撃的なのは…、ルールの全面的変化にもかかわらず、社会における非常に多くの側面が持続しているということである。日本文化は、第二次世界大戦後のアメリカによる占領を生き抜いた。革命後のアメリカ社会は多くの点において、それが植民地時代にそうであったような状態のままである。ユダヤ人も、クルド人も、また数限りないその他の集団も、彼らの形式的地位に関する際限のない変化にもかかわらず、何世紀にもわたって存続している。ロシア革命でさえ——それは、われわれが知るかぎり社会の最も完全な形式的変革であった——、多くの非形式的制約の生存と持続を探求することなしには、完全には理解されえない[239]。

制度変化の歴史を振り返れば、非形式的制度が制度の主要形態であり、それが制度全体に占める比重の大きさゆえに、制度変化は**経路依存的**（path dependent）であり、そのスピードも**漸進的**（incremental）なものになる（後述5参照）。

4　形式的制度

(1) 形式的制度の意義と特色

形式的制度は、承認された既存の手続に従って「創造される」という成立形態ゆえに、ルール創造プロセスの究極的な根拠として要請される、最も一般的な憲法ルールに始まり、それに基づき、それを順次具体化する形で創造ないし設定される制定法・条例・命令・規則・通達を経て、個々の契約条項に至るまで、**階層性**（hierarchy）をなす[240]。しかし、ルールの形式化は必ずしもその内

---

239) North 1990: pp. 36-37（竹下訳 1994: 48-49頁）．
240) なお、法的ルールの階層性は、法の一般的妥当性に基づいて生じる強制可能性ゆえに、法がその妥当根拠を正当化する必要に迫られることの帰結である（後述Ⅳ6（6）①）．

容の効率化を意味しないことに注意を要する[241]。では，形式的制度の内容の効率化はどのようにして実現可能であろうか。それ達成したと評価されるイギリスの成功物語について，ノースは以下のようにその特色を描写している。

　　名誉革命の結果生まれたイギリスの政治組織の根本的変化が，イギリスの経済発展にとって決定的な貢献要因であった。……**議会主権，財政問題の中央（議会）によるコントロール，君主大権の削減，司法の独立**（少なくとも国王からの）**，およびコモン・ロー裁判所の主権が確立された。主要な帰結は，財産権の安全性の増大**であった。／最も顕著な直接的帰結は，**資本市場の急速な発展**であった。……政府は……先例のないレベルの基金に接近することができた。……**貸手の気持ちの急激な変化は，**明らかに**政府がその取決めを尊重するであろうという知覚**を反映していた。／……**所有権の安全性，**および**公的ならびに私的な資本市場の発展は，**イギリスのその後の急速な経済発展の要因…世界におけるイギリスの政治的覇権〔の〕……要因として役立った[242]。

ここに要約された経済発展のイギリス－北アメリカ的経路では，①議会主権の確立と司法の独立が，②財産権の安全性を増大させ，③そのことが資本市場の急速な発展をもたらし，莫大な公的・私的投資を可能にしただけでなく，イギリスの政治的覇権の確立にも通じた[243]。さらに，同経路のその後の発展を付け加えるならば，④最も好ましい制度的構造として，普通選挙権を伴う民主主義を挙げることに異論はないであろう[244]。

(2) 形式的制度の機能

形式的制度は，社会の複雑性の増大に対応するために，社会の構成員が熟慮し，意図的に考案した一連のルールの総体である。それは生産システムにおける特化と分業の増大に起因し，「身分から契約へ」という特徴づけに象徴される人間関係の変化に伴って生じる複雑な紛争の解決基準として考案された。そ

---

241) North 1990: pp. 47-53（竹下訳 1994: 63-72頁）．
242) North 1990: pp. 138-139（竹下訳 1994: 184-185頁）．強調は引用者による．
243) このような発展経路は，「人格的関係」に支配された政治システムが効率的な制度形成（司法の独立を含む権力分立，財産権の安全性の増大，資本市場の発展等）を阻んだスペイン－ラテン・アメリカ的経路と対照的に描かれている．North 1990: pp. 113-117（竹下訳 1994: 149-155頁）．
244) North 1990: pp. 108-109（竹下訳 1994: 143-144頁）．

の主要な機能は以下のとおりである[245]。

①ルールの形式化は，文書化等の技術進歩にも促され，ルールの解釈・適用における情報費用・監視費用・執行費用を低め，非形式的ルールがより複雑な交換に利用可能となるよう，その実効性を補完しうる(**非形式的制度を補完する機能**)。

②既存のルールが新たに発達してきた取引の要請をもはや満たさなくなった場合，これを修正したり，それに取って代わるために，意識的に創造される(**既存の制度を修正または代替する機能**)。形式的ルールを補完するために進展した非形式的ルールは，社会の安定期には存続するが，変化の時期には新たな形式的ルールによって代替されることも多い。

もっとも，形式的ルールは特定のインセンティブの付与を目的とする制度改革の局面で重要な機能を果たすことから，新しいルールを考案し，交渉する力をもつ人々の利益やイデオロギーに適合するようにつくられる傾向もある[246]。しかしまた形式的ルールは，既存の制度を規範理論の発展に対応して改革すべく，一般法理を具体化する手段としても用いられる（後述Ⅴ）。

ここで再びわれわれは，非形式的制度の重要性に立ち返る必要がある。すなわち，われわれが真に欲しているのは，「人々が生産的かつ創造的になるように促す制度」であるが，問題は「人々を生産的かつ創造的にさせるようなインセンティブを提供する制度」をどのようにして手に入れるかである。そのうち，①形式的ルールは「新法を制定する政治システムを手に入れることによって変更することができる」が，それは，②行動規範や行動準則のような非形式的制度を変更することとは別である。人々を生産的かつ創造的にさせるインセンティブを提供するような行動準則の変更は，きわめて重要であるが，非常に困難でもあり，形式的ルールだけを念頭に置いたのではあまり芳しい帰結を生み出さない[247]。

(3) 形式的制度の限界と非形式的制度との相互補完関係

社会内部で時間をかけて生成・変容する非形式的ルールは，自発的な遵守度

---

[245] North 1990: pp. 46-47, 87-88（竹下訳 1994: 62, 115-116頁）．
[246] North 1990: pp. 16（竹下訳 1994: 20頁）．
[247] North 2001/2002: pp. 321-322.

も内部的なサンクションによる執行可能性も比較的高い[248]。これに対し，特定の時点で創造される形式的ルールは，その遵守度は相対的に低く，その執行にもより多くの費用を要する。とりわけ現代の拡散した市場で取引に参加する人格的繋がりのない者同士が，共通の信仰，正直さや評判を重視するイデオロギー，小集団内の紐帯等を欠く場合はなおさらである。その中で最も効率的な執行メカニズムは，執行費用における規模の利益を享受できる国家の政府による第三者執行のシステムであるといわれる[249]。しかし，それですら完全ではない。

　理由は，第1に，ルールの内容（契約内容も含む）を確定し，契約違反の存在を確認し，違反者をすべて捕えてサンクションを課すには費用がかかりすぎる。また，仮に費用を度外視しても，完璧にサンクションを行うには関与する人や設備の能力に限界がある。第2に，執行者による権限の逸脱や濫用を完全になくすことはできない。では，先にみたイギリスの成功物語では，これらの限界をどのように克服したであろうか。立憲主義が進化した17世紀イギリスでは，人々が法および裁判官の正直さと誠実さの双方を尊重するという非形式的制度を――マグナ・カルタ（1215年）の頃から数えれば――400年以上かけて形成した。後にみる「法の支配」の重層構造（**図表Ⅳ-9**）の最基層（後述（5）（ⅴ））をなす，そうした非形式的ルールの発達は，きわめて長い時間を要するプロセスである。残念ながら，それは伝統的なコミュニティの経済から国内の統一的市場，さらにはグローバル市場への急速な変容を求められている現代の途上国には最も欠けている条件である。第3に，国際的な特化と分業の拡大に伴う国際取引においてルールが執行されるには，国境を越えて財産権を保護する固有の執行組織が必要であるが，そうした条件もまだ十分には整えられていない[250]。

　このように形式的ルールの変更によって既存の制度との間に生じたギャップを埋め，新しいルールの遵守と執行を確保するには，非形式的制度による補完を待つという選択肢[251]のほかに，数百年かかるかどうかはともかく，どのような対応が最善といえるだろうか。それを考えるためには，制度変化のメカニズムをより包括的に解明する必要がある。

---

248) 前述3（1）参照．
249) North 1990: pp. 55-56（竹下訳 1994: 74-75頁）．
250) North 1990: pp. 54, 58-60, 121（竹下訳 1994: 73, 78-81, 160頁）．
251) North 1990: pp. 87-88（竹下訳 1994: 115-116頁）．

5　制度変化のメカニズム

(1) 社会発展の経路依存性

　制度の存在理由と構造の分析に続いて問題になるのは，制度がどのようにして変化するか，そのメカニズムの解明である．とくに，効率的な方向への意図的な制度変更がどのような形で可能かを知ることが，法改革ないし法整備支援（協力）を通じた制度改革の成否を左右する．その中核にある問題が，制度変化の原因とプロセスの解明である．

　従来の法整備支援（協力）の経験から明らかになったように，法改革を通じた制度変更は多くの場合に企図したとおりに進まない．そこには本質的に変化を嫌い，安定を志向する制度の本質が影響している．なぜ制度が容易に変化しないのか，その理由を確認したうえで，制度変化が生じる条件・原因・主体・プロセスを分析する．

　人々が日常的に行う様々な意思決定と行動がつねに既存の制度の制約の中で行われるという事実（前述 1）は，《社会発展はつねに**経路依存的**（path dependent）なものになる》という重大な帰結をもたらす．われわれの日々の選択も，その結果としての発展も，過去の選択の積み重ねの延長線上にのみ存在する．なぜなら，現在も未来も制度の連続性によって過去と結びつけられているからである．どの国家の歴史も，その国家の制度の漸進的な進化の帰結である継起的物語の一部にすぎない．発展も没落もすべて白紙状態（a tabula rasa）から始まるのではなく，つねに過去の歴史から引き出されるのである．「歴史が重要である．」（History matters.）といわれるゆえんである[252]．

　社会発展の経路依存の原点は，**人びとは意思決定に際し，必ず既存の足場**（scaffolding）**から出発しなければならず，過去をリセットしてフレッシュ・スタートを切ることができない**ことにある．ここで足場とは，人々の行動のインセンティブを決定づける所有権の構造，慣習，伝統などのコンヴェンショナルな非形式的な規範，各人の体に染みついた習慣や行動準則，信念体系等からなる既存の制度枠組全体を意味する．その内容が制度変化のペースと方向性を決定する．形式的制度が政治的決定，その他の人為的決定によって一夜のうちに

---

[252] North 1990: pp. vii, 100, 118（竹下訳 1994: ii, 132, 156頁）．引用に際して訳文を変えた箇所がある．〔 〕内は筆者による補充．

変更される場合があるのと異なり，習慣，伝統，行動準則，信念体系等の非形式的制度ないし文化は，その形成・変化自体が非常にゆっくりとした傾向をもつことから，制度変化の経路依存を強固なものにしている[253]。このように制度全体に占める非形式的制度の比重の大きさが，制度変化の経路依存度を高め，多かれ少なかれ制度変化は──全体としてみれば──漸進的に生じるものとなる。

さらに，経路依存は個々の足場の存在や強さだけでなく，一つの足場が他の足場と不可分に結合し，ネットワークを構成することによって一層強固なものになっている事実も明らかにする。その結果，制度改革に際しては，個々の足場の中から良いとこ取りをするような選択が困難であることも肝に銘じておく必要がある。このことは，いったんある技術が発達を始め，それと関連する技術がその上に蓄積し始めると，それによる収益が増大しているかぎり，個々の技術については従来よりも高水準の新技術が開発されても，ただちには実用化されない（技術変化の経路依存性）。例えば，タイプライターのキーボードの配列，狭軌鉄道の存続，直流に対する交流の成功などである[254]。こうした強固な経路依存の理由を理解することなしには，制度改革の可能性がどの程度あるのかを感じ取り，そのための具体的な方法を見出すことは困難であろう。

(2) 制度変化の原因・主体・プロセス
(i) 制度変化のプロセスに関する仮説

制度変化における強固な経路依存の現実の中で，制度改革，とりわけ意図的なそれは，はたして可能であろうか。しかし，各国において緩急様々なペースではあるが，制度変化がたえず生じていることも事実である。効率化の方向への制度変化の例としては，①利息制限を回避するための様々な取引方法，為替手形とその譲渡・割引方法，遠隔地における代理人の監視方法[255]の発展により，資本移動性を高めたイノベーション，②商品とその価格およびマニュアルの印刷等により，情報費用を引き下げたイノベーション，③保険，ポートフォリオの多様性，善意者保護制度等により，リスクを拡散したイノベーション，

---
[253] North 1990: p. 6（竹下訳 1994: 7頁）；North 1995: pp. 19, 23, 24.
[254] North 1990: pp. 75-76, 93（竹下訳 1994: 100, 123頁）.
[255] 中世後期（11〜14世紀）におけるイスラム商人による遠隔地の代理人を通じた取引制度の発達につき，グライフ／岡崎＝神取監訳2009参照。

図表Ⅳ-2　制度変化のメカニズム

主要因	間接要因
人々・組織間の競争 ↓	← 財の稀少性 ← 相対価格の変化 ← 選好・嗜好の変化 ⇄ 競争ルール
企業家の活動の閉塞状況 ↓	⇄ 制度枠組 ← 制度のネットワーク
知覚の形成 ↓	← 知識・技術 ← 精神モデル ← 試行錯誤の許容
形式的制度の変更 ↓	← 市民運動，政党，政府 ← **外国の政府・国際機関・NGO 等による法整備協力（支援）**
非形式的制度の変化	← 学習

出典：North 1990, 1995, 2000を参考にして筆者作成

④裁判の証拠となりうる会計方法，公証人（証書），捺印証書，裁判の基準となりうる都市法，商慣習法，それらに従って判断する裁判所の発達等による執行メカニズムの改善等々がある[256]。これらはいずれも取引費用の大幅な引下げに寄与した。このように制度変化が実際に生じたとすれば，制度変化の原因・主体・プロセスを問う余地がある。これについて，ノースは以下のような5つの仮説を提示する（**図表Ⅳ-2参照**）[257]。

（ア）　制度変化の原因は**競争**（competition）にある。財の稀少性という前提の下で様々な組織が財の獲得競争をする結果，相互に競争する組織と競争ルールを定める制度との間に継続的な相互作用が生まれる。

（イ）　競争は組織が生き残るために新しい技術と知識の獲得に継続的に投資することを強いる。それによって個人と組織が獲得する技術・知識の種類は，新たな機会を発見する**知覚**（perceptions）を進化させ，それが漸進的制度変化に通じる選択を形づくる[258]。

---

[256]　なお，North 1990: pp. 128-129（竹下訳 1994: 169-171頁）も参照。
[257]　North 1995: pp. 23-24; North 2000: pp. 2-3.
[258]　もっとも，技術や知識の獲得は，とくに理由がなくとも，本能的にたんなる好奇心からも行われる。しかし，知識・技術の獲得は，経済的，その他の目的をもって行われることが多いであろう。ノースも，「知識の蓄積率は，明らかに見返り〔の大きさ〕と結びついている」とみる（North 2000: p.

（ウ）　**制度枠組**は最大限の見返りをもたらすと知覚されるような技術と知識の種類を指し示すインセンティブ構造を提供しうる。そうした制度の内容においては，①所得の（再）分配と②生産活動の増大のいずれにどの程度のインセンティブ付与が図られているか，その比重が決定的に重要になる。

（エ）　そうした見返りについての知覚は行為者の**精神構造**から引き出される。そして，情報や環境の解釈方法を規定する精神構造は，個々人の精神の遺伝的進化，文化的遺産，日常的に直面する個別問題，噂やニュース・その他一般に流布した観念等から影響を受ける。したがって，人々はたとえ同じ情報と環境の下に置かれても，同じ選択をするとは限らず，異なる成果をもたらす多様な選択が形成される[259]。

（オ）　経済の規模，制度と経済成果との**相互補完性**および**制度のネットワーク**の外部性は制度変化を漸進的で経路依存的なものとする。

（ⅱ）　制度変化の諸原因と行為者の意志

　以上のように，ノースは制度変化の原因として，所与の外部環境と制度枠組の下で競争状況に置かれた行為者が，その精神モデルに基づいて形成する知覚の重要性に最も着目しているように思われる。もっとも，制度変化の原因の連鎖には，競争者の知覚に先立つ遠因も多数存在する。例えば，競争に影響を与える相対価格の変化[260]，競争者の知覚に影響を与える**選好**（preferences）や**嗜好**（tastes）の変化[261]もある。しかし，個々の制度変化の原因の連鎖は無限かつ複雑であり，比較的近因に属するものを一般化して示すことしかできない。そして，法改革を通じた制度変化に注目する開発法学の観点からは，様々な原

3）．

259）　たしかに，個々人の選択の多様性にもかかわらず，時間の経過につれて個々人の選択結果に関する情報のフィードバックが次第に充実することにより，人々の選択の間にある程度の収斂が生じることも見込まれ，それはしばしば経験されることでもある。しかしなお，それが完全に共通の選択をもたらすことはまずないであろう（cf. North 2000: p. 5）．

260）　相対価格の変化自体は，要素価格比（労働に対する土地，資本に対する労働，または土地に対する資本の価格比）の変化，情報費用の変化，技術の変化などに起因する。それはまた，当事者自身の努力による内生的なものも，当事者にとって外生的なものもある。相対価格の変化は，契約当事者の交渉力の変化をもたらし，「より効率的な制度を建設するインセンティブを創造する」とも考えられる。Cf. North 1990: pp. 7, 83-84（竹下訳 1994: 8, 109-110頁）．

261）　選好または嗜好の変化は，相対価格の変化からも影響を受けつつ，既存の精神的構成物──理念，イデオロギー，ドグマ，気まぐれなど──によって引き起こされることが多い（North 1990: pp. 84-85（竹下訳 1994: 111頁））。例えば，奴隷制廃止の複合原因における奴隷制への嫌悪感につき，North 1990: pp. 85-86（竹下訳 1994: 111-113頁）；前述Ⅱ 5参照．

因に影響され，所与の環境と制度の下に置かれながら，行為者（個人および組織）が意図的に起こす主体的行動に制度変化の直接的原因を見出す点を看過することができない。

　ここでは行為者（個人および組織）が各々の目的に従い，当該社会で現在通用している制度を用いつつ，その制度を変更しようと企図し，行動することが制度変化の最も一般的なパターンとして捉えられているように思われる。そのような行為者は，現行制度の規制を受けながら，その制度枠組に対して絶えず様々な要求をすることにより，制度変化へのきっかけを形づくる最初の主体として重要である。そうだとすれば，制度変化は《**制度に規定されつつ制度を変革してゆこうとする主体**》，つまり《**歴史の重荷を背負いつつ歴史を乗り越えてゆこうとする主体**》の意志を源泉とするものであるといってよいであろう。

(ⅲ)　制度変化プロセスにおける行為者の知覚とその修正
(ア)　意図的プロセスとしての制度変化

　ある制度変化がまさに生じる限界状況（図表Ⅳ-2参照）を想定すると，①制度変化の直前の段階では，既存の制度が提供するインセンティブ構造の中で進化してきた企業，その他の組織や個人と現行制度との間に，それ以上の追加的な投資をしても収益を増やすことのできない閉塞状況が生じる[262]。②かかる閉塞状況の中で，企業家精神に富んだ者が「**現存する制度の枠組のどこかを，僅かばかり改めることにより，自分たちの状態をより良くすることができるであろう**」ことに気づいたとする（知覚の発生）。③その者は市民・政治家，世論等，あるいは市民団体・政党・政府，その他の組織を動員し，時には政策形成や立法を求めて行動を開始し，それが法令等の形式的ルールの変更を生じさせる。④それによって生じた新しい形式的ルールと既存の非形式的ルールとのギャップが，新しいルールの普及活動，実務への適用等を通じ，次第に埋められることにより，制度変化が生じる。

　このような制度変化プロセスの中で最も重要なのは②の行為者の知覚である。もちろん，その知覚は行為者が受け取る情報およびその情報の処理方法に依存する[263]。しかし，そうした限られた情報と情報処理能力の枠内で，行為者自らが形成する知覚こそが制度変化を促し，制度変化を通じて成功・失敗様々な出来事に彩られた各国の歴史を生み出してきた源泉といえるのではなかろうか。

---

262)　North 1990: pp. 7-8, 95-96（竹下訳 1994: 9，124-126頁）．
263)　North 1990: p. 8（竹下訳 1994: 9-10頁）．

もしそうであるとすれば，制度変化は人々の知覚に基づく**意図的プロセス**（a deliberate process）であるといってよいであろう[264]。

このような行為者の知覚に基づく意図的プロセスとしての制度変化の説明に対しては，それが「政治的決定論に陥ってしまう」[265]という批判もある。しかし，それはたんに政治的決定の場に下駄を預けているのではなく，あくまでも自らの知覚と信念に基づき，一定の目的と方向性をもった働きかけである点にこそ，意図的プロセス論の核心があるとみるべきであろう。いわば《制度に規定された自己の存在を意識しつつも，なおそれを変革しようとする主体の意志》が働いていると考えられる（前述（ⅱ）参照）。そうした意図的な働きかけが実を結び，制度変化を生じさせる可能性は否定できないように思われる[266]。このことは，法改革を通じた制度変化を企図する法整備支援（協力）およびその方法を探求する開発法学の前提となる重要問題である。

（イ）行為者の知覚の内容

しかし，効率的な方向への制度変化の要因としてもっと決定的に重要なことは，制度変化の主体としての個人または組織が，自己利益の増大に直接に関係する制度だけではなく，**自己利益にとっては間接的であっても，制度全体を効率化させ，社会全体にプラスの影響を及ぼすために必要な変革**（例えば，公教育，知識の普及，基礎研究や応用研究への投資等）による社会的利益の見返りを知覚し，そのための制度改革に向けた働きかけを実行できるかどうかである。この点についてノースはつぎのように指摘する。

> 〔制度変化を求める行為者としての〕組織はまた彼らの利得可能性に間接的に寄与する種類の技術と知識にも投資するよう，社会に働きかけるであろう。そのような投資は，技術と知識の長期的成長を形づくるであろう。そのことが経済成長の基礎的決定要因である。／合衆国経済史がそのことを例証している。19世紀には，知識と教育を成長させることから得られる見返りについての知覚が，正式の教育，職場内教育および農業・工業双方の活動の応用研究に対する公的・私的投資を誘発した。……その結果は，全体として，知識の成長・普及への投資と経済成果との相互補完性に関する当初の知覚を再び強めることになった。

---

[264] North 2000: p. 2.
[265] 青木 1996: 26頁。
[266] なお，佐藤 1998参照。

20世紀には，合衆国は格段に生産的であった[267]。

この成功物語の最大の教訓は，投資を**社会的収益率**を増大させる方向へと誤ることなく振り向けるインセンティブを生み出すための制度をどのように構築するかである。市場が活性化して様々な投資が試みられ，民主主義が浸透して自由な意見表明やフェアな相互批判が可能であれば，より正しい投資先が発見される機会も増大するであろう。しかし，そうした条件が必ずしも存在しない国家の場合はなおのこと，制度改革を企図する行為者が私的・社会的投資の方向性について抱く知覚がとりわけ決定的な意味をもつ。しかし，不完全な市場や民主主義の下で，不完全な知識と理解が社会構成員の精神モデルをつくり上げている場合，誤った知覚が形成され，その結果として誤った方向に投資が向かう危険性が増大する。

(ウ) 誤まった知覚の修正

そもそも限定された情報と情報処理能力しかもちえない行為者の知覚はつねに正しいとは限らない。人間が全能でありえない以上，誤まった知覚の形成自体は回避することができない。そこで，**誤った知覚をできるだけ迅速かつ的確に修正する方法**が問題になる。これに対する1つの解答はつぎのようなものである。

> 不確実性の存在する世界では，われわれが直面する諸問題に対する正しい答え（the correct answer）を誰も知らず，それゆえに実際のところ，誰も収益を最大化することができない。〔そのような状況の中では〕最大限の試行錯誤が行われることを許容する社会こそが，時間が経つに連れ，それらの問題を解決する可能性が最も高いであろう……。……われわれは失敗からも学ぶはずであり，その結果，変化というものは組織的な試行錯誤の創出および組織的な誤りの排除から構成される[268]。

ここでは制度変化プロセスにおける誤まった知覚の修正というコンテクストにおいて，様々な組織における試行錯誤が許容されることの有用性が指摘されている。重要なことは，そうした試行錯誤が安定したルールとして制度化しているということである。それは，誰も正しい答えを知らないことを前提とした

---

[267] North 1990: pp. 79-80（竹下訳 1994: 105-106頁）．〔　〕内は引用者による．
[268] North 1990: p. 81（竹下訳 1994: 107頁）．〔　〕内および傍点は引用者による．

場合の最も公平な意思決定方法としての民主主義の意義を再確認することでもある。

（3）制度変化のプロセスにおける形式的制度と非形式的制度の関係

　制度変化が人間精神に基づく意図的プロセスである一方で，つねに経路依存的であるという現実は，制度変革に際しての形式的制度と非形式的制度との関係に再度われわれの注意を向けさせる[269]。とりわけ，形式的ルールの変更は既存の非形式的ルールを意識的に変更しようとする場合にも用いられるが，そこには一定の限界が存在することが予想される。例えば，戦争，侵略，革命などによる形式的ルールのラディカルな変更により，制度全体を急速かつ実体的に変更することがどこまで可能であろうか。

　形式的制度のラディカルな変更による不連続的変化は，一見してそうみえるほど滅多に不連続的ではない。その最大の理由は，すでにみたように，形式的ルールが変化しても，必ずしもそれに伴って非形式的ルールまで変化するとは限らないからである。多くの非形式的制約の基礎には根深い文化的遺産が埋め込まれている。その結果，非形式的制約と新しい形式的ルールとの間には継続的に緊張関係が存在する。それは時間の経過に伴い，時には前者が後者に歩み寄り，時には後者が前者に妥協して再度改正されるなどして，新たな均衡が生み出される傾向にはある。しかし，いずれにしてもそれは革命的というには程遠い[270]。

　したがって，各々の社会における非形式的制度を考慮に入れ，そこから出発して，形式的制度を創設または改正し，それに対する非形式的制度の変化を観察し，時には政府から新しい形式的制度の遵守を働きかけ，時には非形式的制度の一部を取り入れる方向への再改正を行うなど，両者間の相互作用を注意深く考察しながら，あたかも両制度からなる二重螺旋の階段を1段1段昇りながら，制度全体の漸進的な変化を促すことなしには，制度改革を実現することは困難である。いわば非形式的制度を考慮に入れた漸進的制度改革の必要性とも

---

[269] 形式的ルールの変更によって生じる不均衡状態に対し，非形式的ルールの漸次的形成による均衡状態の達成，再度の形式的ルールの変更による不均衡状態，非形式的ルールによる均衡状態の回復…といういたちごっこが存在する（前述4（3）（ⅲ）参照）。
[270] North 1990: p. 91（竹下訳 1994: 119-120頁）。このことが妥当する例は数多い。第二次大戦後の日本国憲法の制定＝明治憲法の「改正」による制度変化の実体（不連続性と連続性の結合ないし混合）はその適例である（前述Ⅱ4，Ⅳ3（3）参照）。

いうべきものである。形式的制度と非形式的制度のギャップが問題になる例として，税制改革がある。例えば，第二次大戦後における日本の税制改革においては，法律を制定・改正しても徴税率が上がらなかった。連合国総司令部（GHQ）の徴税担当官は，税務署ごとの割当額を決めて徴税率を上げようとしたが，事態は改善しなかった。そこで，日本人専門家をタックス・アドバイザーにすることにより，非形式的ルールも考慮に入れた徴税の実践を取り入れることにより，次第に徴税率が上がっていった。この制度改革を担当した日本人官僚は，正当にも**「税制と執行はその民族が考えた方法でなければいけない」**という認識を示している[271]。この観点からは，革命，ショック療法，ビッグバンといったラディカルな変革手法は，制度改革の手法として必ずしも現実的でないといえる。とくに形式的ルールが大幅に変更され，非形式的ルールとのギャップを生じさせたまま，新たな均衡が成立する見込みがなく，そうした解決不能な緊張状態が長期間継続することは，政治的不安定さえもたらしかねない[272]。

（4）非形式的制度の変化と学習の意義

　制度変化のプロセスは，現在の制度を改める可能性についての行為者の知覚を契機に開始され，形式的制度の変更を介して，それに非形式的制度の変化が追いつくことにより，ようやくミニマムな1サイクルが完結するということができる。もっとも，非形式的制度は個々人の信念体系やイデオロギーといった精神モデルに根差しているから，その変更も含む制度変化はけっして容易なプロジェクトではない。しかし，「精神モデルの修正」を含む《人々の心の中に刻まれた法》の変化こそが制度変化の究極的実体をなすものと考えられる（前述Ⅱ1,4参照）。では，そのような非形式的制度の変更は，どのようにすれば，どの程度可能であろうか。

　形式的制度だけでなく，非形式的制度も人間が自己に課す制約であり，「人間の創造物」であるから，人間によって改められることは否定できないであろう[273]。そして，精神モデルの形成自体も経験の蓄積に規定されていることか

---

271) 近藤 2009: 111頁。
272) North 1990: p.140（竹下訳 1994: 186頁）．両者の関係は，ルールの執行費用の多寡（非形式的制度の方が低い）によっても影響を受ける。前述3（1）参照。
273) North 1990: pp.5, 46（竹下訳 1994: 6, 62頁）．

ら，新たな経験の蓄積による精神モデルの修正は可能であろう．実際それは学習を通じて行われている．すなわち，

①感覚による情報の受容→②既存の精神モデルに基づく知覚の形成→③意思決定→④行動によって生じた結果→①′感覚による結果＝情報の受容……である．

このフィードバックを繰り返すことにより，時には既存の精神モデルが確認・強化される一方で，それが修正されることもある（前述Ⅱ5参照）[274]．

（5）発展パターンの多様性

制度変化プロセスにおける非形式的制度の変化の重要性は，制度変化プロセス自体が各国の歴史的発展経緯や文化的遺産によって異なる可能性を示唆している．実際，制度変化の原因・主体・プロセスは社会によって相当に異なり，おそらく同じパターンは1つとして存在しないとみるべきであろう．すなわち，ある国において妥当した制度変化プロセスのモデルが別の国でも妥当するとは限らない．また，ある国においてかつて妥当した制度変化のパターンが現在および将来も同様に妥当するとも限らない[275]．

したがって，法改革による制度改革の方法は，制度変化プロセスの多様性，その結果としての制度改革による発展パターンの多様性を踏まえ，きわめて慎重に探求する必要がある．それは，ショック療法やビッグバンのような単純で短絡的な特効薬的な治療法と異なり，当該社会の歴史と文化，個性的特色，将来展望等を考慮に入れた《良心的な医者の処方》に当たるものといえよう．

（6）比較制度分析による制度変化のメカニズム論との共通点と相違点

制度変化のメカニズムに関する以上の分析は基本的にNIEの理論をベースにしている．しかし，制度変化のメカニズムは**比較制度分析**（Comparative Institutional Analysis: CIA）によっても解明が試みられている[276]．そして，CIAとNIEの見方には，興味深い共通点と相違点がある．

①制度を比喩的に「ゲームのルール」とみるNIEに対し，CIAは制度とは

---

[274] North 2000: pp. 6-7, 9-10; Denzau and North 1994: pp. 3-27.
[275] North 2000: pp. 11, 14.
[276] 制度変化のメカニズムに関するCIAの分析についての以下の記述は，青木／瀧澤＝谷口訳2003: 251-302頁による．

人々の相互行動に関して人々の間に成立した「**共有予想**」とみる。それは，制度をゲームのプレイヤーとしての人々から相対的に独立し，人々の行為を規制する存在として客観化されたものとみる見方とはやや異なり，制度は人々の様々な相互行動の末に成立した結果であり，「**ゲームの均衡**」であるとみることに通じている。

②このような制度観に基づいてCIAは，制度変化とは**ゲームの均衡の変化**，すなわち，「経済主体の行動選択ルールとそれにたいする共通の認知表現（予想）のシステマティックで質的な変化に結びついた，一つの均衡（系列）から他の均衡（系列）へのシフト」とみる。もっとも，ここでも2つのタイプの制度変化がひとまず識別される。1つは「自生的秩序化」として発生する制度変化であり，もう1つは人々の間で意識的に共有された企図によって引き起こされる制度変化である。しかし，CIAは両者の相違をさほど大きなものとは認めていないようにも見受けられる。すなわち，制度変化は「法ないしは現存する経済主体とは異なる行動選択を持った新タイプの経済主体——組織——の共同的デザインによってもたらされるものと考えられるだろう。／しかしながら……，**法やそれに関連した新しい規制主体の導入それ自体は，経済主体たちが認識するゲーム形におけるデータ——外生的なゲームのルール——の変化以上のものではない**」[277]とする。ここでは，後者のタイプの制度変化に属する法改革を用いた意図的制度改革にはさほど大きな期待はされておらず，結果的に前者を大きく凌駕するものではないと捉えられているように思われる。実際，CIAは意図的な法改革による制度変化には懐疑的にみえる。すなわち，「**デザインされた変化のもつインパクトを理解するに際しては，われわれはプロセスを前の方向と後の方向に辿ってみる必要がある。**一方でわれわれは，どのようにして制定法が導入されたり，変更されたりするのか，と問うことができる。経済主体たちはどのようにして，新しい法と組織の必要性を共同して認識するようになるのだろうか。また他方では，新しい法と組織はどのようにして経済主体たちの予想に影響を与え，したがって戦略的選択に影響を与えるのか，と問うこともできる。**それは常に意図した帰結を生成するのだろうか**」とする[278]。

こうしてみると，CIAは「自生的制度変化」と「誘導された制度変化」には

---

277) 青木／瀧澤＝谷口訳 2003: 256頁。強調は引用者による。
278) 青木／瀧澤＝谷口訳 2003: 256頁。強調は引用者による。

図表Ⅳ-3　比較制度分析（CIA）による制度変化メカニズムのモデル化

古い制度の維持	一般的な認知的不均衡および制度的危機			新しい制度、およびそれに関連する主観的ゲーム・モデルの進化	
(S)選択の活性化された部分集合によって制約された行動選択、中立的ないし非最適な突然変異的選択・累積	(A)認知的不均衡（行動選択の現存するレパートリーの不適切さに関する認識） ⇒	(S)新選択の実験、学習、および模倣 ⇒	(A)選択の新しい活性化された部分集合 ⇒	(S)新奇な行動選択
⇕	⇕	⇕	⇕	⇕
(E)現存する制度（共有予想のシステム）	(CO)環境変化（新たな外部市場との接触、技術革新、制定法、補完的制度における変化）	(E)既存の共有予想の危機的揺らぎ、予測的・規範的予想システムのあいだの競争	(CO)再定義された安定的な推測ルール	(E)新たに共有された予想のシステム（新しい制度）

出典：青木／瀧澤＝谷口 2003: 264頁による

むしろ多くの「共通の条件」があるものとみており、制度変化メカニズムのモデル化に際しては、そうした共通条件をむしろ重視している。CIAによる制度変化——CIAはむしろ「**制度進化**」という表現を好む——メカニズムの仮説は、つぎのようなものである（図表Ⅳ-3参照）。

> われわれの定義によれば、制度変化は、**ゲームがどのようにプレイされるかにかんする経済主体たちの予想がクリティカル・マスで変更される状況**と見なすことができよう。**それは単なる制定法の変更や、穏やかに変化する環境に反応して、経済主体が一定のルールにもとづいて行う戦略的選択における限界的変化とは区別されるべきである**[279]。

ここにはNIEによる意図的プロセスとしての限界的制度変化についての仮説（前述（2）（ⅲ）（ア））[280]に対する自覚的な対決姿勢が鮮明に表れている。もっとも、制度変化プロセスのフォローにおいては、分析内容にさほど大きな相

---

279)　青木／瀧澤＝谷口訳 2003: 252頁。強調は引用者による。
280)　松尾2009b: 205-206頁参照。

違があるとも思われない。例えば，

> 現存するルールのセットが，**経済主体の抱かれた望み（aspiration）に比較して満足のゆく結果をもたらさないとき，経済主体は自分の主観的ゲーム・モデルの関連性と有用性を疑問視し始める**だろう。彼らはこれまで使ってきたルールのセットを，大幅に改訂／精緻化しようと努めるだろう。とりわけ，彼らは行動選択のレパートリーの拡張，すなわち活性化された選択の部分集合の次元の拡張を含む新しい戦略的選択（ルール）をサーチし，実験するだろう。しかし，**抱かれた望み（aspiration）と達成のギャップ——すなわち，一般的認知的不均衡とでも呼ばれるもの——は，とりわけクリティカル・マスで，いつ起こるのだろうか。1つの可能な解答は，それは，〔①〕ドラスティックな環境変化と，〔②〕ダイナミックな結果がゲームの客観的構造に与える累積的インパクトとが結合した場合発生する**というものであろう[281]。

このように CIA の分析においても，制度変化の決定的要因としては，ドラスティックな環境変化がない以上は，既存の制度の一部を変更しようとする意図的挑戦が繰り返され，その累積的インパクトが制度変化とともに新たな帰結を生み出すという結論に帰着しているように思われる。

しかしながら，NIE と比べて CIA の分析は，1人の行為者が現存の制度枠組の中で，新たな可能性を知覚し，たとえ自己利益にとっては間接的であっても，制度全体を効率化させ，社会的利益を増大させるために必要な改革（前述(2)(ⅲ)(イ)参照）のために，可能なあらゆる主体的働きかけを行おうとする努力の価値を，さほど認めていない点では，無視できない相違がなお存在するように思われる。たしかに，CIA も制度変化を引き起こす主体としては，ゲームのプレイヤーとしての個々人に着目するものの，制度変化の所在は，個々人の主観的な要素の変化よりも，最小限度のマスとしての人々の間に共有された予想の変化にあるものとみている。このように制度変化の存在場所を個々人の主観的な知覚や規範意識の変化ではなく，一定範囲の行為主体の間に間主観的に形成され，共有された認知的予想に見出す傾向は，**新制度派組織論**（後述(7)）と共通するように思われる。

---

281) 青木／瀧澤＝谷口訳 2003: 261頁。強調および〔　〕内は引用者による。

図表Ⅳ-4　制度化・制度変化の諸相

		B　制度変化の次元	
		①認知的制度変化	②規範的制度変化
A 制度変化の水準	①行為のレベル	個人の行為レベルにおけるルールへの認知的準拠。ルーティーンの成立，相互行為が安定化。価値の道徳的受容ではなく，社会の知識の反復的伝達が中心。新制度派組織論において探求され，理論的に精緻化	個人の行為レベルにおける価値の道徳的受容。諸個人間における共通の価値基準の共有。社会秩序のミクロ的根拠
	②組織のレベル	集合体レベルにおける共通の認知枠組が確立する過程	集合体レベルにおける独自の価値や信念の成立。個々の組織に固有の共有価値の成立
	③フィールドのレベル	同一フィールドの複数の企業，業界，地域などにおいて，諸々の組織を包み込む形で認知的な秩序が成立する過程	集合体を超えるレベルで価値・規範的な統合が進む過程。

出典：山田真茂留2003：49-51頁に基づき，筆者作成

（7）制度変化の水準と次元：社会における制度（変）化の所在

　制度化および制度変化が人間社会のどのレベルで発生しているかという問題意識は，経営学，組織論，社会学においても進展している。そうした中で，制度化および制度変化の様々なパターンの相違を特徴づける手段として，制度化および制度変化の水準と次元を区別する傾向が注目される。

　制度化・制度変化の水準とは，制度化・制度変化が社会構造のどの部分において生じているかを問うものである。ここでは，①個人の行為のレベル，②組織のレベル，③複数の組織を包含したフィールドのレベルが考えられる。

　制度化・制度変化の次元とは，制度化・制度変化が個人の行為や組織の行動やフィールドの反応の中でどのような内容のものとして生じているかを問うものである。ここでは，A：情報の認知の次元か，B：規範的な価値の共有の次元かが考えられる。

　その結果，これらの組合せによる６つの制度化・制度変化パターンを示すマトリックスができる（**図表Ⅳ-4**）[282]。

---

[282]　山田真茂留 2003：48-52頁。

このうち，新制度派組織論は行為者間の相互行為を通じた間主観的なレベルにおける**認知的枠組の成立**に注目する。これに対し，組織文化論は組織レベルにおける**規範的価値の共有**を重視する。では，このマトリックスにNIEやCIAを位置づけるとすれば，どのような位置関係になるであろうか。単純にどこかの枠内に当てはめることはできないかも知れないが，相互の大体の位置関係を示すことはできるように思われる。

CIAは，新制度派社会学と類似して，一定範囲の行為主体の間に相互行為を通じて間主観的に形成され，共有された認知的予想に制度変化（およびその原因）のありかを見出す点で，**行為者レベルにおける認知的次元**（図表Ⅳ-4のマトリックスA①）に近いところで制度変化を捉えていると解される。

これに対し，NIEは，一定の規範的志向をもった行為者の精神モデルの変更に制度変化の根源を見出している点で，**行為者レベルにおける規範的次元**（図表Ⅳ-4のマトリックスB①）に近い場所に制度変化の根源が存在すると捉えていると考えられる。

ここでもう1つ留意すべきことは，NIEにせよCIAにせよ，行為者の主観的知覚や相互行為に影響を与える制度の内容をとくに限定していないことである。しかし，制度の内容を構成する個々のルールはきわめて多様である。そこには所有権の保護や契約の実現に関するルールもあれば，課税に関するルールもある。犯罪を定義し，刑罰を規定するルールもあれば，交通ルールに関する法規もある。ところが，こうしたルールの内容に関してはさほど注意が払われることなく，「ゲームのルール」といった特徴づけがされている。

これに対し，法制度はたんにゲームのルールとしては捉え切れない要素があることを示す点に制度分析における開発法学に固有の意義と役割がある。法（的ルール）には他の制度ないしルールにはない固有の論理があり，国家という組織単位と非常に密接に結びついた一連の制度としての存在があり，アイデンティティーがあり，生命があり（有効性と実効性を問題にしうるという意味で），内容がある。その意味において法は──J・ラズがいうように──体系であり，それは究極的には特定の根本的な規範理論と不可分の，体系的関連性をもつ形で結合し，それによって基礎づけられている。この観点からは，法システムを含む制度変化は，行為者のみならず，組織およびフィールドを含む水準において，かつ──強制可能性や執行可能性をも考慮に入れるときは──規範的次元にまで及ぶものとして捉える必要があると考えられる。

郵便はがき

恐縮ですが
切手をお貼
りください

112-0005

東京都文京区
水道二丁目一番一号

勁草書房

愛読者カード係 行

(弊社へのご意見・ご要望などお知らせください)

カードをお送りいただいた方に「総合図書目録」をお送りいたします。
を開いております。ご利用ください。http://www.keisoshobo.co.jp
面の「書籍注文書」を弊社刊行図書のご注文にご利用ください。より早く、確実にご
定の書店でお求めいただけます。
金引換えの宅配便でお届けする方法もございます。代金は現品と引換えにお支払
ください。送料は全国一律300円(ただし書籍代金の合計額(税込)が1,500円以上で
料)になります。別途手数料が一回のご注文につき一律200円かかります(2005年7
次訂)。

愛読者カード

40280-9 C30

本書名　開発法学の基礎理論

ふりがな
お名前　　　　　　　　　　　　　　　（　　歳）

　　　　　　　　　　　　　　ご職業

ご住所　〒　　　　　　　お電話（　　）　－

本書を何でお知りになりましたか
書店店頭（　　　　　書店）／新聞広告（　　　　新聞）
目録、書評、チラシ、HP、その他（　　　　　　　　　）

本書についてご意見・ご感想をお聞かせください。なお、一部をHPを
め広告媒体に掲載させていただくことがございます。ご了承ください。

――――――――◇書籍注文書◇――――――――

最寄りご指定書店

（書名）	¥	(
（書名）	¥	(
（書名）	¥	(
（書名）	¥	(

市　　町（区）

　　　　書店

※ご記入いただいた個人情報につきましては、弊社からお客様へのご案内以外には使用いた
ん。詳しくは弊社HPのプライバシーポリシーをご覧ください。

6 法制度の意義と法改革の方法

(1) 法の定義と本質
(ⅰ) 法の定義

社会のソフトウェアともいうべき制度は，構成員の行動を一定範囲に抑制することによって不確実性を削減し，安定性をもたらす一方，非効率な慣行を温存させ，低開発状態を固定化させる。そのようにして発展を妨げる非効率な制度を改革する手法の1つが，既存の制度＝歴史に規定されながらも，それを背負いつつ変革しようとする者の意志に基づく意図的制度改革である。その有力な手段が法改革，つまり，形式的制度を変更し，それによって非形式的制度との間に生じるギャップを埋める方法である（Ⅳ 4, 5）。この方法を活用するためには，法の性質を十分に知り，法を使いこなす技術を知らなければならない。そのためには，まず法とは何か，その定義と本質を明らかにすることから始めるべきである[283]。法の定義に関する数多くの見解のうち，以下のものを取り上げる。

　（ア）法とは，**主権者の意欲を宣明する諸表示**の集合である（J・ベンサム）。
　（イ）法とは，**主権者の命令**である（J・オースティン）。
　（ウ）法とは，**違反に対するサンクションを伴った規範**であり，（サンクションを発動させるために）すべて公務員に向けられた（サンクション発動の）**許可**である。法は強制的命令として，他の社会的命令と区別される（H・ケルゼン）。
　（エ）法とは，**主権的な政治的権威によって強制される，人間の外的行為**に関する一般的ルールである（T・E・ホランド）。
　（オ）法とは，**司法裁判所によって承認され，遵守されるルール**から構成される（J・W・サーモンド）。
　（カ）法とは，**権威的な法適用機関によって承認され，強制される**——この意味で**制度的性質**（the institutional character）をもつ——諸理由の体系である（J・ラズ）。

　これらの定義は，法を定義づける性質として，①主権者という政治的権威者の意思に基づく命令であること，②強制可能であること，③違反に対するサン

---
[283] 松尾2011a: 312-314頁参照。

クションを伴うこと，④法遵守を求められる人々の行為規範であること，⑤裁判所等の法適用機関を運営する公務員に向けられた裁判規範でもあること，⑥制度化されたルールの体系であることを取り上げている。このうち，法の最も本質的な特徴は何であろうか。
(ⅱ) 法の本質
(ア) 法の階層性

　法制度は，憲法・民法・刑法等の法律のように「創造される」制度としての形式的ルールと，「生成する」制度としての非形式的ルールも含む（例えば，個々の判決の蓄積から生成する原理としての判例法，地域共同体や取引業界の内部で生成する慣習を内容とする慣習法など）。もっとも，判例法も慣習法も法源として形式的に承認されることにより，形式的ルールに包含される（慣習法につき，法の適用に関する通則法3条，民法92条，商法1条2項参照）。これは，形式的ルールと非形式的ルールの間に相互補完関係があることに由来する（Ⅳ4(3)）。他方，形式的ルールは，法制度以外のルールをも含みうる（例えば，政府が市民や業界に提示するものの法的拘束力をもたないガイドラインや雛型，政府内部に向けられた事務処理準則など）。したがって，厳密にいえば，法制度＝形式的ルールということはできない。しかし，形式的ルールは法制度の中心部分を構成する。それは，ルールの形式化が法の本質に深く関わっているからである。ルールの形式化は法に階層性を付与する。

　法も制度の一形態であるが，習俗・道徳・宗教等の他の制度とは異なる特色として，強制的に適用され，執行されうる点（**強制可能性**）が挙げられる[284]。そのように被適用者の意思に反しても強制可能なルールは，論理的にその妥当性ないし有効性（validity）の根拠を必要とする。ただし，ある法命題の妥当性は正当性＝その内容が正義（justice）に適っていることを保障するものではない。正当性については別個の検証システムが必要である（後述Ⅴ）。その結果，法は自ずからその妥当性の根拠となる上位法とそれを根拠として妥当する下位法からなる階層（ヒエラルヒー）を形成する。

　H・ケルゼンは，法が社会の秩序の一部である以上，個々の法現象は他のあらゆる法現象との**「体系的関連」**において把握される必要があり，個々の法規

---

284) 「法の最も一般的で最も重要な3つの特徴」として，①規範的である（人間行動の指針となる）こと，②制度化（形式化）されていること，③強制的であることが挙げられる。ラズ／松尾訳 2011: 3頁。

範は全体としての法秩序を構成する一部として必ずその妥当性の根拠を要するとみた。そして，そうした連鎖を辿り，「妥当性の最後の根拠として唯一の規範に還元され得るときに，多数の規範は1つの統一を，1つの体系を，1つの秩序を形成する。この**根本規範**（Grundnorm）は，共同の淵源として，1つの秩序を形成する多数の規範の全体の間に統一を構成する」。その結果，法秩序は「同列に並んでいる法規範の体系ではなくて，法規範の種々の層から成る**段階的秩序**」であり，根本規範を頂点に，「他の規範の設定を規定する規範とこの規定に従って設定された規範」との関係からなる「上級秩序と下級秩序という空間的図形」として表現される[285]。

ただし，ケルゼンは根本規範から個々具体的な法規範が「**論理的に演繹されうる**」ものとはみていない。むしろ，法規範の妥当性は，その根拠である上級秩序に属する規範に従って「**定立されたこと**」に基づく。そうした「**定立行為**」は「思考行為ではなくて，意思行為」であり，一般的規範は「慣習の方法又は立法の手続」により，個別的規範は「裁判行為と法律行為」によって定立される。その結果，根本規範に反する立法，法律に反する判決等，**規範違反の規範**（normwidrige Norm）の定立もありうることになる[286]。

その際，ケルゼンは立法，裁判等のあらゆる法定立行為が，根本規範に依拠する仮定的条件としての要件（bedingender Tatbestand）とそれが満たされた場合に生じる効果（bedingte Folge）から構成される**仮定的判断**（hypothetisches Urteil）にとどまることを明らかにした。しかし，いったん上位規範に基づいて定立された法は守られなければならないとされ，強制される。ここに法のアンビヴァレントな性質が描出されている。もっとも，ケルゼン自身は仮定的な法律要件と法律効果との**帰属関係**（Zurechnung）の固有法則性を探求する点に，自然的事象の因果法則を探求する自然科学と対比される規範科学としての「純粋（=イデオロギーを排した）法学」の使命を見出した[287]。しかし，信者にとっての宗教教義のような絶対的判断でなく，仮定的判断としての法は，それが依拠する根本規範自体の内容の正当性に関する不断の審査から法学者を解放しなかった（後述V）。

ケルゼンによって抽象的・論理的・静態的に分析された法の階層構造は，

---

285) ケルゼン／横田訳 1935: 99-102, 119頁。強調は引用者による。
286) ケルゼン／横田訳 1935: 102-105, 133頁。
287) ケルゼン／横田訳 1935: 24, 41-42頁。

図表Ⅳ-5　制度における法制度の位置づけと構造

制度	形式的ルール	第1次的ルール（法規範）	行為者に義務を課しまたは権利を付与するルール（命令・禁止・許可など）
		第2次的ルール（規範でない法を含む）	第1次的ルールの承認・変更・裁判のルール。判例の法源性・慣習法の要件，成人年齢・不動産の定義・時間の計算方法・親等の計算方法を定めるルールなど
	非形式的ルール	道徳，宗教，習俗，事実上の慣習	

出典：筆者作成

H・L・A・ハートによってより具体的・経験的・動態的な視角から分析された。ハートは，ある行為をしたり差し控えたりする義務（obligation）を人々に課すルールを**第1次的ルール**（primary rules）と呼び，第1次的ルールを導入する**承認のルール**（rules of recognition），古い第1次的ルールを修正したり取り除いて新しいそれを導入する**変更のルール**（rules of change），個別事案において第1次的ルールの違反があったか否かを権威的に決定する**裁判のルール**（rules of adjudication）を合わせて**第2次的ルール**（secondary rules）と呼ぶ。これら第2次的ルールは，その各々が第1次的ルールの欠陥である不確実性・静的性質・非効率性を矯正するものであるが，ハートはそれこそが「**法以前の世界から法的世界への歩み**」を意味すると捉える。これらレベルを異にする2つのタイプのルールの結合（the union）が法を最も分かりやすく特徴づける（図表Ⅳ-5）[288]。

もっとも，ハートは第2次的ルールが第1次的ルールの存在に一般的に必要な条件とはみていないことに注意を要する。前者は後者にとって「必要物ではなくて贅沢品（a luxury）」であり，「進歩した社会体系に見い出されるもの」だからである[289]。これは，ハートが法の階層構造の形成を社会発展に伴うものとして動態的・歴史的に捉えていることを示している。

（イ）　法の普遍妥当性

法の特質がメタ・ルール（ケルゼンの上位規範，ハートの第2次的ルール）に基づくルールの定立＝ルールの形式化と，それによって生じるルールの階層性に見出されることは，形式的ルールと法制度との密接な関係を再確認させる。そう

---

288)　ハート／矢崎監訳1976: 102-106頁（石井幸三）。強調は引用者による。
289)　ハート／矢崎監訳1976: 253頁（黒沢満）。

した形式化＝階層化の理由は，①被適用者の意思に反してもルールを強制しうる根拠の正当化，②特化と分業の増大に伴う社会の複雑化の中でのルールの形式化による取引費用の削減，③社会の変化や規範理論の発達に応じて既存制度を修正しやすくすること等（前述 4（1）参照），様々である。しかし，いずれも形式化されたルールが当該社会のどの構成員に対しても好むと好まざるとにかかわらず普く妥当することを求める点は共通である。この意味の特質を法の**普遍妥当性**と呼ぶとすれば，それこそが法に**強制可能性**を与え，階層性を生じさせる究極の根源であろう[290]。この観点から，《法とは，それが属する社会のすべての構成員に対し，その内容に従って普遍的に妥当することを求める規範と，そのためにその規範の承認・変更・内容確定を根拠づけるためのメタ・ルールとの結合からなる制度である》と定義できよう[291]。

（2）法制度の構造

　法の階層性の分析は，法制度の全体構造の解明へと通じる。J・ラズはケルゼンに同調し，「もしわれわれが単一の孤立したルールに注意を限定してしまうと，法の性質を把握するのは不可能である」ことを確認する。そして，法を定義する前提として，ひとまとまりの法を構成する多様なルール相互間の全体的関係を包括する法体系 (legal system) を分析対象とする**法体系論** (a theory of legal system) が必要であると考える。それは，（ⅰ）ある法体系が存在するか否かの判断基準に関する**存在の問題**，（ⅱ）ある法がどの法体系に属し，どのような法が一定の体系をなすかの決定指標に関する**同一性の問題**，（ⅲ）すべての法体系に共通の，または一定類型の法体系に共通の構造が存在するかどうかに関する**構造の問題**，（ⅳ）すべての法体系に共通の，または体系の主要類型を決定する何らかの内容が存在するかどうかに関する**内容の問題**という4つの課題からなる[292]。

---

290) ここで，①普遍妥当の範囲は，1個の法体系が妥当する社会の範囲に対応する。また，②普遍妥当の意味は，法が規定する内容どおりのものである。したがって，例えば，任意規定もその内容（当事者間の特約がないかぎり，…）に従った普遍性をもつし，特定の社会構成員（低額所得者，障害者，功労者等）だけに一定の給付を認めるルールも，その内容たる要件に適合するかぎり普遍性をもつ。

291) この定義は，ルールの妥当根拠が各人の自発的意思に委ねられる道徳，宗教，習俗，その他の社会規範と法とを識別する基準となろう。

292) ラズ／松尾訳 2011: 1-3頁。

ラズはまず（i）〜（iii）の問題に焦点を当て，法体系を（a）規範としての法と（b）規範ではない法という2要素の結合物とみる。（a）は①義務賦課法と②権能付与法のほか，③許可授与的ルールも含みうる。また，④権利設定的ルールが規範としての法に入るか否かは「権利についてのもっと満足のゆく分析を待たなければならない」とされる。

他方，（b）「規範ではない法」は法規範と**「内部的関係」**をもち，「法規範の存在または適用に影響を与える」[293]。例えば，法規範の存立（立法手続，施行日，判例の法源性や慣習法の承認要件等），内容の変更（法改正手続等），内容の具体化（用語の定義，裁判手続等）に関わり，規範としての法と結合して権利・義務の内容を明確にするなど，法体系の構築に不可欠の役割を果たしている（**図表Ⅳ-5**参照）。

では，ラズがいう第4の問題，すなわち，（iv）すべての法体系に共通の，または法体系の主要類型を決定するような内容の問題については，どのように答えることができるであろうか。これは法体系の内容の問題からみた法体系の特色，つまり，法と呼ばれる一連のルールの内容をなす義務および権利が具体的に何を意味するかという問題に踏み込むことを意味する。これは開発にとっては，開発を促しうる法改革のモデルを考えるに際して決定的に重要な問題であり，次節であらためて検討する。しかし，それに先立ってここで確認すべき重要な点は，そうした法の内容的特色こそが，法の構造や同一性や存在の問題を究極的に規定していると考えられることである。つまり，社会の諸制度の中で，法（体系）がもつある特定の内容のゆえにこそ，構造上の特色として，普遍妥当性が生じ，強制可能性が認められ，階層性が要請され，それに従って法体系の同一性や存在も判断される，と考えられることである。その意味では，法の内容の問題——ラズはこの第4の問題を他の3つの問題から識別したうえで，それに立ち入ることを最初から回避しているが——は，法体系論——仮にそれがラズのいう4つの問題からなるにしても——の構築において，最初から考慮に入れて分析されなければならない中心問題であるといえる。こうして，法の根本的特色は，法規範の階層性，強制可能性，普遍妥当性といった（形式的な）性質そのものにある（したがって，いかなる内容のルールも，社会により，強制可能性や普遍妥当性をもちうる）のではなく，法がもつ一定の内容的特色こそが，

293）ラズ／松尾訳 1998: 198-199, 272頁・注28。

法の構造や同一性や存在の問題を究極的に規定していると考えられるのである。それは，究極的には，人間本性に由来するものと考えられるのである。

(3) 法改革のモデル
(ⅰ) 普遍的法モデルの意義と可能性

社会が成立し，存続するためには，構成員の間に普遍的に妥当することを要求する一定の規範とそれを支えるメタ・ルールの総体としての法制度が有効な機能を果たしうる。もっとも，それは法制度の内容として何らかの共通の要素が認められるかどうかの問題と関連する（法体系の内容の問題。前述（2）(ⅳ)）。

一方で，(a) 法は特定のイデオロギーを背景とする政治（的意思決定）の一部であるとみる立場によれば，法の内容として予め共通の要素は認められず，政治から自立した法の存在自体が否定されよう[294]。

他方で，(b) その時々の力関係や熱狂・流行・雰囲気・気まぐれに流されやすい政治（的意思決定）の動揺を抑制し，熟慮の機会を制度的に確保するために，政治や経済から独立した文化領域としての法の自立的機能を承認する立場によれば，一定の普遍的法モデルが要請される。とりわけ，民主主義が支持されればされるほど，「無制約な民主主義がもつ内在的危険」も高まるだけに，それを回避するために「政治との区別を可能にするような法の概念またはモデル」がその本来の機能を発揮しうる[295]。

(ⅱ) 近代法モデル

(a) の立場に立てば，法は政治の道具であるから，法の内容そのものよりも，良い政治が目指すべき社会的善の内容をただちに検討すべきであろう。これに対し，(b) の立場に立てば，政治（や経済）から自立したあるべき法の内容（以下，**普遍的法モデル**と呼ぶ）がさらに問われる。

普遍的法モデルとして従来最も有力なのは，いわゆる「**近代法**」モデルである。それはギリシア哲学，ローマ法等を淵源に，宗教改革，市民革命，近代自然法論等による法の学問化を経て，西欧諸国で進められた**法の合理化**（**法の一般化と体系化**）の結果，習俗・宗教・道徳から分離された制度として，18世紀に明瞭な形をとるに至った。例えば，予め形式化され，公示された法に従って裁判が行われるようになった結果，法は非合理的な呪術・予言・神託，決闘，復

---

[294] そのように「法」をみる立場として，批判法学研究（Critical Legal Studies）がある。
[295] 嶋津 1996: 6-7頁。

誉，恩恵などから解放されて予測可能性を備え，人々の行動に計算可能性を与えた。その際，まずは法の形式的整合性が要求され，そのような観点から法学においては論理学的な解釈技術が発達した。他方で，法の実質的合理性も法学によって追求され，法の形式的合理性と実質的合理性との間にはつねに緊張関係が存在する[296]。かかる近代法モデルは，19世紀以降西欧以外の地域にも広範に継受された。

ここに近代法が開発の手段として用いられる契機が生じた。開発法学のコンテクストにおける近代法の特色として，D・トゥルーベックは，（ア）**ルールの体系**である，（イ）**目的的な人間行為を可能にするための道具**である，（ウ）**国民国家システムの一部**であるという特徴づけをしている。M・ギャランターも，基本的に同様の要素を提示している[297]。

トゥルーベックは，（ア）近代法は専門的機関により，すべての地域を通じ，すべての社会階層に対し，**普遍的かつ画一的に適用される一般原則**からなっているとみる。そして，（イ）近代法は意識的かつ合理的であり，必然的に何らかの自己意識的な目的をもち，多様な形態の可能な**社会的諸目的がそれを通じて達成されるような１つの道具**（近代化的な社会的エリートによって形づくられる社会生活のための道具）とみられる（道具主義）。さらに，（ウ）近代法はその背後に**国家の組織化された実力**を伴っている場合にのみ，社会秩序に影響を与えうるとみる。それは地方の「個別主義的」で伝統的な実力に取って替わるものであり，比較的中央集権化された強い国家なしには，法のルールが社会生活を形づくり，決定することはないであろう。他方，近代法の合理性と普遍性は国家を国家を合法化し，強力なものとするとみている。

また，ギャランターも，（ア）近代法は**統一的で，不変的で，普遍的なルール**であるとみる。そして，（イ）近代法は「身分から契約へ」という特徴づけに象徴されるように，取引的であり，「取引」の帰結としての権利・義務を定め，**合理的システム**であり，神意と異なって**修正可能なシステム**であることに特色を見出す。さらに，（ウ）近代法は**紛争解決の権限を独占する国家**と結びつけられており，裁判所の統一的システムにみられるような階層的システムであり，裁判官・裁判所職員・検察官などの官僚的に組織されたシステムによって運営され，弁護士のような専門分野の知識をもつ専門的な媒介者による支援

---

296) 中村勝己 1972: 67-74頁，松尾 1997a: 101頁。
297) Trubek 1972: pp. 1-50（松尾訳 2010: 273-343頁）; Galanter 1966: pp. 154-156.

を受け，国家権力の分割（権力分立）を承認するとみる。

ちなみに，18世紀の古典的な近代法モデルにおいては，法の中核的内容は**正義の諸法**（the laws of justice）であるとして，きわめてシンプルに説明されている。例えば，A・スミスは，普遍的に妥当し，それゆえに力ずくで強制されてもよい正義の諸法として，3種類の内容の法を挙げている。すなわち，①われわれの隣人の**生命および身体**（the life and person）を守る諸法，②**所有と占有**（property and possessions）を守る諸法，③**対人権**（personal rights）（他の人々との約束によって彼に帰属するもの）を守る諸法である。①が最も神聖な正義の諸法とされる理由は，「ある人が他の人にあたえうる最大の害悪」は死であり，それは殺された人の関係者に最高度の憤慨をかきたてると認められているからである。それに次いで重要視される②は，「われわれが所有しているものを剥奪されることは，われわれが期待をもっているにすぎないものについて失望させられるよりも，大きな害悪」であり，それゆえに所有権の蹂躙である窃盗や強盗は「契約の蹂躙よりも大きな犯罪」と認められる。そして，③契約の蹂躙は，「われわれが期待していたものについて，われわれを失望させる」ものである[298]。

これら**正義の諸法**——それは近代法モデルの古典的形態といえるものであるが——は，社会制度のミニマムな内容を構成する。それは人々に慈恵，その他の多くの徳を要求するものではなく，隣人に害を与えるのを妨げるだけの「**消極的な徳**」にすぎない。しかし，それだけに正義の諸法は社会の存在にとって不可欠であり，人間社会という大建築物の全体を支持する主柱であって，もしそれが除去されるならば，人間社会の偉大で巨大な組織は一瞬に崩壊し，個々バラバラな原子のようになるにちがいない。この意味で，社会は**慈恵**（beneficence）を与えられることなしにも存立しうるが，**不正義**（injustice）の横行は社会をまったく破壊する。「社会は，正義の諸法がかなりよく守られなければ，存立しえず，どんな社会的交際も，相互に侵害することを普遍的に放棄していない人びとのあいだでは，発生しえない」と一般的には考えられてきた[299]。

近代法モデルでは，

①法の形式化の結果，人々に義務を命じ，権利を付与する伝統的な**法規則**が，真偽判断が可能な**法命題**へと変質した。

---

298) スミス／水田訳 2003-1: 218-219頁。
299) スミス／水田訳 2003-1: 208, 213, 223-224, 227頁。

②財貨が特定の個人に固有的に帰属する（この者だけに帰属し，他の者にはちょうど同じようには帰属しない）ものとしての**絶対的所有権**の概念が承認された。

③かかる所有権取得の機会がすべての権利主体に平等に認められることにより，**権利能力平等の原則**が承認された。

④所有権をモデルにして**権利の体系**が構成され，手続法から実体法の分離が促進された。

⑤権利の変動の究極の原因を個人の意思に求める**意思主義理論の体系**が構築され，それをモデルにして，所有権（権利）の主体は，自らの意思決定に基づき，所有権を移転できるように，所有権移転を範型とする契約（所有権を移転する権利の移転＝与える約束，所有権移転と同様の自己の自由の一部の譲渡＝なす約束），同様に遺言，団体設立等も本来自由に行いうるとみる私的自治の原則の基盤が徐々に形成された[300]。

⑥このように「自律的」な私法秩序の実現を確実にするための「保障機構」としての政府の役割が増大し，その権限行使を統制するための**公法秩序**が形成され，**私法と公法の区別**が進んだ[301]。

⑦国家による刑罰権の独占と被害の回復に向けられた損害賠償とが区別され，刑事法と民事法の峻別が生じた[302]。

近代法モデルは，自由（独立）・平等（対等）な市民間の関係を規律する社会規範の体系であり，市民社会の理念を実現するものとして，「（近代）**市民法**」とも呼ばれる[303]。

(iii) 近代法モデルの修正？

しかし，経済の進展と社会の変容に伴い，**近代市民法モデル**を法改革の理念とみることに対しては批判が強まった。例えば，（ア）経済競争の激化に伴い，経済主体が巨大企業・中小企業・一般消費者へと階層分化し，当事者間の対等性の前提が崩れ，支配・従属関係へと変容してきた。また，（イ）私的経済活動がもたらす環境破壊の外部効果の拡大は，環境利用から利益を受ける者と環境破壊によって被害を受ける者との立場の差を明確にし，利益と損害の等質性

---

300) 松尾1997a: 104-123頁。嶋津 1996: 6頁も「普遍的法モデル」・「近代法」の内容として「私的所有権の確保，契約の自由，形式的に平等な抽象的人格，（過失）責任主義などを要素とする，自立的な『私人』たちの権利義務関係を規律する，非人格的で一般的なルール群」を想定する。
301) 磯村 1949: 67頁。
302) L・M・フリードマン／石村訳 1980: 67-68頁。
303) 宮沢健一 1976: 6-7頁，星野 1998: 99-102頁。

の前提が崩れ，内部効果と外部効果の受け方の相違が拡大してきた。

その結果，(a) 近代市民法モデルの修正が求められた。とりわけ，①**公共の福祉に基づく公法的な所有権制限や経済的自由**（契約自由・営業自由等）の規制法による市民法の外部的制約，「経済法」の増大に伴う私法と公法の峻別法理の見直し，②事業者と消費者との識別に立脚する「**消費者法**」を考慮した市民法の再編と体系化，③**民事法と刑事法の峻別法理の見直し**（例えば，消費者被害，独禁法違反，その他の経済犯罪が頻発・組織化する中で，民事の損害賠償責任への制裁的効果の付加，民事における損害賠償状況の刑事処分への反映，不起訴事件の刑事記録の民事訴訟での利用許可等），④「**社会法**」の増大による市民法との識別などである。これらは，近代市民法の局部的修正にとどまらず，全体を貫く理念の見直しを伴う抜本的改訂を要するとされる[304]。

ところが，他方で，(b) こうした市民法の外部からの規制の増大，市民法内部における法の複雑化，裁判所の役割の増大，ルールの不透明化，予測可能性の減少に鑑みれば，むしろ近代市民法の古典的な諸原則に立ち戻るべきとみる立場もある[305]。実際，古典的な近代市民法では自由の保障がすなわち公共の福祉であり，公共の福祉の内容は明確に観念されえたのに対し，様々な規制立法が増大した今日では公共の福祉は経済的自由の制限を正当化する根拠として用いられ，自由と対立するものとして意識されるようになり，公共性の一義性が喪失された。その結果，政府の政策いかんによって「公共の福祉」がどのような内容のものにもなりうる危険性をはらんでいる[306]。

(iv) 市民法の再定義と再構築

こうしてみると，近代市民法に対する批判（前述（iii）(a)）は，市民法の理念や原理そのものを否定するものではなく，むしろ市民法がそれを達成しうると安易に想定することや，市民法の前提条件が整っていないことに向けられているとみることができる。実際，それは自由・平等にとって代わる新たな理念や新たな人間観・社会観を提示するものではなく，市民法内外の規制の増大が古典的市民法の原理を否定することまで容認するものとは解し難い。そこで，市民法の概念と原理自体は維持しつつ（前述（iii）(b)），その理念をより確実に

---

304) 宮沢健一 1976: 9-10, 15頁；橋本 1934: 128-279頁；戒能通孝 1958: 4-11頁，特集「市民法と社会法」法律時報30巻4号（1958）参照。
305) 嶋津 1996: 7頁参照。
306) 宮沢健一 1976: 9-10頁。

実現するために必要な補完的原理との結合可能性を模索し，市民法の再構築を試みる余地があろう。

（ア）近代市民法の諸要素（前述（ii）末尾の①～⑦），とりわけその中核をなす権利の体系には統一的カタログは存在しないが，一定の共通要素は見出しうる。すなわち，①市民にとって最も身近で重要な**私権**（人格権，物権〔所有権，制限物権，占有権〕，債権，親権者・後見人の権利・義務，扶養の権利・義務等の家族法上の権利等），②これを実現するために政府がもつべき**国家的公権**（立法権，裁判権，執行権，租税徴収権等），および③政府による国家的公権の濫用や逸脱をコントロールするための**個人的公権**（自由権，社会権，参政権）である。もっとも，それらが形式的ルールとして存在するだけでは画餅にとどまる。

（イ）かかる権利の体系に実効性を与えるには，政府が強制力を適正に行使して権利の実現を図る**法の支配**（the rule of law）のシステムの確立が不可欠である。とりわけ「複雑で混雑した世の中」では「法律がなければ，自由は空虚か，挫折か，不安定である」[307]。その際，①法の支配はまず，私権を保護・実現するために不可欠の機能を果たしている。例えば，Aの所有権がBによって侵害されている場合，AはBに対して加害行為の差止，原状回復，損害賠償を請求することができる。しかし，Bが任意に応じない場合，AはBを裁判所に訴え，勝訴判決に基づいてBへの強制執行を求めるであろう。政府はこうした権利の保護・実現を最も確実かつ効率的に実行できる。当事者は予め公表され，客観的に明確で公平なルールに従い，公開された裁判所で，中立な裁判官により，公正な裁判に基づいて下された判決に服する。これは《**市民が法を現実に遵守すること＝法が市民の行動を実際に指導できること**》という意味での法の支配である。これを便宜上「**法の支配Ⅰ**」と呼ぶ。

しかし，②《**立法・裁判・執行権力を備えた政府の強大な権限が濫用・逸脱されないようにコントロールできる法システム**》も必要になる。これも法の支配のもう1つの役割である。これを便宜上「**法の支配Ⅱ**」と呼ぶ（図表Ⅳ-6）[308]。

このように権利の体系と法の支配との結合からなるものとして再定義された市民法モデルは，権利の体系を創出した大陸法（civil law）と法の支配を創出したコモン・ロー（common law）との収斂可能性を探るモデルともなりうる。

---

307) フリードマン／石村訳 1980: 77-80頁。
308) こうした法の支配の重層的把握については，松尾 2006c: 149-155頁参照。

図表Ⅳ-6　権利の体系と法の支配との結合可能性

権利の体系		法の支配
個人的公権	①自由権 ②社会権 ③参政権	法の支配Ⅱ
国家的公権	①立法権 ②裁判権 ③執行権	法の支配Ⅰ
私権	①人格権 ②物権（所有権，制限物権，占有権） ③債権 ④家族法上の権利	

出典：筆者作成

（4）法の完全性としての法的発展と経済的・政治的・社会的発展との関係

（ⅰ）法改革の成果とその測定指標

　では，**新たな市民法モデル**（権利の体系＋法の支配）に従った法改革の成果は，どのように測定・評価しうるであろうか。一般に法改革プロジェクト（法整備支援プロジェクトを含む）の成果は，すぐに目に見える形で現れることが少ないことから，その評価は困難を極めている。一体，法改革の成果，換言すれば，法の発展とは何を意味するのであろうか。開発法学が法を発展の道具とみるのであれば[309]，それが何かの役に立ったかという，法以外の——例えば，経済的，政治的，社会的な——発展の指標（経済成長（率），民主化の進展，福祉の向上等）によって測られるべきなのであろうか。あるいは法が開発の手段であるとしても，法そのものの発展——**法的発展**（legal development）——ということが考えられるのであろうか。ここでは，法は発展とどのような関わりをもつか，その結果として，法は経済・政治・社会の発展に実質的に寄与しうるか，また，法そのものの発展を観念しうるのかを改めて問う必要がある。

　この問い——法改革は何の役に立っているのか——に回答する1つの方法は，法改革が経済の成長なり，政治の民主化なり，人々の公平なり，何らかの**社会的な善**の増大と因果関係をもっていることを証明することである[310]。これに

---

[309] 開発法学は，法を開発・発展（development）の手段と捉えることについては，前述Ⅰ1参照。
[310] この点に関しては，例えば，土地法改革と経済成長，司法制度改革と経済成長等々，因果関係

対しては，ある社会の法システムと発展との間に必然的関係はなく，当該社会の人々の間で共有され，内面化された道徳的行動規範等のインフォーマルな規範システムによって法システムは代替可能であり，法がなくてもやっていけるという反論もある[311]。こうした法的変数と社会的変数との因果関係の問題は，開発法学の理論にとって重要である[312]。しかし，それは地域・期間・法分野・発展指標等を相当に限定して検証しなければ，その評価は水掛け論になってしまうおそれがある。すでにそうした考察は様々な角度から行われており，行うに値する開発法学の重要なトピックであるが，それを分析するためには別の書物が必要であり，本書ではこれ以上追及しない[313]。

しかし，このトピックと並んで同時に検討が必要な，先の問いに対するもう1つの回答方法は，法改革が経済的・政治的・社会的な指標のプラスの変化に実際に影響を与えるか否かにかかわらず，法システムの整備それ自体が発展を意味するものとして，独自の価値をももつかどうかである。従来の開発法学の理論展開においては，まさに法「と」開発（Law *and* Development）という名のとおり，法を開発の手段とみる法道具主義的観点に立ち，法が発展（とくに経済成長や国民所得の増大によって測られる経済発展）にどの程度プラスの影響を与えうるかという点に主たる問題関心が置かれてきた[314]。その結果，法（システム）それ自体の価値については，開発法学の中では十分に考察が行われないままになっていたように思われる。加えて，開発法学において当初から「移植」なり

についての様々な実証分析が試みられているが，法改革と経済発展の間には，(a) 正の相関関係があるとの見解，(b) 相関関係が見出されないとの見解に分かれ，結論は得られていないように思われる。Matsuo 2005b: pp. 60-64.
311) 例えば，イスラム商人の間に共有された不文の取引規範，日本の系列取引や行政指導などにみられる「関係のネットワーク」による契約法の代替可能性などが示唆されている（cf. Davis and Trebilcock 2008: pp. 943-936）。例えば，アップハムによれば，日本の「経済が急速に成長し，社会が大きな変動を経験したのとまさに同じ時期に，1人当たりの法律家の数が減少し，紛争が訴訟に持ち込まれる率が低下し，フォーマルな法システムの規模が経済の規模に比して大幅に縮小した」と分析する（Upham 2006: p. 93）。
312) Trubek 1972: pp. 22-23／松尾訳2010: 305頁。
313) いうまでもなく，この点もまた，開発法学の学問的枠組に不可欠の理論的支柱をなすといえる。しかし，このトピックを扱うためには，それに特化した別個の研究が相応しいと考えられることから，本書ではあえて直接には取り上げていない。
314) トゥルーベックもこの傾向の存在を示唆している。すなわち，「法的発展は，国家がその経済的目標を実現するために用いる権限の増加に等しいものとしばしば捉えられている」とする。これは，法的発展を「法システムの道具的な潜在能力の増加」とみるものにほかならないといえよう（Trubek 1972: p. 7／松尾訳2010: 284頁）。

「継受」の対象とされてきた「近代法」(modern law) は，とくに植民地化された国ではしばしばその素朴で強引な導入方法の問題とも相俟って，その国の経済成長や民主化を実際に目に見える仕方で改善することが多くなかったことから，「近代法」自体が押付けの対象として，むしろネガティブなイメージで受け取られてきた感もないとはいえない[315]。

このように開発法学のやや屈曲した理論展開を省みると，そのあるべき学問的枠組の主柱の1つとして，法とは何か，法システムはどのような構造をもつか，その最低限の内容は何か，法システムそれ自体の善し悪しを判断する基準は何かを解明する部分がなければならないはずである。もとよりここでそれを十全に展開することはできないが，本書はこの問題の重要性に注意を喚起し，法システムそれ自体の善し悪しを判断するための基礎的な視角とその枠組のスケッチを試みるものである。

(ⅱ) 法の完全性（インテグリティー）としての法的発展
(ア) 法の完全性

センは，様々な要素を含む包括的観念としての発展 (development) の概念分析の中で，法および司法制度の改革による「法的発展」(legal development) に対し，概念的には，比較的独自の意義を認めている。

> 発展は，基礎的水準の合法性 (legality) および司法制度の達成 (judicial attainment) をその構成部分 (a constitutive part) とすることと強力な意味連関をもっている。……たとえ**法的発展** (legal development) が経済的発展にまったく寄与しなかったとしても（私はそのような場合があったといっているのではないが，このことが仮に，事実に反して，真実であったとしても），それでもなお，**法および司法制度改革は，発展プロセスの決定的に重要な部分であるといってよいであろう。発展の観念は，概念的に法整備および司法制度の整備から切り離すことができないのである**[316]。

この指摘は，少なからぬ法律家にとってその直感的な感覚に合致するものであるように思われるし，その無意識的な前提とすらいえるかも知れない。法的発展が発展そのものの本質的構成部分をなすという側面をもつとすれば，法整

---

[315] 例えば，「近代法の中核観念」(the core conception of modern law) に対する批判がある (Trubek 1972: pp. 10-21／松尾訳2010: 288-304頁)。
[316] Sen 2000b: pp. 9-10. 傍点は引用者による。

備や司法制度改革には、①経済成長や民主化や社会的平等を実現する手段としての側面とともに、②法的発展それ自体を促進する手段としての側面という、二面性があることになる。しかし、いずれの面でも法は発展の手段である。

仮にこの認識が正しいとした場合、問題は法的発展をそれ自体としてどのように捉えるかである。セン自身はこれをつぎのように観念している。

> 法的発展は、たんに法の内容がどうなっているか、司法制度が形式的に何を受容し、主張するかということに関するものだけではない。法的発展は、その本質的構成要素としては、れわれが**法的進歩**（legal progress）と関連づける**権利および原初的権原**（the rights and entitlements）**を行使する人々の潜在能力**（capability）**の増進**——つまり、彼らの**自由**（freedom）——に注意を払わなければならない。この概念的な**完全性**（integrity）の必要性（この場合には、法的発展をたんに立法や法によって判断するのではなく、**効果的な自由と潜在能力によって判断**する必要性）が認められるとすれば、成功する法および司法制度の開発を進める上でどのような進歩が作り出されているかを評価する際に、これらの自由に対して有因的に作用するすべての手段が考慮に入れられなければならない[317]。

ここでは、法的発展の本質を構成する要素とされる**法の完全性**（the integrity of law）の概念が重要である。"Integrity" は日本語による表現が難しい概念であり、高潔さ、品行方正、統合性、完全性、……といった様々な訳語があるが、どれも一語で原意を的確に表現し尽くすには十分でないように思われる。ここではひとまず「完全性」の訳語を当てることにするが、その意味は、法がたんに立法され、公式のルールとして承認され、形式的に文章化されているだけではなく、それに基づいて人々が実際に権利を行使することができる潜在能力の増進としての実効性ある自由をもたらすものであることを意味している。

法整備協力（支援）のコンテクストにおいて、この意味における法の完全性の含意はきわめて重要である。なぜなら、法はたんに立法すればそれで完成する（完全なものとなる）のではなく、人々がそれに基づいて権利を行使しようと思えば実際にそれが可能であり、その結果が実現できる状態になっていることまでを含意するからである。この感覚もまた、法律家はもちろん、法整備協力（支援）に関与する者にとって共有できるものであるように思われる。そして、

---

317) Sen 2000b: p. 11. 強調は引用者による。

法および司法制度改革の結果，それがどれだけの経済成長，その他の成果に結びついたかを問う前に，あるいは少なくともそれと同時に，そのようにして整備ないし改革された法や司法制度がどれだけの完全性を備えているか——すなわち，その法の名宛人である人々がそれによって与えられた権利を実際に行使し，その結果を効果的に実現することができ，それによって実効性ある自由が享受できる状態になっているか——を分析し，それが確認できるまで法整備の作業を継続する必要がある。それが法的発展のプロセスであるとともに，それが一定程度進行し，または終わらない段階で，いまだ完全性を備えない法の経済的・政治的・社会的効果を測定し，それによって法整備（支援）についての評価を与えることは，あまり有意味であるとは考えられないからである。

　以下では，この意味における法の完全性の含意をもう少し具体化することを試みてみよう[318]。最初に，筆者がこれまで関与してきた法整備協力（支援）のうち，民法整備協力（支援）を題材にすると，前述した意味での法の完全性を備えるための考慮要素として，以下の点が挙げられる。すなわち，

①既存の関連法令や裁判所の先例ないし判例との整合性（あるいはそれらをあえて改正する場合にはその変更内容）を意識した法の制定・改正，また，反対に，一般法の原則を踏まえたうえでの特別法の制定・改正，

②手続法における証明方法のルールを踏まえ，それを前提にした要件事実を見通した実体法のルールづくり，

③当該国家における法の執行方法を意識した手続法，それを踏まえた実体法の整備，

④訴訟制度の仕組みとの関連性を意識したADRの制度づくり，

⑤立法，裁判，執行の実務改善と，その前提にあるべき法学教育の改善，さらにその前提にあるべき法律学の養成，

⑥法システムの機能不全である裁判官等の汚職問題を統治システム全体の欠陥の現れとして捉え，包括的・抜本的に対処すること，

---

[318]　なお，法の完全性を測定する指標という観点からは，「法の支配指標」(the rule of law index) を策定しようとする動きが注目される。比較的規模の大きな，詳細な指標づくりの試みとして，世界正義プロジェクト（the World Justice Project）による法の支配指標がある（2011年版につき，http://worldjusticeproject.org/sites/default/files/wjproli2011_0.pdf参照。そのベータ版・第1版・第2版の比較につき，松尾2009b: 277-281頁参照）。これは，その基本思想として，法の完全性の概念を少なくとも直接に意識したものではなく，また，指標としても現段階では形式的で抽象度が高いように思われる。その改訂動向については，引き続きフォローしたい。

⑦法をつくるためのルール（メタ・ルール）の策定と，それに従った立法手続の遵守，

などである。

最も基礎的な法分野である民法を例にとって考えても，法を機能させるためには，少なくとも以上のような点の現実の改善が必要である。これらの考慮を抜きにして，たんに民法の条文だけが完成し，議会を通過し，施行されたとしても，それは法的発展の端緒にすぎず，完全性を備えた「法」とはいまだいえないとみるべきであろう。

つぎに，複数の法分野を含む，分野横断的な法システムにおいて，法の完全性の具体的構成要素を検討してみよう。題材として，法整備支援の対象法分野として最もポピュラーな，市場システムを構築するために必要な法分野に焦点を絞ることにする。その場合でも，市場参加者が実際にその権利を行使して取り引きし，契約内容を実現し，生じた紛争を公正な裁判で解決し，判決を執行することにより，自由で公正な競争が行われ，情報が公開・伝達され，財貨が効率的に分配され，不断の技術革新が可能となるような，円滑かつ持続的に機能する市場システムを可能にするという意味での市場法の完全性を考えた場合，その構成要素として，少なくとも以下のものは不可欠であると考えられる。すなわち，

〈1〉 社会的に承認され，保護され，（法律の範囲内で）自由に使用・収益・処分できる財産権，

〈2〉 自由に締結され，裁判になっても実効的に執行できる契約，

〈3〉 生産性の高い事業に対する投資を促進する気にさせるような投資家の保護の法，

〈4〉 債権回収の見込みがもてる金融制度，

〈5〉 労働者の生産性を確保するための教育制度の整備，

〈6〉 有望な産業の振興と健全な競争を調整するための政府による規制，

〈7〉 税制改革，土地改革等を通じた再配分ルールの策定と実施，

〈8〉 産業インフラ・社会インフラ等の公益創成のための公共事業，そのための買収・収用・正当な補償のためのルールの策定と実施，

などである。

このうち，〈1〉財産権，および〈2〉契約に関する法の整備に焦点を当ててみよう。財産権（例えば，土地に対する権原）が確定され，それを用いた経済活

動が可能になり，そのために自由に相手方と交渉して契約を締結し，その結果を実現できるためには，少なくとも以下の法制度が不可欠である。すなわち，

①財産権および契約の主体となる，権利主体（自然人，法人）の同一性を証明するために容易に利用可能な制度としての身分登録制度（戸籍制度等），

②取引当事者間，および取引当事者と裁判所，その他の政府機関とのコミュニケーションを円滑にし，かつ権利主体の同一性確認の補助的手段ともなりうる，権利主体とその所在場所とのリンケージに関する住所制度（住民登録等），

③取引の客体となる財産のうち，重要なものについて，権利客体の同一性，品質・性能，権利者を証明するために容易に利用可能な制度としての財産登録制度（不動産登記，各種の動産登記の制度），

などである。

法整備支援の受入国の中には，いまだに**住所制度**（したがって，住民登録の制度）や戸籍の制度をもたない国々も少なくない。そうした国でも，民法，民事訴訟法，担保取引法，企業法，倒産法などの法整備支援が進んでいる。しかし，例えば，住所制度を欠いたまま，どれほど詳細な，国際標準に合致し，かつ慣習にも配慮した民法や民事訴訟法が制定され，施行されたとしても，法の完全性という観点からは，したがって，法的発展という観点からは，厳しく評価されざるをえないであろう[319]。このような状況下で，民法や民事訴訟法の制定・施行による経済発展への影響を評価するといったことが大きな意味をもたないことも，看守されるであろう。

ここで一例として挙げた**住所制度の含意**は，さらに軽視できない深遠な問題を含んでいる。すなわち，国家にとって，誰とどういう関係をもつ者が，どこに住んでいるということを明らかにすることができる制度を作ることは，たん

---

[319] 例えば，筆者がネパール南部のジャナクプール（Janakpur）地方裁判所および高等裁判所で行った裁判官，書記官，書記官助手および弁護士へのインタビュー（2011年1月28～29日）では，都市のごく一部を除いて住所制度を欠くネパールでは，訴えが提起され，裁判所書記官の助手が訴状を届けるために，被告がいるとされる村にわずかな日当をもらって赴いたが，被告の所在が分からず，村長に所在を照会しても明らかにできず，訴訟手続が始まらないという問題も生じている。これは原告，その訴訟代理人（弁護士）をはじめ，市民が裁判に対する信頼を損なう原因にもなっている。また，債権者が債務者の未返済金等の債権を確定し，債務者所有の不動産に強制執行をしようとしても，不動産の所有者の同一性，その所在の確認に長い時間を要することから，申立から執行までに，成功した場合でも，数年を要することもあるとされる。これは，信用の基礎としての不動産の利用を阻害し，その財産価値を十分に活用できないだけでなく，消費貸借等の金融制度の利用も阻害していると考えられる。

に取引当事者や政府が権利主体の所在を確認したり，その同一性を確認する補助的手段となるという，取引上や行政上の便宜の問題だけにはとどまらない。住所の制度は，住民登録や戸籍の制度と相俟って，**国家（政府）が個人を権利主体として認識していることの証し**といえる。それは，権利主体の**同一性**(identification) を創出するために不可欠の手段の1つであるといえる。住所という国土の一定の場所と関連づけられた個人の同一性確認は，その者が属するコミュニティとの不可分の関連性の中でその者の同一性を明記することであり，たんなる DNA 情報等に基づく ID カード以上の意味をもつことを看過してはならない。住所制度を基本要素の1つとする国民の同一性確認は，国家が教育・福祉等に対する責務を果たすための基盤であるとともに，納税等の国民の義務履行を求めるための基盤でもある。権利主体の側からみれば，自分を権利主体として認識しない国家が作る法に服することを強制されても，それを遵守しようというインセンティブは湧いてこないのがむしろ自然であろう[320]。さらに，途上国で深刻な問題になっている**責任免除**（インピュニティ）(impunity) も，たんに司法制度の不備や執行能力の欠如の問題にとどまらない深い根をもっていると考えられる。少なくともその根源の1つは，**国家（政府）が当該人間を国民として承認し，同一性を確認しているか**という問題と不可分であるように思われる。

(イ) 所有権法の完全性

センによる法の完全性の概念規定（前述（ア））には，議論すべき問題点もある。というのも，センのいう法の完全性はただちに**普遍的な法として異論のない**，いわば無色透明な法概念を前提としているのではない。むしろ特定の内容をもった法，つまり，「権利および権原を行使する人々の潜在能力の増進」としての「自由」を本質的要素とする法を観念している。これはセンが自ら「法的進歩」と関連づけていることからも知られるように，特定の歴史段階における法的発展の成果としての権利体系としての法を意味していると理解してよいであろう。しかし，そうした特定の内容をもつ法システムは，権利概念を創出した西洋法やそれを自発的に継受した諸国には一般的であっても，そうではない諸国にとっては，少なからぬ数に上る法整備協力（支援）受入国を含め，当

---

[320] 住所・住民登録・戸籍制度に対しては，国家（政府）が個人を管理したり，税金を徴収する等の目的で利用したり，あるいは悪用することを懸念する見方もあるが，それは濫用面を強調するあまり，本質を見誤るおそれがある議論であろう。そうした制度が法の完全性を満たすために必要である以上，個人情報の管理・保護に関しては，別途，必要な制度を設けて対応すべきである。

然に普遍的に妥当する法であるとは限らない。したがって，法の完全性を論じる場合には，まず最初に，そこでいう「法」が特定の内容をもったものなのか，あるいは法の内容を捨象して法の完全性を語ることができるのかを検討する必要がある。そこで，まず本節では，権利の体系を内容とする法の完全性について確認し，ついで次節において，権利概念をはじめとする特定の内容を捨象して法の完全性を論じることができるかどうかを検討してみよう。

センによる法の完全性概念が前提とする権利体系を本質的要素とする法システムは，その暗黙の前提として，権利概念の範型となった私的所有権の承認に立脚している。これは基本的に，1960年代の法整備支援の頃から移植ないし継受の対象とされたいわゆる「近代法モデル」に属する法システムであるといえる（前述（3）（ⅱ））。そして，私的所有権および私的所有権制度を前提とする（それに含意された）契約を中核とする近代法モデルは，近代自然法論を経て，18世紀末以降，オーストリア，フランス，ドイツをはじめとするヨーロッパ大陸諸国の法典編纂（実定法）へと結実し，さらにそれが南米，アフリカ，北米，日本やタイ，韓国，台湾，中国等の東アジア諸国に継受された。しかし，この私的所有権を中核とする権利体系としての法システム（以下，これを**所有権法**という）の継受に際しては，その全体が過不足なく継受されたのではなく，むしろ，継受時の様々な理由（政策的理由，学問的未成熟等）により，往々にして不完全な形で継受されたため，**所有権法の完全性**（インテグリティー）を維持することは困難であった。このことが，後に所有権法の継受国（日本を含む）で，都市景観，公害問題等の環境問題，資産・所得格差の急速な拡大等々の様々な問題を生じさせる原因になったと考えられる。元来，所有権法の導入に際しては，その完全性の全体像を見据えて，所有権法が本来的に包含すべき外延を確認しながら，首尾一貫した法継受を図るべきであったといえる。しかし，所有権法の完全性の観点からみると，継受に際して無視または軽視されたり，漏れていた要素が少なくない（詳しくは，後述7（6）参照）。

法整備支援（協力）の実践例では，主要なドナーによる開発戦略として，所有権法の導入が試みられることが少なくない（むしろ，一般的である）。例えば，土地法を制定・施行し，私的土地所有権を確定し，登記するという制度である。これは所有権法の一部であるが，それは当然に少なくとも，固定資産税，登録免許税をはじめとする，応益負担および再配分のシステムとセットで導入しなければ，基本的な完全性を欠いているばかりでなく，実際にも持続的にワーク

しないはずである。そのことは、私的所有権の確定・登記、登記簿の維持・管理だけでも莫大な費用がかかることを想起すれば容易に理解できる。しかしながら、法整備協力（支援）の現場では、様々な理由から、十分に機能する土地税・登録免許税等の租税の賦課・徴収システムを伴わない、土地権原の確定・登記システムの導入と実施が進められている。こうした所有権法の完全性を無視した偏頗な法整備および法整備協力（支援）の実践が、資産・所得格差の深刻な急拡大、汚職の蔓延と存続等々、修復困難な深刻な問題を近い将来引き起こすことは目に見えている。

同様に、個人や法人のみを権利主体とし、地域コミュニティを権利主体と認める共同体的所有の欠如、公共の福祉に基づく私的所有権の適切な制約による都市計画や公益実現（公共事業による社会資本整備等）のシステムの欠如等の意味での完全性を欠いた所有権法の導入は、深刻な環境問題を引き起こすことが容易に想像できる。

さらに、所有権法は社会構成員の一定程度の平等とそれに基づく社会の安定を前提条件としており、この観点からの再配分システムも所有権法の本質的要素として包含されており、それを欠く所有権法の部分的導入もその完全性への配慮を欠いているといわざるをえない。概して、アフリカ諸国、東南アジア諸国等における法整備支援（協力）において、所有権法は、日本の場合以上に、単純化され、それだけでは機能しない少数の制定法のみによって導入され、運用されようとしているようにみえる[321]。

法整備支援（協力）においては、所有権制度を導入する手法はほぼ共通に用いられているが、それ自体は人間本性に根差した基盤をもち、けっして間違った方法ではないと、筆者は考えている。しかしながら、いやしくも所有権法を

---

321) もっとも、所有権法の導入に際しての完全性の欠如は、法の継受に際して一般的にみられる法制度の純化と単純化の傾向の一部という面もあるかも知れない。すなわち、第1に、外国の制度を導入する場合には、制定法の法文の前提にある条件や環境を知ることなしに、いわば制度を文字どおり導入してしまうことが珍しくない。これは**法継受における法制度の純化（purification）現象**ということができよう。第2に、法制度の導入に際し、当該制度と不可分に結びついてそれを動かしている暗黙の前提となっている制度、とりわけ、歴史的に形成されたがゆえに、成文化されていないモラル、その他の非形式的制度が、制度の導入に際しては見落とされたり、導入すべき制度があまりに複雑であるために意図的に削ぎ落とされたりして、原型よりも簡潔・簡素なものとされる傾向もしばしば見出される。これは**法継受における法制度の単純化（simplification）現象**ということができる。それは、移植された制度の柔軟な解釈・変容が可能である反面、制度を換骨奪胎して似て非なるものとしたり、偏向的理解が加えられるおそれも生じさせることに注意する必要がある。

導入するからには，その外延の全体像を見据えた，所有権法の完全性への留意が不可欠である。基本的要素を欠いた歪な所有権法の導入は，様々な社会的混乱を引き起こし，受入国にとってかえってマイナスであるだけでなく，ひいては所有権法の導入自体が誤まっているといった，短絡的で近視眼的な批判を呼び起こすことにもなるからである。所有権法の普遍性の有無を評価する前に，その完全性の全体像を正確に理解する必要がある。

(ウ)　法の美徳(ヴァーチュー)と完全性(インテグリティー)

　一般に権利の体系として特徴づけられる所有権法は，あくまでも法システムの歴史的な一形態であり，世界各国の法システムがすべて所有権法として特徴づけられるわけではない。所有権法がどの程度の普遍性をもちうるか，つまり，およそ法の完全性を考えるときには，所有権法としての完全性を必然的に考慮しなければならないのか，あるいは所有権法とは別体系の法の完全性について語りうるかについては，なお議論の余地がある。例えば，この問題に関してH・L・A・ハートはやや微妙ないい方をしている。すなわち，一方では，「権利の概念を用いないでも全く正当に倫理的と言いうるような行為規範の体系…も存在しうるし，また，全くもって指令のみからなる規範体系や倫理…についてみても，これらが，矛盾を含むとか矛盾とは言わないまでも何か不合理な要素を含むと考えることはできない」とする。しかし，他方で，「この種の体系の下で生きる人々が，自由であることに対する万人の平等な権利を明白に承認する態度をとることなどありえない」とみるのである[322]。はたして所有権法は多様なパターンをもつ人間社会のうちの特定の文化とどの程度深い結びつきをもっているのであろうか。もちろん所有権法自体にも多様な形態があるが，その最も広義の形態はどこまで人間性の本質に適合したものでありうるのだろうか。この問題については，本書ではひとまず結論を留保したまま[323]，できるだけ法の中味に立ち入らずに語られている法の完全性に関する議論をもう少し追跡してみよう。

---

[322]　ハート／小林＝森村訳1987: 11-12頁。なお，後述7（1）参照。
[323]　私見は，法（law）の概念自体が，「正義」（justice）の概念と密接な関係にあり，正義概念は，少なくとも最もよく知られている配分的正義と矯正的正義（あるいは交換的正義，回復的正義）に関するかぎり，権利概念との結びつきがきわめて強いと考えている（松尾2009b: 262-268頁参照）。そして，この配分的正義と矯正的正義（交換的正義，回復的正義）が妥当する社会的条件は，それらが成り立つ社会において構成員相互の間に継続的な協力関係が成立し，それによって当該社会が共同体（community）を形成しているということであると考えられる。

分析法学（analytical jurisprudence）の代表的学者の１人であるラズは，特定の道徳的内容に依存しない法そのものの性質を探求する議論の中で，**法の本質**（the essence of law）――すべての法体系に存在し，それによって法体系が法体系たりうる性質――をなすものとしての**法の自律的考慮要因**（autonomous [legal] considerations）を分析し，

〈１〉　法が**公開**されており（open），

〈２〉　**包括的**（comprehensive）であり，かつ

〈３〉　**最高**（paramount）である，

という３要素を抽出している。ラズはこれらを「**法の必然的な内容**」とも表現している[324]。これらは，法が習俗・道徳・宗教等の他の社会規範とは異なる独自の性質として，当該社会の構成員が好むと好まざるとにかかわらず妥当性を要求するという意味での普遍妥当性をもち，それゆえに強制可能であり，その結果として法的ルールはそれに属するあるルールを正当化するメタ・ルールと結合する形で，重層的な階層構造をもつことと深く関わっていると考えられる[325]。これらは，あらゆる法に共通する法の完全性の基本要素であるということができよう。

　このことを前提に，ラズは，法体系に属する個々の法が備えるべき要件として，

①通常の法概念からできるだけ逸脱すべきではない，

②あまり反復が多いものであるべきでない，

③冗長なものであるべきでない，

④比較的単純（概念的な単純さおよび同一性確認の単純さ）であるべきである，

⑤できるだけ自足的であるべきである，

⑥法によって指導された行為状況（an act-situation guided by law）をその核心とすべきである，

⑦多くの法に共通する諸特徴を分離した法をつくることなどにより，法体系における様々な部分間の結合関係をできるだけ明確にするものであるべきである，

という諸要素を挙げている[326]。これらのうち，①〜③はそれらを備えるこ

---

[324]　ラズ／松尾訳2011: 251頁，同所注9。
[325]　なお，松尾 2011: 306-307頁，同所注79も参照。
[326]　ラズ／松尾訳2011: 167-171頁。

となしには1つの法というに相応しくないというべき消極的・排除的要件であり，これらを満たしたうえで，④〜⑦はさらに1つの法をより完全なものとするための積極的・指導的要件ということができる。ラズは，このように1つの法が備えるべき性質（ラズはこれを「**法の個別化の原理**」と呼ぶ）を明らかにし，1つの法体系を構成する膨大な法的素材を1つひとつの法に分割する（個別化する）ことの主要な目的は，単純な個体を創出し，相互の参照（reference）を容易にすることにあるとみているが，それはたんなる認識の便宜の問題ではなく，前述した法の必然的な内容であり，法がそれ自体として存在するための自律的な要因——法が開かれており，包括的であり，かつ最高であること——を反映した，法の存在論的な性質に関わるものと考えられる[327]。したがって，これらもまた，法の完全性を構成する一要素とみることができよう。

　以上に概観した諸要素は，あくまでも特定の道徳的価値にできるだけ依拠することなく，法に共通の性質を分析する議論を題材にして，法の完全性を構成する諸要素を抽出しようとした試論にすぎない。しかし，このような観点からみた場合，現代における法のグローバル化における主要な論点の1つであり，日本を含む各国における近年の法改革ないし法整備支援の現場でもしばしば問題になっている，大陸法ないしシビル・ロー（civil law）と英米法ないしコモン・ロー（common law）の相違とそれを踏まえた両者の融合可能性の問題は，法の完全性に向けた法改革という観点から改めて見直すこともできるように思われる。すなわち，一方では，シビル・ローの特色である制定法によってもたらされた法の**体系性**（首尾一貫していること）と**一覧性**（法全体の見通しが良いこと）が，他方では，コモン・ローの特色である判例法によってもたらされた法の**安定性**（長期にわたる判例の蓄積の中から抽出された原理として社会的に承認されていること）と**柔軟性**（裁判所の解釈による応用可能性が広いこと）が，暗黙のうちに一般的傾向として，途上国における法整備においても，先進国における法改革においても共通に，制定法による形式的な法形成と判例による実質的な法形成の結合を通じて，追求されているとみられる。それによって今後各国の法システムは，安定的で，柔軟に運用可能である一方，体系的な首尾一貫性をもち，内容確認をより容易にする一覧性をもつという方向への「改善」が可能であると考えられるからである。これらの諸性質——①法の安定性，②柔軟性，③体系性，④

---

[327] なお，松尾 2011: 292-293頁，同所注34も参照。

一覧性——は**法の美徳**（virtues）ということができる[328]。これらもまた，法の完全性を検討する際には考慮されるべき要素とみることができよう。

このような動向の背景には，各々の社会において「より良い法」を選び取ろうとする力が働いており，それは法システムが規範的ルールそれ自体としての実体的要素，それを生み出し，内容を判断し，適用する組織としての構造的要素，法的ルールをどのようなものと理解するかに関する文化的要素と並んで，法それ自体の善し悪しを判断するための理論的要素を含んでいるからであると考えられる[329]。この観点から，人類史上，古くから国境を越えて頻繁に行われてきた**法の継受**（the reception of law）という現象をみると，それが植民地支配に基づく強制的な要素を含む場合であれ，自発的に行われた場合であれ，F・ヴィアッカーのいう**法の学問化**（Verwissenschaftlichung）という側面が存在していることを看過できないと思われる[330]。

ここで改めて，ある国家の法が国境を越えていわば移植が試みられるという，人類史上繰り返されてきた現象の延長線上に，現代の法整備支援という現象を位置づけ，そうした長期的で歴史的な視角の下で，法整備支援の本質的意義を確認することが必要かつ可能であるように思われる。われわれは国境を越えた法の伝播現象として，以下のような歴史的経験をもっている。すなわち，

〈1〉 ローマ法の形成期において，紀元前3世紀半ばから，外国人係法務官（praetor peregrinus）によってローマ市民と外国人の双方に共通に適用されるものとして認められた**万民法**（ius gentium）が，次第に国家法（ius civile）の原則として取り込まれることにより，国家法の部分的な共通化が進んだと考えられる。

〈2〉 5世紀以降には，ゲルマン民族によるローマ法の継受が行われた。国家の強力な統治システムと活発な取引活動を支える法システムを備えていたローマ法が，ゲルマン諸国家における①統治の確立という政治的目的，およ

---

328) Matsuo 2004d: p. 88.
329) Matsuo 2004d: pp. 84-88.
330) ヴィアッカーは，「近世法史の規定的駆動力は，法思想の学問化（Verwissenschaftlichung）であった」とし，それに対する自然法論（理性法論）の役割を重視している（ヴィーアッカー／鈴木訳 1961: 2頁以下，12頁以下。ちなみに，すでにM・ウェーバーは，法的発展のプロセスを法の合理化のプロセスと捉え，それは「法の特殊『法学的』な諸性質の発展」であり，直接的には「『法学内部の』諸事情」によって規定され，「経済的および社会的な諸条件は，ただ間接的にそれを規定しているに過ぎない」とする（ウェーバー／世良訳 1974: 509, 321頁以下）。

び②商取引の活性化という経済的必要性から継受されたが，同時に③法律学的観点（the jurisprudential point of view）からみたローマ法の学問的価値の高さを法継受の本質的原因として無視することができない[331]。

〈3〉 第二次大戦後，旧植民地の独立，脱植民地化のプロセスで，擬似国家（quasi-state）の状態を克服し，統治の自律的運営を可能にするために，西側陣営は自由・民主主義を標榜し，近代法モデルに従った法整備支援（協力）を行う一方，東側陣営は社会主義ないし共産主義を標榜し，社会主義法モデルに従った法整備支援（協力）が行われた。

〈4〉 1980年代後半以降，冷戦終結に伴う社会主義経済の市場化，独裁国家の民主化，脆弱・崩壊国家における秩序構築ないし紛争後の平和構築のプロセスにおいて，自由化の色彩の強い法整備支援（協力）が行われている。

現在の法整備支援（協力）は〈4〉段階に位置づけることができる。しかし，注意すべきは，〈1〉～〈3〉の流れがけっして消滅してしまったわけではなく，より上層の現象の下に隠れて，より下層の動きが見えづらくなっているにすぎないといえる。そうであるとすれば，現代の法整備支援の本質や意義を考えるうえでも，①国家間の法の部分的共通化の契機としての万民法の形成，②法の学問的価値，③旧植民地における帝国主義の負の遺産の是正という要素を看過すべきではない。

もっとも，現在の法整備支援（協力）では，〈3〉段階における自由主義法モデルと社会主義法モデルの対立が後者の後退によって薄れた反面，その段階においてはさほど表面化せず，自由主義法モデル内部において潜在的に存在していたシビル・ローとコモン・ローの競合が，社会主義法モデルの後退によって顕在化し，受入国の開発を促進するために，シビル・ロー・システムとコモン・ロー・システムのいずれがより優れているかといった論争が——時には支援側の自国法贔屓とすり替えるかのように——行われ，両者間の相違が強調されすぎているようにも思われる[332]。

しかしまた，それだけに，シビル・ロー・モデルとコモン・ロー・モデルのいずれがより優れているかといった，あまり生産的でない論争を回避し，両者

---

331) この点を強調するヴィノグラドフは，「中世を通じてローマ法の歴史は，変転めまぐるしい状況のまっただなかにあって，《思想》の潜在的生命力と組織力（the latent vigour and organizing power of ideas）とを立証している」とみる（ヴィノグラドフ／矢田ほか訳 1984: 169頁）。
332) 法整備支援をめぐる大陸法と英米法の対立動向に関しては，松尾2011b-1: 185-199頁参照。

の法システムの長所を活かした新たな法モデルの形成へと促す契機として，前述したより良い法の諸性質としての法の美徳(ヴァーチュー)——法の安定性・柔軟性・体系性・一覧性——という面でも，法の完全性(インテグリティー)の増進を目指すことが生産的であろう。

(ⅲ) 法の完全性とその前提条件

先に検討した法の完全性(前述(ⅱ))は，法の改革や整備が経済発展や政治発展にどれだけ役立つかという道具的機能としての評価からはひとまず独立に論じうるものとされた法的発展それ自体の指標である。しかし，そのことは，法の完全性がたんに法の改革や整備だけで達成可能であることを意味しない。むしろ，法の完全性(を指標とする法的発展)を目指した法改革や法整備支援においては，それを実現するための，法領域以外の前提条件の整備にも意を用いる必要がある。例えば，法改革によって人々が実際に権利を行使して，その要求を実現し，自由を享受できるかどうか，それによって法の完全性が高まるかどうかは，継続した政治的安定，取引・金融・投資等の経済活動の活性化，多くの国民の平均的な食糧事情・衛生状況・生活水準，教育制度の普及による労働者の生産性の増大などからも少なからぬ影響を受ける(もちろん，政治・経済・社会の発展も相互に作用し，依存し合っている)。この点で，いったんは考慮の外に置いたはずの政治的・経済的・社会的発展の諸条件が，法の完全性の実現としての法的発展に作用していることが容易に確認できる。このことは，さらに突き詰めれば，法システムはそれを含む統治システムの一側面であり，社会の他のシステムから完全に独立した自給自足的なシステムではないことに由来するといえよう。ラズは「法は，国家，教会，遊牧民族，あるいはその他の政治システムにおける一側面である」とし，法システムの存在および時間を超えた法システムの同一性は政治システムの存在と継続性に依存するとみる。その結果，法システムの分析をさらに進めるためには，理論社会学のツールが必要であるとみた[333]。

しかしまた，安定した政治構造や活発な経済活動や教育を受ける機会は，それらに関する法整備によって再び影響を受ける。例えば，社会開発と法整備と経済成長との関係につき，アジア諸国の経済拡大においては教育開発が最も基礎的役割を果たしてきたとみるセンは，このことが最も顕著に現れている例と

---

[333] ラズ／松尾訳2011: 249-250頁。

して，日本の**教育制度**の整備に注目し，つぎのように分析している。「そこでは教育の優先順位の高さ，および地方自治体に対して学校教育の提供を求める国民ないし住民の権利が，急速な経済拡大を誘発する指導的役割を担った。例えば，1906（明治39）年〜1911（明治44）年の間に，日本全体で市町村予算の43％が教育に費やされていた。この間に日本では，1893（明治26）年に軍人の3分の1が文盲であったのに対し，すでに1906（明治44）年までには文盲の者はほとんどいなくなった」とする[334]。このように，**法的発展と政治的・経済的・社会的発展は複雑な相互依存の関係にある**。再びセンは，「法および司法制度の改革は，たんに法的発展のためだけに重要なのではなく，経済的発展，政治的発展，その他の領域における発展のためにも重要である。そして，これらの諸領域の発展自体が，さらに全体としての発展の本質的な構成部分でもある。これは緊密に織り合わされた織物のようなものである」と述べている[335]。

こうしてみると，法的発展は経済・政治・社会の発展状況とまったく切り離して論じることもできず，法だけが完全性を高め，それ独自の世界で完結することはできないということができよう。しかも，実際の場面における最も深刻な問題の1つは，法的・政治的・経済的・社会的な開発政策が相互に衝突し合い，悪循環に陥っている，あるいは陥る可能性がある場合に，それをどのように回復ないし回避するかである。法的・経済的・政治的な開発政策の間の**悪循環のパターン**として，

〈1〉 **技術官僚的なモデル**（the technocratic model）によれば，
①政府が社会・経済的開発に重きを置いた政策をとり，
②その一方で，経済成長政策を強力に推進するために，国民の政治的参加を制限すると，
③それにより，富める者と貧しい者の経済格差が急速に拡大し，社会・経済的平等に悪影響を与え，
④政府が政治的不安定を恐れて，貧しき大衆の政治運動を抑圧すると，
⑤政府が政治参加への道を閉ざしたことに対し，大衆が参加を求めて暴動を起こす，
……というルートである。これに対し，

〈2〉 **大衆迎合政治家的なモデル**（the populist model）によれば，

---

[334] Sen 2000b: pp. 17-18.
[335] Sen 2000b: p. 13.

①政府が大衆の政治参加の機会を増大させる，
②それと同時に，政府が国民間の社会・経済的平等を推進するために，福祉政策のための支出を拡大する，
③しかし，そのことが経済成長に悪影響を与え，国民間の社会的紛争を増大させると，
④より多くの利益集団が停滞した経済の中で少ないパイの分配を求めて争うようになり，
⑤そのことが政治的不安定に通じ，政治的参加の仕組みが内部崩壊する，
……というルートである[336]。

これらのパターンを踏まえて，悪循環を回避ないし是正し，**好循環の形成に向けた改革パターン**を考えると，
①国民所得がほんのわずかずつでも継続的に増加することにより，国民の間に協力的な雰囲気が創出されると，
②国民が政治的意思決定により積極的かつ政府支持的に参加するようになり，
③そのことが社会の安定性に通じ，
④それが政府による社会保障および再配分政策を促進させ，
⑤より継続的な経済成長の基盤を強化する，
……というストーリーである。

無論，実際には様々なパターンがある。第二次大戦後における日本の例として，
①政府が農業分野の支出を増大し，その他の産業政策を実施したことにより，
②社会・経済開発が進み，経済成長が生じ，
③それによって政府がより恵まれた階層からより恵まれない階層への所得の再配分を実施することを可能にし，
④それが社会・経済的な平等を促進し，
⑤それによって政府の意思決定に対するより支持的な参加が増大し，政府の安定性に通じた，
……という分析がされている[337]。

これらはいずれもきわめて多様なパターンのごく一部にすぎない。様々な偶然事情が加わることにより，厳密にいえば1つとして同じパターンはないと

---

336) Huntington and Nelson, 1976, pp. 23-25.
337) Kabashima 1984: pp. 332-338.

みる方が正確であろう．しかし，これらの想定例は，開発のための法改革，政治参加の方策，経済成長政策，平等化に向けた再配分政策のあらゆる要素に同時に目を配りつつ，相互の影響関係を考慮に入れながら，必要な調整を継続的に行うことの重要性を示唆している．それにより，開発の諸政策間のバランスに配慮した改革を，漸進的に進めてゆく中で，法の完全性を高め，法的発展自体を促すことも可能になる．このような法改革および法整備支援の方針を，筆者は「**バランスに配慮した漸進的アプローチ**」と呼んでいるが[338]，しいてこのことの含意を強調すれば，《もっぱら法的発展のみに目を奪われた開発政策は効果的ではない》ということである[339]．

(iv) 法改革と発展の諸領域の相互規定的関係

　従来，概して法整備支援（協力）に関わる法律専門家は，法制度はそれ自体として独立しており，経済的・政治的・社会的な指標によって容易に測ることはできないが，それ自体が独自に評価されるべき，発展のために当然必要な条件であると考えてきた傾向があるように思われる．これとはまさに反対に，法律家以外の開発実務家は，法制度は開発の手段であり，法改革が実際に何の役に立つか，その道具としての有用性が示されなければ，さほど重要でない要素とみる傾向もあったように思われる．その結果，実際に生じている法・政治・経済・社会の間の複雑な相互作用の現実をやや捉え損ねてきたのではないだろうか．

　今や，法律専門家とそれ以外の専門家の視点を架橋し，両者間における不断の情報と議論のフィードバックと協働を可能にするような視点が不可欠になっている．法改革および法整備協力（支援）は，法の完全性に留意し，法に対する国民の信頼やそれを基盤とする法の実効性や執行の問題まで首尾一貫したものとして捉えるときには，それ以外の制度（教育制度，農地制度，再配分制度，……）との相乗効果的な関連性を考慮に入れることなしには，実はそれ自体としても進展しない関係にあることが明らかになりつつあると思われる．

---

338) Matsuo 2005b: p. 65.
339) このアプローチは，とりも直さず，統治と法のジレンマに対処するための，考えられる1つの方法論である．

7　権利の体系と所有権——所有権法の論理

(1) 法と権利

《権利の体系と法の支配を車の両輪とする新たな市民法モデルに基づく法整備により，開発の基盤づくりをする》。これが本書おいて現段階で到達した法整備の方法論に関する開発法学的考察の一帰結である。それは社会構造の第3レベルである制度の問題のうち，法制度の内容に関する問題でもある。そこで，権利の体系と法の支配の各々について，もう一歩踏み込んで検討する必要がある。

権利の体系を構築するためには，どの権利から始めて，どのような種類の権利を，どのような形で法律にリストアップすべきであろうか。その手掛かりを得ることは，開発法学の理論と実践にとって決定的に重要である。そのためには，権利体系の中核をなすとみられる所有権の意義と機能を解明することが肝要である。中でも多くの国家で導入が試みられてきた私的所有権は，法制度を含む社会秩序全体を刻印する制度形成作用をもち，それゆえ法改革による制度変化メカニズムを起動させる《強力なエンジン》と目されている。その力の源泉はどこにあるのだろうか。

しかし，私的所有権制度の根拠を明らかにする一方で，同制度に必然的に伴う副作用についても十分認識しておく必要がある。この両者を確認することは，私的所有権の本質理解に通じている。

法改革の指針である市民法モデルの特色は権利の体系であることに見出されるが（前述6），法と権利はそもそもどのような関係にあるのだろうか。ヨーロッパの言語では，ius, Recht, droit, diritto, derecho, pravo 等々，法と権利が同一語で表現され，一体的に観念されることが多い[340]。両者の関係は鶏卵問題のように，どちらか一方が他方に先立つといった順序がないようにもみえる。

もっとも，権利概念は法概念より新しく，両者の関係は論理必然的というよりは歴史的なものであるから[341]，権利概念を用いずに法体系を構成すること

---

[340] ヴィノグラドフ／末延＝伊藤訳 1972: 56頁。英語の"right"にも「権利」と「正しい」の二義がある。
[341] Ius（法）概念と dominium（所有）概念の融合による権利概念の成立プロセスにつき，Matsuo 1997b: pp. 72-80参照。

も理論的に不可能ではない。しかし，そのような法体系は，一定の法体系の評価規準たる究極的価値（自由，平等など。後述Ⅴ）に照らすと，相当異質なものにみえるかも知れない。ハートはいう。

> 権利の概念を用いないでも全く正当に倫理的と言いうるような行為規範の体系…も存在しうるし，また，全くもって指令のみからなる規範体系や倫理，あるいは，幸福の実現や人格的完成に関する一定の理念の実現のために何を行うべきかだけを規定する規範体系についてみても，これらが，矛盾を含むとか矛盾とは言わないまでも何か不合理な要素を含むと考えることはできない。…が…この種の体系の下で生きる人々が，自由であることに対する万人の平等な権利を明白に承認する態度をとることなどありえない[342]。

また，権利はそれに対応する義務や，それを命じる法的ルールに置き換えることもできようが，既存の権利・義務や法的ルールが存在しない場面や，その変更が問題になる場面では，権利がより根源的な意味をもちうる。これについてラズはつぎのようにみている。

> 権利にはそれに先立つ条件付義務の諸条件の一部であることよりも大きな力が残されている。諸々の権利は裁判所の裁量を指導する諸原理である。裁判所は新しい義務（および新しい付随的権利）の創造を正当化する際に，権利の存在に依拠することができる。…権利は新しい法の潜在的源泉であり，その保護のために新しいルールを生み出す権限を裁判所に与える[343]。

今やどれほど緻密で包括的な法体系が形成されても，一連の権利に満たされていなければ，社会の構成員は空虚と感じるであろう。しかしなお，そのような**権利の究極的な根源性**を承認するにしても，法の重要性は依然として軽視できない。実際，権利があってもその帰属や内容を確定して執行する法システムに支えられていなければ無力である（後述（5））。権利と法はやはり車の両輪であるとみる必要がある。

---

[342] ハート／小林＝森村訳 1987: 11-12頁。前述6（2）（ウ）参照。
[343] ラズ／松尾訳 2011: 267-268頁。

（2）所有権の制度刻印機能とその根拠

　権利の究極的根源性が仮に認められるとして，その内容を形成する一連の権利体系は何を中核にして構築されるべきか。ここで注目されるのが**所有権**（property, ownership; propriété; Eigentum; proprieta; ...）の役割である。所有権は制度の1つであるにとどまらず，社会秩序全体を刻印する制度形成作用をもつとされる。それはなぜだろうか。実は，法体系における権利の根源性も所有権の制度刻印機能に起因していると考えられる。

　実際，開発途上国や体制移行国の法改革において，財産法，土地法，森林法，知的財産法，登記法，契約法，担保法などの私的所有権関連法の優先導入が共通手法として広くみられるのは，この機能の反映と考えられる[344]。それは，土地の私的所有権の保障が，土地の自由耕作・自由取引を促進し，それによって地価・地代が形成され，土地担保金融が発達し，土地投資が増大し，生産が拡大し，税収が確保され，再配分を充実させることにより，私的所有権の前提条件を維持することを可能にするという，経済成果の循環によって根拠づけられるかも知れない。発展の規定要因として制度を重視するノースも，「**諸制度，そしてとくに財産権**は，市場の効率性の決定的な規定要因である」とみており，それゆえに「**開発政策の心臓部は，効率的な財産権を創造し，かつ執行する政治体の創設**であるに違いない」とする[345]。

　しかし，所有権の制度形成力の源泉は，そうした経済的機能にとどまらないように思われる。そもそも，**正義**（iustitia）概念と密接に関連した**法**（ius）概念から権利概念が成立した原因は，物を支配する権限（potestas）・権能（facultas）としての**所有**（dominium）の観念がiusの概念と融合し，次第にその範型として承認され，その他のiusも所有権と関連づけられて実体法が形成されたことに遡る[346]。その結果，正義・法・権利・所有権が不可分の関係をもつに至った。それに明確な形を与えたのが，近代自然法論である[347]。

　H・グロティウスは**所有権**（dominium）とは「固有的帰属（proprium），すなわち，他の者にちょうど同じ方法では帰属しないようにある者〔だけ〕に帰属すること」と定義し，そこから占有者に対する返還請求権能と自己固有の利益に

---

[344] 一例として，雨宮 2007; 平田 2007-1; 平田 2007-2, 平田 2009。
[345] North 1995: pp. 18, 25. 強調は引用者による。
[346] Matsuo 1997b: pp. 73-78.
[347] 松尾 1989: 113-121頁 ; 松尾 1990: 131-158頁。

図表Ⅳ-7 法体系の形成と所有権（グロティウス『オランダ法学入門』〔1631〕による）

公法	宗教・平和・戦争の運営，共同体の最高権力，領土的限界，法律制定の権限・手続，国家財産の処分の権限，犯罪処罰の権限と関連する職務に関する諸法律		
私法	物に対する人の諸権利およびそれらを防衛し，追及する手段（訴訟の法）が何であるかをわれわれに教える		
	Ⅰ　人の法的形態	1．完全能力者 2．不完全能力者（妻，未成年者，障害者）	
	Ⅱ　物権	1．占有権 2．所有権 　（1）（完全）所有権 　（2）不完全所有権（制限物権） 　　（ⅰ）不動産役権（都市の役権，農村の役権） 　　（ⅱ）担保（権） 　　（ⅲ）利用 　　　（ア）将来の利用（期待権） 　　　（イ）現在の利用 　　　　〈1〉用益物権（用益権，永借権，封土権） 　　　　〈2〉不完全用益物権 　　　　　①使用・収益（使用権，十分の一税権） 　　　　　②特別制限物権（戸口調査権，地上権）	
	Ⅲ　債権	1．約束（与える約束，なす約束） 　（1）契約 　　（ⅰ）無償契約（贈与，委任，使用貸借，寄託，質入） 　　（ⅱ）有償契約（消費貸借，交換，為替手形，売買，永貸借，賃約〔賃貸借，雇用，請負〕，組合，保証，授封契約） 　（2）準契約（事務管理，共有関係および相隣関係から生じる債権・債務） 2．不均衡 　（1）不当利得 　（2）不法行為	
国際法	国家間の契約，戦争の正当な原因		

出典：松尾 1989, 1990による。

従った処分権能を導出した。これを基点に，①所有権の帰属主体として**法人格**を捉え，その処分権能に従って完全・不完全能力者を区別した。②ついで，**占有権**は所有権の証明や保護を容易にする手段として，また，ローマ法・慣習法上認められた制限物権を所有権の一部権能を欠く**不完全所有権**として位置づけた。③また，債権の発生原因は約束と不均衡に求められた。**約束**のうち，与える約束は所有権の一部である，所有権を移転する権利の移転であり，なす約束は所有権に類比される自己の自由の譲渡であることから，所有権を承認する以

上は理論上当然に約束も拘束力をもつと説明した。これを前提に有償・無償契約，準契約の内容が整序された。他方，**不均衡**として，所有権に基づく返還請求権をモデルにして統一的不当利得概念が創出される一方，不法行為は「権利との衝突」を意味する「損害」の回復と捉えた。④かかる権利を防衛・追求する手段としての**私法**を基盤に，それを運営する共同体の最高権力に関する**公法**，さらに，国家間の契約および正当な戦争の原因に関する**国際法**へと法体系論を展開した（図表Ⅳ-7）。

　こうして私的所有権と契約を中核とする近代自然法論の法体系論は，S・プーフェンドルフ，C・ヴォルフらを経て18世紀末以降の法典編纂へ，D・ヒューム，A・スミスらを経て経済学の成立へと，多様な展開を始めた[348]。このように法体系や法学・経済学の理論体系の形成を促した私的所有権の原動力のさらなる探求は，私的所有権の正当化へと通じる。

(3) 私的所有権制度の正当化

　私的所有は，教父哲学では原罪の帰結とされ，中世スコラ学でも人間の意思に基づく人為法（実定法）によって導入されたもので，自然法上は共同所有が原則と観念されていた。しかし，次第に自然法論者たちは，私的所有もいったん導入された後は自然法上も正当化されることを主張するようになった。私的所有権の根拠づけは，主に以下の3レベルで試みられてきた[349]。

　(a) 所有権の根拠を個人の**原初的権原**（entitlement）とみる見解は，(a-1) 客体を**自己の身体に一体化**（incorporation）させることから生じる**身体の拡張**とみるか（J・ロック等），反対に，(a-2) 客体の中への**自己の人格**（person）の**体現**（embodiment）から生じる**身体の投影**とみる（G・ヘーゲル等）。前者は飲食物等の所有を説明することには適しているが，主体との間につねに一定の距離がある客体の場合には問題を残す。後者はそれをカバーしうるが，他人の承認という要素も要請する。

　そこで，(b) 私的所有権の導入を人々の（間主観的な）**合意**（condictum, pactum, convention）によるものと説明する見解がこれを補う（トマス・アクィナス，グロテ

---

348) アダム・スミスはグロティウスを「法学の完全な体系」の最初の構築者として高く評価し（スミス／水田訳 2005: 17-19頁），その『法学講義』にはグロティウスの法体系論（図表13-⑤）が反映している。近代自然法学者とスミスとの関係については，田中正司1988; 新村1994参照。
349) 松尾 1996: 249-254頁，Munzer 1990.

ィウス，プーフェンドルフ，ヒューム等）。もっとも，そこで観念される人々の合意にはすでに私的所有権の効用の認識が前提とされていた。

　それは，(c) 私的所有権の正当化根拠を社会全体の**効用**（utility）の最大化や，**効率**（efficiency）の追求による富の最大化に求める見解（法と経済学，〔新制度派〕経済学の立場等）とも両立可能な接点をもつ。この中にも，(c-1) **外部性の内部化**，(c-2) **意思決定の分散化**，(c-3) **取引費用の削減**など，多様な視点が見出される[350]。これらは排他的ではなく，相互補完的な説明と解される。そして，開発のコンテクストでは，**分業**（division of labor）と**協業**による生産体制を制度的に支える根幹としての私的所有権の効用と効率性が注目される。

　この視点は，すでにスミスの『法学講義』（最終講義1763年）や，その草稿と目される「国富論草稿」，「分業論断片」等で展開されていた。その骨子は，分業は生産物を増加させ，生産物の量の増加と交易の容易さが国民の富裕を決定づけるという因果関係の発見にある。発展途上社会ではこのメカニズムの発動を妨げる制度的要因が存在しているにちがいない。ここでスミスは，分業が進まず，したがってその効果（生産物の増価のみならず，技術改良の進展などを含む）が現れず，富裕の進行が長い間遅れている原因の1つとして，所有権の保障が脆弱であるという「国内統治の性質」に着目する[351]。

> 　　社会の幼弱期には統治は弱体無力であるにちがいなく，その権威が諸効果の勤労を隣人たちの貪欲にたいして保護できるようになるまでには，ながくかかった。人びとが，自分がもっているすべてを強奪されるという危険を，いつもかんじているときは，かれらには勤勉になろうとする動機がない[352]。

　まずは，人々の所有権を保護できるほどに政府の統治が強くならなければならない。しかしまた，所有権を保障できるほど強力な国家の統治権力の増大は，

---

350) Demsetz 1967: pp, 347-359; Demsetz 2002: pp. 653-672; 嶋津 1992: 58-76頁；加藤 2001; North 1995: pp. 18, 25（前掲注345該当本文）.
351) スミスは所有権と国内統治（civil government）を不可分のものとみている。すなわち，「所有権と国内統治は，相互におおいに依存する。所有権の保存と占有の不平等が，最初にそれ〔国内統治〕を形成したのだし，所有権の状態はつねに，統治の形態とともにかわったにちがいない」とみる。なぜなら，「所有がないかぎり，統治というものはありえないのであり，その目的はまさに，富の安全を保障」することだからである。スミス／水田訳 2005: 31, 40頁.
352) スミス／水田訳 2005: 355頁.

新たな問題を生み出すことになる。それは諸国民の間の絶え間ない戦争と侵略と略奪である。すなわち,

> 私的所有は隣人たちの暴力にたいしては安全を保障されているとはいえ,〔外国からの〕敵の侵略を受ける危険にさらされている。このようなやりかたでは,貯えがいくらかでも蓄積されうるということは,不可能に近い。…富裕の進行によって,これ以上の障害はありえない[353]。

ここでは,仮に国内統治がうまくいったとしても(もちろん,それ自体難しいのであるが),さらにその先に待ち構えている問題と悪循環の可能性が示唆されている。つまり,①分業を支えるための所有権の保障→②所有権の保障のための国家の統治権力の増強→③富の蓄えと国家権力の増強による諸国家間の侵略→④分業システムの破壊……という失敗ルートである。この悪循環を脱する鍵はどこにあるのだろうか。スミスは直接に言及しないが,諸国家間の統治──今日の言葉でいえば,国際統治ないし地球的統治──の問題に必然的に通じていることが強く示唆されている。本書ではこのことを後にグローバル化の中で国内統治と地球的統治が不可分に結びついているという観点から扱うが(後述Ⅵ4参照),両者はもっとプリミティブなレベルで関連しており,それがグローバル化の中で増幅しているとも考えられる。ここではまず,私的所有権の制度を導入するということが,論理必然的に,国内統治のみならず,国際統治ないし地球的統治を必然的に要請すること,それはいわゆる途上国の開発という限定的な問題にとどまらず,いわゆる先進国をも巻き込む深刻な問題であることを再認識することが重要である。

(4) 近代的所有権論の意義と限界

分業と協業の制度的基盤としての所有権法の内容を具体的に展開したものとして,川島武宜『所有権法の理論』(1949)がある。川島「近代的所有権論」は,分業と協業に基づく**商品交換**に媒介された商品生産関係における所有権法の論理を探求する[354]。その理論的前提として,富は「すべて商品」として現れると想定される。商品に固有の本質は「他の商品との交換」であり,それを支

---

353) スミス/水田訳 2005: 355-356頁。
354) 以下の分析は,基本的に川島1987による。

える法体系は，①商品交換の静的基礎としての**私的所有権**，②動的過程としての**契約**，③所有権の私的性質の主体的側面としての**人格**の3カテゴリーから構成される。①の私的所有権は，社会の生産関係を制度的に決定づけるゆえに「全社会構造の原動力」である。それは，②契約と結びついて自らを貫徹しようとするために，「全法体系」の「究極の基礎・起点」であり，「近代法の全構造を綜合的に把握する鍵」となる。また，それは③独立した人格の成立を規定する。

　②の契約関係は，所有権から債権を分離させて債権法を構成し，所有権とそこから派生する制限物権からなる物権法と対峙する。その結果，賃借人の地位が所有者と対等の社会的地位をもつに至ったこと（「売買は賃貸借を破らない」）は，「近代的所有権の自由の否定」ではなく，その「発展形態」とみうる。また，資本の所有権（貨幣所有）は，信用（約束手形等の商業信用，為替手形・小切手等の銀行信用），会社を発達させ，「競争」を通じて資本を集中させ，「ついに独占に到達して，その私的性質を完成する」。その結果，「競争」による「経済法則の必然性」に代わり，「特別の高度に専門的な知識と経験とを要する技能家の職能」によって資本が配分され，「賃労働者に対する資本の支配・強制」の傾向を強める。このような私的所有権の保障は「近代市民国家」の成立を促し，「近代的公法」を展開させた。

　ここでも私的所有権の法制度形成機能（前述（2）参照）が確認されている。もっとも，川島「近代的所有権」論は「商品」所有権の発展を前提にして法体系の分析を貫徹した点に，その意義と限界をもつ。例えば，私的所有権はその絶対的・観念的な性質を純化するに伴い，資本の所有者の「自由」が賃金労働力の所有者の「対立物的自由」との闘争に至る傾向をもつことが鋭く描き出された。しかし，所有権の商品性が所有権の内容・客体・主体の画一性を要請する結果，共同体的所有としての入会権は「本来近代的な所有権の世界には属せず，前近代の遺制」として捨象され，「あらゆる物を交換価値の担い手たらしめることを理想とする近代社会」においては，「個人法的所有へ転換」されるとみられた。

（5）私的所有権制度の導入上の問題点

　所有権関連法の導入による法改革の現場では，（ア）「近代的所有権」論の成果をさらに活用すべき問題と，（イ）そのカバー範囲を超えるがゆえに新たな

図表Ⅳ-8　所有権制度の外延と現代的所有権論の課題

所有権法の構成要素	
Ⅰ 主体	1. 個人
	2. 法人（営利・中間・公益，許可・準則主義，有限・無限責任等）
	3. 権利能力なき社団・財団，組合
	4. 地域コミュニティ（Ⅱ.3のコモンズの主体）
	5. 国家，地方公共団体（公法人）
Ⅱ 客体	1. 有体物（動産・不動産〔土地・建物一体制／別不動産制〕等）
	2. 無体物（債権〔指名債権，有価証券，電子記録債権等〕，株式〔社員権の客体〕，知的財産〔美術的価値等を含む〕）
	3. 環境（日照・眺望・景観，温暖化ガス排出削減単位〔排出権の客体〕，コモンズ，ビオトープ等）
Ⅲ 変動	1. 基本ルール（意思主義・引渡主義，対抗要件主義・形式主義，一体主義・分離主義，有因主義・無因主義，公示方法等）
	2. 無権利者からの取得のルール（公信の原則等）
	3. 取引の失敗（無効・取消し・解除）に対処するルール
	4. 契約法（資金調達・債権担保，債権・債務の簡易決済，借主保護〔借地借家法，農地法，利息制限法等〕，消費者保護法等を含む）
	5. 手続法（証明〔登記・登録等〕，裁判，保全・執行，倒産処理等）
Ⅳ 効力	1. 侵害に対する保護（原状回復・差止・損害賠償請求等）
	2. 使用・収益
	3. 処分
	4. 相隣関係ないし共同体内部における権利調整
Ⅴ 制限	1. 公共の福祉による再配置 (reallocation)（所有権制限〔損失補償なし〕，用地買収・収用〔損失補償あり〕，開発利益の社会還元等）
	2. 再配分 (redistribution)（税法〔比例課税・累進課税〕，社会法〔労働者保護，生活保護，社会保障等〕）
Ⅵ 管理	1. 私有化等，初期分配のルール
	2. 経済法（公正な競争確保〔独占禁止法，不正競争防止法など〕，分野別取引規制〔各種業法〕）

出典：筆者作成

所有権論の展開が求められる問題の双方が見出される。

　（ア）には，①首尾一貫した法体系や原理・原則の軽視，その結果生じるパッチワーク的法整備による関連法令間の未調整や矛盾（例えば，ベトナムにおける

民法典と担保取引登録令，カンボディアにおける民事訴訟法草案と商事裁判所法草案，同じく民法典草案と土地法，商事契約法草案等との整合問題等），②取引安全保護制度に対する理解（例えば，二重売買等の競合取引の問題処理，無効・取消し・解除等によって効力を失った取引の相手方の保護，無権利者との取引の相手方の保護等）に対する理解のずれ，③所得格差の増大を見据えた再配分制度との関連づけの欠如等がある[355]。

（イ）には，①土地等の初期分配の不平等や汚職の増大，②共同所有形態の廃棄（原住民の慣習的土地利用の廃棄[356]，地域コミュニティの崩壊，ビオトープ・生態系・環境の破壊等），③知的所有権の拡大に伴うパブリック・ドメインの縮小などがある。

(6) 所有権制度の外延と現代的所有権論の課題

そこで，所有権制度が本来カバーすべき外延を再確認し，その全体像を見据えながら，首尾一貫した所有権法の導入を図るべきである。とりわけ，従来の「近代的所有権」論では視野の外に置かれていた所有権法の要素として，①所有権の主体としての地域コミュニティ（図表Ⅳ-8・Ⅰ4），②所有権の客体としての環境（同Ⅱ3），③私的所有の再配分（同Ⅴ2），④所有権制度の管理（同Ⅵ）などについても，所有権法の射程に当初から組み込む必要がある。なぜなら，私的所有権は，それを取り巻く共同体や環境から完全に切り取って存立させることは不可能であるし（前記①・②），社会構成員の一定程度の平等とそれに基づく社会の安定を前提条件としている（前記③・④）と考えられるからである。

(7) 所有権制度の内包と本質的アンビヴァレンス

私的所有権制度の導入には多くの労力，時間，人的・物的設備等のコストを要し，そのプロセスで副作用が生じたり，効果がただちに発現しないこともある。その結果，私的所有権制度がはたして経済発展を促進するか否か，議論は錯綜している[357]。しかし，経済的指標の変化のみでその都度私的所有権制度の評価を動揺させるのは早計であろう。

私的所有権は，自己への外界物（有体物，無体物）の固有的帰属（proprium）が

---

[355] ①につき，香川＝金子編 2007: 92-101頁（森永太郎），106-118頁（本間（安田）佳子），118-129頁（坂doctor一生）参照。
[356] 例えば，雨宮 2006-1: 203-221頁，雨宮 2006-2: 345-351頁。
[357] 所有権制度と経済パフォーマンスとの関係に関する諸学説につき，佐藤創 2007: 19-33頁。

社会的に承認されることにより，**自己－外界物－他者の間に成立する関係**である。それにより，各人に私的所有物の帰属主体としての**人格**（personality）が認められる。それは各人の属性である生来の外面的・内面的特質や社会的地位にかかわらず，《どのような物の帰属主体であるか》によって判断される，より平等な仕方で人々に開かれた，**人格性そのものの獲得方法**である[358]。それは時間的に有限で，かつ肉体的に変転して止まない，儚く脆い人格を帰属物によって繋ぎ止め，確証する手段として，人間にとって本質的に不可欠の存在である[359]。

しかし，それと表裏をなす形で，私的所有権は富の偏在や独占などの**副作用**も生じさせてきた。その歴史的例証は枚挙に暇がない[360]。例えば，ギリシャのポリスにおける**財産制**（timocratia）（貴族・平民の身分によらず，市民の財産所有に基づいて選挙権・被選挙権，納税・兵役の義務等を定めた制度）の導入は，貴族制や王政を打破して市民の政治参加を可能にしたが，富の偏在や徳性の堕落や寡頭制に通じる契機にもなった[361]。また，ローマの家父長に認められた固有の宅地と庭畑地に対する永続的占取（heredium）は，家父長の平等な市民権を認める基盤となったが，家子・妻や奴隷を家父長権（patria potestas）の絶対的支配に服させる根拠にもなった。他方，家子・妻・奴隷の特有財産（peculium）の承認は，その人格性を承認する契機になった。その後，紆余曲折を経て連綿と続いた所有の主体と客体の拡大は，家族制度や身分制度の中に埋没していた者の人格性を所有主体として切り出す鋭いナイフの役割を果たす一方，自由の活用能力をもつ者への財産帰属の偏在を助長した。これはまさに**私的所有権のアンビヴァレンス**ということができる。

かかる私的所有権のアンビヴァレンスは，教父哲学やスコラ哲学の所有論の段階で認識されていただけでなく，自由取引の効用を評価した近代初期の自然法論にも継承されていたことが看過できない。例えば，グロティウスは，「財産の所有者は慈善（caritas）の規則に基づいて欠乏状態にある者にその物を与える義務を負うのではなく，すべての物が最初の権利（ius primitive）〔緊急状態に

---

[358]　松尾 1996: 261-267頁。
[359]　私的所有権は自我や認知の発達にも不可欠の役割を果たすことが解明されつつある。関連文献を含め，松村 2005: 35-57頁参照。
[360]　松尾 1996: 260-261頁。
[361]　プラトン／藤沢訳 1979-1: 185-187頁参照。

おける共有物の使用権〕の留保を伴って，所有者に分割された」とみていた[362]。

　私的所有権は自由と平等を獲得させる強力な武器でありながら，一転して，特定の人々の自由の拡大と引き換えに，他の人々との平等を奪う手段に変貌しうる。しかも，それらは外界物の固有的帰属の承認という私的所有権の本質の表裏一体の帰結である。この意味で私的所有権がアンビヴァレントな存在であることは，所有権法の導入による開発プロセスの全過程を通じてたえず繰り返し意識されなければならない。それはいわば両刃の剣であり，その性能が良いほどにその危険性も非常に高い道具だからである。

8　開発における「法の支配」

(1) 開発における「法の支配」の意義

　前章では，われわれが目指す法改革の目標として，開発を促すエンジンとしての所有権，それを中核とする権利の体系について検討してきた。しかし，それだけでは一抹の空しさのようなものを禁じえないであろう。なぜなら権利をたんなる画餅に終わらせずに，実際にどうやって実現するか，その道筋がまだ示されていないからである。

　ここで改めて法の役割が注目される。所有権はじめ，われわれの日常生活において最も身近な権利は，法の仕組みが機能することによってはじめて現実のものとなるのである。それは権利を一般的に定義し，取引や紛争の場面で具体的内容を明らかにし，それに従って実現する仕組みである。

　このように法による権利の定義，それを具体的事件に適用し，その内容を明らかにするための裁判，その結果を，したがって，権利の具体的内容の実現（執行）において良く機能するを含む法の仕組みの全体像は，今や「法の支配」と呼ばれている。それが一体何であるか，それをどのようにして組み立てることができるか，しっかりとした感触を得る必要がある。そこでは，権利と法が密接に関連し合いながらも，緊張感に満ちた関係にあることが発見されるであろう。

　両者はちょうど人々を養う滋味豊かな食材とそれを調理する包丁に例えることができるかも知れない。良い料理を作るための切れ味鋭い良い包丁であれば

---

[362]　Grotius 1625: II 2.6.4. 松尾 1990: 155-157頁，159頁注4参照。

あるほどに，同時に人を傷つける危険度の高い道具だからである。そうした包丁をどうやって存分に，かつ安全に使いこなすか。いうまでもなく，それは研いだ包丁を調達するだけでは不十分である。その使い方を習得する仕組みが必要なのと同様に，良く機能する法システムとしての法の支配も，法を創り，執行し，管理する国づくりの動態の中で捉えることが求められる。

（2）開発における法の支配への着目：法の支配のマルチレベル化から多次元化へ

「法の支配」（the rule of law）は古くて新しい統治理念である。アリストテレスは理想の国制を論じる中で，「最善の法律が支配する方が望ましいか，それとも最善の人が支配する方が望ましいか」を問うている[363]。そして，一方では，「法律が支配することの方が，国民のうちの誰か一人の人が支配するのよりむしろ一そう望ましい」とする。なぜなら，「法律は欲情を伴わない理知」であり，「かたよらない中間のもの」だからである。こうして「人間をして支配せしめないで『ことわり』をして支配せしめる」という考え方が登場したのである[364]。しかし，他方では，法の支配の限界にも言及していることを見落としてはならない。すなわち，国家には**「法律の規定し得ない」**もの，**「法律によって包括することの出来ないもの」**がある。なぜなら，「熟慮を廻らすようなことについて立法するのは不可能な事に属する」からである。そして，開発のコンテクストにおいては，「熟慮をめぐらすようなこと」が一層頻繁に生じるものと考えられる。こうして，「最善の法律が支配する方が望ましいか，それとも最善の人が支配する方が望ましいか」はなお問い続けられているようにみえる[365]。

現代において，法の支配は確立した国家においてさえ，強大な政府権力を拘束し，市民の権利を擁護するために，社会制度や文化の相違を超えて要請される装置である[366]。いわんや，国づくりの途上にある社会，およびそれを支援する国際開発協力のコンテクストにおいて，法の支配は政府や国際機関が「開発政策の目標」とするキー・コンセプトになっている。

（ア）　世界銀行はすでに1980年代後半から，100か国・500以上の法の支配プ

---

[363]　アリストテレス／山本訳 1961: 172頁。
[364]　アリストテレス／山本訳 1961: 170-171頁，アリストテレス／高田訳 1971-1: 192頁。
[365]　アリストテレス／山本訳 1961: 172頁。
[366]　Tamanaha 2004: pp. 137-141.

ロジェクトを実践してきた[367]）。

　（イ）　国連総会は，〈1〉**ミレニアム宣言**（2000年）は，国内・国際両レベルにおける良い統治および法の支配の推進の必要性を提言し（V24, II 9, VIII30），その具体化をモニターするための指標は，**ミレニアム開発目標**（2000年）の「開発のためのグローバルな連携の推進」の中に取り入れられた（目標8・標的12）。

　その後，〈2〉国際的な法の支配の推進に関する一連の事務総長報告を受け（S/2004/616; A/60/224-S/2005/525; S/2005/533等），〈3〉**2005年世界サミット成果文書**（A/RES/60/1）は，人権・民主主義の促進と並んで，国内・国際両レベルにおける法の支配の現実的推進の必要性を再び強調し，法の支配を専門に推進する事務局の設置，国際司法裁判所の管轄拡大と機能強化等，若干の具体化策に踏み込んだ（134節）。

　それは，〈4〉2006年国連総会決議**「国内・国際両レベルにおける法の支配」**によって確認され（A/RES/61/39），さらなる具体化策として，法の支配に関する加盟国の見解およびその構築支援の有効性に関する報告書および法の支配プロジェクトに関する目録の提出等を事務総長に義務づけ，両レベルの法の支配の進捗状況をモニターするための準備作業を第6委員会（法律）に委ねること等を提案した。

　これに基づき，〈5〉**第6委員会（法律）**における法の支配審議が開始され（2007年10月），〈6〉その実現に向けた戦略を策定・遂行するために，法の支配の推進に関与する主な国連8機関（後に9機関）が人員を出し合い，**法の支配資源・調整グループ**（Rule of Law Coordination and Resource Group: RLCRG）が設置された（2007年）。

　さらに，〈7〉国連副事務総長・事務局内に**法の支配支援ユニット**（Rule of Law Assistant Unit: RLAU）が設置され（2007年），RLCRGの活動をサポートしている。また，〈8〉前記〈4〉決議に基づき，国連傘下の法の支配プロジェクトに関する目録の作成（2008年3月12日），〈9〉法の支配セミナーの開催（2008年6月）などが行われている[368]）。

　このうち，〈5〉第6委員会（法律）の審議では，法の支配についての特定の所与の定義から出発するのではなく，ひとまず「個人から国家に至るまで，すべての者が，公衆に対して公布され，平等に執行され，独立した機関によって

---

[367]　松尾2009b: 52-58頁。
[368]　以上の一連の経緯に関しては，松尾2009b: 275-277頁参照。

裁判される法に対して説明責任を負っているという原理」の遍在化（国連副事務総長 Asha-Rose Migiro）といった緩い理解のうえで、むしろ各国が法の支配として何を中心に考えるかを表明することから出発した。その結果、法の支配の具体的な意味内容として多様な意見が提示された。それらは主として、(a) 国際的な刑事司法を重視する見解、(b) 国際的な平和構築・維持活動を重視する見解、(c) 国内立法の技術支援、能力養成を重視する見解、(d) 人権状況の進展を重視する見解に大別されうる。また、「国内秩序と国際秩序の批判的インターフェース」としての国連活動の重要性を認識しつつも、あくまでも各国のオーナーシップなしには法の支配の確立は困難であることが強調されている点も注目される。

また、〈6〉RLCRG は、より「首尾一貫し、かつ効率的」な法の支配支援活動のための「調整の強化」を目的に、①「法の支配支援への国連のアプローチに関する覚書」(Guidance Note of the Secretary-General: United Nations Approach to Rule of Law Assistance, 14 April 2008) を定め、②「2009年〜2011年期のための共同戦略計画」の策定を試みた[369]。

さらに、〈8〉に関しては、国連傘下の機関による法の支配支援に関する目録（2008年3月12日）が作成された。それによれば、国連システム内の様々な機関・団体・事務所・部局・基金・プログラムの中で、国内または国際レベルにおける法の支配の増進に関する活動に現在携わるものは64主体に及ぶ。そのうち、A) 国際レベルにおける法の支配の増進に関する諸活動としては、①国際法の教授、普及および増進に関する諸活動、②国際法の国内実行の支援に関する諸活動、③国際レベルにおける紛争解決 (dispute resolution) に関する諸活動、④紛争解決 (conflict resolution) および移行期における正義に関する諸活動がある。また、B) 国家レベルにおける法の支配の増進に関する諸活動としては、①行政機関（制度）および公法ならびに統治問題の増進に関する諸活動、②司法行政および法執行に関する諸活動が行われている。

他方、国際 NGO も、〈4〉2006年国連総会決議の前後から、法の支配の普及を目指して、活発な動きを見せてきた。例えば、国際法律家協会 (IBA) 理事会の「法の支配決議」(2005年9月26日)、アメリカ法律家協会 (ABA) と IBA の「法の支配シンポジウム：行動計画」(2006年9月シカゴ)、ABA を中心母体と

---

[369] 2008年10月13日 (GA/L/3326)。

する**世界正義プロジェクト**(The World Justice Project: WJP 2005年設立)による法の支配に関する学際的会合(2007年2月28日ワシントンDC, 2007年7月13日プラハ, 2007年9月19-20日シンガポール, 2008年7月3-5日ウィーン), IBAの「法の支配シンポジウム」(2007年10月19日シンガポール), ハーグ法国際化機構 (the Hague Institute for the Internationalisation of Law: HiiL) の「首尾一貫した実効的な法の支配のプログラムと戦略の構築に関するさらなる概念化と実践的進歩」(2007年10月26-27日ハーグ) などが開催された。

その中では, 法の支配の測定指標 (the rule of law index) の開発 (フリーダム・ハウス, WJP, ヨーロッパ理事会 (CEPEJ), 世界銀行, HiiL/ティルブルグ大学), 法の支配の理論と実践に関する情報交換フォーラムの設定 (国際法発展機構 (IDLO) による法の支配ディレクトリー, 法の支配推進国際ネットワーク (INPROL) による法の支配プロジェクトに関するデジタル・ライブラリーなど), 法の支配を推進するための実践的行動計画の試み (小さな正義の行動計画 (Microjustice Initiative) など) も始まってい

これら一連の動向には, 国際社会における法 (国際ルール) の支配と並んで, 各国の**国家法の国際化** (internationalization of national law) を通じた法の支配の構築や法整備協力, そのための国際統治の模索が看守される。こうして, 法の支配を主流化するための様々なレベルの会議の開催, 法の支配の意義や構築方法に関する研究, 法の支配指標の開発, 法の支配を具体化し, 普及させるための研修やプロジェクトの立案, 市民社会の法的能力強化・法律扶助等の法へのアクセスの充実に向けた諸活動が本格化している[371]。

こうした法の支配をめぐる国際的動向において注目されるのは, 第1に, 法の支配の増進の**マルチレベル化**である。すなわち, 〈1〉**国家レベルの法の支配**の中でも, ①政府レベル (強い政府の確立と政府権力のコントロールの同時要請) および②市場・企業レベル (市場ルールの整備・運用, 合法的な企業活動) だけでなく③市民レベルでも法の支配の普及の試み (市民への法普及, 市民による人間の安全保障の具体化) が進められている。

さらに, 国家レベルを超えて, 〈2〉**国際レベルの法の支配**も進展している。ここには, ①国際的な通商, 投資, 環境, 犯罪捜査, 平和構築 (和平合意, 選挙支援, 法執行機能・司法機能への支援等を含む), 安全保障に関する交渉とルール形成,

---

370) 篠田 2004。
371) その結果, 今や国家法の部分的共通化を通じた「世界法」(the world law) の形成が現実に生じつつあり, その最前線の1つが法整備支援にほかならない (後述Ⅵ4参照)。

②国連や国際金融機関等の**国際機関内部における法の支配**の増進も含まれている。

しかし，第2に，より注目すべきは，国家レベルの法形成への国際社会の様々な主体の関与が増大し，関与形態も多様化している現象である。これはたんに国家レベルの法の支配が国際レベル（国家間レベル）または国際機関内部へと類推的に拡大されるだけでなく，国内における法の支配の構築に国際社会が関与するという意味でそれらと異なる次元の現象とみることができる。これは，法の支配の**多次元化**ということができる。例えば，①国際的な立法支援を通じた法規定の共有，②同じく法解釈方法・判例法形成・慣習法との調和の技術の共有，③同じくウェブ・ベースの法情報の交換・共有，④市民への法普及活動に対する国際的関与の拡大などである。

(3) 開発における「法の支配」の再定義
(i) 法の支配の多義性とその理由

法の支配が多義的であることは，その構成要素である複数の次元（dimension）において，その意味が拡散していることから確認することができる（**図表Ⅳ-9**）[372]。すなわち，

①法の支配の名宛人として，人民を重視して法の遵守を強調するか，政府によりウェイトを置いて政府の権限行使のコントロールを強調するかで，理解が分かれる。

②法の支配の「法」の内容を実定法に限るか，自然法まで含むかで，理解が分かれる。

③法の支配の中心的価値として，価値中立的か，権力分立，民主主義，さらには人権や特定の社会的善の実現をも目指すかで，理解が分かれる。

④法の支配の存在意義として，統治の手段とみる見解と，それ自体を目的とみる見解がある。

⑤法の支配の担い手となるべき中心的政府機関を司法部（裁判所）とみるか，立法部（とくに民主的に選挙された議会）とみるかで，理解が分かれる。

こうした各次元における意味の拡散に応じ，その総体としての法の支配の意味は必然的に多様化する。一方の極には，(a) 法の支配は人民に法を遵守させ，

---

[372] 法の支配の概念の論争性につき，佐藤岩夫 2003: 7頁参照。

図表Ⅳ-9　法の支配のディメンジョンと概念の拡散

		形式的理解　　　　　　　　　　　　　実体的理解
①	名宛人	人民　　　　　　　　　　　　　　　　政府
②	「法」の範囲	実定法　　　　　　　　　　　　　　　自然法
③	中心的価値	価値中立的―権力分立―民主主義―人権―社会的善
④	存在意義	道具主義　　　　　　　　　　　　　　目的主義
⑤	中心的政府機関	司法部　　　　　　行政部　　　　　　立法部

出典：筆者作成

国家を統治するための手段であり，司法部が主たる担い手となって，実定法を解釈・適用することを中心内容にするとみる立場がある。他方の極には，(b) 法の支配は政府の権限行使をコントロールすることを主眼とし，権力分立，民主主義，人権を実現する良い法の支配を意味し，悪法の支配を排除するために自然法も含み，それゆえにそうした法の支配自体が尊重されるべきで，その担い手として民主的に選挙された立法部の機能も重視する立場がある。こうした意味の分散は，法の支配の定義に反映している。

(ⅱ)　法の支配の定義

（ア）　前述 (ⅰ)(a) の立場は，法の支配の**形式的定義** (formal definition) もしくは**薄い定義** (thin definition) または**ルール・ブックとしての捉え方** (rule-book conception) に通じる。これは，法の支配を独立した司法部によって解釈・適用される公開された法律の存在，特定の個人や階級のみに適用される法律や遡及的法律の不存在，政府の行為に対する司法審査等の形式的な指標への適合性によって法の支配を定義する。それは，すべての者に利用可能とされた公的なルール・ブックに定められたルールに厳格に従って人民が行動することを求め，ルールの妥当性の根拠を予め定められたルール（メタ・ルール）に則って当該ルールが設定された手続の正しさに求める一方，ルールの内容が実体的正義に合致しているか否かは法の支配から独立した別個の問題とみる[373]。このように形式的に概念化された法の支配は，特定の政治文化や道徳的価値に固有のもの

---

[373]　Dworkin 1985: pp. 11-14. なお，ドゥオーキン自身は，実体的正義・権利と関連づけた捉え方を支持する（後述（イ））。法の支配の薄い定義と厚い定義については，Jensen 2003: pp. 338-340; Peerenboom 2004: pp. 2-5参照。

に限定されない[374]。

（イ）前述（ⅰ）(b) の立場は，法の支配の**実体的定義** (substantive definition) もしくは**厚い定義** (thick definition) または**権利と関連づけた捉え方** (rights conception) に通じる。これは，法の支配が民主主義，人権といった実体的な価値原理を包含し，それ自体が目的であり，担い手として民主的にコントロールされた立法部の機能も重視する。それは，法が正義 (justice)，公正 (fairness)，自由，民主的意思決定を介した実質的平等といった実体的価値や社会的善をどの程度内容に取り込んでいるかによって法の支配を評価する。つまり，良い法システム (the good legal system) とは何かについての一定の道徳的見解に基づき，法の支配を**良い法の支配** (the rule of good law) とみる。したがって，法の支配と実体的正義は別個の問題とは捉えられず，ルールの妥当性の根拠を，ルール設定の形式的手続にではなく，実体的権利への適合性に求める[375]。

（ウ）こうした見解の対立に対しては，法の支配の機能——例えば，政府の裁量権行使のコントロール，法的決定の予見可能性等——がどれだけ実現されているかに着目し，人の支配 (the rule of man) と異なる点に独自性を見出して価値論争を回避したり (**機能的定義**)[376]，法の支配が立脚すべき実体的価値をたえず批判的な正義の審査に晒すことにより，普遍的価値を追求しようとする立場もある[377]。

(ⅲ) 開発法学の視点からみた法の支配の問題

ひるがえって開発のコンテクストでは，法の支配への問いかけ自体に独自の要素が持ち込まれる。それは①「法の支配とは何か」という問いにとどまらず，②「なぜ法の支配は開発の目標にとって重要か」，およびそれを前提に，③「開発の目標を達成するために法の支配はどのように構築されるべきか」をも問題にしなければならない。なぜなら，開発の現場では，法の支配の定義や正当化にとどまらず，その現実的な構築方法までを明らかにしないと開発の役に立たないからである。それは，最終的に良い国家統治の確立を目指す動態的コンテクストの中で法の支配の意義と構築方法を問うものである。そうした国づくりのプロセスでは，政府は法律を制定し，裁判でその内容を確定し，その結

---

374) Raz 1994c: p. 370.
375) Dworkin 1985: pp. 11-14; 那須 1997: 15頁以下，1998: 26頁以下。
376) Stephenson 2005.
377) 井上 2003b: 33-67頁。

図表Ⅳ-10 「法の支配」の重層構造

第4層	法的ルールの内容の「良さ」を検証する規範体系		実体的・拡張主義的理解
第3層	法的ルールの執行メカニズム	形式主義的理解	
第2層	ルールの形式化による法的ルール化		
第1層	ルールの拘束力・実効性の構造基盤		

出典:筆者作成

果を執行するために十分に強くなければならない。しかし,政府権力が強くなればなるほど,権限行使の逸脱や濫用を回避するために法を通じてコントロールすることが困難になるというジレンマがある(前述Ⅲ3(3),とくに同(ⅱ)(ア)参照)。そうしたジレンマの中で,どのような意味における法の支配を,どのように確立すべきなのだろうか。

(4) 開発における法の支配の重層性・段階性・動態性
(ⅰ) 法の支配の構造の重層性

この開発における法の支配問題を解く鍵は,開発プロセスの中で,良い統治の確立という開発の目的に照らして,法の支配を重層的・段階的・動態的に理解することにより,法の支配をより柔軟に概念化することにある[378]。すなわち,

(ア) 法の支配についてのいずれの定義によるにせよ,法の支配が前提とする法は,制度の構造についてみたように,人々の行動準則として染みついた非形式的ルールと不可分に結びついている(前述3)。現実の制度改革を企図する開発法学では,法の支配の構築もこのレベルから出発しなければならない。そして,非形式的ルールも視野に入れるならば,およそどの社会にも,その内容の良し悪しは別にして,不確実性を回避するために,何らかの制度の支配(the rule of institution)が存在するはずであり,制度的真空状態は想定しにくい。むしろ,既存の制度の中に,**実効性をもったルールの支配**を見出すことができると考えられる(図表Ⅳ-10・法の支配の第1層)。もっとも,その内容は不合理・非効率的・不安定なものかも知れない。しかも,そのルールが上位規範ないし承認のルール(前述6(1)(ⅰ)参照)によって正当化されていないときは,固有の意味における法(law)の支配とはいい難い。そのような状況下では制度改革

---
[378] 松尾 2005a: 115-118,133-135頁参照。

を望むことは困難である。新たなルールの正当性を人々に説得する手段を欠くからである。

（イ）　そこで，制度改革を根拠づけるメタ・ルールの定立と，それに基づいて人々に権利を賦与し，義務を賦課するルールを設定するという，**ルールの形式化**の手続が必要になる（**図表Ⅳ-10・法の支配の第2層**）。

（ウ）　形式化されたルール（法）の存在を前提にして，法を実際に適用し，機能させる**執行メカニズム**が存在することも，法の支配には必要になる（同・法の支配の第3層）。

（エ）　さらに，そのように形式化され，執行可能な法が存在するとしても，そうした法の内容が規範的に良い（good）と評価されるか否かを，**規範体系**の発展に照らしてたえず審査し，法の内容の規範的価値を高める余地がある（図表Ⅳ-10・法の支配の第4層）。

（ⅱ）　法の支配の増進の段階性

法の支配をこのように**重層的**に捉えたうえで，その構築方法については**段階的**に──必ずしも第1層から順番にという意味ではなく──捉える方法は，開発協力（援助）のコンテクストではとくに重要である。なぜなら，法の支配の規範的価値（第4層）を重視するあまり，伝統的ルールを墨守しようとする人民や政府の態度（第1層）を外部の開発協力（援助）提供者（以下，ドナーという）が軽視，無視または蔑視することがあるからである。ある国に存在する慣習的ルールが，ドナーからは内容的に不合理・非効率・規範的に悪しきものに映っても，それ（第1層）を足場に制度改革を始めるほかはなく，既存の制度についての十分な理解が必要である。ドナーが現行法をより合理的・効率的・人権の国際標準に合致する新しい法体系へと性急に置き換えることのみに腐心し，直接・間接の圧力をかけることは，法の支配の土台構築から失敗しているといわざるをえない。

（ⅲ）　法の支配の構築の動態性

さらに，開発のコンテクストでは，法の支配を物的かつ静態的に捉えるのではなく，それを構築しようとする人民および政府の意思と行動を本質とする**動態的**なものとして捉える必要がある。M・ゴールディングは体制移行国における法の支配について，つぎのように述べている。

　　　法の支配は統治の**1つの理念**（an ideal）でもある。法の支配はフラー〔Fuller

1969〕が『熱望の道徳』(morality of aspiration) と呼ぶものを具体化している。……法の支配が自ずから実現されるものでないことは，法律それ自体がそうでないのと同様である。ある社会にいくつかの法律が存在するということだけでは，法の支配が完全に実現されていることを必ずしも意味しない。法の支配はどのようにして法が作られ，執行されるかという仕方に関係している。法の支配は法に内在する道徳性，すなわち，法形成についての黙示的な法，法形成についての非－法的な法を体現している。フラーはそうした努力 (effort) が法の支配を機能させるために要求されることを強調する[379]。

　法の支配は社会の外から持ち込まれる「物」ではなく，当該社会の人々の参加と努力のプロセスの中で当該社会の人々が自ら心性の中に刻み込むことによって成立するものである。L・フラーのいう「熱望の道徳」の含意も，法の支配の構成要素を市民と政府が各々の努力を通じて段階的に蓄積してゆくべき動態的なものとして把握する点にある。むしろ，**法システムが国民の熱望と参加と努力によって構築されるという動態そのものこそ「法の支配」が示そうとする固有のコンセプト**というべきである。

(ⅳ)　開発法学における法の支配概念の変容

　重層的・段階的・動態的概念としての法の支配は，法の支配を確立し，再構築または維持しようとしているすべての社会に妥当し，その法的状況をより一層実態に即して理解することを可能にするであろう。

　実際，1990年代以降の法の支配プロジェクトにおける開発援助機関の態度変化，およびそれに伴う「法の支配」概念のパラダイム変容を指摘する見解もある。トゥルーベックは，開発援助機関が1990年代以降に法の支配に着目し始め，それが開発アジェンダの周辺部から中心部へと移動してきた経緯を，つぎの2つの時期（段階）に区分して捉えている[380]。

　(ア)　**第1期の法の支配プロジェクト**は，法の支配を目標とする新しい開発パラダイムが形成され，法制度改革に多額の投資が行われ始めた時期である。その背景には，国際社会における経済的・政治的な状況変化がある。①まず，経済のグローバル化に伴う法実務のグローバル化である。②ついで，1970年代以降の人権擁護運動から生成した民主化プロジェクトの国際的な波及効果であ

---

[379]　Golding 1996: p. 389. 強調は原文イタリック。
[380]　Trubek 2005: pp. 6-18. 国際開発援助（協力）のコンテクストにおける法の支配の固有の意義を探求するものとして，松尾 2005a: 109-137頁参照。

る。人権擁護を掲げた国際的な組織的運動は，憲法上の権利保障，違憲審査制度，司法の独立強化，司法へのアクセスの拡大を支える国内法制度に関心を払うようになり，各国政府に対してそのための強力な措置を求めるに至った。③さらに，市場経済化プロジェクトにおける「制度」の重要性の発見がある。つまり，所有権の保障，契約の履行，政府による恣意的権限行使や過度の規制からの保護など，市場が機能するために必要な諸制度を，法を通じて提供する必要性が認識された。その結果，市場経済化には国家介入の排除ではなく，抜本的制度改革が不可欠であるとの見方が広まった。こうして市場を支える制度環境を構築するための国家の積極的な介入が承認され，開発援助機関は法制度改革への投資を決断するに至った。この総体が「良い統治」として捉えられた。このように1990年代における法の支配プロジェクトへの関心の高まりは，「市場と民主主義との奇妙な融合」から発生し，その改革アジェンダは「〔法学〕教育および新しいルールの起草から法曹の組織化に至るまで，法制度のすべての側面をカバーするほど広範囲に及ぶもの」であった[381]。

かかる第1期の法の支配プロジェクトの特色として，つぎの点が挙げられる。①市場経済化と民主化に共通する法改革として，基本権の憲法上の保障，違憲審査権をもった独立した司法部，司法へのアクセスの拡充など，法の支配の形式的要素が重視されたこと（新形式主義），②これと併せた司法行政への着目，③市場経済の核心的構成要素としての所有権や契約への注目，④法の移植可能性への強い確信，⑤法秩序のあらゆる領域とレベルでの同時進行的改革，⑥すべての国に有効な1つの法の支配モデルの想定，⑦トップダウン方式による早急な改革である。

第1期の法の支配プロジェクトに対しては，「以前の経験からほとんど何も学んでいない」との批判が加えられた[382]。とくに法の支配に関する「狭い概念」が採用されていた点について，「世界中どこでも通用する単一の法モデルが存在すると考える人々に対しては，法制度を機能させるためにはそれが多様なコンテクストの中に埋め込まれなければならないという事実に注意を喚起し

---

381) このように「包括的な」法の支配プロジェクトとして特徴づけられる現代の法と開発運動（法と開発の第3波）は，1960年代における第1波のそれが法学教育に焦点を当てたのと対照的である（Trubek 2005: p. 11）。
382) アメリカ合衆国国際開発庁の「法の支配」プログラム担当者たちに対し，トゥルーベックは，「彼らは何も忘れてはいなかったが，何も学習してはいなかった」と手厳しい批判をする（Trubek 2005: p. 12）。

なければならない」，と視野の狭さが批判され，柔軟なモデル構築の必要性が示唆されている。また，第1期においては，形式主義とプラグマティズム，経済重視政策と民主化政策，経済成長と貧困緩和，効率性と分配，グローバル化と内発的成長といった，容易に両立し難い混合物の中の潜在的矛盾が露呈し始めたことも指摘されている。

（イ）　これに対し，**第2期の法の支配プロジェクト**は，「開発と法に関する一枚岩的見解における亀裂」（cracks in the monolithic view of development and law）によって特徴づけられる。トゥルーベックは，「経済成長に至る道筋は複数存在するという認識が，『誰にでもフィットする洋服』という考え方と法の移植への確信的信仰の双方に疑問を投げかけた」とし，「開発政策の展開や法と開発文献の新しい動きをみると，われわれは法の支配時代の新しい段階に入りつつあるように思われる」とする。そこでは，法の支配プロジェクトが「当初想定されていたよりもずっと複雑で，問題に満ちたもの」であり，「想像以上に難事業であること」を踏まえつつ，洗練された新自由主義（a chastened neo-liberalism）が登場しているとする。ここには，①ビッグバンは奨励されず，市場化は漸進的に行われるべきこと，②輸出主導型経済成長政策においても，国内市場に対する配慮が求められること，③外国からの投資にも制限が設けられるべきこと，④国家の介入は市場の失敗を是正する必要がある場合に限って認められるべきこと，⑤貧困緩和も目標に掲げられ，一定の範囲でセーフティ・ネットが認められるべきことが含まれている。こうしてトゥルーベックは，「現在が転換期であり，正統派理論に対する批判を超えて，再構築に進むことのできる時期である」と認識し，「進歩的知識人は『法の支配』の傘下に建設的に関与すべきである」と提言する。なぜなら，人間の尊厳，平等，公平といった「諸価値を求める闘争が相対的に無血の方法で行われる闘技場」は，実際に存在する法制度をおいてはありえないからである[383]。

（5）法の支配の政治的・経済的意義

（i）　法の支配の政治的重要性

　では，そのようにしてまで法の支配を導入することの意義は一体どこにある

383）　ちなみに，トゥルーベック自身は「法の支配という理念の中には，人間の尊厳，平等および公平といった価値が組み込まれている」として，実体的定義への親近感を示している（Trubek 2005: p. 18）。

のだろうか。法の支配の規範的価値の議論に踏み込む前に、その形式的な意義においてすら、法の支配には独自の存在意義が認められうる。それは、発展途上国や体制移行国のように比較的急速な変容の途上にある、しかも多元的な社会（多民族国家、多文化社会）にとってはとりわけ重要である。というのは、そのような社会では、多様な個人と集団がもつ異質の利益やサブカルチャーに適切に対応し、その要求を敏感に吸収できる民主的政治システムが要求され、民主的に組織された立法部の機能が強化される傾向にある。そのこと自体は進歩的な制度改革といえるが、同時に構造的問題が顕在化する。1つは、たえず政党や各種の利益団体から直接・間接のプレッシャーに晒されている立法部は、しばしば長期的視野を見失い、短期的考慮に左右された立法を行うおそれがある。もう1つは、民主的な立法部の意思決定システムにおいては、しばしば多数派の意見が優先され、少数派のそれが犠牲にされがちである。このような問題点を克服するためには、より長期的視野に立ち、当該社会における法的伝統、法文化、共有された価値、既存の法原理、その他のインフォーマル・ルールとの一貫性などを広く、深く、慎重に考慮に入れたうえで、「原理に基づいて導出された司法判断」（principled adjudication）を行う司法部（裁判所）の機能がとりわけ重要視される。ラズはこれを「現代民主主義における**法の支配の政治的重要性**」として重視する。

> 近代民主主義の中で、法の支配は民主的な立法部の権能と伝統に基づく原理の力との間に、木目細かな均衡（a fine balance）を確保すべく機能する。良い政府の原理の一要素（an element in the doctrine of good government）としての法の支配の価値は、この均衡を保障することにある。つまり、恣意的な権力を削減すること、および説明責任を果たしうる、**原理に基づいて行動する政府**（accountable, principled government）に服する秩序だった社会を確保することに、法の支配の価値がある[384]。

これは司法部による立法部の制約や法の支配（形式的定義）による民主主義の抑制と誤解すべきではない。むしろ、憲法原理に従った立法の規範的統制は、いわば偽りの民主主義から真の意味の民主主義を救い出し、持続可能なものとする効果をもつであろう。

---

384) Raz 1994c: pp. 373-377. 傍点および強調は引用者による。

（ⅱ） 法の支配が経済発展にもたらす効果

　こうした政治的重要性とともに，法の支配が経済発展にとってもつ意味も無視できない。もっとも，**法の支配と経済発展との因果関係**については，議論が錯綜している[385]。

　(a) 肯定的見解は，法の支配の下で，誰に対しても，統一的に適用されるルールにより，人々の権利が保護され，契約が執行され，政府の介入的権限行使が抑制されると，人々や政府の行動の**予見可能性**（predictability）が与えられ，市場システムが機能し，さらなる発展のための**計画**（planning）が可能になるとみる。具体的には，①将来の期待を保障する契約法や，②労働の果実を保護する財産法などが挙げられる。また，③自由民主主義国家の骨格を形づくる法は，政治的発展も支援するとみられた。

　これに対し，(b) 否定的見解は，途上国における形式的な法制度の改革がその経済的・社会的諸条件に対してほとんど効果をもたなかった実例を指摘する。

　そこで，(c) 最近は，個別の法領域における改革と特定の効果との因果関係を確かめようとする実証的研究が蓄積されている。その結果，例えば，土地の私有化を促進するための土地法改革が生産性の増大に与える効果についても，肯否両論の段階にある。いずれにせよ，長期的経済成長と法の支配プロジェクトとの因果関係は，短期間の統計のみから速断することはできない。さらに，法の支配は，市場システムの導入や改革によって開始される経済の自由化の第1フェーズよりも，制度改革を深化させ，強化するために，税務官庁や不正競争の監視機関の統治改革が問題になる第2フェーズにおいて一層重要度を増す旨の指摘もあり[386]，法の支配のインパクトに関しては長期的な評価が不可欠である。

　いずれにせよ，法の支配は経済的・政治的・社会的変化のプロセスに影響を与える単一かつ独立した変数ではなく，他の諸要因（経済・政治・社会の初期条件，各国の非形式的ルール，その他の文化的相違など）と相俟って，それらの組合せからなる一定の諸条件の下で効果を発揮しうる1要因にすぎないことに留意する必要がある。

---

385) 以下の叙述に関しては，関連文献を含め，松尾 2008: 8-15頁参照。
386) Carothers 1998: p. 98.

(6) 開発における法の支配と良い統治

　以上の諸条件を考慮に入れ，法の支配の重層構造を踏まえて，段階的かつ動態的なプロセスを経て法の支配の導入を図ることには，労力を注ぐに値する十分な理由があるといえよう。その際には，このプロセスが最終目標である良い統治（前述Ⅰ3）に向かって進んでいるかどうかという観点から，つねに検証される必要がある。そこでは，強く・効率的な政府・合法的な政府・良心的な政府という良い政府の諸側面（前述2（3））の間の柔軟な，しかしなお慎重なバランス確保に細心の注意が払われるべきである。良い統治における諸側面，とりわけ効率性と合法性の同時追求が困難であるときは（前述Ⅲ3（3）（ⅱ）（ア）），それらのバランスになお留意しつつ，悪循環に陥ることを回避しながら，法の支配プロジェクトを段階的に推進し，漸進的な制度改革を実行することが，唯一可能な方策であろう。これは（効率性と合法性等，対立する諸側面の）**バランスに配慮した漸進的アプローチ**（the incremental and balanced approach）と呼ぶことができよう[387]。既述のように，われわれはある場面では政府に対し，《最悪の結果となることも覚悟しつつ，最善の策を試みること》を要求するよりも，《最悪の結果を回避し，次善策のうちの最善のものに甘んじること》を許容しなければならないときもあることは（前述Ⅲ3（3）（ⅱ）），その一例である。このことは法の支配の含意とも矛盾しない。しかし，われわれは同時に，そうした次善策の選択プロセスで，法の支配の原則に則った手続をギリギリまで追求しなければならないし，いったん採用された次善策の必要性と妥当性を規則的かつ不断に再検討しなければならない。良い統治に至るプロセスとしての法の支配が本来あるべき意義を踏まえたそうした実践は，相当に緊張に満ちた努力をわれわれに要求するに違いない。その場合，**《良い政府のジレンマは，法の支配に最大限配慮した良い統治の追求プロセスの中で解決するしかない》**というのが，本書の立場である。その具体的手段が先に提示した「バランスに配慮した漸進的アプローチ」にほかならない。

---

[387]　Matsuo 2005b: p. 65.

9　法改革と文化

（1）制度改革における文化の重要性
（i）　非形式的制度と文化との関係

　チャールズ・ダーウィンの『「ビーグル」号航海記』（1845年／内山訳 1938）は，世界各地における動物の習性について興味深い例を提供している。例えば，ガラパゴス諸島の鳥類が人間の手で容易に捕獲できるほど「温順」な事実は，人間に対する恐怖が短時日のうちに個体によって獲得された性質ではなく，遺伝情報に刻印されるほど長い時間をかけて形成された習性であることを示唆している。それは，動物の習性の「変化」ということが非常に長い時間をかけた，ゆっくりとしたプロセスであることを明らかにしている。

　この事実は，法改革による制度変化の可能性を探る開発法学にとって，人間の行動準則の変化が困難を極めるチャレンジであることを暗示している。形式的制度の変更が，各々の社会で「生成」してきた非形式的制度の変化に結びつく保証はない。それは人々の日常行動を左右する非形式的ルールが，その幾重にも蓄積された全体としての「文化」の一部をなしていると考えられるからである。そこで，法改革というコンテクストの中で文化をどのように扱いうるかを検討することは避けて通ることができない。

　法改革による形式的制度（制定法のように創造される制度）の変更は，制度改革の第1歩にすぎない。それに続いて人々の日常行動を実際に導いている非形式的制度（習俗・習慣・道徳・行動準則のように時間をかけて進化する制度。そこには「人々の協調行動を活発にすることによって社会の効率性を高めることのできる『信頼』『規範』『ネットワーク』…」としてのソーシャル・キャピタル（social capital）[388]も含まれよう）が，人々の学習を通じて現実に変化することなしには，制度は全体として旧態然たるままだからである（前述5（3）・（4））。しかし，この制度改革の第2段階を乗り越えるのは至難である。多くの場合，非形式的ルールは形式的ルールの変更に反応してただちに変化することはなく，変更された形式的ルールは持続的な非形式的ルールとの間にギャップを生じさせたまま，両者間の緊張状態が存続する。それは，非形式的ルールが社会で歴史的に培われてきた**文化**（culture）

---

[388]　Putnam with Leonardi and Nanetti 1993（河田訳 2001）；内閣府国民生活局 2003。

を基盤にしているからである。ノースはつぎのように指摘する。

> 非形式的制約の基礎にある文化的情報処理 (cultural processing of information) がもつ長期的含意は、それ〔文化的情報処理〕が制度の漸進的な進化の仕方において重要な役割を果たし、それゆえに経路依存の源泉であるということである。われわれは文化的進化 (cultural evolution) について何らかのきちんとしたモデルをもつことからはまだ程遠いところにいる……。とはいえ、われわれは文化的特色というものが執拗にしぶとく生き残る能力をもつこと、そして、大抵の文化的変化は漸進的であることをよく知っている[389]。

では、非形式的制度の母胎であり、制度変化を経路依存的で漸進的なものにし、社会に安定性をもたらすと同時に長期的停滞の原因となり、各社会の多様性の源泉である文化とは、一体何であろうか。文化をブラックボックスとみることは、しばしば議論すべき論点を曖昧にしたり回避したりし、法改革の議論を停滞させてしまう。そこで、本書は先行研究に従って文化をつぎのように定義する。すなわち、**文化とは社会的に伝達される情報システムであり、感覚 (senses) が脳に提示する情報を解読し、解釈するために、言語を中心にコード化された概念的枠組 (情報処理装置) を提供するもの**である。その結果、文化は伝授や模倣を通じてある世代から次の世代へ伝達され、人々の知識・価値・行動に影響を与える原因となる[390]。こうした文化の伝達が個々人にとって後天的な環境に由来するか、生得の部分を含むか、断定することは難しい。なぜなら、情報伝達のルートは情報をコード化する手段に応じて多様だからである。それは生活習慣、習俗、知識（思想、哲学）、科学、技術、芸術、建築、その他の文物に化体することによって世代を超えて生き残り、その時々の社会の人々にたえず影響を与え続け、学習を通じて人々の脳裏に刻み込まれる[391]。

このように外部からの刺激や信号の解読コードとしての文化は、非形式的制度のみならず、人々のイデオロギーを介して形式的制度にも影響を与え、それを介して経済的・政治的・市民的組織およびそれらが産出する有形・無形の文

---

[389] North 1990: pp. 44-45（竹下訳 1994: 60頁）．
[390] North 1990: p. 37（竹下訳 1994: 49頁）．この文化の定義は、Boyd and Richerson 1985: p. 2 による．
[391] さらに、一定の文化的行動パターンを繰り返してきた者が生き残ることが世代を超えて繰り返された結果、当該行動パターンがDNAの遺伝情報に組み込まれた形で伝達されることも考えられる．

物，さらには規範理論へと，人間的営為とその産物に直接・間接に作用する。その結果，同じく「自然」の対立概念でありながら，しばしば文化（農耕を土台にした人間の生活様式に象徴される）と対立的に把握される文明（civilization）——人間の手による自然の矯化に象徴される——も，文化の発現形態と捉えることができる。そのことは，特定の文明が自らの文化的価値を他の文化に押しつけて「普遍化」しようとする意志をもち（いわゆる文明のブルドーザ効果），他の文化との衝突を繰り返し，結果的に自己崩壊や「自己疎外」の危機をはらむことから目を反らすものではない[392]。文化は文明の洗練と野蛮さの共通の源泉ということができよう。

(ⅱ) 法文化の概念

文化は法とどのように関わるであろうか。既述のように，文化は非形式的制度のみならず，形式的制度の母胎でもあり，この意味で法現象を広く文化理論（文化人類学，文化社会学等）の対象とする法文化論が成立しうる[393]。他方で，文化は法システムの内部でも固有の役割を果たしうる。この観点から，L・フリードマンは法システムの構成要素として①実定法を生み出す構造的要素，②そのアウトプットである実体的要素と並び，③それらについての人々の意識・態度・価値観である文化的要素を重視する（前述Ⅰ4(1)(ⅰ)(イ)）。なぜなら，**法文化**（legal culture）——一般大衆の「**素人の法文化**」と弁護士・裁判官等の専門家の「**内在的法文化**」を区別する——とは「いつ，なぜ，どこで，人々が法，法システムまたは法過程を用いるかを決定するもの」であるから，法文化に対する知識や理解がなければ，法の構造も実体も「現実味のないぬけがら」にすぎないからである。こうして「文化的要素とは，静的な構造と規範の集合体を生ける法の体系へ転化する本質的成分」であり，「時計のネジを巻くことや，機械にプラグをさし込む」ように，「あらゆるものに動きを与える」ものであると捉える[394]。

法システムの内部において文化的要素が実定法やそれを生み出す構造にどう作用するかは，形式的な法制度の変更を通じて非形式的制度を含む制度全体の変化を促そうと試みる開発法学の観点からは，重要な考察対象である。問題は，

---

[392] 村上1993: 11頁，村上2006: 97-103頁，竹内芳郎1981: 3-7頁。
[393] このように文化としての法（law as culture）を対象とする広義の法文化論につき，竹下＝角田編著2002: 262-286頁（竹下賢＝角田猛之）参照。
[394] L・M・フリードマン／石村訳1980: 103-104頁。

無限の多様性に富む個別的な文化の内容を，法改革の実践で求められる政策判断にとって有意味な含意を引き出しうるまでに，どのような形で一般化できるかである。

(2) 法と開発への文化基底的アプローチ
(i) 文化の測定指標

そうした文化の「翻訳」の試みとして，文化的価値の多様性を一定の座標軸に従って類型的に把握するA・ペリーの**文化基底的アプローチ**（culture-based approach）がある[395]。ペリーは，法システムについて民間部門がもつ感覚（perceptions）および期待（expectations）に対し，文化的価値がどのような影響を与えるかに注目する。というのも，ワシントン・コンセンサスを共有しつつ法改革を推進する主流派の開発機関──国際通貨基金（IMF），世界銀行（WB），アジア開発銀行（ADB）など──は，法改革に対する経済的アクターの感覚と期待は世界中どこでも大きくは変わらず，経済的要因によって同じように動機づけられているとみる「黒板上の経済中心的仮定」に立脚し，「ルールに基づく，市場による分配の統一モデルの促進」が望ましいと考え，民間部門主導型の開発理論を端的に適用しようとしているようにみえるからである。例えば，ADBは，(a) 国家による分配と市場による分配の次元および (b) 裁量的手続とルールに基づく手続の次元によって区分された事象の中を，諸国は国家による裁量的分配から市場によるルールに基づく分配へと移行すべきと想定し（図表Ⅳ-11），そのための法改革の処方箋を施す。しかし，それは法システムに対する民間部門の感覚や期待の多様性に注意を払っていない，とペリーは批判する。

他方で，ペリーは，法と発展の関係分析に法文化の概念を取り込む試みに対しても，それが曖昧で不正確で計測や理論化が困難であることを理由に批判的である。そして，文化が「経済的アクターが法システムについてもつ感覚および期待に影響を与えるであろうと想定される価値を指すもの」とみたうえで，G・ホフステードの国民文化（精神的ソフトウェア）の5次元像に依拠して，文化と法との関係を分析する[396]。それは，

①**権力格差**（power distance）（国民と権威との関係における社会的不平等），

---

[395] Perry 2002: pp. 282-307.
[396] Hofstede 1991: pp. 13-15（岩井紀子＝岩井八郎訳 1995: 14-15頁）．

図表Ⅳ-11　主流派の開発モデル

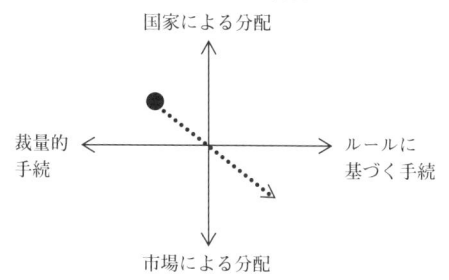

```
           国家による分配
              ↑
              |
        ●     |
              |
   裁量的  ←——+——→  ルールに
   手続       |      基づく手続
              |
              ↓
           市場による分配
```

出典：Perry 2002: pp. 282-307に基づき，筆者作成

②**集団主義**（collectivism）と**個人主義**（individualism）（個人と集団との関係），

③**女性らしさ**（femininity）と**男らしさ**（masculinity）（男の子または女の子として生まれたことの社会的意味），

④**不確実性の回避**（uncertainty avoidance）（不確実性への対処の仕方），

⑤**長期志向と短期志向**（long-term/ short-term orientation）

である。このうち，法システムと経済活動との関係に最も関連が深いとみられる①・②・④と法との間には，以下のような一般的関係が見出される。

（ⅱ）　不確実性回避度の影響

　不確実性の回避を志向する度合い（**不確実性回避度**。Uncertainty Avoidance Index: UAI）は，社会における法のあり方に大きな影響を与える。UAIが高い国の人々は，偶然に委ねられる事柄はできるだけ少ない方がよいと信じ，ルールを求める感情的傾向をもつ。その結果，UAIが低い国の人々よりも正確な法，とりわけ形式的な法をもつ傾向にある。もっとも，そのことは，形式的な法が現実に遵守されていることを必ずしも意味しない。なぜなら，高UAIの社会では，たとえ実効性のないルールであっても，形式的構造を求める人々の感情的要求を満足させるからである。また，高UAI国の市民は，権威によって行われた決定を自ら左右しうる可能性については悲観的であり，国家に対してあまり抵抗しない傾向にある。それゆえ法と秩序を強調しつつ，右傾化しやすい。

　他方，UAIが低い諸国の国民は，形式的ルールに対する感情的恐怖心をもち，それが神聖視されないことから，絶対的に必要な場合にだけ形式的ルールに訴える傾向がある。その代わり，いったん形式的ルールが作られると，一般的に尊重される。また，低UAI国の市民は，少なくとも地方レベルでは，自ら政

治的決定に参加できると信じており，国家に対して抵抗する準備がより良くできている。

(ⅲ) 個人主義度の影響

　個人主義の度合いも法のあり方に影響を与える。個人主義度とは，人々が自分自身のことを第一次的に個人として考えるか，集団の構成員として考えるかの程度である。個人主義社会では，個人の業績がいかなる人的関係よりも優越すると想定されている。また，集団主義文化においては自明のことである多くのことが，個人主義文化においては明示的に述べられなければならない[397]。

　他方，**集団主義社会**では，集団の利益が個人の利益の上に置かれるとともに，個人の業績よりも人的関係が優越し，それが最初に確立されるべきものとされる。ルールについては簡潔で抽象的で解釈の幅を残しつつ，暗黙の了解をもってよしとする傾向も見出される。また，市民の精神的ソフトウェアにおける個人主義が弱いほど，経済システムにおいて国家が主要な役割を演じることがより多くなり，そのような社会は国家による分配を行う法システムをもつ傾向がより強い。一般的に，富裕で，都市化され，産業化された社会はより個人主義社会になる傾向があるのに対し，貧困で，農村的な伝統的社会はより集団主義社会になる傾向をもつ。

　そして，不確実性回避度（前述（ⅱ））と個人主義度とは密接に関係し，社会における法のあり方に影響を及ぼしている。すなわち，

　(a) 不確実性回避度が高く，かつ個人主義度が高い社会は，**成文法主義**（形式的ルール主義）を好み，また，成文法主義（形式的ルール主義）をとることにより，人々の不確実性回避度および個人主義度が高まる。つまり，社会が法をつくるというよりも，法が社会をつくると信じる人々は，多くの明示的ルールをもち，不確実性に対して不寛容になり，かつ非常に個人主義的になるというのである。

　(b) 不確実性回避度が高く，かつ集団主義度が高い（個人主義度が低い）社会は，**不文法主義**（非形式的ルール主義）を好む傾向にある（図表Ⅳ-12）。例えば，強い不確実性回避と個人主義が結びついた国（例えば，フランス）は，明示的かつ成文化されたルールを好む傾向にあるのに対し，強い不確実性回避と集団主義が結びついた国（例えば，日本）は，黙示的かつ伝統に根差したルールを好む傾向にある，とされる。このことは，例えば，日本民法典の条文の簡潔さや条

---

[397]　例えば，アメリカのビジネスで用いられる契約書は，日本のそれよりもずっと長いことが挙げられる（Perry 2002: pp. 298-299）。

図表Ⅳ-12　個人主義度・不確実性回避度と法

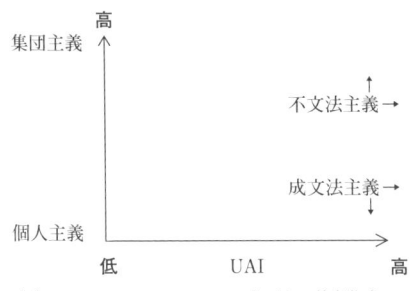

```
集団主義  高
         ↑
              不文法主義→

              成文法主義→
                    ↓
個人主義
       低    UAI    高
```

出典：Perry 2002: pp. 298-303に基づき，筆者作成

分数の少なさを（限られた時間の中での起草・立法作業という特殊事情や，裁判所の解釈・適用を通じて法文の内容を補充するという法政策と並んで）説明する一要因になるであろうか。さらに検証が必要である。

(ⅳ)　権力格差の影響

権力格差も法のあり方に対して大きな影響を与える。権力格差とは，国民の国家への依存関係の程度と定義される。これは，換言すれば，権力が不平等に分配されていることに対する社会的な許容度を意味する。**権力格差指標**（Power Distance Index: PDI）は，異なる文化圏において，国家の広範な裁量権の存在が，民間部門によって期待され，積極的に受容されているかを計る指標となりうる。PDIが低い国（例えば，イギリス）では，権力行使は合法的で善悪の判断に服すべきこと，国家と国民との権力格差は基本的に望ましくなく，たとえ不可避的であるとしても政治的手段によって最小化されるべきこと，そして，あらゆる者が社会的地位にかかわらずに平等の権利をもつように法が保障すべきことを是認する感情が支配している。その結果，PDIが低い社会は，ルールに基づいた，裁量的でない手続をもつ傾向にある。これに対し，PDIの高い社会は，裁量的国家となる傾向がある[398]。

このこととの関係で，高PDIの社会では，政府が決定する「法」の妥当領域が拡大する一方で，「契約」の妥当領域が縮小するのに対し，低PDIの社会では，「契約」の妥当領域が拡大する一方で，「法」によって決められる領域を

---

[398]　PDIの高低を規定する要因としてペリーは，①地理的緯度が高くなるに連れてPDIは低くなる，②人口規模が増大するに連れてPDIも高くなる，③富裕が増大するに連れてPDIは低くなる点を挙げている（Perry 2002: p.303）。

図表Ⅳ-13　帰責の根拠と法文化

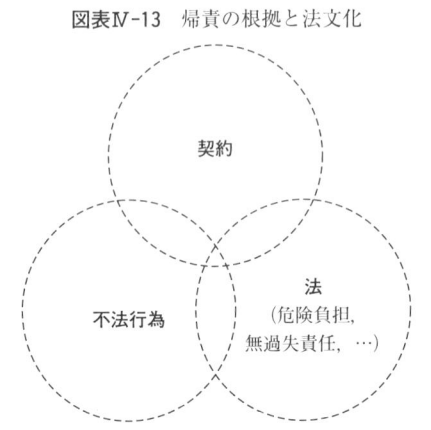

```
        契約

不法行為    法
         （危険負担,
         無過失責任, …）
```

高 PDI →「法」の妥当領域の拡大（→「契約」の妥当領域の縮小）
低 PDI →「契約」の妥当領域の拡大（→「法」の領域の縮小）
出典：筆者作成

縮小させたいという意向を一般市民がもつ傾向にあるかも知れない。例えば，契約目的物が給付不能になった場合に，契約当事者双方に帰責事由がなかった場合，そのリスク負担（反対給付義務の有無）はいずれの当事者が負うべきかについて，高 PDI の社会では政府の立法による解決に納得し，低 PDI の社会では当事者間の予めの（明示または黙示の）約定（契約の解釈を含む）によることを好む傾向があるかも知れない（図表Ⅳ-13参照）。また，契約関係にない当事者双方の帰責事由によらずに損害が発生した場合の法定の無過失責任についても，高 PDI の社会の法が許容度が高く，低 PDI の社会ほど許容度が低いことも予想される[399]。

　いずれにせよ，PDI の低い・高い自体は，ただちに良い・悪いとか，先進的・後進的だとかいう評価に直結しないように思われる。というのも，PDI の高低は，社会の安定性，人々の行動の確実性，経済発展等を一義的に規定するわけではないからである。例えば，PDI の低いことが社会を不安定にするとは限らないし，PDI の高いことが経済発展を妨げるとは限らない。例えば，アジア諸国が目覚ましい経済発展を遂げた時期には，国家による分配を定めた法および裁量的手続に基づく法システムが経済政策の鍵となる活動を支援した。こ

---

[399]　無論，これらの点については，実証的な調査・分析が必要であり，現段階で結論を下すことは早計である。

のことは，広範な裁量権限をもつ独裁体制は法の支配を執行し，商取引を助長することにおいて自由主義国家よりも実効的でありうることを示している。これに対し，ルールに基づき，市場による分配を行う法システムは，経済が一定の発展閾に到達した後においてのみ，将来の経済発展に対して相当の効果をもつとみられる[400]。

もちろん，PDI自体も，市民の生活スタイル，知識レベル，習慣，グローバル化の影響，意識の変化等により，変容しうる。しかし，開発の観点から重要なのは，既存のPDIの度合いを前提にして，どのような制度構成が当該社会の開発に合致した統治を実現できるかという点にある。

PDIと個人主義度（前述 (iii)）も密接な関連性をもつ。例えば，PDIが高い社会は集団主義度が高く（個人主義度が低く）なり，PDIが低い社会は個人主義度が高くなるとみられている。例えば，東アジア諸国の場合，①経済的アクターは集団主義文化をもち，合法主義および成文契約よりも，個人的な関係および交渉のネットワークに一層依存しがちである。しかし，②そうした柔軟な関係は，多くの国家的裁量を要求し，国家による分配の法システムをもつことが多いが，③PDIは中程度であるとみられている。これは，経済発展に通じる諸要因の**アジア的ミックス・モデル**ということができようか[401]。

PDIに関連して，ペリーは，国家と民間部門との**透過性**（permeability）に着目する。すなわち，東アジアにおける諸国家は民間部門への介入的役割をもつとともに，民間部門に対して国家と親密に相互作用する機会を提供する。このような国家をペリーは**透過性国家**（permeable state）と呼ぶ。ペリーはそれ自体をただちに良いとも悪いとも評価しておらず，「浸透的な公私関係および広範な国家の裁量権が良いことか否かは，それらを生み出したより広い経済的，政治的および文化的コンテクストに依存する」とみる。そのうえで，移行経済国にしばしばみられる国家と民間部門との密着関係として，(a) 民間部門が国家を虜にする（state capture），(b) 民間部門が国家に影響（influence）を与える，(c) 公務員が定められた公式ルールを歪めて私益を獲得する行政的腐敗（administrative corruption）を識別する。このうち，(a) と市民的自由との間には

---

[400] Perry 2002: p. 303.
[401] さらに，「アジアにおける国家と個人との関係は，『非形式的』，『自発的かつ非権威主義的』な交渉および指導のプロセスとして表現されてきた。決定は『共有された正と不正についての見解に立脚した相互的期待の合意』に基づいて行われ，その結果，『実定法はしばしば余剰物であり』，形式的な法システムは『最低限の』重要性をもつにすぎない」とされる（Perry 2002: pp. 304-305）。

逆U字曲線の関係があるとみる。つまり，市民的自由の部分的導入は国家を虜にすることの発生を伴う。なぜなら，市民的自由は，その導入初期には，共産党という支配装置の解体の結果生じたコントロールの欠如と均衡させるには不十分だからである。このことは，市民的自由の導入によってただちに浸透性国家の解消効果が現れるものでないことを示唆している[402]。

(ⅴ) 文化の強靭性と法改革の政治性

　法改革への文化基底的アプローチはそれ自体が開発途上にあるし，それが法と開発の主流派による市場を通じたルールに基づく分配をモデルとする法改革や，その根底にある経済的自由主義そのものを批判するのか，その適用方法を問題とするのかも，さらに明確にする必要がある。しかし，少なくとも，各国の文化的多様性は驚くべき強靭さと持続力をもつ結果，法改革というものが一見想定されるよりもはるかに困難で急進的で政治色を帯びた，制度変化のきわめて特異なパターンであることは，再認識されよう。

(3) 法改革における普遍性と固有性

　非形式的制度の重要性とそれを根底から規定する文化の奥深さは，たんに制度改革の技術的手法の改善を要求するだけではない。それは各社会の文化に根差した固有の非形式的ルールにどのように向き合い，対処すべきか，その評価の問題に不可避的に通じている。法改革においては，各国家に固有の伝統的ルールを顧慮し，法改革に取り込めばよいというほど事態は単純ではない。そうした固有のルールと改革者の法モデルとの選択と調整という緊張に満ちた作業を通り抜けなければならない。しかも，固有のルールが当該社会の伝統的価値を強く反映しているときには，ルールの選択と調整は困難を極めるであろう。この場面では，様々な伝統的ルールや価値を平等に尊重するという調停案は，改革派をも保守派をもともに満足させない可能性がある。

　そこで，改革者の提示する法モデルの普遍性の主張と，固有のルールの支持者の価値の主張とを接触させ，多様な利害関係人の参加による動態的プロセスの中で，選択，組合せ，混合，併存，ハイブリッド，……といった生みの苦しみをあえて回避しない姿勢が求められるかも知れない。法改革を通じた開発もまた，社会の文化と歴史との関係の中で捉えることなしには，各国や各地域の

---

402) Perry 2002: pp. 305-306.

民族がその「内なる文化」を見つめ，「**自らの個性を守りながら尊厳にみちた開発を実現する**」ことはできないであろう[403]。このように各国・各民族の文化的尊厳を維持ながら開発協力（援助）を進めることも，多文化主義の含意に包摂されていると考えられる。

---

403) 山内 2004: 189頁。

V　規範——幸福と正義

1　規範体系の意義

(1) 多文化主義における普遍的規範の可能性

　これまでの人間・組織・制度の分析を踏まえ，社会認識モデル (前述Ⅰ4) の第4レベルに位置する規範体系の意義を検討する段階に到達した。価値観，イデオロギー，宗教，習俗等々の多様な文化的差異が錯綜する中で，法改革を通じた制度改革に首尾一貫した指針を与えうる，体系的で普遍性の高い規範を見出すことは可能であろうか。その答えは，究極的に「開発」とは何かについて，人々の間に共通の理解を成立させるに足る説得的で論証可能な規範体系に関する理論 (**規範理論**) を構築できるかどうかにかかっている。

　『ビルマの竪琴』(竹山道雄，1948年) の中では，戦い終えた日本兵捕虜たちが収容所で，「軍服を着る義務」を負う国民と「袈裟を着る義務」を負う国民の生き方の優劣を議論している。

　　一方は，人間がどこまでも自力をたのんで，すべてを支配していこうとするのです。一方は，人間が我をすてて，人間以上のひろいふかい天地の中にとけこもうとするのです。／ところで，このような心がまえ，このような態度，世界と人生に対するこのような行き方はどちらのほうがいいのでしょう？　どちらがすすんでいるのでしょう？　国民として，人間として，どちらが上なのでしょう？[404]

---

[404]　竹山 1981: 65-70頁。

開発法学が真の学問たりうるためには，この根本問題に対して理論的に解答を与えられなければならない。そこで，開発の究極目標に置かれ，規範体系の中核価値として認められるものは何か，それがどのように論証可能かを考えてみたい。

(2) 普遍性の源泉としての「文化衝突」

グローバル化はルールの共通化を促すが，そこに含まれる自由・平等ルールの普及は，多様な文化集団の主流派にも少数派にも同等の尊厳と機会の付与を要請する結果，やや逆説的であるが，異質な文化を相互に尊重する多文化主義の浸透をも促している[405]。この意味で多文化主義はけっして価値相対主義ではなく，むしろその反対物でさえある[406]。しかし，文化的異質性の強調は，西洋文明の普遍性に対抗する政治的な主張に通じることがある。1990年代には「アジア的流儀・アジア的価値」といった反欧米的価値に基づく独自の開発観の主張（リー・クアンユー，マハティール・モハマッド）や，多極化を深める国際政治における「文明の衝突」の警鐘（S・ハンチントン）が現れ，論争を巻き起こした。こうした価値論の分散化傾向の中で，普遍的規範の形成は遠退いているのだろうか。

しかし，「アジア的価値論」に対しては，アジア内部での批判が根強い。例えば，西洋以上に文化的多様性に富むアジアを欧米と単純に対照させる二項対立図式自体が，欧米の歪んだアジア観＝オリエンタリズムという「知の帝国主義」に呪縛されている。また，「個人主義的欧米」対「共同体主義的アジア」の二項対立図式も欧米での共同体論の思想潮流や仏教・儒教思想に内在する個人主義・自由主義の契機を無視した極端な単純化に陥る危険がある。一方，多文化社会のアジアにおいてこそ「リベラルな個人権」が受容可能な規範的理念になるかも知れない[407]。

また，冷戦後の世界政治の多極化の背景として，中華・日本・ヒンドゥー・イスラム・西欧・ロシア正教会・ラテンアメリカ・アフリカの諸文明の分散に着目し，「普遍的な文明」の形成を疑問視する見解に対しても，かかる「多文

---

405) グローバル化の規範的意義が多文化主義をも包含することについては，後述Ⅵ 4 参照。
406) 多文化主義については，関連文献も含め，石山 1997: 43頁以下，キムリッカ／角田＝石山＝山崎監訳 1998，関根 2000参照。
407) 井上 1999b: 23-74頁，井上 2003a 73-124頁。アジア的価値論への批判として，Sen 1997: pp. 33-40も参照。

明化」が地域紛争，テロ，原理主義の台頭，国際摩擦等の原因に直結するとみるのは早急にすぎよう。「文明の衝突」(1993年) を予見したハンティントン自身，西欧・イスラム・中国等の文明に代わる「世界文明」の誕生や諸国民が「一体感をもつ」可能性を排除していない[408]。

　むしろ，歴史的にはつねに異質な文明間の接触と衝突こそが，より普遍性の高い文化・文明を生み出してきた事実を直視すべきであろう。K・ポパーは，普遍性の高い文明の創造プロセスに関する「社会的法則」として「文化衝突」説を提示する。

> 複数の文化が接触する時，人々は，長い間当然だと思ってきた彼らの生活様式や習慣が，「自然」なものでも，唯一可能なものでも，神の命じたものでも，人間性の一部でもないと悟り，自分たちの文化は，人間が，人間の歴史が作り出したもので，人間の，即ち自分たち自身の力で左右することができるものだと気がついた時，新たな可能性の世界が開けるのです[409]。

　文明の衝突＝武力紛争と捉える必然性はない。様々な摩擦や相互批判は当然ありうるが，なおも文明間の平和的衝突による，より普遍性の高い規範の創造や発見は可能というべきである[410]。

(3) 規範理論のイデオロギー性

　しかし，普遍的規範の創造・発見は，制度の形成のように定立行為（命令，合意等の意思行為）（前述Ⅳ 4）によってではなく，異なる選択肢を比較し，より良い規範を推論し，その正当性を検証する**思考行為**によって行われる。かかる推論の正しさを論証するためには，それに先立って理性的判断の規準となる規範理論の形成が不可欠である。しかし，価値感情に影響された意思決定から完全に自由な理性的推論の可能性に対しては懐疑的見方も多い。ノースは，あら

---

408) ハンチントン／鈴木訳 1998: 77頁。
409) ポパー／長尾訳 1993: 43頁。
410) 大沼 1998: は，人権の普遍的起源論も相対的人権論もともに批判する一方で，文際的 (intercivilizational) 視点から，主要な国際人権規範文書を手がかりに，各国に固有の伝統的・支配的な文化や宗教をこれらの人権規範に適合的に解釈し直しつつ，より統一的で整合性をもった人権規範が地球的妥当性を獲得してゆく可能性を示唆する。また，多文化主義の中で「人権」をぎりぎりまで追求する方法的態度につき，樋口 2000: 123-126頁参照。

ゆる理論がその論者の**イデオロギー**（ideologies）——すべての人々が自己の周囲の世界を説明するためにもつ主観的知覚——から自由ではありえず、「個人的な関係というミクロレベルであれ、共産主義または宗教のように、過去と現在との統合された説明を提供する組織化されたイデオロギーというマクロレベルであれ、個人が構成する**諸理論**は、世界がどのように組織化されるべきかに関する規範的見解によって**色づけられている**」とみる[411]。

たしかに、規範理論はその主張者が生まれ育った家族・社会・国家の中心的価値理念、その他のイデオロギーと緊密に結びついている。しかし、人間の思考が環境から無影響ではありえないことが、つねに普遍的な規範理論の構築を妨げるとは限らない。なぜなら、人間には自分がつねに自らの視野の内側から物事を見ており、自分が抱く理念や人間観・世界観が絶対的基礎をもつものではないという限界を自覚しつつ、なおも異なる規範を比較し、優劣を判断する思考能力が備わっていると考えられるからである。しかも、規範理論は、相互に孤立した個別規範の集合体ではなく、すべての規範が相互に何らかの関係づけによって繋がれたネットワークを形成している。その結果、各規範命題は偶然の決定行為によって形成されるのではなく、基本命題に照らして論理的に推論することによって導出される。そうした規範理論の構築は、その中核価値と根本原理の確認から出発しなければならない。

2　規範体系の中核価値——人間の幸福とは何か

(1) 開発の目標

「開発」が目指す最終目標が何であるかは、今なお争われている。この点について人類が何らかの普遍的価値に辿り着いたということは、今なお困難であるようにもみえる。とはいえ、開発の究極目標をどのような認識枠組で論じることができるのか、既存のアプローチを手がかりに考えてみよう。はたして、開発の究極目標といえるような、人類にとって普遍的な価値を見出すことはできるだろうか。

S・ハンティントンは、**開発の目標**（goals of development）として、①**経済成長**、②**衡平**（平等）、③**民主主義**、④**社会の安定**、⑤**国家の自律**を挙げる。もっとも、

---

[411]　North 1990: p. 23, note 7（竹下訳 1994: 35頁）．強調部分は原文イタリック。

ハンティントンは慎重に，これらは「良い社会の1つのイメージ」にすぎないとする[412]。そして，ハンティントンはこれらの目標の相互関係について，それらが容易に両立可能ではなく，衝突する場合もあることを指摘する。例えば，経済成長と衡平の確保，民主主義と社会の安定は，開発プロセスでは両立させることが困難な場合も多い。では，これらの目標の追求を調整し，最終的に調和させるための核となる究極目標はあるのだろうか。ハンティントン自身は，これらの目標が収斂する究極的な価値があるかどうかを示していないように思われる。

これに対し，A・センは開発の目標となりうる究極の価値の実体に迫ろうとする。センはその候補となりうるものを順次検討する。すなわち，

(a) まず，実質所得の評価に用いられる財貨等の**富裕**(opulence) はどうか。これは人が実際に成就する福祉 (well-being) や他人と比較した現実の機会の優位 (advantage) を生み出す源泉ではあるが，実際に福祉の増大に結びつくとは限らず，価値を保障するものではない。

(b) では，財貨等から生み出されたものとして，古典的功利主義や伝統的厚生経済学が用いる快楽・満足 (satisfaction)・幸福感 (happiness)・欲望充足 (desire-fulfilment) 等の**効用**(utility) はどうか。これも福祉と優位を証拠立てる指標ではあるが，個々人の福祉や優位が実現された帰結の価値そのものを測る基準として，誰にでも通用する普遍的で最終的な指標とはいい難い。

(c) そこで，より一般的に人間が関心をもっている，自分は何を「なしうる」か，自分はどのような存在で「ありうる」かという，各人の機能を達成する**潜在能力**(capability) の発揮はどうか。これは「アダム・スミスとカール・マルクス，さらに遡ればアリストテレスにまで辿れるもの」で，「**人の存在のよさ**」を指標とする**幸福**の概念である。センはそれこそが真に適切な福祉・優位の基準＝価値であるとみる。それは，各人が実際に達成しうる価値ある活動や生活状況に即して**人の存在と生き方の質**を評価する基準であり，**人が選択集合から選び取る機能の組合せ**（機能が数値的に計測可能である場合はそれらのベクトル）として表現される。ここでは「yを選びえたにもかかわらず敢えてxを選んで行う」**自由**(freedom) こそが，根源的な価値の対象である[413]。

---

412) Huntington 1987: pp. 3-6. ハンティントンは，これと異なる「もう1つの良い社会」のイメージも否定し切れずにいる (ibid., p. 25)。
413) Sen 1985 (鈴村訳 1988)。

この意味における幸福の概念は、各人が自己の目標ないし関心事に向かって「努力すること」自体に意味があると認めるものである。それは特定の結果によって評価されるのではなく、むしろ各人が現に置かれた状況において、ある行為をすることに意義を認め、そのために行動するプロセスの享受である。そこには、A・スミスが理想とした**平静**（tranquility）**における享受**（enjoyment）**としての幸福**[414]に通じる点もある。とりわけ、それが特別の財産や能力を必要条件とするものではなく、「もっともささやかな地位においてさえ、そこに**人身の自由さえあれば**、われわれが見出しうるもの」である[415]。この観点からは、よく知られている宮沢賢治「雨ニモマケズ」の詩が、この意味における幸福を表現していると解釈することもできる。

　　　雨ニモマケズ　風ニモマケズ
　　　雪ニモ夏ノ暑サニモマケヌ　丈夫ナカラダヲモチ
　　　慾ハナク　決シテ瞋ラズ　イツモシヅカニワラッテヰル
　　　一日ニ玄米四合ト　味噌ト少シノ野菜ヲタベ
　　　アラユルコトヲ　ジブンヲカンジョウニ入レズニ　ヨクミキキシワカリ　ソシテワスレズ
　　　野原ノ松ノ林ノ蔭ノ　小サナ萓ブキノ小屋ニヰテ
　　　東ニ病気ノコドモアレバ　行ッテ看病シテヤリ
　　　西ニツカレタ母アレバ　行ッテソノ稲ノ束ヲ負ヒ
　　　南ニ死ニソウナ人アレバ　行ッテコハガラナクテモイヽトイヒ
　　　北ニケンクワヤソショウガアレバ　ツマラナイカラヤメロトイヒ
　　　ヒドリノトキハナミダヲナガシ　サムサノナツハオロオロアルキ
　　　ミンナニデクノボートヨバレ　ホメラレモセズ　クニモサレズ
　　　サウイフモノニ　ワタシハナリタイ[416]

　留意すべきは、この一見質素極まりない生活が、その前提として、**健丈な体**、**一定の食糧**、**知識**、**自律**、**住居**、そして、そのようにして**駆けずり回る自由**によって支えられていることである。これらの諸前提を徐々に調えることにより、結果において達成する保障も見込みもないにもかかわらず、各自の関心事に挑

---

[414]　スミス／水田訳 2003-1: 432頁。
[415]　スミス／水田訳 2003-1: 434頁。強調は引用者による。
[416]　宮沢賢治 1990: 222-223頁。

むことのできる自由を，1人でも多くの人々が，少しでも多く享受できるようにすることこそ，開発が目指す目標といえるのではないだろうか。

　そうした自由の内実は一時的で感情的なものではなく，「熟慮に基づく活動」の自由を本質とするものである。これはアリストテレスの「幸福（エウダイモニア）」概念の核心にある考え方である。それは「**よく生きている（エウ・ゼーン）ということ，よくやっている（エウ・プラッテイン）ということを，幸福にしている（エウダイモネイン）というのと同じ意味に解する**」ものである[417]。

　このうち，「生きている（ゼーン）」ということは植物にも動物にも共通の機能であるが，ここでは「人間に特有の機能」である魂（プシュケー）の働きとして「よく生きている」，「よくやっている」といえるかどうか，魂の活動の「善さ」，「卓越性」が問われている[418]。これは先にセンが指摘したように「人の存在のよさ」を指標とする幸福概念にほかならない。ところで，魂の活動には，一時的な感情や欲情に支配されたパトス，知者の自足的で完全なロゴス，そして，いわば両者の中間にあって魂の浮動的部分たる「**倫理的性状**」（エートス）に関わる部分がある。このうち，一般の人々の魂の最も多くの部分を占めていると考えられる倫理的性状がどのように「賞賛すべき状態」となるかが，一般市民にとっては幸福獲得の鍵となるであろう。倫理的性状は「習慣づけ」（エトス）によって卓越性を備えることができ，そこに幸福の源泉があるものと考えられる[419]。

　このように倫理的性状が習慣づけによって賞賛すべき状態を獲得することとしての幸福は，必然的に「単独の生活者」としては完結せず，「国の全市民」をも考慮に入れたものとなる。なぜなら，「人間は本性上市民社会的（ホリティコン）なもの」だからである[420]。その意味において「人間の各個人の幸福と国の幸福とは同一」であり，「個々の人間にとっても総体的に国にとっても人類にとっても」，「幸福とは善く行為すること」であって，「たといどんな人にせよそれに基づけば最も善く行為し，幸福に生活し得るところの秩序が最善の国制」であるという帰結が導かれる[421]。そうした国制において各人の幸福の獲得に助力することは，「立法者」による「教育の仕事」である。すなわち，立

417）　アリストテレス／高田訳 1971-1: 20頁。
418）　アリストテレス／高田訳 1971-1: 32-33頁。
419）　アリストテレス／高田訳 1971-1: 50-56頁。
420）　アリストテレス／高田訳 1971-1: 30-32頁。
421）　アリストテレス／山本訳 1961: 310-311, 314-315頁。

法者は「習慣づけによって市民たちを善たらしめる」。一方、すべての人は「何らかの学習とか心遣いによって幸福を獲得することができる」[422]。もっとも、それはけっして容易な類の実践ではない。人々が、とりわけ多くの弱い人々が、その努力（exertions）により、不運や災難を耐え忍び、克服し、平静を取り戻して享受を始めることが、実際どこまで可能であろうか。それが適当な規律（proper discipline）と漸次的な訓練（gradual exercise）によって一般的に達成されるかどうかは楽観を許さない。その困難さは、開発において当初から覚悟してかかる必要がある[423]。そして、失敗と反省を繰り返しながら学習する、内省的な社会的存在である人間の自由としての幸福概念は、立法や教育を行う国家共同体を前提にした個々人の自由であるといえる。

（2）個人主義への集約可能性

ここでは、幸福概念をめぐって展開されてきた個人の自由と国家共同体の関係を正確に理解することが重要である。それは、共同体から分離された孤立した個人の自由とも、個人の要請を捨象した共同体自体の善とも異なる。あくまで個々の人間の幸福（各自の判断に従ってよくやっている、よく生きていること）を問題にすること自体が、すでに共同体の中で生きる人間を前提にしているという関係にある。センが主張する個人の潜在能力を実現する自由も、各人が実際に置かれた場で現実に行いうる行為の選択集合からなるものと理解している点で、やはり共同体との関係を前提にしていると考えられる。このことは、既存の共同体をつねに所与として受け容れるべきであるとか、改革を試みないことを意味するものでないことはいうまでもない。むしろ、人々の幸福の増進を目標とする制度改革のために、そこから出発すべき最初の状態として、既存の共同体と個人の関係を考慮に入れなければならないことを意味する。

個人と共同体との関係について自由主義者や共同体論者が展開してきた議論に立ち入る余裕はないが[424]、共同体と不可分の関係に立つ個人の自由に最大の価値を認める考え方（前述（1）参照）は、**個人主義**（individualism）と要約することができる。これに関するF・A・ハイエクの議論を題材に、個人主義の意味と射程を再確認してみよう。

---

[422] アリストテレス／山本訳 1961: 342頁、アリストテレス／高田訳 1971-1: 40頁、57頁。
[423] スミス／水田訳 2003-1: 449-450頁参照。
[424] この点につき、齋藤純一 2005、齋藤純一 2000、井上 1999a 参照。

ハイエクは個人主義の2つの潮流として,「孤立した個人」を前提とする偽りの個人主義と**真の個人主義**とを識別する。このうち,真の個人主義は,
　①すべての人々を「あるがままの多様で複雑な,時には善人であり,他の時には悪人であり,また時には聡明でありながら,もっともしばしば愚かであるという姿のままで活用する社会体制」である。そうした個人は,私有財産および市場の「制度」および一般的規定に従って各人に権利を認める「原理」に支えられており,それらは国家およびその強制権力を必要とする。
　②同時に,真の個人主義は「家族や小さい共同体や小集団の共通の努力の価値」を肯定する。なぜなら,社会的問題は伝統的・慣習的な中間団体を介した「自発的協力による方が,はるかによくそれを処理しうる」からである。
　③他方で,個人主義は社会の「設計」には懐疑的である。なぜなら,《最もよく知っている個人》の存在は承認し難いからである。
　④その結果,人並み以上に知能が優れているとか,平均よりも良心的である両親をもって生れてきたとか,「自分の力で得たのではまったくない利点によって得をすること」があっても,それを妨げて「すべての個人を出発点で同列に立たせようとすること」を正当化するいかなる根拠も存在しないとみる。これは,②「家族を個人と同程度に正当な単位として認める」こと,および④社会の設計への懐疑の帰結であるとみることができる[425]。
　このように真の個人主義は,家族やコミュニティから切り離された孤立した個人ではなく,それらと自然的・自発的関係に立つ個人を前提にする。それはまた,個人への権利の分配ルールを決定し,それに従って強制的に紛争を解決する能力をもつ国家の存在も前提にしている。このように個人の自由に最大の価値を置きながら,家族,自発的組織および国家との関係性をもつものとして個人を捉える点に,真の個人主義の特色が見出される。もっとも,前記①・②と③・④との組合せは必ずしも絶対とはいえない。例えば,③・④よりも再配分を重視する立場も①・②と結びつく余地はあると考えられる。
　このような多様性を残しながら,個人がコミットする共同体との関係性を維持する個人主義は,相当に広い支持を得ているように思われる。E・エールリヒは「個人主義が歴史の最後の言葉である,と主張してはならないことは言うまでもない」が,「個人主義が一応勝利を得て」おり,「当分は,事物はやはり

---

425) ハイエク／嘉治元郎＝嘉治佐代訳1990: 5, 8, 10, 15, 20, 25, 27, 32, 36-38頁。なお,嶋津1985参照。

この方向に動いてゆくであろう」とみる[426]。開発の目標とすべき究極的な価値の探求においては，こうした個人主義の根拠と内容をさらに追究する必要があるように思われる。

(3) 個人主義・自由主義・民主主義の相互関係

個人主義の意味と根拠を追究するためには，個人主義と密接に関連する自由主義（liberalism）および民主主義（democracy）との関係を明らかにする必要がある。その際には，これらの諸原理とそれぞれ対比される共同体主義（communitarianism）・平等主義（egalitarianism）・権威主義（authoritarianism）等，関連する価値の相互関係を全体として体系的に把握することが有用である。

（ア）開発の諸目標を究極的に根拠づける**規範体系の中核価値**として，**個人主義**（前述（1），（2））の理念を指定すべきであると考える。なぜなら，あるがままの個人の尊厳に最高の価値が置かれるべきことは，人間の根源的願望として最も自然であると考えられるからである。国家の基本法である民法や憲法で，《人はすべて出生によって権利能力を取得する》という規範（エールリヒはこれを「個人主義の最後の言葉」という[427]）や，個人の尊厳を最高に尊重すべき価値と認める規範に最高の優先度が認められていることは，その表れとみることができる（図表V-1）[428]。個人主義が各種共同体の存在を前提とし，その意義を承認するものであることはすでに確認した（前述（2））。この意味で，個人主義を共同体主義と対置することは，個人主義の真の含意を捉え損なうおそれがあると思われる。

（イ）個人の自由の尊重は，市場や企業の組織においてとくに頻繁に行われる経済的意思決定の場面では，**自由主義**の理念として具体化される。しかし，自由主義は，経済的意思決定の一端を担う「自由」競争市場を効率的で強靭なものとするためにも，それに参加し，またはそれを直接・間接に支える人々の間に一定程度の「平等」の実感が達成できるような再配分システムに支えられる必要がある。例えば，戦後日本の高度経済成長を支えた「もっともきわだった原則」は，財閥解体，農地改革，累進課税，相続税制，給与格差の縮減等に

---

426) エールリッヒ／川島＝三藤訳 1942: 90-93頁。
427) エールリヒ／川島＝三藤訳 1942: 94頁。
428) ドイツ民法1条，日本民法3条（明治民法では1条），憲法13条など参照。

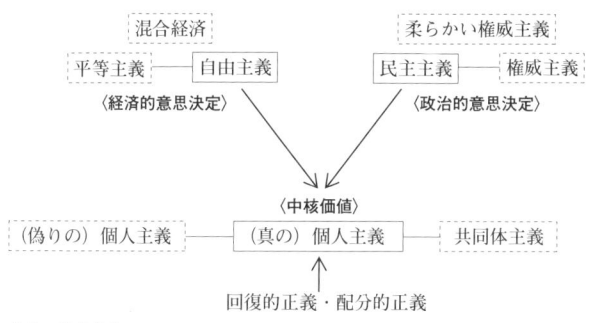

図表V-1　個人主義・自由主義・民主主義の相互関係

```
     〈混合経済〉                    〈柔らかい権威主義〉
  平等主義 ── 自由主義            民主主義 ── 権威主義
        〈経済的意思決定〉                〈政治的意思決定〉
                    ↓
                〈中核価値〉
  (偽りの) 個人主義 ── (真の) 個人主義 ── 共同体主義
                ↑
           回復的正義・配分的正義
```

出典：筆者作成

よる「無階層社会にむかって」の「平等主義」であったとみられている[429]。ここでは自由主義か平等主義（または社会主義ないし共産主義）かという選択は生産的議論の意味を失いつつある。多くの国家が市場メカニズムと政府等を介した再配分メカニズムの混合システムをとる（図表V-1）。

（ウ）個人の自由の尊重は，政治的意思決定の場面では，**民主主義**の理念として具体化される。しかし，民主的意思決定システムを欠く社会に民主主義の要素を導入する際には，市場化との調整も含め，熟慮された長期的なプログラムに則った漸次的民主化を図らなければ，社会は極めて不安定な状態になることが容易に予想される。その点で，民主化プロセスを指導する政府やそれを支援する機関の役割が重要になる[430]。開発のコンテクストでは**柔らかい権威主義**（soft authoritarianism）が民主主義に対して「堅固に守り固められたライバル」であるとみられている[431]（図表V-1）。

もっとも，「民主主義」の価値に対しては，論者の間に一定の温度差も見出される。例えば，(a) ハイエクは**「民主主義の理想は個人主義の基礎的原理から生れたもの」**であり，「強制された支配の領域を一定の範囲内に限定」するものであるとみる。しかし，多数者の意見が真実であるとか，多数ゆえに一般的に承認され，将来も拘束力あるものとして受容されなければならないとはみていない。むしろ，「多数決が万能であるという迷信」は致命的で危険な誤解

---

[429] 梅棹 2002: 331-431頁，とくに342-348頁。
[430] 前述Ⅲ3参照。
[431] タマナハ／松尾訳 2006: 263頁。

として拒絶する。そして，「民主主義を正当化しうる根拠」は，時間の経過に伴い，「今日一握りの少数者にすぎぬ人々の意見が，明日は多数意見となりうるという事実」に求めている[432]。

これに対し，(b) 選択の自由そのものを開発目標として重視するセンは，市場取引における自由そのものの重要性と同様に，民主主義にも手段的価値を越える本質的価値を認め，政治的意思決定への参加や意見表明自体をも重視する（前述Ⅲ4（5））[433]。さらに，それが経済的・社会的成果をもたらすこともある。例えば，インドは，中国，ソマリア，スーダン，北朝鮮等とは対照的に，メディアの自由によって大規模な飢饉を回避した。複数政党制による選挙および自由なメディアを許容する民主主義体制は，政府が飢餓防止策を講じることへの強力な政治的インセンティブを与えているからである[434]。

いずれにせよ，民主主義の評価には各々の国家の歴史的経験が色濃く反映していることに留意する必要がある。「民主主義」の価値やその言葉のもつ響き自体が，国家の民主化プロセスやその経験によって大きく異なると考えられる。例えば，アメリカ人が「民主主義」という言葉に対してもつこだわりや郷愁は，民主主義の獲得をめぐるアメリカの歴史に照らし，その人格の深い部分に根差していることも理解する必要がある[435]。

(4) 開発そのものへの懐疑：ポスト開発思想

しかし，そもそも開発がはたして善いこと（善）かどうかを問うことも，忘れてはならないだろう。なぜなら，開発自体に対する懐疑が存在する以上，開発を所与として出発することは，公平ではないからである。既述のように，開発はいわゆる先進国が長い時間をかけて達成してきたことを，比較的短期間のうちに実現しようとして，社会の仕組みに対して相当人為的な操作を加えるものである。したがって，開発は必然的に予期しない弊害，環境破壊，公害，開発の成果の分配をめぐる不平等による格差の拡大，資源獲得をめぐる紛争など，数々の歪みを生じさせやすい。さらに，そもそも開発は，社会の一部の人々の，また人々の幸福のほんの表層を撫でるだけのものではないのかという批判もあ

---

432) ハイエク／嘉治元郎＝嘉治佐代訳 1990: 29-30頁。
433) セン／石塚訳 2000:167, 178-179頁。
434) セン／斉藤勝訳 1999: 58頁。
435) 高木 2005: 115頁参照。

る。ここでは『ビルマの竪琴』の問題提起（前述1(1)）があらためて想起される。そうした根本的な疑問に正面から向き合う必要がある。

　開発そのものに対するの批判として，**ポスト開発**（post-development, l'après-développement）の思想がある。これは第二次世界大戦後の国際開発政策を支えた近代主義を批判するものとして1970年代から展開されてきた。ポスト開発思想がとくに注目するのはインフォーマル経済，すなわち，発展に寄与しない非合法な闇経済に生きる他者として，開発の視野の外に置かれた人々である[436]。ポスト開発思想家の1人S・ラトゥーシュは，「開発・発展」自体が西洋のパラダイムであり，それが普及しようとするものは高く価値づけ，それとは別のものは低く価値づけることにより，それを模範として見せかけ，開発・発展の他者に受け入れさせていると批判する。開発・発展の外部に生きる他者たちは，高く価値づけられたものを購買する能力をもたず，インフォーマル領域で生存活動を行っている。これらの者に光を当てるポスト開発思想は，経済（という特殊な社会関係）の意味そのものを問い直そうとする。そして，**脱成長**（décroissance）を提唱し，人間の生活領域として，**生態系を維持することが可能なローカルな自律社会の創造**を構想している[437]。

　そうした新しい生活様式をめぐっては，近代的経済システムや開発を肯定する者との間に評価の対立を生むことが予想される。では，ポスト開発思想と開発思想とはまったく相容れないものであろうか。しかし，その少なくとも評価対立の半面は，まさに開発をどのように捉えるかによっているように思われる。「開発」が最終的に人間の尊厳を保護し，人間性を実現することを目指すものであるとすれば，「開発」からおよそ疎外された者がいる状態は，真の開発と呼ぶに値しない。そして，**すべての者が等しく人間性を実現することを目指す**点では，ポスト開発思想も開発思想も異論はないように思われる。

　したがって，人間性の実現に究極的な価値を置き，「従来の開発」から取り残されてきた人々を取り込むことができるような**「更新された開発」**概念を追求する余地があるのではないだろうか。

---

[436] ポスト開発思想の論者として，A. Escobar, G. Esteva, M. S. Prakash, V. Shiva, F. Partant, G. Rist, W. Sachs, S. Latouche らが挙げられる。中野 2010: 48頁参照。
[437] 中野 2010: 50-57頁。

3 規範体系の具体化原理——正義論

(1) 中核価値の具体化原理としての正義論

　各人が生活する様々な共同体に程度の差はあれ依存し，何らかの負荷をかけながら生きるすべての人間が，かけがえのない（この世の中に1人しかいない実存的な）自己の尊厳を維持し，自由を保障するという意味での個人主義に規範体系の**中核価値**を置くことができるとした場合，つぎにそれを具体化するための根本原理が何かを明らかにしなければならない。

　共同体との関係性を前提とする個人主義という中核価値は，一定の平等確保と調整しながら自由主義の価値を実現し，社会の安定維持に必要な政府裁量と調整しながら民主主義の価値を実現することによって具体化される（前述2(3)）。ここで必然的に自由と平等および選択（自己決定）と安定（政府裁量）を調整するための規準が求められる。以下では，この規準を規範理論の中核価値を具体化するための基本原理という意味で「規範理論の根本原理」という。この原理の内容をなす多くの部分は，従来すでに正義論として展開されてきた。以下では，まずは正義論の展開を辿り，その課題を確認する。

(2) 一元的正義論

　プラトンは『国家』において，正義に関する諸見解（他人に借りているものを返すこと，相手に相応しいものを返し与えること，……）の検討を経て，正義は「**他人のものでない自分自身のものをもつこと**」と集約し，支配者・戦士・職人がそれぞれ知恵・勇気・節制に従って各人の徳を高め，他人のものに手を出さず，各人の本務に専心することが，究極目標である優れた国家＝最高善の実現に通じるとした。個人にとっての正義は国家の正義を前提とする人間としての善さ＝「徳」である[438]。

　こうして「**各人に彼のものを**」という形で一元的に集約された正義の定式化は，財産所有の根拠を問うことを契機に始まり，**共有制論**に帰着する点が注目される[439]。それは「国家があたかも一人の人間のように『自然に一つの国』

---

[438]　プラトン／藤沢訳 1979-1: 26-107頁 (331C-359B), 297-301頁 (433A-434C), 322-332頁 (441C-444D)。

[439]　プラトン／藤沢訳 1979-1: 22-27頁 (329E-331D), 269-385頁 (423B-466D)。

となる」ことを理念とし,「分をおかして相手をしのごう……誰よりも多くを自分の手に入れようと努める」者を「不正な人」とみる価値観に立脚する[440]。かかる一元的正義論では,何が「彼のもの」として相応しいかは,各人の属性および他人との関係に照らして判断されることから,著しく多様である。そのために,分配の規準として抽象度が高く,最終的に「彼のもの」を判定する能力はゼウス(神)にのみ与えられている[441]。その判定権限を全面的に人間がもつことは本来危険である。ナチスのブーヘンヴァルト(Buchenwald)強制収容所の正面玄関に掲げられた「各人に彼のものを」(Jedem Das Seine)という看板が,第二次世界大戦後にそこを占領した旧ソビエトにより,ナチス監獄としてそのまま使われたことは,よく知られている。この美しくも恐ろしい原理を人間がそのまま使いこなすことは難しい。

　それゆえに,プラトンもすでに,「正義」=各人に「ふさわしいものを」という意味での「平等」には「二種類の平等があって,それらは名前は同じだが,じっさいは多くの点で,ほとんど正反対のもの」であることを指摘している。すなわち,〈1〉一方の平等は「**より大きなものにはより多くを,より小さなものにはより少なくを**と,双方にその本性に応じて適当なものを分け与え,とくに栄誉については,徳においてより大いなるものには,つねにより大いなる栄誉を,徳と教養とにおいて反対の状態にあるものには,それにふさわしいものを,その都度比例的に分け与える」ものである。それは「政治」の目的であり,「正義そのもの」である。しかし,この「**もっとも真実な,もっともよき平等**は,誰にでも容易に見分けられるというものではない」。それは前述のように「ゼウスの判定するものであって,それが人間に与えられるのは,いつも

---

440) プラトン／藤沢訳 1979-1: 270-271頁 (423C-E),81-82頁 (349B-C)。
441) プラトン／森=池田=加来訳 1993: 338-340頁 (757-758)。ここに実質的に示された「各人に彼のものを」という正義の定式は,キケロ (Marcus Tullius Cicero, 106-43 B.C.「正義は各人に彼のものを与える」"Justitia suum cuique distribuit," De Natura Deorum (『神々の本性について』), III. 38; cf. De Finibus, Bonorum et Malorum (『善と悪の究極について』), V. 67) によって著名なものとなった。その後,ローマ法学者ウルピアヌス (Domitius Ulpianus, 170?-228.「正義 (iustitia) とは各人に彼のもの (ius suum) を与える不断かつ不変の意志である」(D.1.1.10pr.; Inst.1.1 pr.),アウグスティヌス (Aurelius Augustinus, 354-430.「各人に彼のものを割り当てること」服部=藤本訳 1991: 19巻21章,87-88頁。ここでは,国家のあり方との関係で正義の意味が問われている。すなわち,地所を買った者からその地所を取り上げて権利をもたない者に手渡すことは「不正」とされるのに,人間を真実の神から取り去って邪悪な霊が宿る支配者に隷属させることが,正義=「各人に彼のものを分配している」といえるかが問われる。この問いにつき,Cicero, De Legibus (『法律について』), I. 15, 18はすでに否定的であった) などにも見出される。

わずか」である[442]。

　そこで，〈2〉もう一方の平等として，人間にとってもう少し操作可能な正義＝平等が，つまり，真の意味の正義＝平等を「少し緩めた意味に使う」ものもやむをえないものとして導入される。それは「**尺度，重さ，数による平等**」で，**分配に籤を用いることによる平等**である。それは「容易に導入することができる」ものの，しばしば「正しい意味での正義から外れ，完全な厳密さを損うものである」。それゆえに，この緩められた意味の平等を用いる場合にも，「もっとも正しい方向に導きたもうよう，神と幸運に祈らなければならない」。その結果，いずれにしてもこの意味の平等は「できるだけこれを用いることを少なくすべきである」とされることになる[443]。

(3) 二元的正義論の成立と展開
(i) アリストテレス

　これに対し，アリストテレスはプラトンの共有制論を批判し，**私有制**の長所を挙げる。中でも「共同なものは気遣われることが最も少ない」だけでなく，分配をめぐって「暴行，殺人…喧嘩」等の不祥事も絶えない。他方，私有制では「人間をして最も多く心配し愛するようにさせる…『自分一人のもの』…『自分のいとしいもの』という気持」が育ち，物に対する配慮を増し，「節制の働き」，友人らを助ける楽しさ，「物惜しみせぬ徳の働き」が促され，財産をめぐる争いや不平が減る。自己愛は「自然的なもの」として認められ，「必要な程度以上に自己を愛すること」だけが非難される一方，「国を余りに一つにしようとすること」は善いことではなく，それが「自足的」であるためには「より少く一つであることが，より多く一つであることよりも望ましい」とされる[444]。

　こうした自己愛と私有制を支持する価値観を背景に，アリストテレスは『ニコマコス倫理学』において，正義（法的領域における特殊的正義）として，各人の分に応じた分配を正しいとみるプラトンの配分的正義と，ピュタゴラス学派の応報的正義を題材に，両者をともに批判的に修正・結合する形で，2つの正義を導いている。すなわち，〈1〉共同的資材の分配について幾何学的比例に従

---

442) プラトン／森＝池田＝加来訳 1993: 339頁 (757B-C)。
443) プラトン／森＝池田＝加来訳 1993: 339-340頁 (757B-E)。
444) アリストテレス／山本訳 1961: 70-82頁 (1261b-1264b)。

って行われる**配分的正義**と，〈2〉諸々の人間交渉において算術的比例に従って行われる**矯正的正義**である。〈2〉は，①売買などの随意的交渉におけるもの（この場合，相互の対応給付の均衡が重視される）と，②窃盗・強盗などの不随意的交渉におけるものを含み，違約や加害によって生じた「利得」と「損失」の「不均衡」を「均等」にすることである[445]。そして，配分される人間Aと人間B，配分される事物Cと事物Dの4項の比——例えば，農夫（大工）A，靴工B，食料（家屋）C，靴Dの比——のうち，〈2〉矯正的正義では，まず事物C・Dの比例（対応給付の均衡）が考慮され，人間A・Bは「均等化される」のに対し，〈1〉配分的正義では，人間A・Bの様々な比例を含むすべての比例が考慮に入れられる。もっとも，〈1〉配分的正義から分離された〈2〉矯正的正義は，交易的共同関係における取引の応報を実現するが，あくまでA・B・C・Dの4項比の一形態とみられている[446]。

(ⅱ) トマス・アクィナス

こうして定式化された二元的正義論は，中世スコラ学および近代自然法論によって様々に承継され，批判され，発展させられてきた。トマス・アクィナス (St. Thomas Aguinas, 1225-1274) は，〈1〉**配分的正義**（iustitia distributiva）は全体的・協同的なものと部分的・個々人のものとの関係で比例性（proportionalitas）の原理に従って行われるのに対し，〈2〉**交換的正義**（iustitia commutativa）は部分・個々人相互の関係で他人から取ったと同じ物だけを返還するだけでなく，有害な行為自体に対する報復（**行為の悪性への制裁**）も加えることによって実現されるとみた[447]。

(ⅲ) グロティウス

これに対し，H・グロティウス (Hugo Grotius, 1583-1645) は，〈1〉自己自身に対する力（自由）・支配者の権力・所有権・債権を対象に，所有権に基づく回復の原理をモデルとする**回復的正義**（iustitia expletrix）と，〈2〉身分・富・出自・卓越性など，個々人の「価値」に従って相応しい給付を対象に，寛大・同情・政府の先見の明ある配慮（providentia）などに基づいて他人に利益（utilitas）を与える徳である**配当的正義**（iustitia attributrix）を区別する。そのうえで，アリ

---

[445] アリストテレス／高田訳 1971-1: 174-185頁 (1130a-1132b)。
[446] アリストテレス／高田訳 1971-1: 178-191頁 (1131a-1133b)。
[447] トマス・アクィナス／稲垣訳 1985: (IIa IIae, qu. 61, art. 1)。この考え方は，収取を怠った果実についても，その収取の懈怠ゆえに，返還義務を負わされるとの見解（スペインの後期スコラ学者の回復理論）へ通じた。

ストテレスおよびトマス・アクィナスの正義論を批判する。例えば，
　①契約でも，組合契約には幾何学的比例が妥当するし，
　②私人間での個人財産の分配でも，遺産分割には配当的正義が妥当する。
　③他方，公共財産の分配でも，公務員の報酬は算術的比例に従い，
　④同じく公用収用に対する公共財産からの補償は回復的正義による。
　⑤収取を怠った果実は占有者が善意であれば返還義務を負わない，等である。
　そして，グロティウスは，〈1〉回復的正義は，固有かつ厳格な意味における完全な権利＝権能（facultas）を対象とするゆえに「固有かつ厳格な意味における正義」と呼ぶ一方，〈2〉配当的正義は，完全ではない権利＝適性（aptitudo）を対象とすると解した[448]。

　グロティウスの正義論に見出される回復的正義の相対的重視は，自由主義的な経済取引の増大という現実社会の動きと連動し，正義論の転回に大きな影響を与えた。

（iv）　ホッブズ，ヒューム，スミス

　T・ホッブズは「契約の遵守」に象徴される交換的正義こそ衡平とみてもっぱら重視し，D・ヒュームも所有権の安定，同意による所有権の移転および契約の履行を正義の根本法とみる。A・スミスも「正義の目的は侵害からの防止」であり，交換的正義が満たされれば，配分の正義は自ずから満たされると考えたと解釈されている[449]。ただし，それらは，①自由な経済活動の拡大による社会全体の富の増大（非ゼロサム・ゲーム）を暗黙の前提とし，また，②個人を自由・平等な存在とみる人間像の変化，善を快楽と解して快楽と苦痛の計算を可能とみる功利主義的社会観，原子論的個人観への変化（J・ロック，J・S・ミル）を背景としていた可能性に留意する必要がある[450]。

（v）　ロールズ

　その後，正義論は，資本主義に基づく政策の弊害を是正するための社会主義理論や実質的な自由・平等を回復・維持するための福祉国家論によって配分的正義を重視する傾向が生じた一方で，社会主義の行詰りに直面して再び交換的

448）　松尾 1989: 117-125頁，133頁注90参照。
449）　藤原保信 1993: 23頁以下。田中正司 1988: 138頁も「スミスは『交換的正義』さえ保障されれば，社会全体の『配分的正義』はおのずからそれなりに実現されうる次第を『国富論』で理論的に論証することによって，経済の論理に解消できない主題以外には政治家や立法者が介入する必要がない次第の論証を法学の中心基本主題としていた」とみる。有江 1990: 151-163頁も参照。
450）　藤原保信 1993: 23-29，62頁以下参照。

図表V-2　正義論の拡散

←平等主義・再配分重視		自由主義・交換重視→	
社会主義	功利主義	権利論的正義論	
		再配分原理も重視	自由尊重主義
マルクス	ベンサム　　　ミル	ハイエク　　　　　　ロールズ　　　ドゥオーキン　　　　　　セン	ノージック

出典：筆者作成

正義論への確信を強める傾向も生じ，現代の正義論は両方向に拡散・動揺している[451]（**図表V-2**）。こうした中で，両者間の調整に手がかりを与えるものとして，J・ロールズの正義論が注目される。

ロールズは，原初状態における「公正」な手続的条件の下で，マキシミン・ルール（不確実な状況下で最悪の事態を最大限改善する方策）を採るときに採択される原理として，正義の2原理を導出する。すなわち，〈1〉「**第1原理：各人は，すべての人々に対する同様の自由と両立しうる，最も広範な基本的自由への平等な権利をもつべきである**」（平等な自由原理），および〈2〉「**第2原理：社会経済的不平等は，(a) すべての者の利益に資しうると合理的に期待され，かつ (b) それらの不平等がすべての者に開かれている地位および職務に付随するように調整されるべきである**」。さらに，〈2〉第2原理は，その解釈の幅を限定し，「**社会経済的不平等は，(a) 最も恵まれない者の便益を最大化し〔格差原理〕，かつ (b) 機会の公正な均等という条件の下で，すべての者に開かれている職務および地位に付随するように〔公正な機会均等原理〕，調整されるべきである**」と再定式化されている[452]。

このように定式化された正義の2原理が，アリストテレス以来の二元的正義論を踏まえていることは，ロールズ自身の示唆からも推測される[453]。こうし

---

[451] 平井亮介 2002: 3-24頁参照。
[452] Rawls 1971: pp. 60, 83（矢島＝篠塚＝渡部訳 1979: 47頁，64頁）．その後の修正につき，ロールズ／田中＝亀本＝平井訳 2004: 75-86頁を見よ。ロールズとその正義論につき，川本 2005: 117-160頁参照。
[453] Rawls 1971: p. 10, n. 3. もっとも，ロールズは，アリストテレスが『ニコマコス倫理学』において配分的正義と矯正的正義（特殊的正義）の説明を始める直前までの全般的正義に関する部分（1129b-1130b5）を引用する。

て正義論の伝統に再接合された二元的定式は，自由と平等（再配分）の調整原理として，自由を守護する側からも，平等を推進する側からも，時には橋頭堡として，時には攻略目標として，規範原理を発展させる議論の土台となろう[454]。社会主義・計画主義の限界も資本主義・市場主義の弊害もともに経験した現在では，正義論の課題は回復的（交換的）正義か配分的正義かではなく，両者の実体的関係を原理的に解明することにある。自由が成り立つ平等の社会的基盤がどのようなものか，その基盤確保の手続がどのようなルールに則って行われるべきか，発見し，証明しなければならない。

4　グローバルな規範の必然性と方向性

(1) グローバルな正義論への関心
(i)　「万民の法」の規範原理

　グローバル化の現象が拡大・深化する今日の社会状況においては，正義論をグローバルなレベルへと展開し，地球的共同体に通じる正義を探求することが可能かどうかも検討する必要がある。はたして，多様な生活スタイルや価値観をもつ人間社会に共通する正義を見出すことができるかどうか，疑問が生じるだろう。その一方で，われわれの日常生活も世界がどうにか平和を維持することによって支えられ，そうしたグローバルな統治の背景には，直接目に見えないものの，正義の観念が浸透しつつあるのかも知れない。

　このような視点から見ると，伝統的正義論を背にして現代正義論の本流を切り拓いてきたロールズが，その流路を様々な国の民衆からなる世界規模の社会＝**「万国民衆の社会」**（Society of Peoples）に向けて開いたことは，きわめて興味深い展開である。『万民の法』（*The Law of Peoples*, 1999）においてロールズは，「道理をわきまえた市民たちと道理をわきまえた各国の民衆が，正義に適った一つの世界のなかでともに平和に暮らすにはどうすればよいか」を模索する。この構想はI・カントが「永遠平和のために」（1795年）において素描した**平和連合**（foedus pacificum）に倣うものである。それは「地球規模の専制体制」か「脆弱な帝国支配」のいずれかになると予想される「世界政府」に代わり，最も現実的でありかつ理想的でもある地球的統治の構想といえる。それを支える

---

[454]　ノージック／嶋津訳 1994: 306-381頁，セン／大庭＝川本訳 1989: 225-262頁，セン／鈴村＝須賀訳 2000a，セン／池本訳 2011，ドゥオーキン／小林＝大江＝高橋秀治＝高橋文彦訳 2002:。

万民の法の基本原理としてロールズが挙げるのは，各国民衆は，
　①自由・独立で，他国の民衆もそれを尊重すべきである，
　②条約や協定を遵守すべきである，
　③平等で，取決めの当事者となり，かつそれに拘束される，
　④不干渉の義務を遵守すべきである，
　⑤自衛権をもつが自衛以外の理由で開戦する権利をもたない，
　⑥諸々の人権を尊重すべきである，
　⑦戦争の遂行方法に関する制限事項を遵守すべきである，
　⑧**良い政府をもたず，不利な条件下で暮らす他国の民衆を「援助する義務」を負う**，
というものである[455]。
　このうち，開発法学の視点からは，⑧**援助義務**の要件・効果が重要である。
（ⅱ）　他国を援助する義務の根拠と内容
（ア）　援助義務を問題にする意義
　カントの平和連合構想から200年余り，その実現が阻まれてきた理由はどこにあるのだろうか。その根本原因は，利害が複雑に絡み合った国際関係にあるというよりも，圧倒的に多くの国家にとって，平和連合の核になるような良い統治の実現が困難であるという国内問題にあるように思われる。しかし，それは国際的関与なしにはどれだけ待っても実現されない。このジレンマを解決する方法はあるのだろうか。その鍵が，国際的な援助義務である。それにはどのような根拠があり，また援助義務はどのような内容をもつべきものであろうか。
（イ）　ロールズの援助義務論
　ロールズは，万国民衆の社会に成り立つ万民の法（the Law of Peoples）を構成する一原理として，「**各国民衆は，正義に適ったまたは良識ある政治的・社会的体制をもつことを妨げるような不利な諸条件の下で暮らす他国の民衆を援助する義務を負う**」とする（（ⅰ）⑧）[456]。ロールズはかかる援助義務の要件として，その国が「**重荷に苦しむ社会**」（burdened societies）であることを挙げる。この「重荷に苦しむ社会」とは，秩序だった社会をつくるために必要な政治的・文化的伝統，人的・物的・技術的資源を欠く社会である。
　援助義務の内容に関しては，ロールズは「簡単なレシピ」は存在しないとし

---
455) Rawls 1999: pp. vi, 10, 35-37（中山訳 2006: ⅵ-ⅶ，13，48-50頁）．
456) Rawls 1999: pp. 10, 37（中山訳 2006: 13, 49-50頁）．

つつ，人権保障の重要性を示唆し，援助義務の「達成目標」は，重荷に苦しむ社会が，自分たちの抱える問題を道理に適った合理的な仕方で自ら処理し，最終的には「万国民衆の社会の一員となること」ができるように手助けすることであると明言する。したがって，「援助を提供する条件」として，それらの人権保障の実現を持ち出すことも正当化されるとみる。他方で，この目標が達成されれば，それ以上の援助は不要であり，それ以上のパターナリスティックな援助は否定する。また，たとえ豊かな国と貧しい国との格差が残っていても，際限のないグローバルな再配分も平等主義も正当化できないことを強調する[457]。

このような内容をもつロールズの援助義務論は，国家の代わりに民衆の概念を用いて国際社会における正義論の展開を試み，リベラルな立憲民主制の政府をもつ諸国の民衆と，リベラルではないものの良識ある政府をもつ諸国の民衆とからなる万国民衆の社会を，援助義務を通じて拡大しようとする[458]。

ここでロールズは，国家に関する『正義論』の規範原理を国際システムに適用するT・ポッゲの**平等主義原理**も，C・ベイツの**グローバルな分配原理**も批判し，「一方の民衆の富が他方の富よりも少なくならない限り，絶えず税金が流れ続けること」は「受け入れ難い結論」とみる。これは，ロールズの援助義務が，国内の配分的原理とは明確に異なる「過渡期の原理」と位置づけられているからである。もっとも，「一国の民衆について（基本財で見積もった）その基本的ニーズが満たされ，独り立ちできるようになる点」を達成目標とした場合，その定め方次第では，「達成目標のある平等主義原理」とロールズの援助義務論との相違はさほど大きくないかも知れない[459]。

ロールズの援助義務の要件・効果論に対しては批判もあるが，国家の正義を支えることとの連続性を示唆しながらグローバルな正義論を活性化させた功績は小さくない[460]。しかし，ロールズが万民法の主体を国家でなしに各国民衆とし，世界市民的見方とは一線を画するものの，万民の法に照らして国家主権を再定義し，「伝統的な交戦権と無制限の国内的自治の権利を国家に与えない

---

[457]　Rawls 1999: pp. 105-120（中山訳 2006: 154-176頁）．
[458]　これは，法改革を通じて1つでも多くの国家で良い統治を確立し，地球的統治を構築するという開発法学の理念像（Ⅵ5）と目指す方向性を同じくするものとみうる。
[459]　Rawls 1999: pp. 105-119（中山訳 2006: 154-174頁）．
[460]　グローバルな正義論の展開として，Beitz 1979; Jones 1999; Shapiro and Brilmayer (eds.) 1999; Pogge (ed.) 2001等がある。

ように」する点は[461]，国際社会の基本認識に関わる。私見は良い国家統治の構築を基本と考える点で，国家の中心主体性を重視する。もっとも，ロールズが援助義務の履行を通じて「各国民間の協働が進むにつれ，お互いのことを次第に配慮するようになり，民衆間の親近感はよりいっそう強固なものとなる」とし，こうした「相互的配慮は，かなりの長期にわたって続けられた，各国民衆間の実り多い協働の努力と共通の経験の結果」とみる点には[462]，共感を覚える。

他方，配分的正義に対し，回復的（矯正的・交換的）正義はそれ自体がグローバルな正義のルール内容を構成するといえよう。いずれにせよ，世界人権宣言（1948年），経済的，社会的及び文化的権利に関する国際規約（1966年），市民的及び政治的権利に関する国際規約（同），ウィーン人権宣言及び行動計画（1993年），ミレニアム宣言（2000年），ミレニアム開発目標（同），グローバル・コンパクト（同），……等を手がかりに，グローバルな正義論の実体的・手続的ルールの骨格を形づくることが，国際的民主的統治を含む，地球的統治を支えるであろう。

(ウ) ラタンの援助義務論

V・ラタンは，援助義務の具体的根拠として，

①過去の侵害に対する賠償，
②援助国の国益，
③人道主義，
④各国が本来的に保有しているはずの原初的権原（entitlement）に基づくあるべき状態の回復としての国際的な不平等の是正，
⑤グローバルな配分的正義の実現，
⑥グローバル・システムの維持についての暗黙の合意

を挙げる[463]。

このうち，①は承認された一般法理として確固たる根拠といえるが，不法行為の存在または賠償の約束を要件とする。②の国益には，短期的・直接的なものから，長期的・間接的なものまで多様なレベルがありうるが，援助国の政府と国民が納得できる明快な理由が求められる。反対に，③は国益に依存しない

---

461) Rawls 1999: pp. 26-27, 119-120（中山訳 2006: 35-36頁，174-176頁）．
462) Rawls 1999: pp. 112-113（中山訳 2006: 163-165頁）．
463) Ruttan 1996b: pp. 24 ff.; Beitz 1979: pp. 127-176（進藤訳 1989: 189-269頁）．

利他主義に基づくが，それに共感しない人々を納得させる理由としては薄弱である。

　他方，④・⑤・⑥はいずれも国際社会を地球的共同体（global community）として認識することを前提とし，援助国・被援助国に共通の土俵を設定しようとする点に特色がある。このうち⑥→⑤→④の順に援助国の義務性＝被援助国の権利性は強いものになる。

　④・⑤・⑥による援助義務の根拠づけは，途上国の独立前に形成された不平等な国際的従属関係を是正する「新国際経済秩序（NIEO）樹立宣言」（1974年国連総会決議 A/RES/S-6/3201），開発を人権と結合する「発展の権利宣言」（1986年国連総会決議 A/RES/41/128），開発が地球環境と両立する「持続可能」なものでなければならないとする「環境と開発に関するリオデジャネイロ宣言」（1992年国連環境開発会議）などに対して理論的支柱を提供した。しかし，これらの宣言がどこまで現実化されるかは，地球的共同体の内実と連帯感の程度に依存する。いみじくも W・フリードマンが，伝統的な「共存の国際法」に対し，新たに発展しつつある「協力の国際法」は，**社会の視点**（society aspects）よりも**共同体の視点**（community aspects）に基づくものと指摘したとおりである[464]。

　こうしてみると，前記①〜⑥の開発援助の根拠のうち，法的な議論のためには①・②・③だけでは不十分であり，地球的共同体の中で援助義務のあり方を考える④〜⑥，少なくともその中で最も穏和な根拠である⑥を無視することができない。それは，国家間の相互依存の深化が，きわめて緩やかではあるが1つのシステムないし共同体的なものの形成に向かっているとみるグローバル化の認識（後述Ⅵ4（1））と合致する。ロールズ自身も，援助義務の根拠を直接に述べてはいないが，万民法原理の一般的根拠として，万国民衆の社会における民衆（の代表者）間の「合意」に加え，立憲民主政体それ自体の必然的な対外的展開として世界市民的状態の形成・維持に通じるとみるカント命題を示唆する[465]。

　グローバル・システムの維持（への暗黙の合意）という根拠に照らして，援助義務の内容をみるならば，まずは被支援国の健全な統治能力を回復ないし形成することが問題になる。それは，ロールズの援助義務論の帰結（前述（イ））に

---

464)　Friedmann, W. 1956: p. 475; Friedmann, W. 1964: p. 68.
465)　「世界市民的見地における普遍史の理念」（1784）第7・第8命題参照。Rawls 1999: p. 10（中山訳 2006: 13頁）。

近いものとなるであろう。実際，ロールズの援助義務の根拠論は，ラタンが挙げる論拠⑥に最も親近性をもつようにみえる。

(2) 現代自然法論の課題

　グローバルな正義論はその模索が始まったばかりであるが，それがグローバル化の実体に照らし，従来の国家法および国際法を超えて展開しようとしているグローバルな法秩序――いわゆる「世界法」を含む（後述Ⅵ4（5）参照）――の形成に対し，確固たる理論的基礎を与えるものであることが要請される。それは新たなチャレンジである一方で，歴史的に視野を広げて顧みれば，国家法（ius civile）の限界を超えて，従来は法が存在しなかった外国人間の人間関係およびその空間に万民法（ius gentium）を創造すべく，それに理論的基礎を与えた**自然法**（ius naturale）**論**の課題を現代において承継するという面があるかも知れない。ローマ時代から近代に至るまで，国家を超えた空間において，異質の文化・利害・主張が衝突して抜き差しならない状況下で，人間同士の間に通用しうる共通ルールを見出そうとする試みが自然法論であったことが想起される[466]。政治体制も経済状況も宗教も歴史も民族も異なる国家および国民の間に成立すべき援助義務の根拠と内容を明らかにすることを含むグローバルな正義論は，文化的に多様で，かつ変容速度を増しつつあるグローバルな社会に妥当する最小限の標準的規範理論の不可欠の一部をなすものといえる。社会構造の第4レベルにある規範体系は，今やグローバルな空間的広がりを意識しながら構築する必要がありそうである。しかし，そうした規範体系についての理論もまたゼロからのフレッシュ・スタートではなく，従来の自然法論の遺産を足場にして展開すべき現代自然法論というべきものであるように思われる。

---

466) その典型例が，H・グロティウスの『戦争と平和の法』（*De iure belli ac pacis*, 1625）である。

VI 展望——基礎から応用へ

1 良い統治の構築方法と法改革のプログラム

　第Ⅱ章から第Ⅴ章では，第Ⅰ章で確認した開発法学の課題（Ⅰ4（2）（i））のうち，第1および第4の課題について考察した。すなわち，人間・組織・制度および規範理論からなる社会認識モデルに即し，法改革を通じた制度改革による開発を促すために解明すべき基礎的な理論課題をできるだけ体系的に抽出し，分析の糸口を模索した。そして，開発が目指すべき究極目標について議論すべき課題を明らかにし，試論を提示した。

　つぎの課題は，それらの課題をさらに深めると同時に，開発法学の基礎理論を応用し，特定の国家を対象にして具体的な法改革プログラムを策定し，それを実施しながら，当該法改革プログラムが当該国家の経済・政治・社会の発展にどれだけ貢献しているか，その効果を測定し，因果関係を解明することである。これは開発法学の第3および第4の課題に当たる。それらは，個別国家における法改革プログラムの策定，実施，結果の評価，プログラムの見直し，実施，評価，……というフィードバックの繰り返しの中で進めてゆく必要がある。個々の国家は歴史的発展経緯も現在の経済・政治・社会状況も異なることから，基本的に同じプログラムは妥当しない。しかし，そうした相違にかかわらず，共通に語りうるいくつかのメ・タ・理・論・を抽出することはできるであろう。

　この観点から，第Ⅵ章では基礎理論から応用理論への橋渡しとして，法改革プログラムの策定に際して各国が共通に直面しうる課題とそれに対処する方法について考察する。

2　良い統治のジレンマとそれを解く鍵——新開発国家論と良い統治の柔軟化

(1) 良い統治のジレンマ

　国家の開発を進めるために現在最も一般的にとられている戦略は，当該国家の政府が法改革をリードし，それを梃子にして制度改革プログラムを実施することにより，国家の「良い統治」（Ⅰ3）を構築するルートである。しかし，1990年代初めに良い統治のスローガンが国際開発援助政策の指針として登場してから約20年が経過してた今もなお，開発途上国に良い統治を構築することは容易でないことが，経験的に明らかになってきた。その最大の原因は，良い統治に含まれる構成要素が自動調和的ではなく，むしろ潜在的には内部衝突を起こす契機すら含んでいるからである。これは**良い統治のジレンマ**ということができる。そこには，少なくとも3つの局面が存在する[467]。

　第1に，**政府と市場・企業との関係**では，「柔軟な」開発政策と市場・企業の経済活動に対する「恣意的な」規制との間で適切なバランスを図ることが至難である。一例として，行政指導による企業活動のコントロールの問題をみれば，その難しさが理解できよう。また，政府と民間部門との癒着や腐敗をどのようにして回避できるかは，さらに深刻かつ解決困難な問題である。特定の企業と政治家・官僚との癒着による汚職は，日本では「構造汚職」として問題にされたが，開発プロセスにある国家では，頻繁に生じる現象である。しかも，政府と民間部門との癒着は，旧体制解体直後の市民的自由の導入初期には，旧システムによるコントロールの欠如のゆえに，かえって増大する傾向にある[468]。

　第2に，**市場・企業と市民社会（ないし市民）との関係**では，市場化の推進によって必然的に生じる事業者と一般市民との経済格差（とくに市場支配的少数派に対して貧しい多数派が抱く憎悪の増大），および事業者間ならびに市民間の格差の拡大に対し，どのようにして再配分による格差の是正を図ることができるかという問題がある。また，市民社会の活動は企業からの財政的支援を受けている場合も少なくないが，企業はその活動を批判する市民社会組織を支援するこ

---

467)　良い統治のジレンマは，すでにみた良い政府ジレンマに対応する（前述Ⅲ3（3）参照）。
468)　Perry 2002: pp. 305-306.

とには消極的である場合が少なくない。活動的な市民社会による民主化運動が，社会の不安定化をもたらし，内外の投資を抑制し，市場・企業の活動を妨げる事態もしばしば起こっているからである。他方，経済活動の自由化に伴う悪徳商法の拡大等，違法ないし非倫理的な事業者行動の増大により，消費者たる一般市民が被害を被る現象も頻繁に生じている。さらに，急速な経済開発により，市民生活に不可欠の環境が破壊されることも珍しくない。市場・企業と一般市民・市民社会の間でも，相互に配慮した良好な関係を構築し，維持することは，けっして容易ではない。

　第3に，**市民社会（ないし市民）と政府**との関係では，政府が効率的に開発を進めるために，市民の財産権，その他の権利を制約することがしばしば問題を引き起こしている。開発プロセスでは，道路，港湾，飛行場，ダム等，公共の福祉に基づく社会資本整備整備が早いペースで求められる。しかし，そのために市民の財産を買収または収用する際に，財産権の保障との調整に失敗すると，数多くの紛争を生じ，インフラ整備自体が進まない事態を招きやすい。この問題をめぐる政府と市民の紛争例も枚挙に暇がない。

　他方，市民社会組織の活動を促進するためには，政府による立法（NPO関連法等），公益活動に対する優遇税制等，制度的・財政的支援を必要とする。しかし，市民活動が活発になると，それがエスカレートした場合は，社会不安を引き起こすこともある。これを抑制するために政府が強権を発動し，市民の権利を制限することも行われるが，その際には厳しい制約や制裁が課され，それが市民の反発を生むこともある。政府が治安維持のために民主化運動を抑制したり，統治の連続性を維持するために超憲法的措置をとったりすることもある。さらに，内戦等の紛争が続いた後に，市民の間ではもはや自律的に修復困難な被害や憎悪が残る場合に，自力救済による復讐の繰り返しを抑制し，真実を追及する一方で，和解を促すために，政府が特別の紛争解決システムを設けることもある。また，そのような非常事態が生じる前に，市民間の紛争が自律的に解決できない場合に備え，予め法制度が用意され，非常時にはそれを運用・執行することも政府によって行われる。

　また，市民の土地所有権を保護し，取引を安全・円滑・迅速に行うためには，土地法や登記制度を整え，土地紛争を解決するために，裁判制度が整備されることも珍しくない。ところが，そのようにして創設された裁判制度によって新たに権限を与えられた裁判官が，汚職によって裁判を歪めたり，偽造文書等に

よる虚偽の登記の効力を争う紛争において恣意的判断を下すことにより，土地収奪に手を貸す結果となっている例も報告されている[469]。土地に対する私的所有権の導入プロセスでは，政府と関係の深い特定の階層や集団に偏った不衡平な分配が行われることもある。

他方，民主化運動の結果，選挙で多数派議席を獲得した貧困層が，議会で急進的な立法を行い，少数派の特権階級の財産権を制限したり，国有化する動きが生じることもある。そうした急進的措置が憲法に抵触する可能性がある場合は，裁判所が違憲判断を下すなどして，あまりに急激な改革を抑制することも行われる。

こうした良い統治のジレンマに対し，どのような解消方法が考えられるであろうか。

(2)「新開発国家」論の試みと評価

良い統治のジレンマの克服という観点からは，2000年代になって提唱された**新開発国家**（the New Developmental State）の理論動向を看過することができない。これは，1960年代から70年代に台頭した**古典的開発国家**（the Classical Developmental State）およびこれを批判して1980年代から90年代に登場した**新自由主義国家**（the Neo-Liberal State）の理論を受け，両者の長所を活かし，短所を克服することを企図している[470]。

新開発国家は，1990年代から目覚しい経済成長をしてきたBRICs諸国の開発政策から引き出されたモデルである。その特色として，以下の点が挙げられる。すなわち，

①政府は市場の資源分配機能を重視し，成長の原動力として私的投資と所有権を尊重し，再配分よりも経済成長を重視するが，市場を活性化するために積極的に市場に介入する。

②政府はベンチャー資本市場を創設し，技術革新を促し，新製品の開発に積極的に取り組み，国際的競争力ある企業を育成すべく関連法を制定し，民間主体の投資活動を円滑にするガイドラインの策定やインプットを積極的に行う。グローバルな競争力を備えうる有望な生産物や市場を探し出して補助し，

---

[469] 例えば，カンボディアにおける「土地収奪」の現状につき，Cambodian League for the Promotion and Defense of Human Rights（LICADHO） 2009参照。
[470] 以下は，Trubek 2008: pp. 1-23による。その要旨として，Trubek 2009: pp. 28-32参照。

有望な企業に公的資金を投資できる公的ベンチャー資本の制度枠組みを創設し，競争を奨励する。
③政府は投機的でない，生産的な対外直接投資（FDI）を奨励し，投資を管理し，開発プロジェクトを調整し，情報提供を行う。
④政府は輸出を奨励するが，輸入にも門戸を開き，国際市場への開放志向をもつ。
⑤政府は新自由主義の市場原理主義から脱却し，公的サービスの提供でも公的部門と民間部門の協働と相互のコミュニケーションを奨励する。
⑥政府はトップ・ダウン式およびワン・サイズ・フィッツ・オール式の開発政策を否定し，自国のニーズと伝統に適合的なアプローチを模索する。
⑦そのために，政府は政策や法規制は試行錯誤を奨励し，学習の果実が組み込まれるよう，柔軟で臨機応変に修正可能とされる。
⑧政府情報を公開し，透明性を高める。
⑨政府は関税・税金・補助金の手段を十分活用する。
⑩政府は不平等を削減し，最低限の所得保障に努め，人的資本への投資を条件とする福祉プログラムを実施し，社会的平等と連帯の維持にも配慮する。

このうち，とくに②や⑧は，後に提示する法の支配の柔軟化によるアプローチ（後述（3））よりもさらに柔軟な，良い統治の構築モデルにみえる。しかし，そのような新開発国家論に対しては，若干の疑問も残る。

第1に，トゥルーベックも自認するように，このモデルは途上国一般に広く適用可能であるというよりも，BRICs諸国のように相当程度開発が進み，比較的資源に恵まれ，有望な民間部門の成長が期待でき，政府の強力なインセンティブの恩恵を受ける社会層が比較的広く，ある程度の社会的な協力が期待できる国家が念頭に置かれている。

第2に，新開発国家の前記特色（とくに②，⑧）と法の支配の要請をどのように調整するかが大問題である。トゥルーベックはひとまず「公的インプットの継続的改善と定期的監視」を提言する。しかし，そうした政府の開発行為の継続的改善や定期的監視を誰が責任をもって行うのであろうか。トゥルーベック自身，それらの措置も「誰が規制を修正する権限をもつかを決定するルールと矛盾するならば，および／または憲法上もしくは制定法上の監査機関の利用によって政府の説明責任を確保する伝統的な方式と衝突するならば，問題にぶつかることになろう」と予測する。そうであれば，むしろつぎに述べる法の支配

に配慮しつつ、その柔軟化を図るアプローチに意を用いる方が穏当ではなかろうか。

(3) 法の支配の柔軟化とバランスに配慮した漸進的アプローチ

　新開発国家論に内在する問題として、政府による開発政策の積極的遂行と法の支配の要請、とくに政府権限の的確なコントロールとをどのように調整すべきかという問題を容易にスキップすることができないとすれば、法の支配の要素をもう少し色濃く取り込みつつ、その調整方法をさらに検討すべきである。

　開発を主導する強い政府による市民や企業の権利制限、とりわけ政府の強権による「恣意的」な権限行使は法の支配の原則に従って抑制されるべきである。しかし、戦争、テロ、自然災害、経済・金融危機などの緊急時のほか、経済・政治状況が急変しつつある国家では、政府は社会情勢の変化に鑑みて臨機応変に政策を遂行することも要求される。この場面では、法の支配の要請をどこまで柔軟に解釈できるかが重要なポイントになる。

　政府が法律による直接の根拠なしに、開発政策を遂行し、行政命令によって市民の自由の制限、その他各種の規制を行っている場合、開発プロセスにおいてそれをどの程度・どの時点まで許容すべきかは、当該政策遂行による社会全体の効用・効率性と私人の権利・利益等のあらゆる対立要素を考慮に入れながら、そうした行為が最終的に良い統治に至るべきプロセスとして現時点で正当化できるかどうかにかかっている。つまり、**法の支配に最大限配慮した良い統治**の追求プロセスの中で、当該政策の遂行・継続が妥当かどうかをたえず判断しつつ、対立要素間のバランスに配慮した漸進的アプローチ（Ⅳ 8 (6)）をとるほかない。

　その際に、「法の支配に最大限配慮した良い統治」とは具体的にどのようなことを意味するであろうか。このことは、新開発国家論が衝き当たった政府の開発行為の継続的改善や定期的監視を誰が責任をもって行うかという問題について、具体的に法の支配のどのような要素を組み込むことができるのかという観点から答えることにほかならない。それは、たんに法律の手続を厳格にしたり、立法府や裁判所の権限を強化して政府の行為を雁字搦めにするのではなく、政府の行為を政府内外の主体、とくに政府の外にある市民社会がより的確にモニターできる仕組みを徐々に構築する等、**市民の正義アクセス**（access to justice)[471]を充実させることを同時並行で進めることが鍵を握ると考える。

　正義アクセスは法の支配の重要な要素であり，その改善には最も時間を要する法改革であるが，政府が開発政策を強力に遂行する一方で，正義アクセスを改善し，充実させることにも絶えず意を用いることは，まさに法の支配にできるだけ配慮して良い統治の構築を目指すことにほかならない。こうした法の支配の柔軟化アプローチは，すでに提示した法の支配の重層性・段階性・動態性の分析（Ⅳ 8（4））に立脚していることが想起されるべきである。そこで，政府が開発政策を遂行しながら，正義アクセスを改善・充実させるための方法を検討する必要がある。

3　正義アクセスの改善への連結的アプローチ

(1) 法改革プログラムにおける正義アクセスの改善の意義

　正義アクセス（access to justice）は法の支配の重要な要素であり，それがどの程度実現されているかは，法の支配の測定・評価指標の中でも重要な位置を占めている。そこで，正義アクセスを現実に増進するためのプログラムのあり方を考えてみる。

　正義アクセスの中心課題は，まずは司法制度（judicial system）の構築と運営に置かれている。なぜなら，司法制度は，第1に，市民や企業の間で生じる契約の不履行，その他の取引紛争を公平かつ迅速に解決し，執行することを通じ，効率的で実効的な市場メカニズムを支え，経済成長を促すために不可欠のものと理解されているからである。第2に，司法制度は政府の権限行使の濫用や逸脱を抑制し，市民の人権を擁護し，民主化を促進するためにも，重要な役割を果たしている。第3に，司法組織は民主化の過程で成立したばかりの立法部によってしばしば行われる傾向にあるラディカルな改革立法が憲法を逸脱することのないよう抑制する点で，とりわけ開発途上にある多民族社会においては，特別の重要性が認められている[472]。こうして司法制度は，開発プロセスにおいて，国家を構成する市場・企業（経済的組織），政府および市民社会（非経済

---

471)　"Access to justice" の邦語訳として，「司法（への）アクセス」，「正義（への）アクセス」等がある。この概念の意味の広さゆえに，コンテクストに応じて訳し分けることも考えられるが，本書では簡便さの観点から「正義アクセス」の語を用いる。それがこの概念の内容の豊富さを否定するものでないことに注意を喚起しておきたい。

472)　松尾 1999-3: 12-13頁。

的・非政府的組織）のバランスを維持しながら統治改革を推進するための「要」になる存在であるということができる。

　このように開発プロセスにおいて特有の役割を果たす司法制度の機能を充実させるためには，裁判システムを形式的に整えるだけでは不十分であり，司法制度が果たすべき国家組織の要としての本来的機能を実質的に充実させることが重要である。このような状況の中で，正義アクセス（access to justice）と呼ばれる問題が，再び注目されるに至っている。

　元来正義アクセスは，形式的に保障された権利を実質化するために国家の積極的行為を必要とするという福祉国家的思想の下で，新しい社会的権利（社会的な基本権）として展開されたものである[473]。しかし，その後正義アクセスは，「開発」というコンテクストの中で，とりわけ開発途上国および体制移行国の市場化・民主化を中心とする統治改革のための法整備のプロセスにおいて，その重要性が再認識されている[474]。

（2）正義アクセスの諸相
（ⅰ）　社会的アクセスと経済的アクセス

　正義アクセス（access to justice）は変幻自在な概念である。それは，アクセスの主体をどのように捉えるか（「誰の」アクセスか），アクセスの対象（客体）である「司法」をどのようなものとして捉えるか，正義アクセスの問題の本質および広がりをどのように捉えるかにより，多様な内容をもちうる。

　アクセスの主体という観点からは，「社会的アクセス」（social access）と「経済的アクセス」（economic access）が区別されうる。**社会的アクセス**は貧困層，障害者，社会的弱者等，自ら司法制度による権利救済を利用する資力や能力の不十分な者が，司法的救済を受けるための支援，政府や企業による違法または不当な行為を是正し，公衆の公益を維持するための法的手段の拡充，さらにはより積極的に司法への国民参加の促進等を目指すものである。具体的には，法律扶助の拡大，消費者や環境保護主義者らの拡散した集団的利益の代表，公益訴訟制度の創設，裁判外紛争解決制度（alternative dispute resolution: ADR）や非公式司法（informal justice）の司法制度への取込み，陪審制や参審制の導入などによって実現が図られた。元来正義アクセスは，1970年代から，こうした社会的

---

473)　カペレッティ＝ガース／小島訳 1981: 2-3頁。
474)　松尾1999-2: 124頁。

弱者の権利を保護・実現することを契機にして提唱され，内容が拡充されてきた[475]。

これに対し，**経済的アクセス**は迅速かつ確実な債権回収に象徴されるように，とりわけ企業，金融機関等の債権者が，契約，その他の取引によって取得した債権を実現し，知的財産権を含む財産的権利の保護を受けることにより，取引費用を削減し，経済活動への投資を最大化させ，国民経済を刺激することを通じて，国民的利益を確保することを企図するものである。R・クランストンは，多くの社会では社会的アクセスに焦点を当ててきたとし，通常は「富は裁判所や法的サービスへのアクセスを保障する」ゆえにそれは正当なことであるが，しかし，南アジアや東南アジアでは，社会的アクセスと経済的アクセスがともに達成されていないことに注意を喚起した[476]。無論，社会的アクセスと経済的アクセスを截然と区別し難い領域もあるし（ADR等），経済的アクセスを促進するために商事裁判所や商事法廷を設けて優秀な裁判官を集中的に投入し，迅速な紛争解決を保障することによって投資を誘発するという方策が，社会的アクセスの促進とのバランスを失したり，すべての者に対する全般的で平等な正義アクセスの充実という，正義アクセスの本来の理念からみて本末転倒のおそれもあることに留意する必要がある[477]。

(ⅱ) 手続的アクセスと実体的アクセス

アクセスの対象という観点からは，access to "justice" の意味が問題になる。それは，裁判（所）をはじめとする紛争解決のための何らかの法的機関・法的手段へのアクセスという手続的な面でのアクセスと，さらに進んで，紛争解決の結果の正当性ないし妥当性をも問題とする実体的な面でのアクセスを識別することができる。

手続的アクセスは，正義アクセスの手続面であり，紛争の法的解決手続が，市民にとって必要に応じて容易に利用可能な状態に――どこにいても手を伸ばせば届く所に――用意されていることである。それは市民の生活空間において紛争の法的解決手段が遍在している（ユビキタス）状態が保たれており，かつ法律について素人の市民の知識・能力に照らして実際に無理なく利用できる状態

---

475) 正義アクセスが，福祉国家思想の下で社会的権利（社会的基本権）として提唱されたことにつき，後述（ⅲ）参照。
476) Cranston 1997: pp. 233, 255; 松尾 1999-2: 125-126頁。
477) 松尾1999-2: 125頁参照。

に活性化されていることを意味する[478]。

　実体的アクセスは，正義アクセスの実体面であり，紛争の法的解決結果として，市民の正当な利益が保護され，その正当な要求が実現されることが見込まれ，それゆえに市民に対して安心感をも提供できるものであることを意味する。したがって，access to justice は手続面・形式面のみならず，結果面での実体的な「正義」へのアクセスをも含意する。その意味でも access to justice は**「正義へのアクセス」（正義アクセス）**と表現する方が妥当であり，実際その例も見出される[479]。

（ⅲ）　正義アクセスに対する個人的視点と国家的視点

　正義アクセスの本質およびその問題の広がりをどう捉えるかについても，見方に幅がある。開発における正義アクセスをめぐる議論は，一方では，貧困者等の弱者の権利を実質的に保護することに直接的な関心を払っている。例えば，国連開発計画（UNDP）は，司法へのアクセスを「貧困と闘い，紛争を回避および解決するために不可欠の手段であるとともに，基本的な人権である」と捉えている[480]。また，それは「人々が公式および非公式の司法制度を通じた，かつ人権標準に合致した〔法的〕救済手段を探求し，獲得する能力」としても理解されている[481]。ここで正義アクセスは，貧困者，女性，子ども，HIV/AIDS 感染者，障害者など，不利な条件下に置かれた人々の状況の改善を強く意識し，**法的能力強化**（legal empowerment）を促進するために不可欠の開発法政策の手段として，個人の人権ないし能力を本質とするものと認識されている。このコンテクストでは，正義アクセスは，法的開発協力（legal development cooperation）に関するプログラムの中で，立法等を通じた「トップ・ダウン式」アプローチに対し，法的救済を最も必要とする人々の側のニーズに焦点を当て，その状況改善を図ることを通じて法的開発（発展）を図る「ボトム・アップ式」

---

[478]　これは「司法（正義）へのユビキタス・アクセス」ともいわれる。例えば，「司法ネット」の構築に関する司法制度改革推進顧問会議（2003年12月5日）取りまとめ参照。佐藤幸治 2004: 64頁による。それはまた，情報通信技術（ICT）を活用したe-サポート裁判所・各種 ADR 機関等の連携を図ったe-サポート紛争処理システムの構想へと展開している。上田 2011: 32-37頁参照。

[479]　カペレッティ=ガース／小島訳 1981: i 頁，1-4頁。

[480]　UNDP 2004a: p. 3. 正義アクセスを「人権」と捉える見方については，前掲注473および該当本文参照。

[481]　UNDP, Programming for Justice: Access for All, in: www.undp.org/governance/docs/Justice_Guides_ProgrammingFor-Justice-AccessForAll.pdf.

Book review

2012 SEPTEMBER 9月の新刊

〒112-0005 東京都文京区水道2-1-1
営業部 03-3814-6861 FAX 03-3814-6854
ホームページで書籍情報発信中。ぜひご覧ください。
http://www.keisoshobo.co.jp

表示価格には消費税が含まれております。

フレーゲ哲学の全貌
論理主義と意味論の原型

野本和幸

数学の哲学を貫く「論理主義」のプロジェクトとは？ 現代の論理と意味論の原型を剔抉する！

A5判上製708頁 定価8925円
ISBN978-4-326-10218-1

ジャン=ジャック・ルソー
自己充足の哲学

永見文雄

「もう自分には帰れない」から出発し、「完成された人為」を目指したルソー。その思想を、『神の死、人間の非死』概念からたどる。

A5判上製640頁 定価7770円
ISBN978-4-326-10219-8

宗教の見方
人はなぜ信じるのか

不登校のポリティクス
社会統制と国家・学校・家族

Book review

SEPTEMBER 2012

勁草書房　http://www.keisoshobo.co.jp
表示価格には消費税が含まれております。

9月の新刊

協力ゲームの基礎と応用

中山幹夫

協力ゲームは非協力ゲームとは異なる観点からの興味深い応用が可能である。卓越した「実験室」である協力ゲームを基礎から説明する。

A5判上製 224頁 定価2940円
ISBN978-4-326-50369-8

とてつもない特権

君臨する基軸通貨ドルの不安

バリー・アイケングリーン 著
小浜裕久 監訳
浅沼信爾 解題

ドル基軸通貨体制の終りは来るのか。次の基軸通貨は何か。その時と国際通貨体制はどう機能するのか。世界経済の今後への疑問に答える。

四六判上製 352頁 定価2940円
ISBN978-4-326-55070-8

「ゲイコミュニティ」の社会学

9月の重版

文明
西洋が覇権をとれた6つの真因
ニーアル・ファーガソン
仙名 紀 訳

文明論の決定版ついに完訳!西洋覇権の謎をスリリングに読み解き、中国台頭と西洋没落の行方を占う。

四六判上製 548頁 定価3465円
ISBN978-4-326-24840-7 1版3刷

逆転無罪の事実認定
原田國男

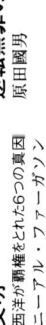

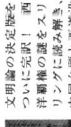

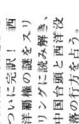

8年間で20件を超える逆転無罪を言い渡した裁判官が何が違うのか? 逆転無罪の判決文をとおして刑事裁判を考える。

A5判並製 264頁 定価2940円
ISBN978-4-326-00276-2 1版4刷

[海外生活・法律実用]
フランス暮らしと仕事の法律ガイド

永澤亜季子

フランスでの生活、ビジネスに困らないために、知っておきたい基本的な法律知識とトラブル対処法をやさしく解説。滞在許可の取得からアパルトマンの賃貸借、フランス人との結婚、離婚、雇用契約や合社の設立、知的財産、裁判手続きまで――この一冊でフランス暮らしがスムーズに!

A5判並製 420頁
定価4515円(本体4300円)
ISBN978-4-326-40275-5

教師になること、教師であり続けること

困難の中の希望

グループ・ディダクティカ 編

「教師バッシング」はもうやめて！ 今、教師たちが直面している困難を論じ、その中で生きる教師に問われる原理的な問いを提示する。

四六判上製 272頁 定価2730円
ISBN978-4-326-25090-0

えん罪原因を調査せよ

国会に第三者機関の設置を

指宿 信 監修
ワーキンググループ 編著

東電OL事件や郵便不正事件など、今も続発するえん罪。跡を絶たない日本。なぜ同じ過ちをくり返されるのか？ 今こそ国会に検証機関を！

A5判並製 180頁 定価2415円
ISBN978-4-326-40277-9

戦略論

現代世界の重要事と戦争

ジョン・ベイリス
ジェームズ・ウィルツ
コリン・グレイ 編
石津朋之 監訳

戦争とテロリズム、核開発、内戦……軍事戦略は多面化する。現代人の必須教養だ！ 世界的第一人者がわかりやすく解説する決定版テキスト。

A5判並製 328頁 定価2940円
ISBN978-4-326-30211-6

ミャンマー経済の新しい光

尾高煌之助・三重野文晴 編著

変貌する現代ミャンマー経済の全体像を、客観的・基本的な事実の観察のもとに構成し、ミャンマー経済発展の将来像（ヴィジョン）を描く。

A5判上製 336頁 定価3675円
ISBN978-4-326-50308-1

アプローチへのシフトを示す象徴として特徴づけられる傾向にある[482]。

しかし、他方では、開発プロセスにおける正義アクセスの改善のためには、司法の独立、裁判所の改革、裁判官・検察官・法執行公務員の教育、より貧困者志向の立法、汚職の撲滅などによる政府の機能の強化、役割も重視されていることも看過できない[483]。たしかに、正義アクセスの充実が個々人の法的能力強化および状況改善を目指したものであることには異論がない。しかしながら、それは一個の独立した問題として捉えることは困難であり、効果的な正義アクセスの改善のためには、裁判官・検察官等の司法制度を運用する公務員の数の増加と能力の強化、ADRを含む紛争解決制度の充実、市民の生活水準の向上、それに密接に関わる効率的な市場の整備や企業の発達、政府の再配分政策の推進、市民社会の機能強化、その一環としてのコミュニティ調停等の非公式な司法制度の役割の強化等、国家統治の諸要素の改革と密接に関連している。そうであるとすれば、正義アクセスは国家の全般的な統治改革（良い統治）の一環であり、統治問題を本質とするものとみる広い視野も要請される。その際には、正義アクセスと法の支配との関係が問題になる。

(3) 正義アクセスと法の支配
(ⅰ) 法の支配の一部としての正義アクセスの位置づけ

正義アクセスの改善を国家の統治改革の中に位置づけようとする場合に、おそらく最も一般的な理解は、それが良い統治の一要素である法の支配（the rule of law）の促進の一環をなすというものであろう。実際、正義アクセスの改善は、法に従った権利の保護・実現をより実効的なものとするための措置として、法の支配を推進するために不可欠の手段であるとみられている。例えば、トレビルコックおよびダニエルスは、正義アクセスが、①平等な自由と個人の尊厳という自由主義的理念、②資源の衡平な分配、および③法の支配の増進と密接に結びついており、中でも③法の支配との関係は中心的なものであるとみている[484]。なぜなら、そもそも法の支配というものが、誰によっても法の認識が容易で、かつ常に執行されるような、人々によって使い勝手のよい法に基づくものでなければならないとすれば、誰もが法を管理するシステムにアクセスす

---

482) Van De Meene and Van Rooij 2008: p. 6.
483) Van De Meene and Van Rooij 2008: pp. 19-20.
484) Trebilcock and Daniels 2008: p. 236.

図表Ⅵ-1　法の支配指標（WJP 2011）

統治の形態（政体）
要素1　制約された政府権限
1.1　政府権限が基本法に定義されている。
1.2　政府権限が立法部によって実効的に制約されている。
1.3　政府権限が司法部によって実効的に制約されている。
1.4　政府権限が独立した監査および審査によって実効的に制約されている。
1.5　政府の公務員が違法行為に対してサンクションを受ける。
1.6　政府権限が非政府組織のチェックによって実効的に制約されている。
1.7　政府権限の移譲が法に従って行われている。
要素2　汚職の不存在
2.1　行政部における政府の公務員が私的利益獲得のために職権を行使しない。
2.2　司法部における政府の公務員が私的利益獲得のために職権を行使しない。
2.3　警察および軍隊における政府の公務員が私的利益獲得のために職権を行使しない。
2.4　立法部における政府の公務員が私的利益獲得のために職権を行使しない。
要素3　秩序および安全
3.1　犯罪が実効的に統制されている。
3.2　民事紛争が実効的に制限されている。
3.3　人々が個人的な不満を矯正するために暴力に訴えない。
要素4　基本権
4.1　平等な取扱いおよび差別の不存在が実効的に保障されている。
4.2　個人の生命および安全への権利が実効的に保障されている。
4.3　法の適正手続および被疑者の権利が実効的に保障されている。
4.4　見解および表現の自由が実効的に保障されている。
4.5　信仰および宗教の自由が実効的に保障されている。
4.6　プライヴァシーの権利が実効的に保障されている。
4.7　集会および結社の自由が実効的に保障されている。
4.8　労働基本権が実効的に保障されている。
要素5　開かれた政府
5.1　法が公衆にとって理解しやすい。
5.2　法が公示され，広くアクセス可能である。
5.3　法が安定的である。
5.4　請願権および公衆の参加が実効的に保障されている。
5.5　法の公式草案が公衆にとって利用可能である。
5.6　政府の公式の情報が公衆にとって利用可能である。
要素6　実効的な規制執行
6.1　政府の規制が実効的に執行されている。
6.2　政府の規制が不適切な影響を受けることなく適用され，執行されている。
6.3　行政手続が不合理な遅滞なしに実行されている。
6.4　行政手続における適正手続が尊重されている。
6.5　政府が相当な補償 (adequate compensation) なしに財産を収用しない。

要素7	民事司法へのアクセス
7.1	人々が利用可能な〔法的〕救済手段を知っている。
7.2	人々が法的な助言および代理にアクセスし，利用することができる。
7.3	人々が民事裁判所にアクセスし，利用することができる。
7.4	民事司法が差別を免れている。
7.5	民事司法が腐敗を免れている。
7.6	民事司法が不適切な政府の影響を免れている。
7.7	民事司法が不合理な遅延に服しない。
7.8	民事司法が実効的に執行されている。
7.9	裁判外紛争解決制度がアクセス可能で，不偏的で，実効的である。
要素8	実効的な刑事司法
8.1	犯罪に対して実効的な捜査が行われる。
8.2	犯罪に対して実効的かつ適時の裁判が行われる。
8.3	犯罪行動を減少させるために矯正システムが実効的に機能している。
8.4	刑事司法システムが不偏的である。
8.5	刑事司法システムが腐敗を免れている。
8.6	刑事司法システムが不適切な政府の影響を免れている。
8.7	刑事司法システムが被疑者に対して法の適正手続を付与している。
要素9	非公式の司法
9.1	非公式の司法が適時にかつ実効的に機能している。
9.2	非公式の司法が不偏的で，かつ不適切な影響を免れている。
9.3	非公式の司法が基本権を尊重し，かつ保護している。

る道具をもたなければならないからである[485]）。

(ⅱ) 世界正義プロジェクトの法の支配指標における正義アクセス指標

正義アクセスを法の支配の一部として位置づけている例として，世界正義プロジェクト（World Justice Project: WJP）による**法の支配指標**（the Rule of Law Index）がある[486]）。それはまず，法の支配を構成する4つの「普遍的原理」を挙げる。すなわち，

（ア）政府とその公務員および代理人が法の下で説明責任を負っている（**図表Ⅵ-1・要素1，2**），

（イ）法が明確で，公開されており，安定的で，かつ公平であって，人格および財産の安全を含む基本権を保護している（**図表Ⅵ-1・要素3，4**），

（ウ）法が制定され，管理され，および執行されるプロセスがアクセス可能

---

485) Trebilcock and Daniels 2008: p. 237.
486) Agrast et al. 2011. これは，WJPによる法の支配指標の第3版（2010年）の改訂版（第4版）に当たる。そのベータ版，第1版，第2版については，松尾2009b: 277-281頁参照。

で，公平で，かつ効率的である（図表Ⅵ-1・要素5，6）．

（エ）正義アクセスが，有能で，独立し，かつ倫理的な裁判者，弁護士または代理人および司法関係の公務員によって提供されており，これらの者が十分な数存在し，適切な資源をもち，かつこれらの者が奉仕する共同体の構成を反映していることである（図表Ⅵ-1・要素7，8，9）[487]．

このうち，正義アクセスは主として前記（エ）として位置づけられている[488]．その特色として，以下の点を挙げることができる．

第1に，正義アクセスの具体的内容のうち，とりわけ，①法的な代理（人）へのアクセス，および②裁判所へのアクセスを中心的なものとみている．これはミニマムな内容の，いわば比較的「薄い」（thin）意味における正義アクセス概念とみることができる．それは，「より厚い」意味における正義アクセス（access to justice in the "thicker" sense）――正義アクセスを貧困者および市民権を奪われた者のための広義の法的能力強化と同義とみる見解とは――意識的に一線を画しており，より限定された意味における正義アクセス概念である[489]．WJPは，むしろこうしたいわば「狭義の正義アクセス」が，貧困者らの能力を強化する政策と彼らの権利を実現するために，重要な礎石であると捉えている．

第2に，WJPの理解する正義アクセスが法の支配指標の最終部分に位置づけられていることも注目に値する[490]．それは，「一般人がその苦情を，暴力や自力救済に訴えるよりも，一般的に受容された社会規範に従って平和的かつ実効的に解決することができるかどうか」を測定する指標である[491]．その含意は，法の支配の推進順序におけるプライオリティーや重要性において他の三者

---

[487] ちなみに，そこでいう正義「アクセス」とは，①利用可能な救済手段が一般的に知られていること，②法的助言者および代理人が手頃に利用しやすいところに存在し，過度に高いまたは不合理な報酬や手続的な障害が存在せず，公式の紛争解決システムを利用するためのその他の障害が存在せず，③執行が公平かつ実効的である等，あくまでも現実的なアクセスを意味している．Agrast et al. 2011: p. 13.

[488] ただし，つぎの点に留意する必要がある．①下記（エ）（要素7，8，9）以外にも，実質的に正義アクセスに関連する指標がある．例えば，「法が公衆にとって理解しやすい」（要素5.1），「法が公示され，広くアクセス可能である」（要素5.2）等である．②その一方で，要素8に属する8.3で「犯罪行動を減少させるために矯正システムが実効的に機能している」ことを挙げるが，これを正義アクセスに関する要素に取り入れるべきかどうかは，議論の余地がある．

[489] Agrast et al. 2011: p. 10.

[490] 松尾 2009b: 277-281頁参照．

[491] Agrast et al. 2011: p. 13.

(前記（ア）～（ウ））に後れるというよりも，実現するのに最も時間のかかる要素であるゆえに，最後までチャレンジの対象として残る，重たい要素であるということのように思われる。

　第3に，WJPは「非公式の司法」（図表Ⅵ-1・要素9）も正義アクセスの対象として認めている[492]。具体的には，伝統的な，部族のまたは宗教的な裁判所，およびコミュニティをベースにした紛争解決システムが想定されている。これらの非公式システムは，公式の法制度が人口の相当部分に対して実効的な救済手段を提供することに失敗している国家では，事実上大きな役割を果たしている。もっとも，そうした非公式司法の仕組みやルールは非常に複雑で，曖昧で，理解困難な場合もあり，それが公平かつ実効的な救済手段を提供しているかどうかは，現時点ではいまだ正確に測定されていないことに留意する必要がある[493]。また，それが実体的にも「正義」に適った紛争解決システムを提供しているといえるかどうかは，裁く側の手続および実体基準の妥当性のみならず，裁かれる側の意識——法的問題であるかどうかを的確に識別し，必要に応じて法的手段をとる可能性を認識しているか等[494]，納得して非公式システムを利用できているか——も考慮に入れ，慎重に判断する必要がある。

(ⅲ)　正義アクセスの充実と法の支配の増進との関係

　正義アクセスを法の支配の一要素とみることには，基本的に異論がないように思われる。しかし，正義アクセスの充実を法の支配の増進との関係からみると，単純に全体（法の支配）に対するその一部（正義アクセス）の関係として捉え切れない，複雑な面をもっていることに注意する必要がある[495]。例えば，

①正義アクセスを充実させるために，団体訴訟，公益訴訟，裁判所への請願等の制度化も図られている。しかし，司法制度が，私人の権利救済から離れて，公益実現や政策形成の手段としての色彩を強めれば強めるほど，行政部や立法部の権限に必然的に影響を与え，権力の抑制と均衡のシステムを不安

---

492) これは，WJP「法の支配指標」第2版（2009年2月5日公表）で新たに導入された要素の1つであり，重要な追加である。松尾2009b: 281頁，同所図表15参照。
493) Agrast et al. 2011: pp. 13-14 and note 11.
494) このように自分が直面している問題が法的問題であることを認識し，その場合に法的手段をとることは，「法の主題化」とも呼ばれる。村山＝濱野 2012: 59-66頁。それは正義アクセスの前提，またはそのプロセスの一部をなすともいえる重要な問題である。もっとも，それは法的知識の普及，法的問題とし，法的手段をとることの社会的普及度やそれに対する社会的意識，より普及した他の紛争解決制度の存在，紛争当事者の人的関係等によって影響を受けることに注意を要する。
495) この点については，松尾1999-2: 126頁参照。

定にする作用も否めない[496]。とりわけ、公益訴訟の当事者適格要件を緩和し、その効果を強化することが、行政部および立法部の判断をバイパスして、裁判所が特定の法政策的価値判断を行い、かつそれを実施することを通じて、司法部と行政部ないし立法部との権力の均衡（それは一般に憲法規定によって要求されている）を不安定にし、統治を混乱させるおそれがある。しかしまた、それを危惧して正義アクセスの増進に対して慎重になれば、その実効性が図られないというジレンマがある[497]。とくに、急速な民主化、体制転換等の開発プロセスにおいては、法律上の権力分立規定につねに厳格に従っているのみでは、開発が実質的に進展しない場面にも直面する。ここでは、正義アクセスの充実と法の支配の要請はジレンマに陥る可能性がある。

② 正義アクセスを促進する方策の1つとして、特別裁判所または裁判所の特別の部（法廷）を設置し、いわばファスト・トラックを設けることがしばしば行われる[498]。しかし、それによって特別裁判所の管轄外の事件の当事者の正義アクセスとの公平を欠くおそれがある。また、特別裁判所（法廷）で適用される法およびその解釈と通常裁判所で適用される法およびその解釈との齟齬やダブル・スタンダードの問題を生じさせたり、公平で首尾一貫した司法への国民の信頼を損ねる等、法の支配の促進を妨げる要因にもなりかねない。

③ 正義アクセスの改善による法の支配の動揺ともいうべき問題は、政府が伝統的な非公式の紛争解決制度を承認する場合に、公式の司法制度との関係でも生じうる。すなわち、非公式司法への道を広く認めることが、公式の司法の無視ないし軽視に通じ、法秩序の体系性、統一性、安定性を阻害し、また、非公式司法の支配の中で結果に満足していない当事者が泣き寝入りする可能性も否定できない[499]。

---

[496] 例えば、ネパールの制憲議会の任期延長の有効性判断を求める最高裁判所への請願およびそれに対する最高裁判決を契機に、最高裁の管轄権限をめぐる元制憲議会、内閣、弁護士等と論争が生じた（前述Ⅰ3（5）Topic ②(2)参照）。
[497] 松尾 1999-2: 126頁。
[498] 例えば、経済的アクセスを促進するための商事裁判所（ないし通常裁判所における商事部）の設置と、優秀な人材（裁判官等）の集中的配置などである。
[499] こうした危険を回避するために、非公式司法が許容される要件として、管轄権限の明確化と徹底、基本権の実現等の最低限のコアとなる実体的ルールの共通化と、非公式司法の最終判断に疑問をもつ当事者は最終的に公式司法に訴える道が開かれていること等が求められる。しかし、そのことがまた、非公式司法の機能を実質的に大きく阻害し、迅速で柔軟で低コストの紛争解決を妨げるおそれ

④正義アクセスを充実させるための最も一般的な方策として採用されている法律扶助の制度化が[500]，その人的・財政的支援をする特定の団体への依存度を高める場合において，支援組織が強固な政治的イデオロギーをもつときは，その政治的影響力を免れないおそれがある。この点を考慮に入れると，法律扶助も法の支配との間に潜在的な緊張関係をはらんでいることを看過できない[501]。

(ⅳ) 開発プロセスにおける正義アクセスの概念化：法の支配ユビキタス空間の拡大

以上のように正義アクセスを改善するためには様々な方策があるが，個々のメニューのみに注意を向けて実践を進めると，法の支配の増進という要請と衝突する可能性がある。それを回避するためには，政府，NGOを含む様々な主体による正義アクセスの改善プロジェクト自体の統治（governance）が重要になってくる。すなわち，

①団体訴訟や公益訴訟の拡大による正義アクセスの増進においては，行政部や立法部との権力の均衡に注意を払い，社会の安定を維持しながら，民意を迅速かつ着実に汲み取る方法を改善しなければならない。そのためには，団体訴訟や公益訴訟の訴訟要件を適切にコントロールしてゆくことが求められる。これにも相当高度な政府の統治能力が求められるであろう。

②紛争当事者が様々な便宜から，通常の司法機関（裁判所）とは異なる，特別の紛争解決機関，ADR，非公式司法をより容易に，かつ安心して活用することができるためにも，仮に最終的に公式司法を用いた場合に到達するであろう紛争解決の見通しをもつために，実体法・手続法の共通ルールを明確にしておくことには，実際それを使うか否かに拘らず，大きな意味がある。それに従って予測される結論に照らして，最も効率的な紛争解決手段を選択することがはじめて可能になるからである。そのためにも，そうした実体的・手続的な共通ルールは国家全体を通じて統一的で，不偏的で，明確で，包括的なものである必要がある。この観点からは，主要な法分野についての包括的な法典編纂を特徴とするシビル・ロー・システムに優位性があるかも

もある。ここでも正義アクセスの充実が法の支配の要請とジレンマに陥る可能性がある。
500) WJP「法の支配指標2011」7.2参照。
501) それゆえに，法律扶助組織の財政基盤の多様化・充実化・安定化と，（政府，企業，政党，宗教団体，その他の組織からの）自律性の確保とのバランスの維持が重要になる。

知れない。いずれにせよ，そうしたルールの整備についてもまずは政府が先鞭をつける必要があると思われる。

③法律扶助組織の財政基盤を充実させ，安定させるために，政府，企業，NGOを含む様々な組織からの支援の多様化を図る一方で，そうして支援組織からの絶対的な自律性を確保するための制度的環境を整える必要がある。そして，そのためには，包括的な法律扶助法の制定の下で，関係機関の活動を的確に統制する必要がある。それが現実にどのようにして可能かを，実際例に即して検証する必要がある。

したがって，正義アクセスの改善を図るための主要なメニューの実践は，法の支配の推進と緊張関係に立つ可能性もある。それを緩和し，衝突を回避するためには，政府の統治による調整が必要になることも予想される。

本書では，正義アクセスの多面性――社会的アクセスと経済的アクセス，手続的アクセスと実体的アクセス，個人的視点と全体的視点，法の支配との関係――を考慮に入れた包括的視点から，開発プロセスにおける正義アクセスの意義を捉える。その場合，正義アクセスとは，①人々の権利を保護し，実現するために，当該社会において人々によって承認された共通の法的ルール（実体的・手続的ルール）が存在し，②それに基づいて公平な裁判・判断が行われ，その内容が確定され，かつその内容が実効的に執行されるという法システムが，③すべての市民にとって実際に利用しやすい形をとって普及していることを意味するものと定義することができる[502]。筆者はこの状態を「**法の支配ユビキタス世界**」と呼んでいる（後述4（5）参照）[503]。それは，当該社会において，①法令の体系的整備という次元，②法令を的確に解釈・適用し，確実に執行するための司法組織（ADR，非公式司法を含む）を整備し，それを運営する法曹の能力を強化するという次元，および③そうした司法制度に市民が容易にアクセスできるよう，法知識の普及，法律扶助の拡充等も介し，市民の法的能力を強化するという次元からなる3次元が有機的に結合することにより，**すべての人々が必**

---

[502] その結果，正義アクセスは，誰にとっても，容易に利用可能な，公平な裁判の保障のみならず，裁判に係る時間と費用の節約，さらには利用者に対する態度の改善等も含む意味で語られる。

[503] 松尾 2009b: 286頁。ちなみに，「権利を実効的なものとする」という意味での正義アクセスは，（自由主義国家に対する）福祉国家的な権利保障（社会権の実現も含む）まで意味するというコンテクストでも用いられることに留意する必要がある。カペレッティ編／小島＝谷口編訳 1987参照。しかし，本書では，発展途上国における司法制度整備と法の支配の確立・統治改革の促進というコンテクストでも妥当する意味で，正義アクセスの語を用いる。

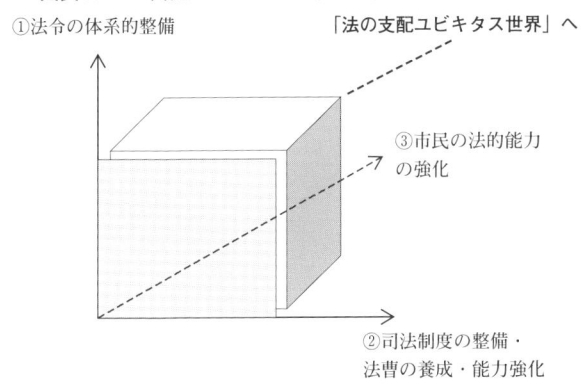

図表Ⅵ-2 開発プロセスにおける正義アクセスの概念化

①法令の体系的整備

「法の支配ユビキタス世界」へ

③市民の法的能力の強化

②司法制度の整備・法曹の養成・能力強化

出典：筆者作成

要とする法的救済をいつでも容易に手の届く所で受けられる空間（法の支配ユビキタス空間）が拡大することを意味する（図表Ⅵ-2）。

　したがって，法整備支援（協力）プロジェクトの評価に際して問われる，正義アクセスの改善の有無も，これらの構成要素の一部のみによる線的または面的評価ではなく，それら3つの要素およびその有機的結合による法の支配ユビキタス空間の拡大によって測定・評価されるべきである。そして，そのための具体的指標の開発が進められる必要がある。

（4）統治改革の一環としての正義アクセス改善への連結的アプローチ
（ⅰ）正義アクセスに影響を与える諸要因

　開発プロセスにおける正義アクセスの現状は，国によって相当の違いがある。その実相については，個々の国家ごとの調査が継続的に実施される必要がある。それについては，今後できるだけ調査の内容や方法を共通化することにより，国家間の比較が継続的に可能になるような仕組みの開発・普及が求められるであろう。そうした調査結果の分析よって検証されるべきことを留保しつつ，既存の情報に基づき，正義アクセスの現状に影響を与えていると考えられる主な要因を仮説的に整理すると，以下のものが考えられる。

（ア）法的ルールの問題として，
　①実定法（公式法）の整備度，

（イ）　法的機関の問題として，
　②裁判所の数とアクセスしやすさ，
　③公式司法を運用する法曹の数，
　④公式司法を運用する法曹の能力・習熟度，
　⑤公式司法の時間的・費用的コスト，
　⑥紛争類型や当事者のニーズに応じた ADR のメニューの多様さと使いやすさ，
　⑦公式司法または ADR と市民とを媒介する法律扶助センター等の相談窓口，アクセスポイントの数，
　⑧各人が居住するコミュニティがもつ非公式の紛争解決機能と結果の妥当性，
（ウ）　法システムを利用する市民の側の問題として，
　⑨公式法，それを運用する裁判所，ADR，非公式司法を含む，国家の法システムに対する市民の知識・理解（法システムについての情報の普及），
　⑩公式司法を含む法システムに対する市民の信頼度，
　⑪法システムに対して市民が何を期待するか（当事者間の主張の優劣の判定か，真実の発見と正しい問題解決か），
　⑫何を法的問題と考えるかについての市民の意識などである。

　これらの諸要因間には，相互に複雑な関係がある。④と⑩は相関的関係に立つであろうし，②・③と④（したがって⑩）は，とくに司法制度整備の初期段階では，両立が難しい面もある。なぜなら，早急に裁判所や法曹の数を増やそうとすることと，法曹の能力をたかめることは相互にトレード・オフの関係に立ち，性急に②・③に注力するあまり，④を犠牲にし，新たにレント・シーキングのチャンスを得た法曹の腐敗を助長し，⑩市民の信頼を大きく損ねることが，現実にみられるからである[504]。

　以上のような正義アクセスに影響を及ぼすと考えられる諸要因は，ある一時点において評価しても有意味ではない。つまり，その項目の絶対的評価はあまり建設的な解決策に通じない。むしろ，変化の方向性こそが重要である。
（ⅱ）　開発プロセスにおける正義アクセスの改善方法：連結的・漸進的アプローチ
（ア）　正義アクセスの改善への連結的・漸進的アプローチ

---

504)　インドシナ諸国を題材にした分析につき，松尾 2012: 54-55 頁参照。

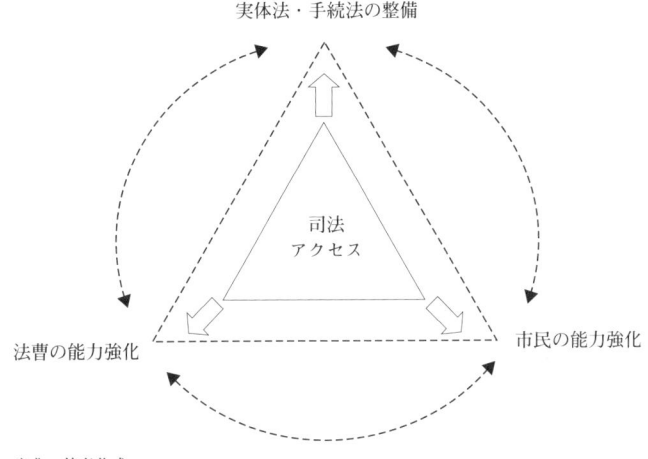

図表Ⅵ-3　正義アクセスの改善のための連結的アプローチ

```
          実体法・手続法の整備
                △
               ╱ ╲
              ╱   ╲
             ╱ 司法 ╲
             ╲アクセス╱
              ╲   ╱
               ╲ ╱
              ╱   ╲
   法曹の能力強化      市民の能力強化
```

出典：筆者作成

　以上の考察からひとまず確認できることは，第1に，（ⅰ）実体法・手続法の整備，（ⅱ）法曹養成，法律扶助を含む司法制度の整備，および（ⅲ）市民の法的知識や理解度の強化の三者は，内容的に不可分に連関しているが，開発プロセスにおいてはそれらの相互関連度がとくに深いことから，正義アクセスの充実を現実のものとするためには，これらを連結させ，三位一体的に同時に，あるいはそれが難しい場合には少なくともスパイラル式に，かつ段階的ないし漸進的に推進する必要があるということである。本書ではこれを**開発プロセスにおける正義アクセスの改善のための連結的・漸進的アプローチ**と呼ぶことにする（図表Ⅵ-3）。これは，開発プロセスにある国家において法の支配を構築するために不可欠の重層的・段階的・動態的アプローチ（前述Ⅳ8（4））の一部をなすものといえる。

　すなわち，（ⅲ）の市民の法的能力強化のための正義アクセスの拡充は，（ⅰ）の実体法・手続法の整備，（ⅱ）の法曹の能力強化と連結して進められなければ効果的でない。例えば，法に対する知識・理解の普及に際しても，法そのものがどうなっているのかが明確になっていなければ，利用可能な知識の提供にならない。したがって，このトライアングルが機能的にうまく噛み合うことが，正義アクセスを実質化させ，司法（正義）にアクセス可能な空間を拡大

し，法ユビキタスの状態に接近してゆくためには決定的に重要である。
　従来は（ⅰ）・（ⅱ）の連結が比較的意識されてきたことに比べると，それらと（ⅲ）に属する諸施策（法律扶助制度の充実を含む）との連結はなお不十分である[505]。その連携の核にあるものとして，また，最初に着手可能な第一歩としては，（ⅰ）に関する知識・理解・情報（批判的なものも含む）の共有がきわめて重要な鍵を握るものと考えられる。

(イ)　正義アクセスへの連結的アプローチとシビル・ロー・システムの活用
　この観点からみると，発展途上国においては（あるいは発展の初期段階にあればあるほど），**シビル・ロー（大陸法）・システム**にある程度の優位性があるように思われる[506]。なぜなら，シビル・ローは比較的短期間のうちに，国家の実定法を体系的に整備し，かつ法曹教育や法学教育を通じて，法曹や市民に対する法の知識と考え方を普及させる手段として適しているとみられるからである[507]。とりわけ，正義アクセスの中心問題である市民の法的能力が低い段階にあるときは，シビル・ロー的な体系的な法整備およびその職権主義的な運用を，相当程度強力な政府のイニシアティブをもって進める必要性が必然的に生じてくる効果を生むと考えられるからである。仮にそのことが正しいとすれば，《ある国が開発の初期段階にあればあるほど，シビル・ロー・システムが優位性をもつ》ということがいえるであろう[508]。もちろん，そのことは，多様な形態のシビル・ロー・システムとコモン・ロー・システムとの融合形態が存在する事実を否定するものではない（むしろ，実際には諸国の法システムは多かれ少なかれ様々な法システムの混合システムである）。
　一方，シビル・ロー・システムの下では，それを支える公務員――裁判官，検察官，法執行に関わる公務員など――の能力の強化および倫理の維持が不可

---

[505]　いくつかの連結プロジェクトの例につき，松尾 2012: 57-58頁参照。
[506]　もちろん，実際には，純粋シビル・ローも純粋コモン・ローも非現実的で，経済・政治・社会の必要性に応じて両者間のルールの選択・調整の問題が生じており，現実に存在する法システムの多くがむしろ混合型である。しかし，その中でも，法システムの沿革，基本型，基本的法思考がシビル・ロー型かコモン・ロー型かという特色は残るものと私は捉えている。松尾 2011b-1: 179-213頁，同 2011b-2: 145-185頁。
[507]　その実証例として，19世紀末以降の日本，韓国，台湾の政治・経済・社会の発展と法整備のプロセスが挙げられるであろう。
[508]　この観点からは，イギリス・インドによる植民地統治下でコモン・ロー・システムを採用していたミャンマーが，今後，市場化・民主化等の開発を進めてゆく中で，どのような法システムを採用し，展開してゆくかがきわめて注目される。

欠である。そして，そのようにして強化された公務員権限のカウンターバランスとしての弁護士によるチェック機能の強化，弁護士を媒介者とし，弁護士やパラ・リーガルらが中心となって運営する法律扶助制度等によって支援された市民社会の能力強化も強く求められる[509]。

こうしてみると，開発プロセスにおける正義アクセスの改善は，国家の統治システムの改善の一部として捉え，このことを視野に入れて戦略を練る必要がある。

(ウ) コミュニティの非公式司法の位置づけ

正義アクセスへの連結的アプローチの観点からは，**コミュニティの紛争解決機能**，とくに**非公式司法としての位置づけ**が重要であり，かつ評価の難しい問題をはらんでいる。なぜなら，(a) 共同体の論理に基づく伝統的な法システム（共同体法理）と，(c) 市場システムが典型的に機能する自由主義的で，法の支配に立脚する近代的法システム（市場の法理）との間にあって，(b) 前者を後者に短期間のうちに人為的に導入しつつ，その副作用や矛盾や弊害を回避するために前者の導入スピードをコントロールする役割を果たす存在として，「強い政府」の機能があるとみることもできる（**図表Ⅵ-4**）[510]。それも「良い政府」に不可欠の一側面といえよう[511]。このように強い政府が法改革を主導することは，東アジアおよび東南アジアの社会に広くみられる法改革と社会変動の構造かも知れない[512]。

統治の未確立の段階では，①こうした伝統的な村落共同体における非公式の紛争解決制度と政府の公式の司法制度とのギャップのみならず，②中央政府の方針と地方政府の方針のギャップ，③検察院や裁判所が依拠する実定法と司法省等の行政部や党の方針とのギャップ，④急速な市場経済化の促進と自由競争の弊害や副作用を危惧する社会主義理念とのギャップ，⑤形式的な法に則った経済と非公式の（時には非合法の）裏経済とのギャップ等々の存在が，けっして

---

509) 松尾 2012: 59頁参照。
510) これは「指令法理」と呼ばれることもある。安田 2000: 59頁。もっとも，それを「法理」とみるべきか，若干疑問がある。むしろ，法（の支配）と並列する統治（治理）とみるべきではなかろうか。
511) 松尾 2009b: 11-12頁，161-163頁，前述Ⅰ3，Ⅲ3参照。
512) ちなみに，北東アジア，東南アジア，南アジア，中央アジア，西アジアのうち，前三者（モンスーン・アジア）を固有の「アジア」と捉え，稲作を中心とする農業に典型的にみられる共同作業のあり方に由来する「共同主義」によって特徴づけ，そこにみられる国家法と非国家法（固有法）が併存する多元的法体制によって「アジア法」を概念化する試みがある。安田 2006: 13-17頁。

図表Ⅵ-4　共同体法理と市場法理を調整する統治システム

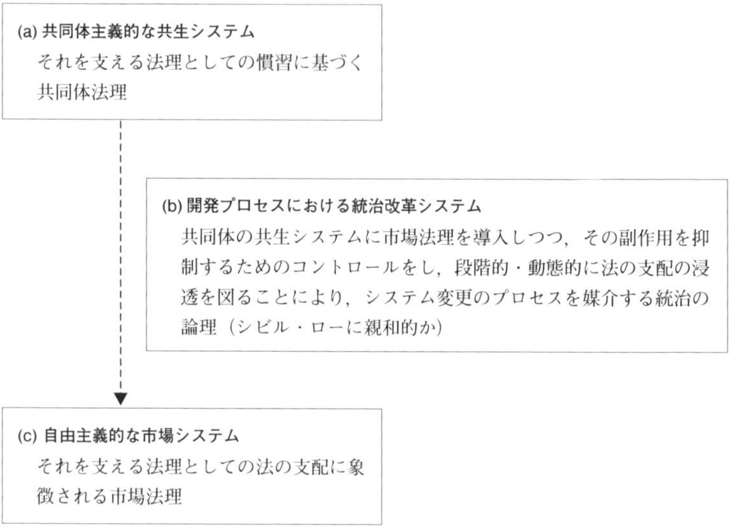

```
(a) 共同体主義的な共生システム
    それを支える法理としての慣習に基づく
    共同体法理
            │
            ▼
        (b) 開発プロセスにおける統治改革システム
            共同体の共生システムに市場法理を導入しつつ，その副作用を抑
            制するためのコントロールをし，段階的・動態的に法の支配の浸
            透を図ることにより，システム変更のプロセスを媒介する統治の
            論理（シビル・ローに親和的か）
                    │
                    ▼
                (c) 自由主義的な市場システム
                    それを支える法理としての法の支配に象
                    徴される市場法理
```

出典：筆者作成

珍しくない現象である。これに対処するために，政府には相当大きな役割が期待されざるをえない。これらの問題に対しては，法律扶助制度の充実といった狭義の正義アクセス改善策のみでは不十分である。インドシナ諸国を例にとると，とりわけベトナム，ラオスにみられる共産党の政策に基づく人民委員会の機能が，そうしたギャップを埋める機能を果たしているように思われる[513]。

（エ）　国家統治の構築プロセス

かかる政府の強力な権限行使の結果は，良い面に作用することもあれば，悪い面に作用することもあるし，実際にもそうであったとみることができよう。しかし，それが権力分立の原理，あるいは法の支配の基本要素に抵触するものとして，もっぱらネガティブに評価することは一面的であり，少なくともアンビヴァレントな評価が成り立ちうると考えられる。しばらくは，当該政府の権限行使の結果と，当該国家の現実の発展の方向性を動態的に監視してゆく必要がある。

---

[513]　松尾2012: 60-61頁。

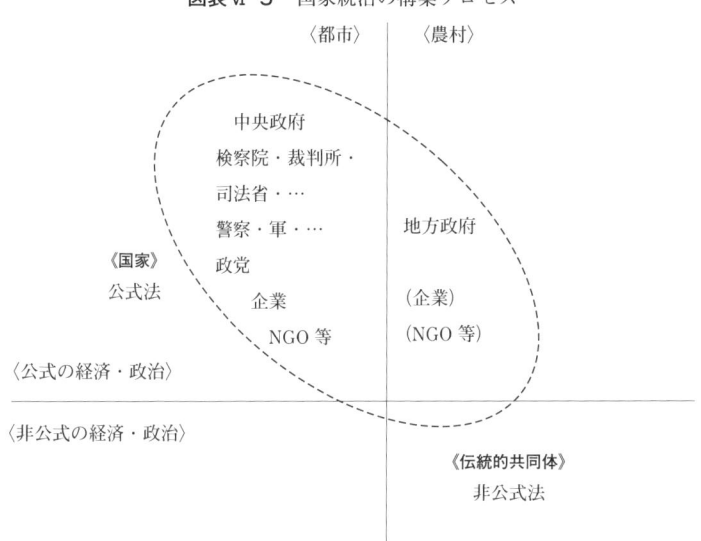

図表Ⅵ-5　国家統治の構築プロセス

```
                        〈都市〉  │ 〈農村〉
                                  │
                      中央政府     │
                   検察院・裁判所・ │
                     司法省・…    │
                                  │
                     警察・軍・… │    地方政府
   《国家》            政党        │
     公式法                        │
                      企業         │    （企業）
                     NGO 等        │    （NGO 等）
〈公式の経済・政治〉               │
───────────────────────────────────┼───────────────────
〈非公式の経済・政治〉             │
                                  │  《伝統的共同体》
                                  │      非公式法
```

出典：筆者作成

　ここでもまた，統治と法を調整する原理としての，シビル・ロー・システムの機能を再評価する余地があるように思われる。すなわち，それは，開発プロセスにある社会における包括的な公式法として，政府の統治権限を徐々に社会の各部（都市と農村，公式の経済・政治と非公式の経済・政治）に浸透させ，当該社会を《国家》が徐々に包み込んでゆくための有用な道具として用いられているとみられる（図表Ⅵ-5）。

4　国家統治を通じて地球的統治へ

(1) グローバル化とは何か

　開発法学の目的は，国家における良い統治の構築に必要な制度変革を促すために法改革を進める方法を探求する点にある。しかし，良い国家統治の構築およびそのための法改革は，今や当該国家の内部だけに関心を集中し，当該社会の歴史や慣習，経済や社会の現状，人々の需要などの情報に基づくだけでは，実現することが困難になりつつある。それはなぜだろうか。おそらくその最大

の原因は，**グローバル化**（globalization）という現象の進展である。本節では，まず，国家間の相互依存の程度と速度を高めているグローバル化とは何か，その実体と功罪を複眼的に検討する【TOPIC⑥】。それを踏まえて，制度改革の理念像として提示した**国家の良い統治**（Ⅰ3）が，グローバル化の進む国際関係の中でも維持することが可能かどうかを検討すべきであろう。そして，良い統治は国家統治と連続性をもつ**地球的統治**（global governance）の観点から捉え直すことにより，むしろ現代社会に適合的な理念像となることを確認する。

【TOPIC⑥　国際的な相互依存の緊密化】
　日本では，今や人々の生活は食料品・衣料品・電気製品，…と多くの外国製品に依存している。エスニック料理を味わうのも，スターバックスやマクドナルドで一服するのと同じように容易だし，インターネットによる情報集めや商品注文やメール交換は国境を意識させず，世界と直結していることを実感させる。戦争，貿易摩擦，金融システムなどの国際関係が，物価・景気・雇用に影響する速度と深刻度は，一層速く，重くなっている。とりわけ，1980年代の後半以降は，国際的な相互依存関係の深化を実感させるような一連の事件が相次いだ。1989年11月のベルリンの壁崩壊，同年12月の冷戦終結宣言，1991年12月のソ連邦崩壊，急激な市場経済化，1997年7月以降のアジア金融・経済危機，経済格差の拡大，崩壊国家の出現，2001年9月の同時多発テロと11月以降のアフガニスタン侵攻，対テロ戦争の拡大と2003年3月以降のイラク戦争，アメリカのサブプライム・ローン問題に端を発して2008年から深刻化した世界金融危機，地球温暖化等の環境問題の深刻化，……等々である。これらの一連の事件は，世界の相互依存の緊密化，その光と影の両側面を垣間見させるものといえる。
　こうした中，日本は食糧・原料・エネルギーの調達から，製品の生産，そして販売まで，平和に保たれた世界を台所・工場・店舗とせざるをえない状況に置かれている。すでに日本では，食品，医薬品等の内需型企業のグローバル事業展開が進み，製造業の海外売上高比率は，約5割に上昇している。例えば，コスト競争が激しい産業（自動車産業など）では，製造部品の共通化が進んでいる[514]。共通部品を世界各国で分担して生産することにより，各国の生産工場の需要，為替の動向等に応じて最適な調達地から供給可能となるからである。ここでは，為替リスクの回避を含む調達コストの低減圧力が，部品の共通化を促し，それにより一つの製品の生産を世界各国で分担して行う態勢が形成されている。

---

514)「部品の共通化　世界中で徹底　ホンダ『伊東改革』着々」日本経済新聞2009年11月8日参照。

また、エネルギー関連の企業も、国内エネルギー需要の縮小（石油製品の国内需要は、2014年度は1億6,000万キロリットルの見込みで、2010年度の約3分の2）を受け、新興国等での事業を拡大するなど、グローバルな事業展開を進めることにより、売上高の大半を国内に依存する経営体質からの脱却を図ろうとしている[515]。例えば、JXホールディングス（新日本石油と新日鉱ホールディングスの経営統合）による中東や新興国での分散型電源事業（太陽電池と燃料電池の組合せ等）、銀・銅等の採掘から製品化までの一連の製錬事業、東京電力による海外での原発建設・運営、スマートグリッド（次世代送電網）等の事業を長期経営計画に盛り込む方針である。関西電力による中国、インド、アメリカ等における高効率の石炭火力発電所の建設、出光興産によるベトナムにおける石油化学コンビナート（総額約6,000億円。2014年操業開始目標）等の計画がある。

このようなコスト削減圧力の高まりに対応した企業のグローバルな事業展開、それも1つの契機とする国際的な相互依存関係の深化、それに伴う商品の規格・技術・規範の統一化は、しばしばグローバル化と呼ばれている。では、グローバル化の本質は何であろうか。というのも、国際社会の相互依存関係の深化、各種規準の統一化は、1980年代に突如として始まったわけではないからである。

従来の世界システムである主権国家を単位にした国家間システムは、①絶対主義国家の成立（16～18世紀）、②国民国家の形成、近代官僚制、国民主権の実現を経て、③ウェストファリア体制の確立（17～20世紀前半）によって形成された。しかし、ウェストファリア条約（1648年）によって各国の主権と独立が承認された後も、18世紀末以降の産業技術革新・人権概念・市場システム・民主主義などの技術や規範が、すでに幾度も打ち寄せた波の1つとして国から国へと伝播した。このように国境を越えた取引や交流の増大による主権国家間の相互依存の進展は、**国際化**（internationalization）と呼ばれる。それは、①強大な軍事力をもつ国家による植民地支配の拡大、②それに伴う国家間における人・物・サービス・資金の流通の増大、メディアによるそれらの流通の加速を背景として促進された。それはさらに強大化した国家による支配の拡大を通じ、世界の空間的一体化を促す一方で、強く・富める国と弱く貧しい国との分裂をも

---

515)「エネルギー大手　成長狙い海外へ」日本経済新聞2010年5月10日。

拡大させることになった。グローバル化も，一面では，今なお進行中の国際化のプロセスの一環ないし延長であるとみることもできる。しかし，そこには従来の国際化の進展とは質的に異なる変化も生じている。それは，人間の生存にとって不可欠の様々な**コミュニティの変質**である。

グローバル化 (globalization) への動きは，とくに1970年代以降，国家間組織，国際非営利組織，多国籍企業，国際 NGO/NPO，個人（人権の享有主体）など，国家以外のアクターの登場・活動範囲の拡大・役割の増大に伴って加速化した[516]。とりわけ，技術・規格・規範の伝播や統一化のスピードと範囲は急速に増大している。その背景には，①東西冷戦構造崩壊に伴う市場経済システムの拡大，②交通・通信手段の発達による人・商品・サービス・投資・情報の移転のボーダーレス化と迅速化，③貿易・金融・通信・環境・安全保障・人権などをめぐる地球規模的問題の深刻化，④国家間格差の拡大に伴う開発援助（協力）活動の再編・強化などがある。それは一面では，新自由主義の思想に基づく金融の自由化および国際化，情報化を契機とする国際的な経済秩序の再編という現象として現れた。それは，資金の国際的移動を容易にし，外国人投資家に一層有利な金融システムを構築した。その反面，海外直接投資の拡大・集中により，伝統的な産業構造の解体にも拍車をかけることになった。また，それは女性労働の雇用機会を増大させ，男性の雇用機会に影響を及ぼすとともに，労働人口の国際的移動を促した。さらに，それは投資国と被投資国の結合構造の再編を促している。これらはたんなる国際化には還元できない新たな超国際化の動きであるといえる。

グローバル化は，①こうした**地球的相互依存の深化**という**客観的要素**の変化とともに，②その影響を受けている人々の**グローバルな意識の醸成**という**主観的要素**の変化も生じさせていることを看過すべきではない。このことは，グローバル化がわれわれの生活にとって不可欠のコミュニティに大きな変容をもたらしつつあることを意味する。そして，家族，サークル，地域コミュニティ，マイノリティー集団，企業，NGO/NPO，地方自治体，国家，多国籍企業，国家間組織，国際非営利組織，……という形で積み重なるコミュニティの深化・重層化こそが，最も重要なグローバル化の本質であるということができる。すなわち，グローバル化とは，人々の国境を越えた活動が空間的に拡大するだけ

---

[516] グローバル化に関しては，Shapiro 1993: pp. 37-64; 岩崎＝植村＝宮脇 2000: 46-50頁〔髙嶋正晴〕，松尾 2000b: 46-48頁，松尾 2004c: 42-43頁・同書注21，正村2009参照。

でなく，家族・国家・企業・NGOなどのコミュニティ間の相互作用が緊密化かつ複合化することにより，国際社会自体が全体として1つのシステムないしコミュニティの方向へ向かって変質しつつあるプロセスとして特徴づけることができる（図表Ⅵ-6）[517]。

　もっとも，そのようなグローバル化の進展の行き先が，「世界社会・世界文化・世界規範」の生成ないし萌芽にまで通じるかどうかは[518]，なお検討を要するであろう。想定上のグローバルなコミュニティのイメージが形成される一方で，**特徴を異にする様々なレベルのコミュニティの併存状態は今後も続く**に違いない。留意すべきは，グローバル化はわれわれの生活すべてを包み込む一元的システムではなく，主権国家を含む伝統的システムと併存しているということである。例えば，われわれがパソコン・自動車・時計・投資商品などを選ぶ際には，比較的生産国にかかわらず機能本位で考える一方で，オリンピックやワールド・カップで自国の応援に熱狂するのは，ごく自然なことである。なぜなら，われわれはグローバル化された地球社会の一員であると同時に，ある主権国家の一員でもあるからである（図表Ⅵ-6参照）。その結果，現在の国際社会は，その基本構造としては，①主権国家体制，②国際共同体，③世界市民主義という3つの異なる位相から構成された重層構造として捉えることが可能であろう[519]。

　しかも，その構造はさらに組織間の連携の強化や緊張関係の高まりによって絶えず変化している。そして，国家内部の組織も含めて考えると，その重層構造の動向は，より複雑な組織間の結合の緊密化として捉えることもできる。実際，われわれの生活は，①家族・親族，②国内の企業，③国内の宗教団体・NGOなどの自発的共同体，④自治体，⑤主権国家，⑥地域統合による共同体（EUなど），⑦地球規模の組織（人権・環境問題等のNGO，多国籍企業，インターネットなど），……といった多様なレベルの人間関係が重層的に結合し，中には複数レベルが融合して成り立っている。したがって，一人の人間が同時に複数レベルの人間関係に属することはむしろ通常の事態である。その結果，国家内部・国家間・地球規模…といったレベルの相違を超えて，諸組織の結合・緊張関係は急速に強まっているといえる（図表Ⅵ-6参照）。

---

[517]　正村 2009: 3-4，116-119頁参照。
[518]　猪口 1996: 66-67，70頁。
[519]　中西 2003: 19-27頁。

図表Ⅵ-6　グローバル化とは何か

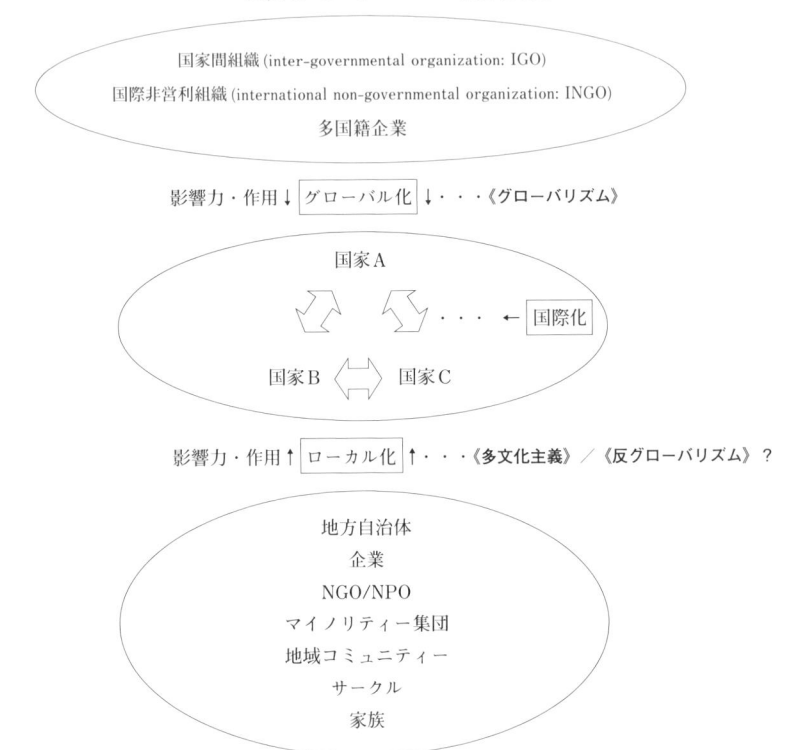

```
        国家間組織 (inter-governmental organization: IGO)
        国際非営利組織 (international non-governmental organization: INGO)
                        多国籍企業
```

影響力・作用↓　グローバル化　↓・・・《グローバリズム》

```
                    国家A
                   ⇗  ⇖ ・・・← 国際化
            国家B ⇔ 国家C
```

影響力・作用↑　ローカル化　↑・・・《多文化主義》／《反グローバリズム》？

```
                   地方自治体
                     企業
                   NGO/NPO
                 マイノリティー集団
                 地域コミュニティー
                    サークル
                     家族
```

出典：筆者作成

　T・フリードマンは，人々が所属するコミュニティの重層的・交錯的構造を大胆に二分し，一方ではトヨタの高級車シリーズ「レクサス」に象徴されるような様々なグローバル化システムの産物が普及し，他方では昔ながらの「オリーブの木」1本をめぐる中東の国境紛争に象徴されるような故国の領土へのこだわりや民族的・宗教的アイデンティティーの根深さが併存し，まさに正反対の方向に引き合う2つの動きが凌ぎ合っている模様を浮き彫りにした。前者のみのイメージによって捉えられがちなグローバル化のもう1つの重要な側面として，後者の動きが不可分に連動している点は，的確な指摘というべきである。

まさに現代世界は「グローバル化という新システムのリング上で，レクサスとオリーブの木がレスリングをしている」[520]といえる。

その結果，人々が同時に所属する複数の，時にはレベルを異にするコミュニティ相互間の要求やルールが対立するといった問題が，新たに深刻な問題として浮かび上がってくる。この場合，人々はどちらのルールに従うべきなのであろうか。これはグローバル化に伴って必然的に深刻化するジレンマであるということができよう。自然的には，人々は自己が所属する最も身近なコミュニティの要求に従うことが，人々の感情に沿う選択であろう。なぜなら，人々は構成員の顔の見える，最もパーソナルな付合いを行うコミュニティに最も直接的な利害関係をもつからである。しかし，法的には，主権国家の定めたルールに服することを要求され，しかもそれがより身近なコミュニティの要求と食い違う場合があるかも知れない。例えば，重大な（親告罪でない）犯罪を犯した親族を告発すべきか否かといった場合である。これ自体も答えを出すのは容易でない問題であるが[521]，グローバル化はさらに重い課題を投げかける。つまり，自国の企業の利益や自国の国益とグローバルなコミュニティの利益が衝突するとか相容れないようにみえる場合，われわれはどのような行動をとるべきかという問題である。グローバル化とは，まさにこのような問題を日々われわれに投げかけるようなコミュニティの形成にほかならないのである。

この問題に対して解答を出す前に，さらにグローバル化の中味を分析する必要がある。それは，グローバル化自体に内在する規範的価値の有無およびそれがある場合の規範内容である。

(2) グローバル化の規範的含意
(i) 取引費用の削減

グローバル化は様々な帰結をもたらす。その中には，環境破壊，世界金融危機，格差の拡大，テロ，……といった明らかな害悪も含まれていることは否定できない。しかし，これらはグローバル化の帰結であり，グローバル化そのものとはなお区別しなければならない。さらに，グローバル化に内在する価値や

---

520) フリードマン／東江＝服部訳 2000-1: 61頁。
521) なお，この問題に解答するのに，道徳的問題と法的問題を峻別し，もっぱら道徳的にはどちらが正しいかを問うことは妥当でないと私は考えている。なぜなら，法的問題の前提にある国家は，それ自体が多くの人々がごく自然に所属するコミュニティの一種だからである。

規範も，それらとは識別される必要がある。ここでは，グローバル化の規範的価値の有無およびその内容を確認する。

　グローバル化を経済的な面からみると，その規範的価値として，**取引費用 (transaction costs) の削減**を挙げることができる。それは，グローバル化の中心領域である市場のグローバル化が，商品・サービス規格の標準化，契約法・会社法・その他の商法，知的財産法，金融法，仲裁法，国際私法，競争法などの取引ルールの統一化ないし調和，規制緩和・民営化・消費者保護法の整備などをもたらすからである。これにより，より良い商品・サービスを提供する参加企業が生き残り，粗悪品およびその供給企業は市場から駆逐されるスピードも速くなる。

　もっとも，ここでもいくつか注意が必要である。第1に，リース，ファクタリング，フランチャイズ，企業買収（M&A）など，アメリカ企業によって形成された取引慣行による法的ルールの統一化傾向は，グローバル化の美名を隠れ蓑に市場独占を進めるアメリカ化（Americanization）にほかならないという批判もある[522]。しかし同時に，アメリカ化の背景には，その政治・経済力の優勢だけでなく，**法の技術的革新性と先進性**があるとの指摘も[523]，公平に評価する必要がある。いずれにせよ，取引費用の削減自体は，市場参加者の共通利益となる規範的意味をもつことを看過できない。

　第2に，**競争の自由化がつねにより良いものを，より安く，より迅速に生産し，流通させることに単純に通じるとは限らない**。そもそも人間や組織の情報収集力および情報処理能力には限界があり，何をどのようにどれだけ生産し，どのように流通させることが最も消費者の需要に応え，最大の利益をもたらすかを正確に知ることができない以上，競争の激化によるコスト削減競争は，企業経営を不安定化させ，**安かろう悪かろう商品を市場に氾濫させる**結果を招くこともある。また，品質の良し悪しにかかわらず，商店の品揃えや在庫品が（とくに量販店では）頻繁に変わるようになり，いわゆるお気に入りの商品が手に入りづらくなったという経験をもつ者も少なくないであろう。

　ところで，国際的な取引では，契約の交渉・締結から紛争解決に至るまで，文化的背景を異にする当事者が対面せざるをえないことから，従来は企業内部

---

522) Doeker-Mach 1998: p. 112.
523) Wiegand 1991: pp. 235, 245. 今やアメリカ法は，国際的な契約や仲裁実務の共通法（ius commune）になりつつあるとする。

の従業員によって行われていた商取引が，専門的知識をもつ法律家を介して行われることが多くなり，より多くの紛争が裁判所に持ち込まれて裁判官，その他の法律家に依存するようになるなど，取引関係や紛争解決の**法律化**（legalization）が進行する。この現象は，社会主義体制への市場経済の導入に伴い，従来は国有企業内部の命令によって行われていた経営管理が，法によって行われるときにも生じる。それは一種の**法律万能主義**（legalism）に通じるおそれもある。こうした商取引への法の侵入は，大規模なロー・ファームの成長やその活動の国際化に端的に見出される。しかし，それは時として訴訟の多発によって法的費用を増大させ，取引費用の削減規範に反するという，自己矛盾に陥る可能性がある。この現象は「アメリカ・スタイルの敵対的法律万能主義」とか，「ロー・スクールから生じた法律家のペスト」として警戒されている[524]。

また，ルールの統一化が求められるのは主として国際取引の場面であり，市民が日常頻繁に行う取引ルールについてまで国家間で共通ルールが設けられなければ取引費用の削減に通じないわけではないことに，注意する必要がある。それゆえに，既存の国内取引法を国際取引ルールに合わせるために，実務の取扱いを変更してまで改正することは，取引費用の削減という「グローバル規範」からみて，むしろ本末転倒となるおそれがある[525]。むしろ，既存の国家法や慣習を考慮し，市民に理解しやすいルールの法典化が，紛争の解決および回避（予防）を通じて，取引費用の削減に通じることの方が大きな効果をもちうるであろう。

(ⅱ)　良い政府と個人の権利保護の拡充

国内市場のグローバル化は自ずから実現されるのではなく，市場化のスピードをコントロールしながら統一ルールを立法し，それに基づいて公平に裁判し，確実に執行する強い政府の構築が不可欠である。と同時に，政府の強大な権限行使の濫用と逸脱をコントロールするという意味での**法の支配**（本書でいう「法の支配Ⅱ」。Ⅳ6（3）(ⅳ)）と，政府を外部からコントロールできる主体の活動を保障する**民主化**が求められる（前述Ⅲ4（2））。

さらに，アメリカでは政府への不信，とくに官僚への不信が「政治の司法化」をもたらした。また，権力集中に対する不信は，あらゆる強大な実力から

---

[524] Shapiro 1993: pp. 41-44, 51 ff., 56, 60, 61 ff.
[525] この観点から，日本の民法（債権法）改正の内容には，とくに実務上問題が生じていない点の法改正には，慎重な吟味が必要であるように思われる。

個人を保護する手段として，憲法上の人権保障から，消費者保護，労働者の安全・健康への配慮，投資家保護，環境保護に及ぶ立法も要求する。こうした**個人の権利保護の拡充**もグローバル化の一環とみる M・シャピロは，「個人に自己防衛を可能にさせるにはあまりに複雑で，かけ離れまたは強力すぎる技術的，経済的および社会的装置の有害な作用に対する法的保護の世界的増大」を見出している526)。もちろん，国によって内容やペースは異なるが，各国における権利のカタログは徐々に拡大しているようにみえる。

(ⅲ) 多文化主義

グローバル化の進展に伴い，国家間の壁が低くなり，相互交流が活発になるに連れ，それ以前には出会うことがなかった異なる国々や地域の文化との直接・間接の接触が，頻繁に生じるようになった。そこでは，世界が想像を遥かに超える多様な文化の混合物であることが次第に意識されるようになり，**固有の文化に対する相互尊重の規範**が生じつつある。また，市場のグローバル化にとっては良い政府が不可欠であるから，グローバル化は主権国家の存在意義を否定するものではない。が，同時にグローバル化は，政府の機能を一部相対化させ，民営化や規制緩和や民主化を通じて非政府組織の活動を活性化する作用も生じさせている。その結果，一見逆説的ではあるが，グローバル化の中では，少数派民族，その他のマイノリティーを含む多様な文化集団がもつ固有の価値や規範を相互に尊重すべきと考える**多文化主義**（multiculturalism）にも道が拓かれた。それは，共通の民族・言語・宗教・その他の文化的指標によって区分された一国民一国家の国家主義イデオロギーがもたらした惨禍への反省を迫るとともに，「すべての人びとの幸福と尊厳への配慮によって動機づけられた規範的教訓」という，個人主義に基礎づけられていることに注意する必要がある。しかも，ここで前提とされている個人は「人間性を剝ぎ取られた抽象的個人」ではなく，文化的多様性をもった個性として捉えられている。そうした個人の幸福は，各人の生活の場とする社会での価値ある人間関係や活動における成功からなり，その尊厳は各人の属する文化的共同体の構成員としての自己意識と切り離すことができない527)。まさに葛藤する「レクサスとオリーブの木」を簡単に切り離すことができないことには，十分な理論的根拠があるのである。

このように多様な文化的集団の存在と密接に結びついている1人ひとりの幸

---

526) Shapiro 1993: p. 50.
527) Raz 1998: pp. 194-195, 197, 200-201.

福と尊厳に対し，われわれは相互に最大限に敏感にならなければならないということが，多文化主義の規範的メッセージである。しかも，多文化主義は，**普遍的価値も異なる文化の中では様々に異なった仕方で実現される**ことを認める点で，普遍的道徳原理の存在を否定するものではない[528]。したがって，それは底抜けの価値相対主義とは異質のものであることが確認できる。

それゆえにまた，多文化主義は，ある文化的共同体がもつ独特の慣習や独自の行動が，個性ある個人の幸福と尊厳に反する行為に通じるときは，これを放置したり，見逃すことを正当化するものでもない。それは「誤り」として，国内外の政府および非政府組織の粘り強い，平和的努力によって正されるべきものである[529]。

(iv) 国際協力の促進

グローバル化は主権国家の存在を不可欠としながらも，様々な局面で国家間の協力活動（国際協力）を要請する。なぜなら，前記（i）～（iii）のグローバル化の規範は，途上国を否応なしに市場化・法の支配・民主化・多文化主義の流れに巻き込む結果，その国が急激な制度変化に耐え切れず，国内秩序が不安定化し，政府が弱体化し，国民の福祉水準がかえって低下するという皮肉な事態も生じるからである。そこで，そうした状況に陥った途上国に対し，例えば，市場化のためのルール作りや，その裁判・執行システムを整えるための物的・人的資源を支援することが必要になる。

その際，国際協力を促し，正当化する規範は，一方では，現在の国際社会が主権国家を基本要素としつつも，どこまでコミュニティとしての実質を備えていると意識できるかにかかっている。しかし，他方で，国家の枠を超えた様々な協力活動そのものが，コミュニティ意識を醸成するという相互規定的関係にあることにも留意すべきである。今やわれわれを含め，地球上の人々は，相互に直接に経済関係をもたない国々の人々との関係も含め，**各人が自国に居ながらにして日々グローバルなコミュニティに生きている**。これがグローバル化の内実である。しかも，この特殊なコミュニティの性質・内容は所与のものではなく，人々がそれをどのように意識し，それをどのように構想し，その改善に向けてどのような協力行動をとるか，その主体的なヴィジョンとコミットによる創造的実践に依存する動態的なものである。今や他国との関係に関するわれ

---

[528] Raz 1998: p. 204.
[529] その具体的含意には，ここではあえて立ち入らない。これに関しては，松尾 2000b: 53-55頁参照。

われの見方・意識，人間本性の卓越や人類の便益というグローバルな視点に基づく社会秩序形成への主体的企図自体が，国際関係認識，ひいては国際社会観の変容をもたらす契機となるかも知れない。この可能性について，A・スミスはすでにつぎのように看破している。

　　他方の〔国の〕内部的幸福と繁栄すなわち，その土地の耕作，その製造業の発展，その商業の増大，その港や碇泊所の安全性と数，すべての自由学芸および科学におけるその熟達にたいする嫉妬は，まちがいなく，ふたつのそのような大国民の尊厳にふさわしくないことである。これらはすべて，われわれが生活している世界のほんとうの改良である。それらによって人類は便益を受け，人間本性は高貴にされる。そのような諸改良において，各国民はみずから卓越するように努力すべきであるだけでなく，人類への愛から，その隣人たちの卓越を妨害するどころか促進するように，努力すべきである。これらはすべて，国民的競争の適切な対象であって，国民的偏見あるいは嫉妬の対象ではない[530]。

　つまり，他国の国内的な繁栄を促進するために心底懸命に助力することは，協力者の側にも高質の利益をもたらすに違いない。それは「大国民の尊厳」に相応しい，高貴な利益であるに違いないが，けっして抽象的で捉えどころのないものではなく，現実的で具体的で，人間性に直結する大きな利益であるといえる。それは，平和と繁栄という，長期的にみてより大規模で，安定した具体的な便益をもたらすものであり，人類が人間本性を高め，現在の状態からさらに一歩前進するか否かを画する決定的な試金石である。ここではやはり，老カトーよりも，スキピオ・ナーシカが演説の結語に用いた決まり文句――「私もやはり，カルタゴは亡ぼされるべきではないという意見である」――に与すべきである。

　日本にとって，中国やアメリカの繁栄はもちろん，ミャンマーや北朝鮮の国民の繁栄も当然望ましいのである。

（3）地球的統治論の形成

　以上のようなグローバル化の規範を背景に普及してきた諸国家間の統治の構想が，すでに良い統治の一環として定義した地球的統治の概念――国際関係に

---

[530]　スミス／水田訳 2003-2: 133-134頁。傍点は引用者による。

図表Ⅵ-7　統地球的統治(グローバル・ガバナンス)を構成する統治(ガバナンス)の諸形態

推進主体		(i) 発生期	⇒	(ii) 制度化
(a) 国家		EC, GATT, その他の地域統合の試み等	⇒	国連, EU, WTO等
(b) 国家以外の組織	国境を越えるもの	平和, 環境保護, エコロジー運動等のNGO, 多国籍企業等	⇒	インターネット, ヨーロッパ環境保護局, 信用格付機関等
	国家内部	少数民族, 地方団体等	⇒	アメリカ・ユダヤ人会議等
(c) 国家と国家以外の組織		同盟, 国際レジーム等	⇒	選挙監視, 人権保護システム等

出典：Rosenau 1995: p.22を参考にして，筆者がアレンジを加えた

おける様々な行為主体（個人・企業・NGO・国家・国際機関など）の活動を活性化する一方で，その違法または非倫理的な行動を抑制するために，主権国家群を中心とする行為主体が，世界政府をもつことなしに，コントロールする全般的統治システム——（Ⅰ3（4））であり，その具体化のための方策を論じるのが，地球的統治論である。

　地球的統治論の萌芽形態は，1960～70年代の国際的相互依存の深まりを背景に，世界政府のない国際関係もアナーキーではなく，一定の秩序が存在するとみた反リアリスト的な国際秩序認識にある。その後，1970～80年代にかけて，通商・金融・通貨・通信・環境・海洋・エネルギーなどの特定領域における国際秩序形成を契機に国際レジーム論が構築された。しかし，それは特定分野におけるオペレーショナルで，問題解決志向の強い統治システムであり，安全保障などのハイ・ポリティクス分野を欠くパッチワーク的限界をもっていた。これに対し，市場化・民主化・人権擁護・環境保護などを同時追求する「開発問題の複合化」は，特定の問題領域を対象とするレジーム論の限界を意識させた。そこで，レジーム間の相互調整をも可能とする，より包括的な国際関係の体系化概念として，1990年代に用いられるようになったのが，地球的統治論である[531]。

　地球的統治の概念（Ⅰ3（4））は，①世界政府なき統治を承認し，②主権国家・地方政府・NGO・それらの複合体等の相互の働きかけによる多元主義的な秩序形成を目指すものである。したがって，統一化された秩序を構想するグ

---

531) 猪口 1996: 63頁；山本 1996: 31頁；大芝＝山田 1996: 6, 13頁。

ローバリズムの発想とは大きく異なる。③しかし，それは，主権国家を——その機能の一部が他の主体と分担されることで相対化されつつ——地球的統治の「コーディネーター」として，なお最重要のアクターとみるものである。このような地球的統治を構成するガバナンスの形態は，各形態の推進主体やその操縦メカニズムの相違に応じて一様ではない（図表Ⅵ-7）。このうち，国家によって支援された国連システムや地域統合こそが，現時点での地球的統治の中心像であるとみられる[532]。

　このように地球的統治を構成・主導すべき中心単位が，依然として個々の主権国家であるとすれば，国家の良い統治（Ⅰ3．図表Ⅰ-3）という目標は，グローバル化の進行した国際状況の中でも，依然として維持される。むしろ，グローバル化された国際関係を前提にすれば，地球的統治の中で国家の良い統治を実現することこそが，現実的な課題となりうる（図表Ⅵ-7）。このように地球的統治を見据えた主権国家における良い統治という考え方は，カントが「永遠平和のための第一確定条項」として提示した，「共和的」な「市民的体制」と広範にオーバーラップする。そこでは，①社会の成員が自由であり，②すべての成員が唯一で共同の立法に従属し，③すべての成員が平等である国家体制からなる平和的な国際秩序が構想されているからである[533]。

　そこで，つぎの課題は，1つでも多くの国家において良い統治が構築されるために，どのような実現可能な手段があるか，とりわけ，その実現手段の一環として，主権国家間の協力の形態にはどのようなものがあるかを，具体的かつ実証的に検討することである。これは，現在の「法整備支援」(legal assistance)——被支援国と支援国との間に相互のフィードバックが増してゆけば，「法整備協力」(legal cooperation) へと脱皮しうる——を中軸とする，開発法学の実践的課題である（図表Ⅵ-8参照）。

（4）地球的統治（グローバル・ガバナンス）の実現手段としての法整備支援：平和へのもう1つの道

　開発法学の目指す理念が国家の良い統治を土台にした地球的統治の構築にあるとすれば，それを実際にどのようにして構築するかということも，開発法学の実践的課題の射程に入ってくる。しかし，地球的統治の構築手段はいまだ確立されているとはいえない。現時点では，湾岸戦争での多国籍軍やコソボ紛争

---

[532] 吉高 1999: 61頁 ; Rosenau 1995: pp. 28, 34.
[533] カント／遠山訳 2000: 262頁。

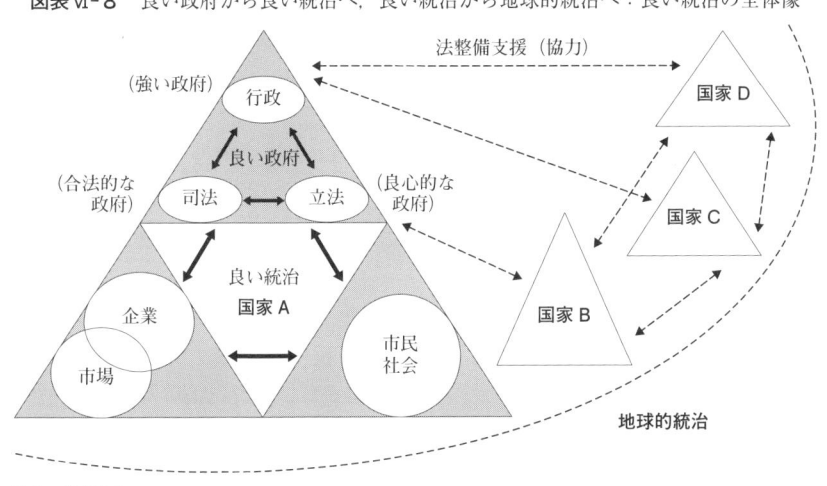

図表Ⅵ-8 良い政府から良い統治へ，良い統治から地球的統治へ：良い統治の全体像

（強い政府）・行政　　　法整備支援（協力）　　　国家D

（合法的な政府）司法　立法　（良心的な政府）

良い政府

良い統治　国家A

企業　市民社会　　　国家C

市場　　　　　国家B

地球的統治

出典：筆者作成

でのNATO軍による介入，アフガニスタンでの米軍，イラクでの米英軍による政府の解体と再構築の試み，北朝鮮やかつてのミャンマーへの経済制裁など，軍事的・経済的制裁が主流を占めている。しかし，これらの手段の有効性は，そこで生じた負の遺産や副作用も考慮に入れ，根本にある問題の解決に通じているかという観点から，再考する必要がある【TOPIC ⑦】。

悪しき政府に制裁を加えるためとはいえ，何の償いもなしに生命や財産を失い，生活の破壊や福祉の低下にあえぐ市民が存在する不条理から目を反らして，正義を語ることはできないだろう。9.11事件（2001年）が象徴するように，直接的な力による安全保障の限界が世界各地で露呈しつつある今，時には気の遠くなるような回りくどい方法に映るかも知れないが，1つでも多くの国家で良い統治を支える法体系が確立されることを通じて，地球的統治の構築へと地道に努めることが，《平和へのもう1つの道》ではないだろうか。

このような観点から，国際協力の方法として法整備支援が注目されている。そこで，まずは，①ある国がなぜ，どこまで，どのように他国を支援すべきかを確認し，②様々な支援策の中で法整備支援がもつ固有の意味を考え，③そして，法整備支援にはどのような形態があるかを概観することから始めよう。

【TOPIC ⑦　武力による問題解決は真の問題解決に通じるか？】

　2003年4月，イラクのフセイン政権（スンニ派主導）崩壊後に始まった新たな国づくりは，混迷を深めている。2006年に入ってからも，2月のシーア派聖廟爆破後，スンニ派への攻撃がエスカレートする中，4月に本格政権樹立妨害を宣言したザルカウィ（国際テロ組織アルカイダのイラクにおける最高責任者とされる。スンニ派支援）は，5月末のマリキ政権（シーア派主導）成立直後，米軍・イラク治安部隊によって6月初めに殺害された。これに対し，6月末にはアルカイダ幹部が報復宣言し，その前後から報復テロが続発している。こうして宗派間抗争にテロ組織が絡んで複雑化した対立は，内戦状態の様相すら呈している。今やそこから直接・間接に生じる影響を免れない国際社会はこうした状況を放置することはできないが，報復の連鎖を増しこそすれ断ち切れないテロ組織の掃討はけっして現実的方法とはいえない。そうだとすれば，それとは別の支援方法が，少なくとも併行的に検討される必要があるといえよう。

　そこで，ずっと間接的な方法ではあるが，国際平和へのもう1つの道として，より多くの国々で良い統治が確立され，国内外の紛争を自己抑制しうるシステムを構築することが検討に値する。この可能性を裏づける興味深い命題がある。T・フリードマンは，「マクドナルドを有する任意の二国は，それぞれにマクドナルドができて以来，互いに戦争をしたことがない」という「紛争防止の黄金のM型アーチ理論」を唱えて注目された。様々な反証が試みられたが，この命題にまったく例外がないかどうかは，実はさほど重要ではない。むしろ，マクドナルドができた国の国民はなぜ戦争をしたがらないか，その理由が重要である。フリードマンは端的に，戦争よりも「ハンバーガーを求めて列に並ぶほうを選ぶ」からと答える【TOPIC ⑧】[534]。

【TOPIC ⑧　「ハンバーガーを求めて列に並ぶ」若者】

　1993年8月，筆者はモスクワでこの光景を目の当たりにした。1991年8月，旧ソ連守旧派がゴルバチョフを拘束したクー・デタが勃発し，赤の広場でエリツィンが戦車の上からこれに抵抗するようゼネストを呼びかけ，2日後には勝利宣言し，12月末にソ連邦構成国がすべて独立を宣言してソ連邦が崩壊してから間もなくの頃である。空港職員がパスポート・チェックを終えるとブースから出てきて，トランジット客相手に「1500円で市内観光しないか」と誘ってくる。

---

[534]　フリードマン／東江＝服部訳 2000-2: 8-16頁。

日本円で1500円払って乗せられたオンボロ・バスの薄汚れた車窓から見える市街は，店が閉ざされ，ショーウィンドウは泥だらけ，人影もまばらで，インフラの重厚さだけが異様に浮き立った廃墟のような建物がメイン・ストリートにすら散見される。社会主義の崩壊は見るも無残だった。と，突然目に飛び込んできたのは，若者が長蛇の列をなす一角だった。何が起こったのか，行列の先を追跡すると，視界に入ってきたのは「M型アーチ」だった。マクドナルド前の50メートルの行列…。それが後々「ビッグマック命題」を検証する事例になろうとは当時知る由もなかった。が，何ともいい難い強烈な印象，特別な感慨が残ったことが記憶に残っている。すでに若者たちはもはや再び革命を起こして社会主義に戻るより，ハンバーガーの列に並ぶ方を選んでいたのであろうか。ちなみに，後に調べてみると，モスクワにおけるマクドナルドの最初の出店は，1991年1月——ソビエト崩壊の1年足らず前——だったことが判明した。

　この「ビッグマック命題」は，けっして突拍子もない理論ではない。地球的統治の構想自体が，マクドナルドが進出可能な国から構成されることを想定している。また，そこで言及したI・カントの**永久平和論**も，市民的体制をもつ国家は武力を行使する必要がないとの認識に依拠した国際平和構想であった（前述（3），V4（1））。さらに，カントのかかる**平和連合**（foedus pacificum）構想[535]に範を得て，J・ロールズは，立憲民主政体または良識ある政府をもつ秩序だった諸国の民衆からなる**万国民衆の社会**（Society of Peoples）こそが実現可能な理想的国際秩序とみて，少なくとも立憲民主制が確立された国家同士の間で戦争が起きないことは，「単純な経験則」であるとする。その理由は，そうした国家の市民たちが「とりわけ正義を尊重する良い人々だから」ではなく，端的に，満足した民衆は「互いに戦争を始める理由をもたないから」である[536]。

　こうしてみると，われわれが目指す方向性自体は，何度も繰り返し確認されてきたといえる。問題は，そのことの重大性がどれだけ多くの政府と市民によって現実に共有され，かつそれを具体化するために実現可能な方法を提示できるかどうかであろう。

　国内の法改革の経験を対外援助としての法整備支援に活用する一方，その経験を国内の法改革に活かし，再度その成果を法整備支援にフィードバックする

---

535) カント「永遠平和のために」（1795）第2確定条項（カント／遠山訳 2000: 271頁）参照。
536) Rawls 1999: pp. 3, 8, 44-54（中山訳 2006: 3，9，59-75頁）。

という相互作用のサイクルが，第二次大戦以前から，事実として形成されてきた。さらに，グローバル化が進展する中で，途上国政府が国内の法改革を進めるうえで数多くの構造的障害要因に逢着し，国際的法整備協力が不可欠になる一方，先進国も途上国との良好な関係を維持することなしには，国内制度を効率化し，かつ安定的に維持することが困難な状況になっている。

例えば，1990年代後半以降の日本において，政府開発援助（ODA）としての法整備支援と，一連の司法制度改革とが，時を同じくして本格的に推進されてきたことは，その証左である。それが自覚的に行われてきたことは，『司法制度改革審議会意見書』（2001年6月12日）の中で，つぎのような認識が示されていることに端的に表れている。

> 発展途上国に対する法整備支援を推進すべきである。…こうした支援への取組は，我が国が国際社会の一員としての主体的な役割を果たす上で重要であるとともに，経済社会のグローバル化が進む中で，円滑な民間経済活動の進展にも資する[537]。

また，法整備支援へのコミットメントは，法曹の国際貢献のあり方としても，注目されつつある。すなわち，

> 21世紀における国際社会において，我が国が通商国家，科学技術立国として生きようとするならば，内外のルール形成，運用の様々な場面での法曹の役割の重要性が一段と強く認識される。とりわけますます重要性の高まる知的財産権の保護をはじめ，高度な専門性を要する領域への的確な対応が求められるとともに，国際社会に対する貢献として，アジア等の発展途上国に対する法整備支援を引き続き推進していくことも求められよう[538]。

このように，法整備支援を通じて，法曹が各々の専門領域で国際社会に貢献することは，とりもなおさず，「通商国家，科学技術立国」としての自国の存立基盤を固めることにも通じていることが，見落とされてはならない。

---

537) 『司法制度改革審議会意見書』（2001年6月12日）Ⅱ3.3。同Ⅰ2.2も参照。
538) 『司法制度改革審議会意見書』（2001年6月12日）Ⅰ2.2。

(5) 地球的統治と法の支配ユビキタス世界の展望
(i)「世界法」の概念

現代における法整備支援への関心の高まり——それは国連決議等においては，国際・国内両レベルにおける「法の支配」の推進というスローガンで表現される（前述Ⅳ8）——は，一体何を意味し，どこに向かっているのであろうか。ここで考えられる一つの可能性は，グローバル化または地球共同体化の進展に伴い，国内法秩序に対して国際社会が関与する頻度・程度・範囲が拡大することにより，従来の国家法の一部要素の共通化が起こりつつあり，その重要なインターフェースの1つが法整備支援なのではないかということである。この現象は，国際刑事法，国際人権法，紛争後平和構築等の限られた分野ではすでにみられたが，今や法整備支援の現場は，関係者が意識する／しないにかかわらず，様々な国内法分野にわたってより一般的・包括的に国内秩序（慣習法や伝統的法文化を含む）と国際秩序（国際法，各法分野で形成されつつある国際標準，国連決議の蓄積等）が連動することによって生じる新たな形態の法形成の最前線になっているのかも知れない。それは国内法の共通化を通じて形成されるグローバルな共同体の法形成であり，国際法とは異なるものとみられる。このような法形成の性質と名前について，田中耕太郎はつぎのように述べている。すなわち，

> 国家間の関係のみに関心をもっていた伝統的国際法は，世界共同体（the world community）および世界経済（the world economy）の新しい要求に対処するためには不十分であることが判明した。世界共同体の法構造（the legal structure of the world community）は，伝統的でより単純な国家間の関係とは異なる活動を行う国際機関の創設，および国際法の主体としての個人とその人権の登場という2つの発展により，一層複雑で多次元的（multidimensional）になった。／ますます複雑な関係へと絡み合う様々な法的側面を表現するために，『超国家法』（transnational law）（Judge P. Jessup），『世界法』（world law）（G. Clark and Professor L. Sohn），『普遍法』（universal law）（Dr. W. Jenks）および『地球法』（global law）といった概念が提示されてきたことは，自然で合理的なことである…。私は「**世界法**」（world law, droit mondial, Weltrecht）の用語を好んできた。…**世界法は，共通の国家法（common national laws），国際私法および国際公法から構成される**。しかし，世界法はこれら三者の単純な寄せ集めではない。世界法は，世界共同体の進歩に応じ，これら3つの構成要素となる法領域を法的公分母（the juridical common denominator）——それは自然法（natural law）にほかならない——に基づ

いて統合させながら，段階的に発展させられなければならない[539]。

　ここでは国家間のみならず個人との関係も含めて「ますます複雑な関係へと絡み合う」意味で「多次元」(multidimensional)化する「世界共同体の法構造」が「世界法」(world law)，「超国家法」(transnational law)，「普遍法」(universal law)，あるいは「地球法」(global law)の概念によって表現されようとしている。その際，世界法は，①共通の国家法を中心軸に，②国際私法および③国際公法を自然法の法理に基づいて統合させながら，世界共同体の進歩に応じて段階的に発展させられるものと観念されている。それは，世界平和（world peace）の構築手段として，「宗教と道徳に頼ることは理想主義に過ぎ，政治と経済に依存することは現実主義に過ぎる」ことから，それらに代えて世界レベルの「法の支配の重要性」(the relevance of the rule of law)を強調することを意味する[540]。

　ここで提示された「世界共同体」・「世界経済」が今日の「グローバル共同体」(global community)・「経済のグローバル化」と置換可能とすれば，「世界共同体の法構造」の構想は，今日の言葉で表現すれば，「地球的統治」(global governance)の構想とほとんど重なっているように思われる。なぜなら，地球的統治は，各国の国内法整備と法の支配の増進により，良い統治を構築しようとする諸国家間の協力関係を通じ，世界政府なしに形成・維持されうる国際秩序を意味するからである。

　世界法(the world law)の概念は，H・バーマン等によっても支持されている[541]。名前の問題は後回しにして，まず内容的に重要なことは，こうした法形成がかつてJ・ベンサムが万民法（jus gentium, law of nations）の概念に代えて，「国際法」(international law)の概念を提示した時の問題状況に立ち戻る必要がある点である。ベンサムは伝統的な万民法概念に含まれていた諸要素を批判的に分析し，①自然法（自然的理性から引き出され，すべての文明化された諸国民に共通のルールの体系）は法でないこと，②国境を越える商取引法および海事法のルールとしてはある主権国家の国家法が適用されること，③主権者自身の間の相互取引に基づく合意のみが「国際」・「法」(inter-national law)と呼ばれうるという限

---

[539] Tanaka 1972: pp. 243-244. 強調は引用者による。
[540] Tanaka 1972: p. 242.
[541] Berman 1994/5: pp. 1617-1622.

定の下で国際法（international law）を定義した[542]。したがって，主権者間の相互取引を越え，国際機関，外国政府，NGO，個人等の様々な主体が他国の国内法形成に関与するプロセスの法，それによって（部分的に）達成される国内法の共通化には，元来の国際法とは別の名前が必要になる。

ではつぎに，その名前として「超国家法」（transnational law），「世界法」（world law），「地球法」（global law），「万国民衆の法」（law of peoples），「普遍法」（universal law）等のいずれが相応しいか，遠くない将来に何らかの収斂が見出されるかは，今のところ定かでないように思われる。ちなみに，H・バーマンは「世界法」の用語法を支持する。その理由として，われわれが「国際」経済の中で生きているだけでなく，相互依存的な国内経済の「世界」にも生きており，そこに適用されるルールとしては，①国際的合意だけでなく，②異なる諸国の国家的立法において部分的な共通ルールが並行的に発展してきたものも含まれることを指摘する。例えば，世界貿易の法（商品取引，金融取引，外国為替，直接外国投資の法），非営利世界組織の法（医療・健康・人権・科学・工学・旅行・市民的権利・政治的権利・慈善・福祉・環境保護・世界平和・スポーツ・レジャー等に関する法），航空管制ルール，普遍的に承認された権利・義務等々である。それらは「超国家法」（transnational law）とも呼びうるかも知れないが，その名称はその普遍性（universality）を示唆していないとする。また，とくに前記②のように部分的に共通化した国家法も含まれるとすると，それは「超国家法」とはいい難いという事情もあろう[543]。

今やグローバル化が進む中で，ますます多くの人々が国内の日常生活に投影された相互依存的な「世界」に生きており，異なる諸国の国家的立法における並行的発展も進んでいる。したがって，「超国家法」というよりも，多くの人々が国内に居ながらにして世界に妥当するルールの適用を受けているという意味における「世界法」のコンセプトに親近感を覚える。もっとも，「世界法」の語が何らの説明なしに，このような意味で理解されるかには危惧もなくはない。例えば，「世界法」というと全面的な世界共通法であるとか，「世界政府」の成立を前提とし，主権国家の権限の制約を含む，国家法よりも上位の法である等の誤解を受けるかも知れない。あるいはそうではないにしても，グローバル化の進展がいまだ世界共同体を実感させるほどには成熟していないと感

---

[542] Bentham (J. H. Burns and H. L. A. Hart (eds.) 1970: pp. 293-296.
[543] Berman 1994/5: pp. 1620-1621.

じている者には，現実離れした理想と受け取られないか，法整備支援（協力）を通じて達成されうる国内法の部分的共通化は世界法というには断片的にすぎないか等々の懸念がある。

(ⅱ) 「法の支配ユビキタス世界」の概念

むしろ，現段階で可能なことは，国際秩序と国内秩序の連動が強まる中で，1つでも多くの主権国家において法の支配を段階的かつ柔軟に，しかし着実に根づかせることを手がかりにして良い統治の構築に努め，それを通じて地球的統治の実現へと少しでも接近することにより，より多くの市民が財産や人格についての基本的権利を保護・実現するための法的保護をより確実に受けられるよう，たとえ部分的，断片的な改革であっても，現状を1歩でも前進させることである。このような理由で，本書では「世界法」の概念に代えて，**法の支配ユビキタス世界**（the rule of law ubiquitous world）という理念を提示したい。これは「法の支配の構築を手がかりとする国内の法整備を通じ，誰でも，何時でも，どこでも自己の権利の保護・実現のために法的保護を受けられる状態」へ向けての漸進的制度改革を意味するものである。それが法整備支援の受入側と（複数の）支援側の間で共有されうる目標となりうるか定かでないが，それは以下の3つの含意をもっている。

第1に，たんなる「法ユビキタス」ではなく，**「法の支配ユビキタス」**の含意である。法の支配は法化（legalization, juridification）[544]とオーバーラップする部分も少なくない。しかし，実効的な法システムの機能としての法の支配は，その最も狭義のもの（形式的定義，ルール・ブックとしての捉え方，薄い理論）も，その形成段階から一貫してルールに基づいていることを要求する点に特色がある（前述Ⅳ8（3））。その結果，それは法形成の手続自体がルールをつくるためのルール（メタ・ルール）に基づいていることを重視する。それはまた，ルールの適用対象となる市民がどれだけルール形成に主体的関与し，意図的努力を払ったかが，形成されたルールの遵守意識や実効性に影響することも重視する。このように法の支配はルールをつくるためのルールづくりから着手してはじめて

---

[544] 「権利」，「義務」，「正義」，「法」といった法的な言語と思考に従って行われるコミュニケーションの増大。例えば，裁判利用率の上昇，個人破産制度利用の上昇，犯罪被害者の救済，知的財産の法的保護の増大，家族の介護における任意後見制度利用の活性化，教育・医療等の当事者関係の権利・義務化，弁護士過疎地域における法律相談等のサービスの充実，企業や行政のコンプライアンスの強調，情報公開制度，その他の行政手続の充実，都市計画策定プロセスへの参加や行政訴訟の範囲の拡大，国民の司法参加等が挙げられる。日本法社会学会編2007参照。

構築される首尾一貫したシステムである。それゆえにまた，法の支配は必ずしも完成した法体系をただちに要求するものではなく，その形成に向けた動態的プロセスを重視する。

　また，法の支配というときには，たんに実体的・手続的な法令が存在するだけでなく，それが実際に適用され，それに基づいて公平な裁判が行われ，その結果が確実に執行されるという，実効性をもった法システムであることも含意している（前述3（3）（iv）参照）。

　第2に「**ユビキタス**」の含意である。これは誰でも，何時でも，どこでも自己の権利の保護・実現のために，必要であれば容易に手が届く所に法的救済システムがあり，そこにアクセスできることを意味する。それはまた，法の支配が遍在し（omnipresent），それによって人の支配による恣意性や不安定性が排除されることも意味する。もっとも，その遍在は強制執行力によって担保された良い法の支配が完成してはじめて現れるという意味ではない。むしろ，良い法の制定や強制権力の確立以前の段階から，どの社会も「法的真空状態」ではなく，固有法を出発点に，グローバル化が進む国際社会の法的標準を考慮した立法により，法の支配の遍在化プロセスがすでに始まっているとみるものである。その含意は，わずかな権利保護を前進させるルールの導入から，1市民の救済といった小さな実践まで，あらゆる地道な努力の価値を評価する一方で，それを足場に一層の充実が求められるべきことを示す点にある。そして，そのためには市民への法的知識の普及，法律扶助の提供等を通じ，市民の側の法的能力を不断に強化する必要性があることも示唆している（前述3（3）（iv）参照）。

　第3に，ユビキタス「社会」ではなくて「**世界**」とすることの意味である。グローバル化が進む中で，われわれは国内の生活や取引においても相互依存を深める「世界」に生きているが，そのことは法の世界にも影響を及ぼしており，法の支配の確立も各国家を1つの孤立した社会として捉えることでは完結しなくなっている。この点は，バーマンと認識を共有するものである。人々が国内に居ながらにして接している法の支配空間を占めるルールの中には，他国と部分的に共通する実体的・手続的ルールやその解釈・適用の方法も徐々に増えている。それはまた，ある国家の法の支配の構築方法や内容に対して世界各国が多様な関心と関与をもつきっかけにもなっている。

(7) 法整備支援戦略の必要性

(i) 法整備支援戦略とは何か

　法整備支援をめぐるドナー間の競争が生み出す非効率や不合理がどれほど繰り返されようとも，それだけの理由でその状況がただちに止む保障はない。それは戦争の悲惨な結果が繰り返されても，それが止まないこととある程度類比可能かも知れない。われわれは法整備支援競争の調停者も調停システムももっていないし，国連，その他の国際機関や国際NGOが近い将来そうした活動に乗り出すことも容易でない。非常に多くの地域で，多くの支援主体が，多様な法分野や法システムを対象に展開している法整備支援について，統一的機関が調整や紛争解決を行うには，膨大な人員と費用を要するからである。限られた地域と関する国際刑事法廷（ICTY,ICTR,ICC等）のようなシステムを[545]，他の分野にも一般化することはさらに難しい。法整備支援競争や多様な支援主体が交錯するカオス的状況が当面不可避であるとすれば，より洗練された法整備支援戦略が必要になる。

　もっとも，法整備支援競争は単純に自国法の導入を争うゼロサム・ゲームではなく，被支援国と複数の支援国，その他の支援者がともに利益を獲得し，あるいは不利益を回避する共通利益が存在しうる。なぜなら，被支援国にどのような制度を構築するかによってその国の経済成長，その他の社会発展が異なるとすれば，競争者間の利益の総和は一定ではないからである[546]。そうであるとすれば，関係者の協力による制度改革がプラスサム・ゲームとなる道筋を具体的に示すことが，法整備支援戦略の焦点になる。

　「戦略」（strategy）とは，目的－手段関係の連鎖を辿ることによって真の目的・本質・真理を発見する手法であるが（前述Ⅰ4（2）（ⅰ）），それは2つの方向性をもっている。一方は目的の連鎖をより上位へと遡って究極の目標を究明する点で理想主義の徹底であり，他方は目的を達成するための手段の連鎖を下ってより確実に目的を実現するための現実主義の徹底である[547]。戦略には徹底した理想主義と徹底した現実主義の双方が欠かせない。

(ⅱ) 法整備支援の戦略目標の確認

　法整備支援の戦略目標は，個々の法整備支援プロジェクトごとに具体的に確

---

545) 藤原広人 2008: 41-59頁参照。
546) シェリング／河野監訳／広瀬＝山口訳 2008: 5頁参照。
547) 野中＝戸部＝鎌田＝寺本＝杉之尾＝村井 2005: ii-iii, 333-365頁参照。

認・決定されるべきものであるが，その際にも，より上位目標の連鎖を可能なかぎり上流に辿る作業を試みることは有意義である。この上流への連鎖は，最終的には開発の究極目標にまで通じうるが，その間にある目標として——いまだに達成されていないものとして——目指すべきは，前述した「法の支配ユビキタス世界」へ向けての国内法の整備である。それは既述のように，法令の体系的整備，司法組織の整備とその担い手人材たる法曹養成，法学教育，一般市民への法知識の普及，その他の法的サービスの提供等の正義アクセスの改善までも含むものである。それはさらに当該国家の良い統治の確立，それを通じた地球的統治への接近に通じている。そして，それは様々な法整備支援主体の間で共有しうる利益獲得または不利益回避を可能にするであろう。それはまた，国内の諸組織間でも共有しうる。例えば，企業にとっては商取引の相手方との納得できる標準に従った円滑で公正な交渉促進や，対外進出先での財産権の保護強化，政府にとっては被支援国の信頼獲得と関係強化，市民社会にとっては市民の権利保護・実現の推進として，いずれも共有可能といえるであろう。

(ⅲ) 法整備支援の具体的手段の詳細化

つぎに，法整備支援の手段の具体化に関して，格段の工夫が求められる。とりわけ，法の支配を実現する手段としては，法整備における「手順」が決定的に重要であり，**ルールづくりのためのルール**（メタ・ルール，第2次的ルール）づくりから始める必要がある。これは従来の法整備支援ではとくに不十分なものであったとみられる。そうしたメタ・ルールにも，より実体的要素の濃いものから，より手続的要素の濃いものまで，多様なレベルと内容が存在する。とくに重要なものとして，以下のものが考えられる。

(ア) 継受法と固有法（慣習法，法文化，その他の非形式的ルール）との融合方法を具体的に検討する必要がある。

(イ) コモン・ロー的制度とシビル・ロー的制度の融合の可能性と方法を，当該国家の法システムの現状に即して検討すべきである。ここでは，**法理学的観点**（the jurisprudential point of view）からみて**学問的価値**（the scientific value）の高い法モデルを構築することが焦点になる。

(ウ) 法整備（支援）における法分野の**順序づけ**（sequencing）の方法も具体的に検討するに値する。これもなお分析途上であるが，R・アッカーマンはこの点を意識している。すなわち，「法改革はどこから始めるべきであろうか」という問いを設定し，それに抽象的な形では答えるのが難しい問題であるが，若

干の考察は可能であるとして，つぎのように述べる。まず，
　①刑事的および民事的侵害（criminal and civil offences）を定義し，人格と財産に対する権利（rights to personhood and property）を確立する明確かつ透明なルール，
　②国家の公務員に対して申立をするための簡明で効果的な手段に関するルール，
　③そうしたルールを執行するための信頼できる制度である。
　これら①～③は「基本的建設単位」と呼ばれる。ついで，
　④私人間の経済活動を監視し，公益の観点から社会を規制するためのより洗練された諸法，
　⑤内戦や新国家の創設に先立つ騒乱の時期に犯された犯罪をどのように処理すべきかに関するルール
が挙げられる[548]。

　こうした一般的議論を参考にして，各国に固有の事情に応じて変形可能なメタ・ルールの構築が期待される。その際，法分野間の整備順序は，人的・物的資源の制約は当然大きいものの，けっしてつねに一列縦隊の関係ではなく，同時並行で改革を進めなければならない法分野も存在することに留意すべきである。例えば，実体私法における私的土地所有権の導入，手続法としての登記法および所有権の帰属決定・管理・保護のシステムを運営する財源を調達するための土地税制等である。

　⑥さらに，アッカーマンは述べていないものの，より手続的なメタ・ルールとして，いわば**法の支配プロジェクト自体の法の支配**（the rule-based rule of law project）が必要である。例えば，ある支援主体がある対象国で法整備支援プロジェクトを開始する場合には必ずその最初期の段階で，当該対象国で関連プロジェクトを展開しているすべての主体が参加可能な会議体を設定し，その中で当該プロジェクトの構想を説明し，一定の審議を得ることを義務づけるルールの創設が考えられる。とりわけ，法整備支援競争の主体間の利害を調整する機関やシステムの設立が当面は期待できない以上，この意味でのメタ・ルールが様々な法整備支援主体間の標準ルールとして共有されるべきであり，それに向けた積極的働きかけが不可欠である。私見としては，そうしたいわば**法の支配**

---

[548] Rose-Ackerman 2004: p. 209.

構築ルール（the rule of law construction rules）について，国際機関または国際会議等を通じた国際標準化を図ることがまずは可能な第 1 歩として，真剣に検討すべきことを提言したい。

5　開発法学の再定義——本来あるべき法律学？

　既述のように，D・ノースは新制度派経済学（NIE）の理論枠組を構築するために，制度と組織とを区別することにより，人々の行動を制約したり促したりする要因としての制度の特色を浮き彫りにした。そして，制度の構造を分析し，制度変化を引き起こすメカニズムを探求しようとした。しかし，ノースは，自らの制度理論の欠点として，制度変化のプロセスにおける「政治体および政治システムをとおしての集合的選択」の問題に対して払われるべき注意が欠けていたことを挙げている。そして，この欠陥を補完するためにノースは，制度と組織との相互作用および経済的組織と政治的組織（政府）との相互関係のさらなる解明に立脚した「長期的経済変動の動態理論」の構築を目指し，これまで以上に経済学と政治学とを統合した**「真の政治経済学」**（a true political economy discipline）の構想を提示している[549]。

　　　端的にいって，われわれは第三世界においても，移行経済国においても，またその他の〔諸国の〕経済においても，良い政治体モデル（good models of polities）をもっていない。経済学と政治学とのインターフェースはわれわれの理論ではまだ初期状態にあるが，われわれの意図に合致した諸政策が実現されるべきであるとすれば，その発展は本質的に重要である[550]。

　組織と区別された制度の構造および制度変化のメカニズムを分析し，制度と経済的組織および政治的組織との相互関係を明らかにしようとする NIE の理論枠組は，政府が主導する法制度改革によって市場・企業等の活動を促し，開発を促す方法を探求する開発法学の問題意識と重なり合う部分が大きく，その理論枠組の構築に大きな影響を与えた。そのことは本書の随所で NIE の分析を参照していることからも明らかであろう。しかしまた，開発法学は NIE と

549）　North 1990: p. 112（竹下訳 1994: 147-148 頁）．
550）　North 2000: p. 15.

も異なり，規範理論をも考察対象に取り込み，それに照らして制度の内容を包括的かつ体系的に分析する視点を備えている。これにより，選択された法改革による制度変更を通じて開発を促す方法を探求する学問分野として，開発法学は独自の意義をもちうるであろう。すなわち，それは，①開発・発展の最終目標を明確化し（前述Ⅰ4（2）（ⅰ）・課題4），②社会の仕組みにおける法制度の機能を解明し（同前・課題1），③特定の国家において特定の法改革による制度改革を通じてどのような経済成果，その他の社会変動が生じるかについての因果関係を分析する（同前・課題2）という基礎作業を行いつつ，④特定の国家で実践すべき法改革の戦略的プログラムを具体的に策定し，その実施の成果を評価し，フィードバックすることを目指すものである（同前・課題3）。

　開発法学は，法解釈学とも立法学ともその前提を異にし（前述Ⅰ1（1）），場合によっては安定した国家が形成される前の，または災害や事変で国家機能が麻痺した際の，国づくりまたは復興のプロセスという社会の最も不安定な状況下で，開発という目標の手段として法を活用する方法を探求するものである。社会あるところ法ありといわれるが，開発法学はある意味で社会が最もプリミティブな状況にある段階から，国家の統治を構築するために，法の用い方を探求するものである。それは，あたかもR・コースがNIEを「**本来あるべき経済学**」(Economics as it ought to be) と特徴づけた問題意識に倣うならば[551]，「**本来あるべき法律学**」(Jurisprudence as it ought to be) とすらいえるほど，より多くの関心と英知を集めて然るべき分野であるように思われる。完全に発展し尽くした国家でないかぎり，およそ開発の余地を抱える国家は，途上国か先進国かを問わず，広く開発法学の対象となりうる。

　さらに，開発法学が目指す国家の良い統治は，今や1つの国家内で完結する問題ではなくなり，グローバルなシステムの統治——いわゆる地球的統治——の一環として捉えることが求められている。歴史的発展経緯も現在の社会状態も異なる国家の統治改革には，同じパターンはまず見出されない。しかし，そうであればこそ，様々な国家の統治改革のための法整備支援（協力）に携わる多くの機関がその経験と知識を提供し合い，法制度改革のために協力し合うことにより，法整備支援（協力）に関する多くの発見が期待できるとともに[552]，**グローバルな規範形成ネットワーク**の実現可能性が高まるであろう。

---

551) Coase 1984: p. 231.
552) 法整備支援の現在の到達点および教訓に関しては，鮎京2011，森島2012参照。

このような状況も考慮に入れると，開発法学は以下のように再定義することができるであろう。
　《開発法学とは，グローバル化する社会において，各国の政府，国際機関，NGO等を担い手とする法整備支援（協力）による規範形成のネットワークづくりを通じて，1つでも多くの国家における良い統治の構築を促すことにより，平和的国際秩序としての地球的統治を実現するために，各国の歴史的発展経緯と現状の政治・経済・社会状況に照らし，最も適合的な法制度改革の内容と方法を探究する学問分野である。》

文献一覧

＊編著名のアルファベット順。引用は，編著者名・出版年・頁数による。

African Development Bank (AfDB) (2001), *Bank Group Strategy Paper on Law for Development*, AfDB.
AfDB and AfDF (1999), *Bank Group Policy on Good Governance*, AfDB.
Agrast, Mark David, Juan Carlos Botero and Alejandro Ponce (2011), *The World Justice Project, Rule of Law Index 2011*, the World Justice Project.
鮎京正訓（2000）「『法整備支援』とは何か？それをどう考えるか」社会体制と法1号17-36頁。
──（2001a）「『法整備支援』の実際と理論」比較法研究62号108-119頁。
──（2001b）「マダガスカル消防防災制度・法制整備セミナーに参加して」CALE NEWS 5号13頁。
──（2003）「文部科学省科学研究費補助金『アジア法整備支援──体制移行国に対する法整備支援のパラダイム構築』研究プロジェクトについて」『CALE NEWS』（名古屋大学法政国際教育協力研究センター）12号4-5頁。
──（2006）「法整備支援活動による法制度の国際発信」法律のひろば59巻8号37-43頁。
──編（2009）『アジア法ガイドブック』（名古屋大学出版会）。
──（2011）『法整備支援とは何か』（名古屋大学出版会）。
天川晃＝増田弘（2001）『占領期の法制改革』（吉川弘文館）。
雨宮洋美（2006-1/2/3）「アフリカの土地問題をタンザニア『1999年村土地法』から考える──『村土地法』規定と村の実態──（上）・（中）・（下）」国際商事法務34巻2号203-221頁，3号345-351頁，4号487-496頁。
──（2007）「貧困・土地・所有権」国際開発研究フォーラム34号209-221頁。
Annibale, K. A. (1997), "The need for a regulatory framework in the development and liberalization of financial markets in Africa," in: Faundez, J. (ed.), *infra*, 123-141.
青木昌彦（1996）「経済学は制度をどう見るか」大山＝西村＝吉川編『現代経済学の潮流』（東洋経済新報社）23-45頁。
──／瀧澤弘和＝谷口和弘訳（2003）『比較制度分析に向けて』（NTT出版）。
Apter, David E. (1998), "Comparative Politics, Old and New," in: Robert E. Goodin and Hans-Dieter Klingemann (eds.), *A New Handbook of Political Science*, Oxford University Press, pp. 372-397.
トマス・アクィナス／稲垣良典訳（1985）『神学大全・第18冊』（創文社）。
有江大介（1990）『労働と正義』（創風社）。
有賀誠（1997）「問い直されるリベラリズム──終焉の終焉に向かって──」法学研究70巻2号297頁以下。
アリストテレス／山本光雄訳（1961）『政治学』（岩波文庫）。

――/高田三郎訳（1973-1/2）『ニコマコス倫理学（上）・（下）』（岩波文庫）。
Asian Development Bank (ADB) (1995), *Governance: Sound Development Management*, Asian Development Bank.
―― (1999), *Governance: Sound Development Management*, ADB.
―― Office of the General Counsel (2004), *Report on the Asian Development Bank's Law and Policy Reform Activities in Support of Poverty Reduction (Draft)*, Asian Development Bank.
―― (2005), *Law and Policy Reform at the ADB, Report from the ADB Symposium on Challenges in Implementing Access to Justice Reforms*, ADB.
―― (2006), *Annual Report 2006*, ADB.
アウグスティヌス／服部英次郎＝藤本雄三訳（1991）『神の国（五）』（岩波書店）。
馬場靖雄（2005）「機能分化と『法の支配』」社会科学研究56巻5・6合併号27-48頁。
F・ベーコン／桂寿一訳（1978）『ノヴム・オルガヌム（新機関）』（岩波文庫）。
Barber, N. W. (2004), "Must Legalistic Conceptions of the Rule of Law Have a Social Dimension?," *Ratio Juris*, Vol. 17, No. 4, pp. 474-488.
Barnet, Hilaire (1995), *Constitutional and Administrative Law*, Cavendish Publishing Limited.
Beitz, Charles R. (1979), *Political Theory and International Relations*, Princeton University Press（進藤榮一訳（1989）『国際秩序と正義』〔岩波書店〕）。
D・ベル／岡田直之訳（1969）『イデオロギーの終焉――1950年代における政治思想の涸渇について――』（東京創元社）。
――／山崎正和編訳（1995）『知識社会の衝撃』（TBSブリタニカ）。
J・バークリ／大槻春彦訳（1958）『人知原理論』（岩波文庫）。
Bentham, Jeremy (J. H. Burns and H. L. A. Hart (eds.) 1970), *An Introduction to the Principles of Morals and Legislation*, Methuen.
Berman, Harold J. (1994/5), "World Law," *Fordam International Law Journal*, Vol. 18, 1994/5, pp. 1617-1622.
Bermeo, N. (1997), "Civil society, good government and neo-liberal reforms," in: Faundez, J. (ed.), *Iinfra*, 77-90.
J・ビートソン／松尾弘訳（2000）「コモン・ローに未来はあるか」横浜国際経済法学9巻2号91-128頁。
Boyd, Robert and Peter J. Richerson (1985), *Culture and the Evolutionary Process*, University of Chicago Press.
Bull, Hedley (1977), *The Anarchical Society: A Study of Order in World Politics*, Columbia University Press.
―― (1995), *The Anarchical Society: A Study of Order in World Politics*, 2nd edition, Columbia University Press.
Burg, E. M. (1977), "Law and Development: A Review of the Literature and A Critique of Scholars Self-Estrangement," *American Journal of Comparative Law*, Vol. 25: pp. 492-530.
Cambodian League for the Promotion and Defense of Human Rights (LICADHO) (2009), *Land Grabbing and Poverty in Cambodia: The Myth of Development*, A LICADHO Report,

May 2009.

Campbell, D. (1999), "What is Meant by 'the Rule of Law' in Asian Company Law Reform?" in: R. Tomasic (ed.), *Company Law in East Asia*, pp. 11-38.

カナリス，C・W／木村弘之亮代表訳（1996）『法律学における体系思考と体系概念』（慶應義塾大学出版会）．

M・カペレッティ＝B・ガース／小島武司訳（1981）『正義へのアクセス――権利実効化のための法政策と司法改革』（有斐閣）．

マウロ・カペレッティ編／小島武司＝谷口安平編訳（1987）『正義へのアクセスと福祉国家』（中央大学出版部）．

Carothers, Thomas (1998), "The Rule of Law Revival," *Foreign Affairs*, Vol. 77(2), pp. 95-106.

―― (ed.) (2006), *Promoting the Rule of Law Abroad: In Search of Knowledge*, Carnegie Endowment for International Peace, Washington, D. C.

CIDA (2005), *Guide to key concepts in governance and development*, CIDA.

―― (2006), *Statistical Report on Official Development Assistance, Fiscal Year 2004-2005*, CIDA.

Chiba, Masasi (1989) *Legal Pluralism: Toward a General Theory through Japanese Legal Culture*, Tokai University Press, Tokyo.

―― (1998) "Other Phases of Legal Pluralism in the Contemporary World," *Ratio Juris*, Vol. 11, pp. 228-245.

千葉正士（1998）『アジア法の多元的構造』（成文堂）．

N・チョムスキー＝D・バーサミアン／藤田真利子訳（2003）『グローバリズムは世界を破壊する――プロパガンダと民意』（明石書店）．

Chua, Amy L. (1998), "Markets, Democracy, and Ethnicity: Toward a New paradigm for Law and Development," *The Yale Law Journal*, Vol. 108(1), pp. 1-107.

中央大学・日本比較法研究所編（1999）『国際社会における法の普遍性と固有性』（中央大学出版部）．

Cicero, Marcus Tullius, *De Natura Deorum*（『神々の本性について』）．

―― *De Finibus, Bonorum et Malorum*（『善と悪の究極について』）．

―― *De Legibus*（『法律について』）．

Coase, Ronald H. (1984), "The New Institutional Economics," *Journal of Institutional and Theoretical Economics*, Vol. 140, pp. 229-231.

―― (1988), *The Firm, the Market, and the Law*, University of Chicago Press（宮沢健一＝後藤晃＝藤垣芳文訳『企業・市場・法』〔東洋経済新報社，1992〕）．

―― (1993), "Coase on Posner on Coase," *Journal of Institutional and Theoretical Economics*, Vol. 149, pp. 96-98.

Colclough, C. and Manor, J. (eds.) (1991), *States or Markets?: Neo-liberalism and the Development Policy Debate*, Clarendon Press, Oxford.

Collier, Paul (2007), *The Bottom Billon: Why the Poorest Countries Are Failing and What Can Be Done About It*, Oxford University Press.

Commission on Global Governance (1995), Global Neighborhood: The Report of the Commission on Global Governance(京都フォーラム監訳〔1995〕『地球リーダーシップ——新しい世界秩序を目指して』NHK出版).
Cox, Robert W. (1996a), "Social Forces, States and World Orders: Beyond International Relations Theory," in: R. W. Cox with T. J. Sinclair, *Approaches to World Order*, Cambridge University Press: pp. 85-123(遠藤誠治訳〔1995〕「社会勢力，国家，世界秩序——国際関係論を超えて」坂本義和編『世界政治の構造変動 (2) 国家』岩波書店：211-268頁).
—— (1996b), "A Perspective on Globalization," in: J. H. Mittelman (ed.), *Globalization: Critical Reflections*, Lynne Rienner, pp. 21-30.
Cranston, R. (1997), "Access to justice in South and South-east Asia," in: Faundez, J. (ed.), *infra*, 233-255.
Czempiel, Ernst-Otto (1992), "Governance and Democratization," in: Rosenau and Czempiel (eds.) (1992), pp. 250-271.
Dam, Kenneth (2006), *The Law-Growth Nexus: The Rule of Law and Economic Development*, Brookings Inst Pr.
A・P・ダントレーヴ／久保正幡訳（1952）『自然法』（岩波現代叢書）．
——／石上良平訳（1972）『国家とは何か——政治理論序説』（みすず書房）．
C・ダーウィン／内山賢次訳（1938）『「ビーグル」号航海記』（白揚社）．
Davis, Kevin E. and Michael J. Trebilcock (2001), "Legal reforms and development," *Third World Quarterly*, Vol. 22, pp. 21-36.
—— (2008), "The Relationship between Law and Development: Optimists versus Skeptics," *American Journal of Comparative Law*, Vol. 56, pp. 895-946.
De Soto, Hernando. 2000. *The Mystery of Capital: Why Capitalism Triumphs in the West and Fails Everywhere Else*, Basic Books.
Demsetz, Harold (1967), "Toward a Theory of Property Rights," *American Economic Review*, Vol. 57, pp, 347-359.
—— (2002), "Toward a Theory of Property Rights II: The Competition between Private and Collective Ownership," *Journal of Legal Studies*, pp. 653-672.
Denzau, Arthur T. and Douglass C. North (1994), "Shared Mental Models: Ideologies and Institutions," *KYKLOS*, Vol. 47, pp. 3-27.
Dewey, J. (1966), *Logic: The Theory of Inquiry*, Holt, Rinehart, and Winston.
DFID (1998/9, 2000, 2002, 2003, 2004, 2005), *Departmental Report 1998-1999; 2000; 2002; 2003; 2004; 2005*; DFID.
—— (2006a), *Departmental Report 2006*, DFID.
—— (2006b), *Civil Society and Development*, DFID.
—— (2006c), *Eliminating world poverty: making governance work for the poor*, DFID.
—— (2006d), *What are we doing to tackle world poverty*, DFID.
Doeker-Mach, G. (1998), "Globalization and the Role of Law in Asia: A General Overview," 3(2) *Yokohama Journal of International Development*, pp. 264-278.

P・F・ドラッガー／上田惇生＝田代正美訳（1991）『非営利組織の経営』（ダイヤモンド社）。
Doornbos, Martin (2001), "'Good Governance': The Rise and Decline of a Policy Metaphor?," *Journal of Development Studies*, Vol. 37, pp. 93-108.
Dworkin, Ronald (1985), *A Matter of Principle*, Harvard University Press.
――／小林公訳（1995）『法の帝国』（未来社）。
――木下毅＝小林公＝野坂泰司訳（1986）『権利論』（木鐸社）。
――／小林公＝大江洋＝高橋秀治＝高橋文彦訳（2002）『平等とは何か』（木鐸社）。
T・イーグルトン／大橋洋一訳（1996）『イデオロギーとは何か』（平凡社）。
エックホフ・T＝ズンドビー・N・K／都築廣巳＝野崎和義＝服部高宏＝松村格訳（1997）『法システム――法理論へのアプローチ』（ミネルヴァ書房）。
E・エールリッヒ／川島武宜＝三藤正訳（1942）『権利能力論』（岩波書店）。
――／河上倫逸＝M・フーブリヒト訳（1984）『法社会学の基礎理論』（みすず書房）。
遠藤貢（2000）「「市民社会」論――グローバルな適用の可能性と問題」『国際問題』No. 484, pp 2-16。
遠藤昇三（1994）『社会保障の権利論』（法律文化社）。
F・エンゲルス／戸塚四郎訳（1965）『家族・私有財産・国家の起源――ルイス・H・モーガンの研究に関連して――』（岩波文庫）。
Epstein, Richard A. (1995), *Simple Rules for a Complex World*, Harvard University Press.
EBRD (1997), *Transition report 1997: Enterprise performance and growth*, EBRD.
EBRD (2005), *Transition report 2005: Business in transition*, EBRD.
EBRD (2006a), *Basic Documents of the EBRD*, EBRD.
EBRD (2006b), *Annual report 2005: Annual review and Financial report*, EBRD.
絵所秀紀（1997）『開発の政治経済学』（日本評論社）
Faundez, J. (ed.) (1997), *Good Government and Law: Legal and Institutional Reform in Developing Countries*, MacMillan.
―― "Legal technical assistance," in: Faundez, J. (ed.), *Good Government and Law: Legal and Institutional Reform in Developing Countries*, MacMillan, 1-24.
―― (ed.) (2001), *Governance, Development and Globalization*, Blackstone Press.
A・ファーガスン／大道安次郎訳（1948）『市民社会史（上・下）』（白日書院）。
Fox, Gregory H. and Brad R. Roth (eds.) (2000), *Democratic Governance and International Law*, Cambridge University Press.
Friedman, Lawrence M. (1969), "Legal Culture and Social Development," *Law and Society Review*, Vol. 4, pp. 29-44.
―― (1994), "Is There a Modern Legal Culture?," *Ratio Juris*, Vol. 7, pp. 117-131.
L・M・フリードマン／石村善助訳（1980）『法と社会』（至誠堂）。
J・フリードマン／斉藤千宏＝雨森孝悦監訳（1995）『市民・政府・NGO』（新評論）。
T・フリードマン／東江一紀＝服部清美訳（2000-1,2）『レクサスとオリーブの木（上・下）』（草思社）。
Friedmann, Wolfgang (1956), "Some Impacts of Social Organization on International Law," *The*

American Journal of International Law, Vol. 50, 1956, pp. 475-513.
―― (1964), *The Changing Structure of International Law*, Stevens & Sons.
Frischtak, L. (1997), "Political mandate, institutional change and economic reform," in: Faundez, J. (ed.), *supra*, 95-119.
藤原広人 (2008)「紛争後社会の『法の支配』確立における国際刑事法廷の役割と限界」日本平和学会編『国際機構と平和［平和研究33号］』（早稲田大学出版部）41-59頁。
藤原保信 (1993)『自由主義の再検討』（岩波新書）。
福田守利 (2006)「日本法の翻訳と日本の法制度」法律のひろば59巻8号23-29頁。
F・フクヤマ／渡部昇一訳 (1992)『歴史の終わり（上・下）』（三笠書房）。
Fuller, Lon (1969), *The Morality of Law*, Revised Edition, Yale University Press.
古田元夫 (1998)「開発援助と民主主義」川田順造ほか編『岩波講座・開発と文化（第6巻）開発と政治』（岩波書店）158-159頁。
外務省・国際協力部・国連行政課 (2003)『人間の安全保障基金』（国際連合広報センター）。
Galanter Marc (1966), "Modernization of Law," in: Myron Weiner (ed.), *Modernization*, 1966, Basic Books, Inc., pp. 153-165.
GTZ (2006), *The World of Words at GTZ*, GTZ.
Gessner, Volkmar (1994) "Global Legal Interaction and Legal Culture," *Ratio Juris*, Vol. 7, pp. 132-145.
Giddens, A. (1990), *The Consequences of Modernity*, Stanford University Press.
Golding, Martin P. (1996), "Transitional Regimes and the Rule of Law," *Ratio Juris*, Vol. 9, No. 4, pp. 387-395.
Green, R. H. (1997), "Bureaucracy and law and order," in: Faundez, J. (ed.), *supra*, 51-72.
Greenburg, David F. (1980), "Law and Development in Light of Dependency Theory," *Research in Law and Society*, Vol. 3, pp. 129-159.
Greif, Avner (2006), Institutions and the Path to the Modern Economy: Lessons from Medieval Trade, Cambridge University Press（アブナー・グライフ／岡崎哲二＝神取道宏監訳 (2009)『比較歴史制度分析』NTT出版）。
Grindle, M. S. (ed.) (1997), *Getting Good Government: Capacity Building in the Public Sectors of Developing Countries*, Harvard Institute for International Development.
Grotius, Hugo (1625), *De iure belli ac pacis libri tres*.
J・ハーバーマス／細谷貞雄＝山田正行訳 (1994)『公共性の構造転換（第2版）』（未来社）。
Häggqvist, Erik (2002), "Legal development co-operation between Umeå university in Sweden and Vietnam," in: Division for Democratic Governance, *Legal Sector*, Sida, Art. No. 3970 en, pp. 58-62.
花田達朗 (1996)『公共圏という名の社会空間』（木鐸社）。
原優 (1998)「アジアへの立法支援」ジュリスト1126号270-275頁。
原田明夫 (2006)「法によるアジアの平和のために」ICD NEWS 28号73-78頁。
原田勝広 (2005)「われら国連人⑫」日本経済新聞（夕刊）2005年7月20日。
Harris, John, Janet Hunter and Colin M. Lewis (eds.), *The New Institutional Economics and*

Third World Development, Routledge, 1995.
Hart, H. L. A.（1961）, The Concept of Law, Clarendon Press, Oxford（Second Edition with a Postscript ed. By Penelope A. Bulloch and Joseph Raz, 1994）（矢崎光圀監訳『法の概念』〔みすず書房，1976〕）.
――／小林公＝森村進訳（1987）「自然権は存在するか」，「社会的連帯性と道徳の強制」『権利・功利・自由』（木鐸社）11頁以下，261頁以下.
長谷川寿一＝長谷川眞理子（2000）『進化と人間行動』（東京大学出版会）.
長谷川寿一＝C・ラマール＝伊藤たかね編（2008）『こころと言葉――進化と認知科学のアプローチ――』（東京大学出版会）.
長谷川眞理子＝長谷川寿一（2008）『進化と人間行動』（放送大学教育振興会）.
橋本文雄（1934）『社会法と市民法』（岩波書店）.
橋爪大三郎（1994）「構造とシステム」『岩波講座社会科学の方法Ⅹ　社会システムと自己組織性』（岩波書店）1-32頁.
蓮實重彦＝山内昌之編（1995）『文明の衝突か，共存か』（東京大学出版会）.
初鹿野直美（2007）「『法と開発』研究におけるエスニシティ試論」アジ研／ワールド・トレンド143号30-33頁.
F・A・ハイエク／田中真晴＝田中秀夫編訳（1986）『市場・知識・自由』（ミネルヴァ書房）.
――／嘉治元郎＝嘉治佐代訳（1990）「真の個人主義と偽りの個人主義」『ハイエク全集第3巻・個人主義と経済秩序』（春秋社）5-38頁.
Heckman, James J., Robert L. Nelson and Lee Cabatingan（eds.）（2010）, *Global Perspectives on the Rule of Law*, Routledge.
Held, David（1995）, *Democracy and the Global Order: From the Modern State to Cosmopolitan Governance*, Polity Press.
樋口陽一（2000）『個人と国家』（集英社新書）.
平井亮輔（2002）「正義をめぐる法文化」竹下賢＝角田猛之編著『マルチ・リーガル・カルチャー（改訂版）』（晃洋書房）3-24頁.
平井宜雄（1995）『法政策学（第2版）』（有斐閣）.
――（1999）「契約法学の再構築（1）――法律家の養成という視角から」ジュリスト1158号96頁以下.
平田真太郎（2007-1, 2, 2009）「ケニアにおける土地制度改革の法社会学的分析――登記土地法成立過程を中心に（1）～（3・完）」横浜国際社会科学研究11巻4＝5号33-53頁，12巻1号41-59頁，13巻4＝5号31-50頁.
T・ホッブズ／水田洋訳（1992-1, 2）『リヴァイアサン（一）（二）』（岩波文庫，改訳・1992）.
S・ホフマン／最上敏樹訳（1985）『国境を超える義務　節度ある国際政治を求めて』（三省堂）.
Hofstede, Geert（1991）, *Cultures and Organizations: Software of Mind*, McGraw-Hill Book Company（岩井紀子＝岩井八郎訳『多文化世界――違いを学び共存への道を探る』〔有斐閣，1995〕）.
法務省法務総合研究所国際協力部（2002a）ICD NEWS 創刊号.

――（2002b）「法整備支援――顔の見える国際協力――」。
――（2007）「法整備支援活動年表」ICD NEWS 31号。
Hooker, M. B.（1975）, *Legal Pluralism: An Introduction to Colonial and Neo-colonial Laws*, Clarendon Press, Oxford.
星野英一（1998）『民法のすすめ』（岩波新書）。
細谷雄一（1998）「英国学派の国際政治理論――国際社会・国際法・外交」『法学政治学論究』No. 37, pp 237-280。
A・C・ハドック／中村文隆＝土屋光芳監訳（2002）『開発 NGO と市民社会』（人間の科学社）。
D・ヒューム／渡辺峻明訳（1990）『人間知性の研究・情念論』（哲書房）。
Huntington, Samuel P. and Joan M. Nelson（1976）, *No Easy Choice: Political Participation in Developing Countries*, Harvard University Press.
Huntington, Samuel P.（1987）, "The Goals of Development," in: Myron Weiner and Samuel P. Huntington（eds.）, *Understanding Political Development*, Harper Collins, pp. 3-15[*]。
S・ハンチントン／鈴木主税訳（1998）『文明の衝突』（集英社）。
Hurrell, A. and N. Woods（1995）, "Globalisation and Inequality," *Journal of International Studies*, Vol. 24, pp. 447-470.
磯村哲（1949）「近代法に於ける公・私法の分化に就いて――中世法への対比を中心とするスケッチ――」私法1号57-67頁。
市川惇信（1983）『意思決定論』（共立出版）。
市橋克哉（2002）「第2回世界銀行会議（サンクト・ペテルブルグ）に参加して」CALE NEWS 5号2頁以下。
――（2008）「ウズベキスタンにおける行政法改革」法政論集225号321-350頁。
――（2011）「行政法整備支援とその行政法学への示唆」国際開発研究20巻2号35-47頁。
伊従寛（1999）「経済のグローバル化と経済法の国際的調整」中央大学・日本比較法研究所編 1999：105頁以下, 239頁以下。
池田佳隆（1996）「グローバル・システムの三層構造論の批判的検討――二層構造の可能性――」国際政治111号115-128頁。
井村進哉＝福光寛＝王東明編著（2002）『コーポレート・ガバナンスの社会的視座』（日本経済評論社）。
猪口孝（1996）「グローバル・ガバナンス論に向けて」国際問題438号63-71頁。
井上淳（2006）「途上国におけるグッド・ガバナンス，汚職対策と国連システム，EU」慶應法学4号89-90頁。
井上達夫（1986）『共生の作法』（創文社）。
――（1995）「個人権と共同性――『悩める経済大国』の倫理的再編――」加藤寛孝編『自由経済と倫理』（成文堂）271頁以下。
――（1999a）井上達夫『他者への自由』（創文社）。
――（1999b）「リベラル・デモクラシーとアジア的オリエンタリズム」今井弘道＝森際康友＝井上達夫編『変容するアジアの法と哲学』（有斐閣）23-74頁。

――(2003a)『普遍の再生』(岩波書店)。
――(2003b)『法という企て』(東京大学出版会)。
――(2007)「世論の専制から法の支配へ――民主主義と司法の成熟のために」中央公論2007年4月号264-272頁。
IDB (2003), *Leveling the Playing Field*, IDB.
IDB, IIC, MIF (2004), *Private Sector Development Strategy*, IDB.
International Legal Center, the Research Advisory Committee (1974), *Law and Development: The Future of Law and Development Research*, International Legal Center.
IMF (1996), "Partnership for Sustainable Global Growth, Interim Committee Declaration, Washington, D.C., September 29, 1996," in: Communiqué of the Interim Committee of the Board of Governors of the IMF.
――(1997), *Good Governance: The IMF's Role*, IMF, Publication Service.
――(2006), *Annual Report of the Executive Board for the Financial Year Ended April 30 2006*, IMF.
IRZ (2006), *Annual Report 2005*, IRZ.
Inter-Parliamentary Union, UNDP, WB and UN Fund for Women (2004), *Parliament, the Budget and Gender*, IPN.
井関正裕(2005a)「ベトナム民事訴訟法の成立と法整備支援の評価」ICD NEWS 20号53頁。
井関正裕(2005b)「特集・ベトナム民事訴訟法制定――日本法と比較しての特徴――(裁判官,監督審,緊急保全処分など)」ICD NEWS 21号76頁。
――(2006)「ベトナム民事訴訟法の将来の問題」ICD NEWS 26号14-16頁。
石山文彦(1997)「多文化主義の規範理論」『多文化時代と法秩序(法哲学年報1996)』(有斐閣)43頁以下。
伊東乾(1982)「自然法に寄せて」『判例タイムズ』477号1頁。
岩崎正洋=植村秀樹=宮脇昇編著(2000)『グローバリゼーションの現在』(一芸社)。
Jensen Erik G. (2003), "The Rule of Law and Judicial Reform: The Political Economy of Diverse Institutional Patterns and Reformers' Responses," in: Erik G. Jensen and Thomas C. Heller (eds.), *Beyond Common Knowledge: Empirical Approaches to the Rule of Law*, Stanford University Press, pp. 336-381.
Jones, Charles (1999), *Global Justice: Defending Cosmopolitanism*, Oxford University Press.
Kabashima, Ikuo (1984), "Supportive Participation with Economic Growth: The Case of Japan," *World Politics*, Vol. 36, pp. 309-338.
香川孝三(2002)『政尾藤吉伝――法整備支援国際協力の先駆者』(信山社)。
香川孝三=金子由芳編著(2007)『法整備支援論――制度構築の国際協力入門』(ミネルヴァ書房)。
海外経済協力に関する検討会(2006)『最終報告書』(平成18年2月28日)。
戒能通厚(2001a)「総論:『法整備支援』と比較法学の課題」比較法研究62号61-74頁。
――(2001b)「『法整備支援』と比較法学の課題」アジア経済42巻1号52-62頁。
戒能通孝(1958)「市民法と社会法」法律時報30巻4号4-11頁。

E・カメンカ＝A・テイ編／田中成明＝深田三徳監訳（1989）『正義論』（未来社）。
神田秀樹（1993）「市場と企業法」『岩波講座・社会科学の方法・第Ⅵ巻　社会変動のなかの法』（岩波書店）。
金子由芳（1998）『アジア法の可能性』（大学教育出版）。
────（2001）「経済法の観点から」比較法研究62号149-152頁。
────（2004）『アジア危機と金融法制改革──法整備支援の実践的方法論をさぐって』（信山社出版）。
────（2010）『アジアの法整備と法発展』（大学教育出版）。
I・カント／土岐邦夫訳（1972）「永久平和のために──イマヌエル・カントによる哲学的草案──」『世界の大思想13　カント』（河出書房新社）405-447頁。
────／遠山義孝訳（2000）「永遠平和のために」『カント全集14』（岩波書店）262頁。
────「世界市民的見地における普遍史の理念」（1784）。
加藤雅信（2001）『「所有権」の誕生』（三省堂）。
川本隆史（2005）『ロールズ──正義の原理』（講談社）。
川島武宜（1987）『所有権法の理論（新版）』（岩波書店）。
河合隼雄（1992）「能力主義と平等感」日本経済新聞1992年２月２日（夕刊）。
川村正幸（1994）「会社法とコーポレート・ガバナンス──アメリカの議論を参考にして──」一橋論叢111巻４号684-705頁。
河野正輝（1991）『社会福祉の権利構造』（有斐閣）。
萱野稔人『国家とは何か』（以文社，2005）。
経済産業省『通商白書2003』（経済産業省，2003）。
H・ケルゼン／横田喜三郎訳（1935）『純粋法学』（岩波書店）。
────黒田覚＝長尾龍一訳（1973）『自然法論と法実証主義』（木鐸社）。
Keohane, Robert O. and Joseph S. Nye, Jr. (1977), *Power and Interdependence*, Little Brown.
W・キムリッカ／角田猛之＝石山文彦＝山崎康仕監訳（1998）『多文化時代の市民権──マイノリティの権利と市民権』（晃洋書房）。
King, Alexander and Bertrand Schneider (1991), *The First Global Revolution: A Report of the Council of Rome*, Pantheon Books.
木下毅（2001）「『法と開発運動』──社会科学における人間論──」比較法研究62号137-143頁。
北川俊光（2003）「APEC諸国・地域における債権回収手続の実情に関する研究会報告」第５回・法整備支援連絡会（2004年１月23日，法務省法務総合研究所国際協力部）資料所収。
Klingemann, H.-D. (eds.) (1996), *A New Handbook of Political Science*, Oxford University Press, 376 ff.
Knieper, Rolf (2003), *Judicial Co-operation: Universality and Context*, available at: http://www.cis-legal-reform.org/publication/articles-reports/judicial-co-operation-universality-context.en.html.
小池治「開発援助の新潮流」森川俊孝＝池田龍彦＝小池治編『開発協力の法と政治─国際協

力研究入門―』（国際協力出版会, 2004) 82-101頁。
国際協力銀行（JBIC）（2006）『円借款活動レポート2006』（JBIC）。
国際協力機構（JICA）（2006）『国際協力機構年報2006』（JICA）。
──公共政策部（2009）『法整備支援に関するプロジェクト研究 「法の支配」の実現を目指して── JICA の法整備支援の特色』（JICA, 公共 JI 09-015）。
──（2009）*JICA's Experience in Support for Legal and Judicial Reform in Developing Countries*, JICA.
Komesar, Neil K.（2001）, *Law's Limits: The Rule of Law and the Supply and Demand of Rights*, Cambridge University Press.
小寺彰（2004）『パラダイム国際法：国際法の基本構成』（有斐閣）。
小宮由美「ラオス」（2004）ICD News 16号11-16頁。
小森田秋夫（2001）「『社会体制と法』の観点から」比較法研究62号144-148頁。
近藤道生（2009）『不期明日』（日本経済新聞社）。
D・コーテン／渡辺龍也訳（1995）『NGO とボランティアの21世紀』（学陽書房）。
琴浦容子（2009）「カンボジア・モンゴルにおける法整備支援」ICD NEWS 38号170-171頁。
Krasner, Stephen D.（1984）, "Structural Causes and Regime Consequences: Regimes as Intervening Variables," in: Krasner（ed.）1984: pp. 1-21.
Krasner, Stephen D.（ed.）（1984）, *International Regimes*, Cornell University Press.
久野収（1995）『市民として哲学者として』（毎日新聞社）。
黒岩郁雄（2004）『開発途上国におけるガバナンスの諸課題：理論と実際』（日本貿易振興機構 アジア経済研究所）。
桑島京子（2007）「JICA の法整備支援分野における技術協力の在り方・基本方針について」（2007年1月19日, 第8回法整備支援連絡会資料. ICD NEWS 31号所収)。
La Porta, Rafael, Florencio Lopez-de-Silanes, Andrei Shleifer and Robert Vishny（1999）, "The Quality of Government," *Journal of Law, Economics, & Organiztion*, Vol. 15, pp. 222-279.
G・W・ライプニッツ／米山優（1987）『人間知性新論』（みすず書房）。
ホアン・テェ・リエン（2006）「ベトナム2005年民法典制定過程におけるベトナムと日本の協力について」ICD NEWS 27号52-64頁。
Liesman, Steve and Calra A. Robbins（1999）, "U.S. Jury Probes Russia Project Run by Harvard University Aides," *Wall Street Journal*, 5 February 1999, pg. 1.
Lloyd, John（1992）, "War of advice may break out in Russia: Foreign advisers may have to fight for an ear," *Financial Times*, 21 December 1992, Pg. 3.
J・ロック／加藤卯一郎訳（1940）『人間悟性論 上巻・下巻』（岩波文庫）。
J・ロック／鵜飼信成訳（1968）『市民政府論』（岩波文庫）。
R・H・ローウィ／古賀英三郎訳（1973）『国家の起源』（法政大学出版局）。
N・ルーマン／土方昭監訳（1983）『法と社会システム』（新泉社）。
前田啓一（2000）『EU の開発援助政策』（お茶の水書房）。
H・メイン／安西文夫訳（1990）『古代法』（史学社, 信山社〔復刻版〕）。
J・マリタン／久保正幡＝稲垣良典訳（1962）『人間と国家』（創文社）。

Marsiaj, Caroline E. Schwitter (2004), *The Role of International NGOs in the Global Governance of Human Rights: Challenging the Democratic Deficit*, Schulthess.

Martin, Rex (1993) *A System of Rights*, Oxford University Press.

丸山毅 (2002)「ヴィエトナムの法曹養成制度及び弁護士制度の改革(概要)」ICD NEWS 2号120頁。

正村俊之 (2009)『グローバリゼーション――現代はいかなる時代なのか』(有斐閣)。

松元秀亮 (2008)「ラオス法制度整備プロジェクトの成果物の普及活動の現状と課題」ICD News 35号36-40頁。

松本恒雄 (2002)「インドシナ諸国における民法典の整備と開発」一橋法学1巻2号390-404頁。

―― (2006)「モンゴルにおける土地法・土地私有化法と民法の不整合性――遊牧社会の市場経済化と土地法制の動向――」比較法研究67号191-197頁。

松村良之 (2005)「所有権の心理学」菅原郁夫＝サトウタツヤ＝黒沢香編『法と心理学のフロンティアⅠ』(北大路書房) 35-57頁。

松尾弘 (1989, 1990)「グロチウスの所有権論 (1), (2・完)――近代自然法における所有権理論と民法理論の古典的体系」一橋研究14巻3号107頁以下, 4号131頁以下。

―― (1991)「人間と国」『第10回・毎日21世紀賞入賞論文集』(毎日新聞社)。

―― (1993)「プーフェンドルフの所有権論と法理論の展開――『義務論』を中心にして」比較法史学会編『歴史と社会のなかの法(Historia Jiris 2号)』(未来社) 347-372頁。

―― (1993)「ルソーの法理論における所有と自由」法学政治学論究19号1-54頁。

―― (1996)「人格と所有権――所有制度の構造論的分析のための覚書き」横浜国際経済法学4巻2号247頁以下。

―― (1997a)「民法学の発展における自然法論の意義」姫路法学21号85-140頁。

―― (1997b), "Historical and Theoretical Intimacy between the Concepts of Rights and Property," in: Rex Martin and Gerhard Sprenger (eds.), *Rights, ARSP-Beiheft*, vol. 67, Franz Steiner Verlag, pp. 72-80.

―― (1999-1, 2, 3)「善良な政府と法の支配 (1), (2), (3・完)――法と開発研究の展開と法学の課題再考――」横浜国際経済法学7巻2号93-113頁, 8巻1号121-144頁, 8巻2号1-20頁。

―― (2000a)「新制度派経済学は法と経済学か――コースとポズナーの議論から――」横浜国際社会科学研究5巻1号1-15頁。

―― (2000b)「グローバリゼーションと法――序論的考察――」好美清光先生古稀記念論文集刊行委員会『現代契約法の展開』(経済法令研究会) 45-64頁。

―― (2001)「新制度派経済学と法律学との邂逅――ノースの制度理論の分析を中心にして――」横浜国際社会科学研究6巻1号1-25頁。

―― (2002a)「開発と『良い政府』――開発法学への『良い政府』・『良い統治』論の寄与――」法社会学56号216-223頁。

―― (2002b)「開発法学と法整備支援の理論化」横浜国際経済法学11巻1号55-89頁。

―― (2002c)「法の形成をめぐる個人と国家の関わり方――イェーリング『権利のための闘

争』の制度論的側面——」横浜国際社会科学研究7巻2号1-22頁。
—— (2004a)「開発と法制度」森川＝池田＝小池編2004: 130-170頁。
—— (2004b)「『法と開発研究』とは何か」社会体制と法5号50-62頁。
—— (2004c)「グローバル・ガバナンスと法整備支援――法整備支援の目的は何か――」石川明編集代表『櫻井雅夫先生古稀記念論集・国際経済法と地域協力』(信山社) 31-60頁。
—— (2004d), "Reception of Law and Civil Law Tradition," in: Günther Doeker-Mach and Klaus A. Ziegert (Eds.), Introduction by Alice Erh-Soon Tay, *Law and Legal Culture in Comparative Perspective*, Franz Steiner Verlag, pp. 79-88..
—— (2005a)「国際開発援助と『法の支配』」社会科学研究56巻5=6合併号109-137頁。
—— (2005b) "The Rule of Law and Economic Development: A Cause or a Result?," in: Yoshiharu Matsuura (ed.), *The Role of Law in Development: Past, Present and Future*, Nagoya University: CALE Books, pp. 59-70.
—— (2006a)「法整備支援における民法典整備支援の意義と課題」慶應法学4号31-62頁。
—— (2006b)「『法と開発』への法科大学院の取組み」慶應法学5号329-350頁。
—— (2006c)「『法の支配』概念の柔軟化とアジア法の分析視角」アジア法学会編『アジア法研究の新たな地平』(成文堂) 141-166頁。
—— (2006d)「法整備支援における民法整備支援の意義と課題」ICD NEWS (法務省法務総合研究所国際協力部報) 27号36-44頁・77-84頁。
—— (2007)「ラオス民法教科書作成支援について――１．回顧と展望」ICD NEWS (法務省法務総合研究所国際協力部報) 30号40-56頁。
—— (2008)「開発法学の根本問題」Law & Practice 8号1-40頁。
—— (2009a)「『法の支配』をめぐる国際的動向と『法の支配ユビキタス世界』への展望――国連総会およびNGOの動きを中心に」慶應法学12号221-260頁。
—— (2009b)『良い統治と法の支配――開発法学の挑戦』(日本評論社)。
—— (2009c) "Let the Rule of Law be Flexible to Attain Good Governance," in: Per Bergling, Jenny Ederlöf and Veronica L. Taylor (eds.) (2009), *Rule of Law Promotion: Global Perspectives, Local Applications*, Iustus, Uppsala, pp. 275-297.
—— (2010)「『良い統治』は法整備支援の目標たりうるか？――その内在的ジレンマを解く鍵のありか」法律時報82巻10号4-10頁。
—— (2011a)「ラズの法体系論」ラズ／松尾訳2011所収283-316頁。
—— (2011b-1, 2)「シビル・ローとコモン・ローの混交から融合へ――法改革のためのグローバル・モデルは成立可能か (1)、(2)」慶應法学19号179-213頁, 20号145-185頁。
—— (2011c)「開発と法――特集の趣旨」国際開発研究20巻2号1-9頁。
—— (2011d)「法的発展と法の完全性――法と発展の諸領域の関わり方」国際開発研究20巻2号93-105頁。
—— (2012)「開発プロセスにおける司法アクセスの改善への統合的アプローチ――法の支配および良い統治との関連に焦点を当てて――」慶應法学23号1-65頁。
—— ＝国際協力機構JICA-Netチーム (ガバナンス・タスクフォース) (2005) Introduction to the Civil Law Systems (CD-ROM 教材, 国際協力機構)。

松沢哲郎＝長谷川寿一編（2000）『心の進化――人間性の起源をもとめて』（岩波書店）。
McAuslan, P. (1997), "Law, governance and the development of the market: practical problems and possible solutions," in: Faundez (ed.), *supra*, 25-44.
McEldowney, J. F. (1997), "Public utilities: Is the British experience a model for developing countries?," in: Faundez, J. (ed.), *supra*, 147-161.
Mehren, P. von and Sawers, T. (1992), "Revitalizing the Law and Development Movement: A Case Study of Title in Thailand," *Harvard International Law Journal*, Vol. 33: 67-102.
Merryman, J. H. (1977), "Comparative Law and Social Change: On the Origins, Style, Decline & Revival of Law and Development Movement," *American Journal of Comparative Law*, Vol. 25: pp. 457-491.
―― (1981) "On the Convergence (and Divergence) of the Civil Law and Common Law," 1981 *Stanford Journal of International Law*, pp. 357-388.
三ヶ月明（2001）「アジア諸国に対する法整備のための支援と協力――現状と若干の感想ならびに展望」罪と罰（財団法人・日本刑事政策研究会）38巻4号5頁以下。
―― (2001)「アジア諸国の法整備支援に対する支援と協力――一法学者による若干の感想と展望」法律のひろば54巻10号44-52頁。
Mittelman, J. H. (ed.) (1996), *Globalization: Critical Reflections*, Lynne Rienner.
三輪芳朗（1998）『政府の能力』（有斐閣）。
宮川公男（1975）『意思決定論』（丸善）。
宮崎朋紀（2010）「ベトナム判決執行法の主な特徴」および同法（仮訳）ICD NEWS 42号101-147頁。
宮沢健一（1976）「近代市民法と現代の経済機構」季刊・現代経済24号6頁以下。
宮沢賢治（1990）『雨ニモマケズ』（岩崎書店・フォア文庫）。
宮澤節生（1988）「権利形成・展開運動の社会運動モデルをめざして」法社会学40号33-46頁。
―― (1989)「権利の形成と社会運動」法律時報61巻12号58-59頁，77-79頁。
―― (1992)「裁判による権利の形成」法学セミナー447号98-103頁。
最上敏樹（2001）『人道的介入　正義の武力行使はあるか』（岩波書店）。
モンテスキュー／野田良之＝稲本洋之助＝上原行雄＝田中治男＝三辺博之＝横田地弘訳（1989-1, 2, 3）『法の精神（上）・（中）・（下）』（岩波文庫）。
森川俊孝＝池田龍彦＝小池治編（2004）『開発協力の法と政治――国際協力研究入門――』（国際協力出版会）。
森村進（1989）『権利と人格――超個人主義の規範理論――』（創文社）。
―― (1995)『財産権の理論』（弘文堂）。
森島昭夫（1996）「ベトナムにおける法整備とわが国法律家の役割」自由と正義47巻7号14-22頁。
―― (1997)「ベトナム民事法整備の現状と今後の展望」金融法務事情1486号54頁以下。
―― (2001a)「『法整備支援』と日本の法律学」比較法研究62号120-136頁。
―― (2001b)「市場経済移行国に対する法整備支援の理念」CALE NEWS 5号1頁以下。
―― (2001c)「法整備支援の理念とその課題」法律のひろば2001年10月号12-17頁。

―― (2004)「基調講演：ドナー間における支援の相克と日本の支援の整備」ICD NEWS 14号40-44頁。
―― (2006)「ベトナム民法典の改正と日本の法整備支援」ICD NEWS 27号65-66頁。
―― (2012)「わが国による開発途上国の法整備支援」学士会会報892号30-36頁。
森島昭夫ほか (2001)『平成13年度「法整備支援」に係る世銀会合への調査団報告書』(国際協力事業団・アジア第1部)。
J・モロー／石塚秀雄＝中久保邦夫＝北島健一訳 (1996)『社会的経済とはなにか――新自由主義を超えるもの』(日本経済評論社)。
森田修 (1996)「ウィリアムソンの契約理解について――法と市場の制度分析のために（その1）」社会科学研究48巻1号182頁以下。
向山恭一 (1997)「多文化主義と『承認』パラダイムの正義論」法学研究70巻2号323頁以下。
Mulhall, Stephen = Adam Swift, (1996) *Liberals and Communitarians*, Second Edition, Blackwell.
Munzer, Stephen R. (1990), *A Theory of Property*, Cambridge University Press.
村上陽一郎 (1993)「文明の自己矛盾」創文350号11頁。
―― (2006)『文明の死／文化の再生』(岩波書店)。
村山眞維＝濱野亮 (2012)『法社会学（第2版）』(有斐閣)。
武藤司郎 (2001)「JICAによるベトナム法整備支援の理念」比較法研究62号159-163頁。
―― (2002)『ベトナム司法省駐在体験記』(信山社)。
内閣府国民生活局編 (2003)『ソーシャル・キャピタル』(国立印刷局)。
中川明子 (2006)「法令外国語訳推進のための基盤整備に関する政府の取組みついて」法律のひろば59巻8号11-17頁。
中越淳夫 (2000)「法と開発研究における『新しい法と開発運動』の展開」横浜国際経済法学研究9巻1号181-195頁。
中村勝己 (1972)『近代文化の構造――キリスト教と近代――』(筑摩書房)。
―― (1995)『近代文化の構造――キリスト教と近代――』(講談社学術文庫)。
―― (2004)『近代市民社会論』(慶應義塾大学経済学部特殊講義録)。
中村真咲 (2003-1, 2, 3, 2004, 2005)「モンゴル便り (1)～(6・完)」CALE NEWS 11号13頁，12号12頁，13号13頁，14号25頁，15号11頁，16号2頁。
中村良隆 (2003)「アメリカ合衆国における『法と開発』の理論と法整備支援の実際」早稲田大学比較法研究所編『比較法研究の新段階――法の継受と移植の理論――』(成分堂)。
中西寛 (2003)『国際政治とは何か』(中公新書)。
―― (2006)「アジア統合『扇の要』に／重層的協力束ねよ」日本経済新聞2006年4月4日。
中野佳裕 (2010)「ポスト開発思想の倫理――経済パラダイムの全体性批判による南北問題の再検討」国際開発研究19巻2号47-58頁。
中田裕康 (1994)『継続的売買の解消』(有斐閣)。
成瀬治 (1984)『近代市民社会の成立』(東京大学出版会)。
那須耕介 (1997, 1998)「法の支配の両義性について――複眼的な法的思考のために――(1), (2・完)」法学論叢142巻1号15頁以下，143巻1号26頁以下。

Nelken, David (ed.) (1997), *Comparing Legal Cultures*, Dartmouth.

Nelson, Mark M. (1995), "Two Styles of Business Vie in East Europe――Americans, Germans Have a Motive In Trying to Mold Laws," *Wall Street Journal*, 3 April 1995, pg. A. 10.

日本法社会学会編（2007）『「法化」社会のゆくえ（法社会学67号）』（有斐閣）。

新美育文（2001）「『法整備支援』における法概念――民法を中心として――」比較法研究62号88-94頁。

新村聡（1994）『経済学の成立』（御茶の水書房）。

新山雄三（1998）「コーポレート・ガヴァナンスと商事立法の課題――スタンダードにおけるグローバルとジャパニーズの間――」（1998）法律時報70巻4号6頁以下。

西田幾多郎（1950）『善の研究』（岩波文庫）。

西川芳昭「地域おこしと市民組織（NGO）」（2007）馬橋憲男＝高橋彰夫編著『グローバル化問題とNGO・市民社会』（明石書店）300頁。

野村豊弘（2006）「ベトナム民法典の主要な改正点」ICD NEWS 27号67-68頁。

野中郁次郎＝戸部良一＝鎌田伸一＝寺本義也＝杉之尾宜生＝村井友秀（2005）『戦略の本質』（日本経済新聞社）。

North, Douglass C. (1990) *Institutions, Institutional Change and Economic Performance*, Cambridge University Press, 1990（D・C・ノース／竹下公視訳〔1994〕『制度・制度変化・経済成果』（ミネルヴァ書））。

――（1991), "Transaction Costs, Institutions, and Economic History," *Journal of Institutional and Theoretical Economics*, pp. 203-13.

―― (1995), "The New Institutional Economics and Third World Development," in: John H. Harriss et al. (ed.), *The New Institutional Economics and Third World Development*, Routledge, pp. 17-26.

―― (2000), "Institutions and the Performance of Economies over Time," *the paper presented at the Second Annual Global Development Conference held on 11-13 December 2000 at New Takanawa Prince Hotel, International Convention Center PAMIR*, pp. 8-10.

―― (2001/2002), "Why Some Countries Are Rich and Some Are Poor," *Chicago Kent Law Review*, vol. 77, pp. 319-330.

D・C・ノース＝R・P・トマス／速水融＝穐本洋哉訳（1980）『西欧世界の勃興――新しい経済史の試み――』（ミネルヴァ書房）。

Nozick, Robert (1974) *Anarchy, State, and Utopia*, Basic Books,（嶋津格訳『アナーキー・国家・ユートピア』〔木鐸社，1994〕）。

Núñez, L. J. D.-C. (1997), "Comment," in: Faundez, J. (ed.), *supra*, 189-200.

布井千博（2004a）「東アジアにおける経済統合と法制調和」第5回・法整備支援連絡会（2004年1月23日，法務省法務総合研究所国際協力部）資料所収。

――（2004b）「中国支援に向けた調査研究の現状」第5回・法整備支援連絡会（2004年1月23日，法務省法務総合研究所国際協力部）資料所収。

OECD (2006), *Annual Report 2006*, OECD.

小川政亮（1964）『権利としての社会保障』（勁草書房）。

小口光ほか（2011）「法務省委託調査　ベトナム法制度調査研究報告書（ダイジェスト版）」（法務省法務総合研究所）。

岡村泰孝（2001）「（財）国際民商事法センターの法整備支援活動」法律のひろば54巻10号（2001年10月号）38-43頁。

大村敦志（1997）「開発法学の可能性——日本民法典の一〇〇年を振りかえって」書斎の窓461号52-55頁。

大沼保昭（1998）『人権，国家，文明：普遍主義的人権観から国際的人権観へ』（筑摩書房）。

A・オブラー／内藤頼博＝納谷廣美＝高地茂世監訳（1990）『日本占領と法制改革』（日本評論社）。

大芝亮（1995）「国際金融組織と『良いガバナンス』」国際問題422号18-30頁。

――（1997）「グローバル・ガバナンス論について」外交時報1341号4-12頁。

大芝亮＝山田敦（1996）「グローバル・ガバナンスの理論的展開」国際問題438号2-14頁。

Ostrom, Vincent (1971), *The Political Theory of a Compound Republic*, VPI, Center for Study of Public Choice.

大谷美紀子（2006）「日本法令の外国語訳整備の到達点と今後の課題」法律のひろば59巻8号18-22頁。

尾崎道明（2001）「法整備支援の新たな展開——国際協力部の新設——」法律のひろば2001年10月号4-11頁。

Parsons, Talcott (1951), *The Social System*, the Free Press（佐藤勉訳『現代社会学体系14　社会体系論』〔青木書店，1974〕，倉田和四生訳『社会システム概論』〔晃洋書房，1978〕）.

Peerenboom, Randall (2004), "Varieties of Rule of Law: An introduction and provisional conclusion," in: Randall Peerenboom (ed.), *Asian Discourse of Rule of Law: Theories and implementation of rule of law in twelve Asian countries, France and the U. S.*, Routledge Curzon, pp. 1-55.

Perry, Amanda J. (2002), "The Relationship between Legal Systems and Economic Development: Integrating Economic and Cultural Approaches," *Journal of Law and Society*, Vol. 29(2): pp. 282-307.

Perry-Kassaris, Amanda (ed.) (2010), *Law in the Pursuit of Development: Principles into Practice?*, Routledge.

ダン・クァン・フォン（2005）「ベトナム民事訴訟法の制定と施行におけるベトナム最高人民裁判所の役割」ICD NEWS 20号32-38頁。

Pistor, K. and Wellons, P. A. et al. (1999), *The Role of Law and Legal Institutions in Asian Economic Development 1960-1995*, Oxford University Press.

プラトン／藤沢令夫訳（1979-1/2）『国家（上）・（下）』（岩波文庫）。

――／森進一＝池田美恵＝加来彰俊訳（1993-1/2）『法律（上）・（下）』（岩波文庫）。

Pogge, Thomas W. (ed.), *Global Justice*, Blackwell Publishing.

Popper, Karl R. (1957), *The Poverty of Historicism*, Routledge and Kegan Paul.

K・R・ポパー／内田詔夫＝小河原誠訳（1980）『開かれた社会とその敵（1），（2）』（未来社）。

――／長尾龍一訳（1993）「ヨーロッパ文化の起源――その文学的及び科学的根拠」比較法史学会編『歴史と社会のなかの法　比較法史研究（Historia Juris）2号』（未来社）39-52頁。

Putnam, Robert D. with Robert Leonardi and Raffaella Y. Nanetti (1993), *Making Democracy Work: Civic Traditions in Modern Italy*, Princeton University Press（河田潤一訳『哲学する民主主義』〔NTT出版，2001〕）．

Puymbroeck, Rudolf V. Van (ed.) (2001), *Comprehensive Legal and Judicial Development: Toward an Agenda for a Just and Equitable Society in the 21st Century*, World Bank.

Rai, S. M. (1997), "Women, representation and good government: Perspectives on India and Chile," in: Faundez, J. (ed.), *supra*, 259-273.

Ramphal, Shiridath S. and Ingvar Carlsson (1995), *Our Global Neighbourhood: The Report of the Commission on Global Governance*, Oxford University Press（京都フォーラム監訳『地球リーダーシップ：新しい世界秩序を目指して』NHK出版，1995）．

Rawls, John (1971), *A Theory of Justice*, Harvard University Press（矢島欽次監訳（1979）『正義論』紀伊国屋書店）．

―― (1999), *The Law of Peoples, with "The Idea of Public Reason Revisited"*, Harvard University Press（中山竜一訳（2006）『万民の法』岩波書店）．

――／E・ケリー編／田中成明＝亀本洋＝平井亮輔訳（2004）『公正としての正義　再説』（岩波書店）。

Raz, Joseph (1979), "The Institutional Nature of Law," in: id., *The Authority of Law: Essays on Law and Morality*, Clarendon Press, Oxford, pp. 103 ff.

―― (1980), The Concept of a Legal System: An Introduction to the Theory of a Legal System, 2nd edition, Oxford University Press（松尾弘訳（2011）『法体系の概念――法体系論序説（第2版）』慶應義塾大学出版会）．

――／深田三徳編訳（1994）『権威としての法――法理額論集』（勁草書房）。

―― (1994a), "Duties of Well-Being," in: id., *Ethics in the Public Domain: Essays in the Morality of Law and Politics*, Revised Edition, Clarendon Press, Oxford, pp. 3-28.

―― (1994b), "'Rights and Individual Well-Being," in: *ibid*., pp. 44-59.

―― (1994c), "The Politics of the Rule of Law", in: *ibid*., pp. 370-378.

――／森際康友編訳（1996）『自由と権利――政治哲学論集』（勁草書房）。

―― (1996), "On the Nature of Law," *Archiv für Rechts-und Sozialphilosophie*, Vol. 82, pp. 1 ff.

―― (1998), "Multiculturalism," *Ratio Juirs*, Vol. 11(3), pp. 194-204.

M・リーデル／河上倫逸＝常俊宗三郎編訳『市民社会の概念史』（以文社，1990）。

Riker, William (1976), "Comments on Vincent Ostrom's Paper," *Public Choice*, Vol. 27, p. 13.

Rodrick, D. (1996), "Understanding Economic Policy Reform," *Journal of Economic Literature*, Vol. 34, pp. 12-23.

Rose, C. V. (1998), "The 'New' Law and Development Movement in the Post-Cold War Era: A Vietnam Case Study," *Law and Society Review*, Vol. 32, pp. 93-140.

Rose-Ackerman, Susan (2004), "Establishing the Rule of Law," in Robert I. Rotberg (ed.),

When States Fail: Causes and Consequences, Princeton University Press, p. 191.
Rosenau, James N. (1992), "Governance, Order, and Change in World Politics," in: Rosenau and Czempiel (eds.) 1992: pp. 1-25.
—— (1995), "Governance in the Twenty-first Century," *Global Governance*, No. 1, pp. 13-43.
Rosenau, James N. and Ernst-Otto Czempiel (eds.) (1992), *Governance without Government: Order and Change in World Politics*, Cambridge University Press.
Rotberg, Robert I. (ed.) (2004), *When States Fail: Causes and Consequences*, Princeton University Press.
—— (2004), "The Failure and Collapse of Nation-States: Breakdown, Prevention, and Repair," in: Rotberg (ed.) 2004: pp. 1-49.
J・J・ルソー／桑原武夫＝前川貞次郎訳（1954）『社会契約論』（岩波文庫）。
R・H・ローウィ／古賀英三郎（1973）『国家の起源』（法政大学出版局）。
Russell, Bertrand (1930), *The Conquest of Happiness*, Allen & Unwin（安藤貞雄訳（1991）『ラッセル幸福論』［岩波文庫］）.
Ruttan, V. W. (1996a), *United States Developmentt Assistance Policy: The Domestic Politics of Foreign Economic Aid*, Johns Hopkins University Press.
—— (1996b), "Why Foreign Economic Assistance?" id., *United States Development Assistance Policy: The Domestic Politics of Foreign Economic Aid*, the Johns Hopkins University Press, pp. 19 ff.
Ryan, Alan (ed.) (1993), *Justice*, Oxford University Press.
佐伯胖（1980）『「きめ方」の論理』（東京大学出版会）。
—— （1986）『認知科学の方法』（東京大学出版会）。
サイモン・H・A／宮沢光一監訳（1970）『人間行動のモデル』（同文舘）。
H・A・サイモン／稲葉元吉＝倉井武夫訳（1979）『意思決定の科学』（産業能率大学出版部）。
齋藤純一（2000）『公共性』（岩波書店）。
—— （2005）『自由』（岩波書店）。
齋藤民徒（2005a）「ソフトロー論の系譜」ソフトロー研究4号5-6頁。
—— （2005b）「国際社会における『法』観念の多元性」社会科学研究56巻5=6号165-195頁。
榊原一夫（2001）「日本の法整備支援」比較法研究62号75-87頁。
榊原一夫＝山下輝年（2001）『ラオス法制度概要』（法務総合研究所・総務企画部）。
阪本昌成（1998）「国家は何をなすべきか」ジュリスト1133号49頁以下。
J・P・サルトル／伊吹武彦ほか訳（1996）『実存主義とは何か』（人文書院）。
佐々木雄太（2001）「大学による国際協力の一例としてのアジア法整備支援」法律のひろば54巻10号（2001年10月号）32-37頁。
Sassen, S. (1996), *Losing Control?: Sovereignty in an Age of Globalization*, Columbia University Press（伊豫谷登士翁訳（1999）『グローバリゼーションの時代――国家主権のゆくえ』平凡社）.
佐藤岩夫（2003）「法の構築」法社会学58号7頁。
佐藤幸治（2004）「『法の支配』と正義へのユビキタス・アクセス」判例タイムズ1143号

-64頁。

佐藤創（2007）「法と経済発展について」国際開発研究フォーラム34号19-33頁。

佐藤安信（1998）『法制度整備支援に関する基礎研究報告書』（国際協力事業団・国際協力総合研修所．総研 JR98-21）．

――（1999）「法制度整備への国際協力の動向」アジ研ワールド・トレンド50号8-11頁。

――（2001）「国際機関による法整備支援と日本の役割」比較法研究62号153-158頁。

――（2003）「市場経済化ベトナムにおける紛争処理と法――外交投資関連の商事紛争処理を中心に」小林昌之＝今泉慎也編『アジア諸国の紛争処理制度』（アジア経済研究所）127頁。

――（2010）「『法の支配』のジレンマ――カンボジアの法整備支援の課題と展望」法律時報82巻1号11-16頁。

佐藤嘉倫（1998）『意図的社会変動の理論――合理的選択理論による分析』（東京大学出版会）。

佐藤慶幸（2002）『NPOと市民社会』（有斐閣）。

Schmiegelow, Henrik (2006), "Why Legal Transformation Assistance from Germany and Japan," *Journal of Japanese Law*, Vol. 11, pp. 1 ff.

Schwarzmantel, John (1998), *The Age of Ideology: Political Ideologies from the American Revolution to Postmodern Times*, Macmillan Press Ltd.

Seidman, Robert B. (1972), "Law and Development: A General Model," *Law and Society Review*, Vol. 7: pp. 311-342.

Seidman, Ann and Robert, (1996) "Drafting Legislation for Development: Lessons from a Chinese Project," *The American Journal of Comparative Law*, Winter, pp 1-44.

盛山和夫（1995）『制度論の構図』（創文社）。

関根正美（2000）『多文化主義社会の到来』（朝日新聞社）。

Sen, Amartya (1985), *Commodities and Capabilities*, Elsevier Science Publishers B. V., (鈴村興太郎訳『福祉の経済学――財と潜在能力』〔岩波書店．1988〕).

――／大庭健＝川本隆史訳（1989）「何の平等か？」同『合理的な愚か者』（勁草書房）225-262頁。

――（1997), "Human Rights and Asian Values: What Lee Kuan Yew and Le Peng don't understand about Asia," *The New Republic*, 14 July 1997, Vol. 217, n. 2-3.

――（1999a), *Development as Freedom*, Oxford University Press（石塚雅彦訳『自由と経済開発』〔日本経済新聞社．2000〕).

――／斉藤勝訳（1999b）「経済開発には成長よりも大事なものがある」エコノミスト77巻13号58頁。

――／和山のぞみ訳（1999c）「民主主義と社会正義」世界662号130-147頁。

――／鈴村興太郎＝須賀晃一訳（2000a）『不平等の経済学』（東洋経済新報社）。

―― (2000b), "What is the Role of Legal and Judicial Reform in the Development Process?," the Paper Presented at the World Bank Legal Conference, Washington, D.C., 5 June 2000.

瀬戸裕之（2009）「ラオス」鮎京編2009: 267-293頁。

Sevastik, Per (ed.) (1997), *Legal Assistance to Developing Countries: Swedish Perspectives on the*

Rule of Law, Kluwer Law International.

Shapiro, Ian and Lea Brilmayer (eds.) (1999), *Global Justice*, New York University Press.

Shapiro, Martin (1993), "The Globalization of Law," *Indiana Journal of Global Legal Studies*, vol. 1, 37-64.

T・シェリング／河野勝監訳／広瀬健太郎＝山口総一郎訳（2008）『紛争の戦略』（勁草書房）。

Shihata, Ibrahim (1997), *Complementary Reform: Essays on Legal and Judicial and Other Institutional Reforms Supported by the World Bank*, Kluwer Law International.

司法制度改革審議会（2001）『司法制度改革審議会意見書——21世紀の日本を支える司法制度——』。

嶋津格（1985）『自生的秩序：F.A. ハイエクの法理論とその基礎』（木鐸社）。

——（1992）「所有権は何のためか」『現代所有論（法哲学年報1991）』（有斐閣）58-76頁。

——（1996）「普遍的法モデルの意義と限界」法律時報68巻8号6頁以下。

進藤榮一（2001）『現代国際関係学：歴史・思想・理論』（有斐閣）。

篠田英朗（2004）『平和構築と法の支配——国際平和活動の理論的・機能的分析——』（創文社）。

塩野谷祐一（1984）『価値理念の構造——効用対権利——』（東洋経済新報社）。

H・A・サイモン／宮沢光一監訳（1970）『人間行動のモデル』（同文舘）。

——／稲葉元吉＝倉井武夫訳（1979）『意思決定の科学』（産業能率大学出版部）。

A・スミス／水田洋訳（1973）『道徳感情論』（筑摩書房）。

——（2003-1, 2）『道徳感情論（上）・（下）』（岩波文庫）。

——／水田洋訳（2005）『法学講義』（岩波文庫）。

Snyder, Francis G. (1980), "Law and Development in the Light of Dependency Theory," *Law and Society Review*, Vol. 14, pp. 723-804.

Stephenson, Matthew (2005), "The Rule of Law as a Goal of Development Policy," http://www1.worldbank.org/publicsector/legal/ruleoflaw2.htm.

Stiglitz, Joseph E. (2002), *Globalization and its discontents*, W.W.Norton & Company, Inc.（鈴木主税訳『世界を不幸にしたグローバリズムの正体』徳間書店, 2002）．

Stone, Christopher, Joel Miller, Monica Thornton and Jennifer Trone (2005), *Supporting Security, Justice, and Development: Lessons for a New Era*, Vera Institute of Justice.

末永敏和（1999）「コーポレート・ガバナンス」ジュリスト1155号122頁以下。

SIDA, Division for Democratic Governance (2002), *Good Governance*, Sida, Art. No. 2845 en.

——, Department for Policy and Methodology (2005), *Complement to Perspectives on Poverty: Goal, perspectives and central component elements*, SIDA.

——（2006）, *Annual report 2005*, SIDA.

高木徹（2005）『ドキュメント・戦争広告代理店　情報操作とボスニア紛争』（講談社文庫）。

高橋一生（1999）『21世紀への国際開発のパラダイムシフト』（国際開発高等教育機構）。

竹下賢＝角田猛之編著（2002）『マルチ・リーガル・カルチャー——法文化へのアプローチ（改訂版）』（晃洋書房）。

竹下守夫（2004）「基調講演：カンボジアにおけるドナー間協力の課題」ICD NEWS 14号

24-30頁。
竹内努（2001）「最高裁と法整備支援――現地報告を兼ねて」法律のひろば2001年10月号 25-31頁。
――（2002）「ベトナムにおける法的紛争の解決――民事執行手続とその実情を中心として」ICD NEWS 4号30-31頁。
竹内芳郎（1981）『文化の理論のために』（岩波書店）。
竹山道雄（1948）『ビルマの竪琴』（金の星社，1981）。
Tamanaha, B. Z. (1995a), "The Lessons of Law-and-Development Studies," *American Journal of International Law*, Vol. 89, pp. 470-486（松尾弘訳（2006）「開発法学の教訓」慶應法学4号227-269頁）.
―― (1995b), *Bibliography on Law and Developing Countries*, Kluwer Law International.
―― (2001), *A General Jurisprudence of Law and Society*, Oxford University Press.
―― (2004), *On the Rule of Law: History, Politics, Theory*, Cambridge University Press.
―― (2009), "The Primacy of Society and the Failures of Law and Development," the Paper Presented at the Seminar on the Rule of Law, held on 13 June 2009, the Center of Legal Exchange, Nagoya University.
田村義之（2000-1，2）「市場と法をめぐる一考察（1），（2・完）――民法と競争法の出会い」民商法雑誌121巻4＝5号562頁以下，6号775頁以下。
田中浩（1990）『国家と個人』（岩波書店）。
Tanaka, Kotaro (1972), "Some Observations on Peace, Law, and Human Rights," in: Wolfgang Friedmann et al. (ed.), *Transnational Law in a Changing Society: Essays in Honor of Phillip C. Jessup*, Columbia University Press, 1972, pp. 243-244.
田中成明（1993）「法的思考とイデオロギー――法的空間の構成原理」同『法的空間――強制と合意の狭間で』（東京大学出版会）所収189頁以下。
――（1998）『法理学講義』（有斐閣）。
田中正司（1988）『アダム・スミスの自然法学』（御茶の水書房）。
棚瀬孝雄（2002）『権利の言説　共同体に生きる自由の法』（勁草書房）。
辰巳浅嗣（2004）『EU　欧州統合の現在』（創元社）。
アリス・テイ／松尾弘訳「アジアにおける『アジア的価値』・人権・民主主義」横浜国際経済法学6巻1号（1997）91頁以下。
M・P・トダロ＝S・C・スミス／岡田靖夫監訳『トダロとスミスの開発経済学』（国際協力出版会，2004）。
所一彦（1999）「民・刑の分化と統合」日本法社会学会・学会報51号1頁。
鳥本喜章（1997）「法務総合研究所の国際民商事研修について」自由と正義48巻9号14頁以下。
Trebilcock, Michael J. and Ronald J. Daniels (2008), *Rule of Law Reform and Development: Charting the Fragile Path of Progress*, Edward Elgar.
Trubek, D. M. (1972), "Toward a Social Theory of Law: An Essay on the Study of Law and Development," *Yale Law Journal*, Vol. 82: pp. 1-50（松尾弘訳（2010）「法の社会理論へ向

――(1996), "Law and Development: Then and Now," in: American Society of International Law, *Proceedings of the 90th Annual Meeting*, American Society of International Law, pp. 223-226.

――(2005), "The 'Rule of Law' in Development Assistance: Past, Present, and Future," in: Yoshiharu Matsuura (ed.), *The Role of Law in Development: Past, Present and Future*, Nagoya University, CALE Books 2, 2005, pp. 1-18.

――(2008), "Law and Development in a Time of Multiple Visions: The Challenge of Law in the New Developmental State," the Paper Presented at the Conference on Law and Development at a Cross Roads: Asian Alternatives to Universal Schemes, Kushu University, 9-10 February 2008.

――(2009), "The Political Economy of the Rule of Law: The Challenge of the New Developmental State," *Hague Journal on the Rule of Law*, Vol. 1, pp. 28-32.

Trubek, David M. and Maruk Galanter (1974), "Scholars in Self-Estrangement: Some Reflections on the Crisis in Law and Development Studies in the United States," *Wisconsin Law Review*, Vol. 1974, pp. 1062-1102.

Trubek, David M. and Alvaro Santos (eds.) (2006), *The New Law and Economic Development: A Critical Appraisal*, Cambridge University Press.

坪井善明（1997）「東南アジアの挑戦」『多文化時代と法秩序（法哲学年報1996）』（有斐閣）29頁以下

恒川恵一（1996）『企業と国家』（東京大学出版会）。

Upham, Frank (2006), "Mythmaking in the Rule-of-Law Orthodoxy," in: Carothers (ed.) 2006: pp. 75-104.

内田貴（1990）『契約の再生』（弘文堂）。

――（1996）「契約の現代化」NBL584号11頁以下。

――（2000）『契約の時代』（岩波書店）。

上田竹志（2011）「民事訴訟手続のICT化」法律時報83巻7号32-37頁。

上原敏夫（2001）「カンボディア王国民事訴訟法起草支援作業について」比較法研究62号95-107頁。

上原敏夫＝竹下守夫＝大村雅彦＝三木浩一＝松下淳一＝矢吹公敏＝田中嘉寿子（2003）「座談会　法整備支援の現状と課題――カンボディア民事訴訟法起草支援に携わって」ジュリスト1243号64-86頁。

上柳敏郎（2001）「サンクト・ペテルブルク会議に参加して」CALE NEWS 5号6頁。

梅棹忠夫（2002）「近代日本文明の形成と発展」同『文明の生態史観ほか』（中央公論新社）。

United Nations Cambodia Office of the United Nations High Commissioner for Human Rights (UNCOHCHR) (2000), *Survey of Public Opinion on the Judicial System in Cambodia*, Phnom Penh.

UNDP (1994), *Human Development Report 1994: New dimensions of human security*, Oxford University Press (『人間開発報告書　1994　人間の安全保障』（国際協力出版会）.

―――（1991）, UNDP, *Human Development Report 1991*, UNDP.
―――（2000a）, *Human Development Report 2000*, UNDP.
―――（2000b）, *Women's Political Participation and Good Governance*, UNDP.
―――（2001）, *Country Assessment in Accountability and Transparency*, UNDP.
―――（2002）, *Human Development Report 2002: Deepening democracy in a fragmented world*（邦訳『人間開発報告書 2002 ガバナンスと人間開発』, 国際協力出版会）.
―――（2004a）, *Access to Justice: Practice Note*, UNDP, 2004.
―――（2004b）, *Access to Justice in Viet Nam: survey from a people's perspective*, UNDP.
―――（2005a）, *Human Development Report 2005*, UNDP.
―――（2005b）, *A Handbook on Working with Political Parties*, UNDP.
―――（2005c）, *Pro-poor Urban Governance: Lesson from LIFE 1992-2005*, UNDP.
―――／Democratic Governance Group（2004）, *Governance Indicators: A User's Guide*, UNDP.
―――（2006a）, *Annual Report 2005*, UNDP.
―――（2006b）, *The Global Programme on Parliamentary Strengthening*, UNDP.
―――（2010）, *Human Development Report 2011*, UNDP, 2010.
宇沢弘文（1989）『「豊かな社会」の貧しさ』（岩波書店）。
USAID, Center for Democracy and Governance（1998）, *Democracy and Governance: A Conceptual Framework*, USAID.
USAID（2000）, *Conducting a DG Assessment: a Framework for Strategy Development*, USAID.
―――（2005）, *At Freedom's Frontiers: A Democracy and Governance, Strategic Framework*, USAID.
―――（2006）, *Policy Framework for Bilateral Foreign Aid: Implementing Transformational Diplomacy through Development*, USAID.
Van De Meene, Ineke and Benjamin Van Rooij（2008）, *Access to Justice and Legal Empowerment: Making the Poor Central in Legal Development Co-operation*, Leiden University Press, 2008.
Vinogradoff, Paul（revised by H. G. Hanbury）（1959）, Common Sense in Law, Clarendon Press, Oxford（末延三次＝伊藤正己訳（1972）『法における常識』岩波文庫）.
――― with preface by F. DE Zulueta（1961）, *Roman Law in Medieval Europe*, 3rd ed., Oxford University Press（矢田一男＝小堀憲助＝真田芳憲訳（1984）『中世ヨーロッパにおけるローマ法』中央大学出版部）.
Voltaire（1764）, 'États, gouvernement: quell est le meilleur?', in id., *Dictionnaire philosophique*, Geneva: Cramer（*Philosophical Dictionary*, edited and translated by T. Besterman, Benguin Books, 1971, pp. 192-194; ヴォルテール／中川信＝高橋安光訳『哲学書簡・哲学辞典』〔中央公論新社, 2005〕381-384頁）.
Wakely, Wilfred C.（2006）「対日投資からみた法制度の透明化」法律のひろば59巻8号30-36頁。
Waltz, N. Kenneth（1979）, *Theory of International Politics*, Addison-Wesley.
渡辺利夫＝三浦有史（2003）『ODA（政府開発援助）』（中公新書）。

渡部洋子（2010）「ラオス法律人材育成強化プロジェクト――開始までの経緯及びプロジェクトの概要紹介」ICD News 44号3-27頁。
M・ウェーバー／世良晃志郎訳（1960，1962）『支配の社会学1，2』（創文社）。
――（1974）『法社会学』（創文社）。
F・ヴィーアッカー／鈴木禄弥訳（1961）『近世私法史』（創文社）。
Wiegand, Wolfgang (1991), "The Reception of American Law in Europe," *The American Journal of Comparative Law*, Vol. 39, pp. 235-245.
Williamson, John (1994), "In Search of a Manual for Technopols," in: id. (ed.), *The Political Economy of Policy Reform*, Institute for International Economics, pp. 17-28.
O・E・ウィリアムソン／浅沼萬里＝岩崎晃（1980）『市場と企業組織』（日本評論社）。
Winfield, Richard Dien (1995), *Law in Civil Society*, University Press of Kansas.
World Bank (1992), *Governance and Development*, World Bank.
―― (1994), *Governance: The World Bank's Experience*, World Bank.
――, Legal and Judicial Reform Unit, Legal Department (2000), *Initiatives in Legal and Judicial Reform*, World Bank.
―― (2001), Free-Standing Law and Justice Projects of International Donor Institutions (http://www1.worldbank.org/publicsector/legal/donortable.htm).
―― (2002), *World Development Report 2001/2002: Building Institutions for Markets*, World Bank.（西川潤＝藪中久美子訳，2003，『世界開発報告2002 市場制度の構築』シュプリンガー・フェアラーク東京）。
――, Legal Vice Presidency, Law and Justice Group (2002), *Legal and Judicial Reform: Strategic Directions*, World Bank.
矢吹公敏（1996）「国際司法支援と弁護士会――カンボディア司法支援研修を例として」自由と正義47巻12号14頁以下。
――（1999）「国際司法支援と弁護士」自由と正義50巻10号44頁以下。
――（2001）「日弁連における法整備支援」法律のひろば2001年10月号18-24頁。
――（2006）「日弁連における法整備支援」慶應法学5号373-385頁。
山田真茂留（2003）「構築主義的組織観の彼方に――社会学的組織研究の革新」組織科学36巻3号46-58頁。
山田美和（2002）「『法整備支援』の論理についての一考察――世界銀行と日本政府開発援助」作本直行編『アジアの経済社会開発と法』（アジア経済研究所）119-149頁。
山田卓生（2001）「開発と法」横浜国際経済法学10巻2号1頁以下。
山本吉宣（1996）「国際レジーム論――政府なき統治を求めて」国際法外交雑誌95巻1号1-53頁。
山下輝年（2001）「法整備支援への誘い」第3回法整備支援連絡会（平成13年9月13日）配布資料6頁。
山内昌之（2004）「開発主義と文化」同『帝国と国民』（岩波書店）185-211頁。
柳田辰雄（2003）「『ワシントン・コンセンサス』下でのIMFコンディショナリティ――インドネシアに見た世界共治に隠れた米国の戦略――」国際環境3号80頁。

安田信之編（1992）『第三世界法学研究入門』（アジア経済出版会）。

安田信之（2000）『東南アジア法』（日本評論社）。

Yasuda, Nobuyuki (2003), "Law and Development from the Southeast Asian Perspective: Methodology, History, and Paradigm Change," in: Christoph Anton (ed.), *Law and Development in East and Southeast Asia*, Routledge Curzon, pp. 25-67.

――（2005）『開発法学――アジア・ポスト開発国家の法システム――』（名古屋大学出版会）。

――（2006）「アジア法の概念とその生成過程」安田信之＝孝忠延夫編集代表『アジア法研究の新たな地平』（成文堂）13-17頁。

横田洋三（1999）「良い統治――共通の課題になりうるのか？」高橋一生編『21世紀への国際開発のパラダイムシフト』（国際開発高等教育機構，1999）83-84頁。

吉田克己（1999）『現代市民社会と民法学』（日本評論社）。

好美清光（1999）「ヨーロッパ私法の形成について」中央大学・日本比較法研究所編 1999: 23頁以下，210頁以下。

吉村典晃（2006）「司法制度改革におけるグローバリゼーションへの対応」法律のひろば59巻8号4-10頁。

吉村徳重＝井関正裕（2005）「ベトナム民事訴訟法の成立と法整備支援の評価」ICD NEWS 20号39-53頁。

吉村徳重（2006）「ベトナム民事訴訟法の今後の課題――日本民事訴訟法との比較法的視点から――」ICD NEWS 26号8頁。

吉高神明（1999）「環境・開発と『グローバル・ガバナンス・パラダイム』」信夫隆司編『環境と開発の国際政治』（南窓社）43-65頁。

Young, Oran R. (1993), *International Governance: Protecting the Environment in a Stateless Society*, Cornell University Press.

事項索引

あ行

アウトソーシング　83
アジア的価値　214
足場　128
新しい法と開発　26
アメリカ化　270
アメリカ国際開発庁（USAID）　10
アメリカ法律家協会　188
あるがままの人　56
意思決定　60
意思主義　152
イデオロギー　7, 53, 216
意図的プロセス　133
イノベーション　129
インセンティブ　9, 120, 126
インピュニティ　162
ウェストファリア体制　265
永久平和論　279
英米法　→　コモン・ロー
エウダイモニア　219
エートス　219
援助（する）義務　233
重荷に苦しむ社会　233

か行

懐疑論　29
会社主義　82
開発　1, 36
　　――の国際法　26
　　――の目標　48, 216
　　――法学　1, 4, 291
回復的正義　229
外部性　179
格差　5

学習　60, 69, 220
課税　82
家族　72
仮定的判断　145
カテゴリー　59
カリスマ的支配　20
感覚　59
管理　83
官僚機構　38
企業　77
　　――家　81
　　――統治　15
　　――の発生　78
　　――の本質　81
起業　83
擬似国家　169
技術官僚的なモデル　171
貴族政　21
規範　52, 213
　　――違反の規範　145
　　――体系　52, 213
　　――的合理性　57, 68
　　――的次元　142
　　――理論　52, 213, 216
教育　69, 171, 219
強制可能性　144
矯正的正義　229
競争　130
共同体の視点　236
共有（財産）制　226
共有予想　138
協力の国際法　236
共和政　21
近代化論　22

近代市民法　152
近代法　149
勤勉　8
国づくり　1
グローバル化　264
グローバル・ガバナンス　→　地球的統治
グローバル・システム　235
君主政　21
計画　34, 199
　——志向的政治体　35
経済社会　106
経済人　57, 68
経済的アクセス　246
経済法　77, 153
形式的制度　7, 121, 124
契約　34
　——志向的政治体　34
経路依存　124, 128
　——性　31
ゲームの均衡　138
ゲームのルール　117, 137
結果　61
結合　83
権威主義　223
原初的権原　25, 158, 178, 235
権利能力平等の原則　152
権利の体系　152, 174
権力格差　204
　——指標　207
合意　178
交換の正義　229
公共性　153
構造調整政策　10
行動　61
幸福　217
公法　152, 178
合法の支配　20
合法な政府　13, 91
効用　179, 217

効率　179
　——的な政府　12, 89
国際化　265
国際開発協会（IDA）　10
国際人権規約　235
国際協力　273
国際通貨基金（IMF）　10
国際法　178, 282
国際法律家協会　188
国民文化　204
国連開発計画（UNDP）　248
互恵的利他行動　61
個人　49
　——主義　205, 206, 220, 272
　——的公権　154
コスモポリタン　110
国家　13, 71, 73
　——起源論　87
　——的公権　154
　——法　168, 237
　——法の国際化　189
コミュニティ　266, 273
コモン・ロー　122, 167
固有の意味の市民社会　109
雇用契約　82
根本規範　145

さ行

財産制　184
最善の「次善」策　102
再配分　90
　——規範　8
裁判外紛争解決制度　246
裁判のルール　146
産業経済法　77
サンクション　36, 38, 40, 143
慈恵　151
私権　154
嗜好　131

事項索引　321

試行錯誤　134
自己疎外　25
市場　73, 160
　——化　11, 100
自然状態　85
自然法（論）　237, 281
実体的アクセス　248
失敗国家　6
私的所有　178
　——権　163
シビル・ロー　167, 260
私法　152, 178
司法制度改革審議会意見書　280
市民　106
　——社会　105
　——社会のアンビヴァレンス　113
　——社会のジレンマ　114
　——法　152
社会　48
　——調査　32
　——的アクセス　246
　——的収益率　134
　——的動物　61
　——的利益　133
　——認識モデル　48
　——法　153
自由　158, 217
私有（財産）制　228
自由主義　222
　——的合法主義　24
住所　161
従属論　25
集団主義　205
承認　64
　——のルール　146
消費者法　153
商品交換　180
所有　176
　——権　86, 176

　——権法　163
新開発国家　242
人格　184
　——的繋がりのない者同士の交換　76
信号　59
新興工業経済地域（NIEs）　26
新興工業国（NICs）　26
新国際経済秩序（NIEO）　25, 236
震災復興　5
新自由主義　10
新制度派経済学　27, 289
新制度派組織論　140
人道主義　235
人類史の中心的難問　6
世界正義プロジェクト　189
正義　176
　——（司法）アクセス　244, 245
　——の諸法　151
　——論　226
政治社会　106
政治発展運動　22
精神構造　131
精神モデル　7, 60
　——の修正　65
制度　7, 51, 117
　——改革　9
　——進化　139
　——変化　67, 128, 141
　——変更　45
　——枠組　131
正当性　20, 38
政府　84
　——開発援助　280
成文法主義　206
セーフティ・ネット　111, 197
世界銀行　10, 186
世界サミット　187
世界人権宣言　235
世界正義プロジェクト　251

世界政府　15, 232
世界文明　215
世界法　281
責任免除　162
絶対的所有権　152
説明責任　13
是認　64
ゼロサム・ゲーム　286
選好　131
潜在能力　158, 217
漸進的変化　43
専制君主政　21
占有権　177
戦略　47, 286
創意　83
相関的・動態的法観念　3
相互補完性　131
ソーシャル・キャピタル　201
測定費用　80
組織　49, 71

た行
第1次的ルール　146
大衆迎合政治家的なモデル　171
第2次的ルール　146
大陸法　→　シビル・ロー
卓越性　219
脱政治的社会　106
妥当性　144
多文化主義　272
地位志向的政治体　34
知覚　59, 130
　　──の発生　132
地球市民　110
地球の共同体　236
地球的統治　15, 275
超国家的市民社会　110
超国家法　283
超法規的措置　17

強い国家　6
強い政府　12, 89
定立行為　145
手続的アクセス　247
伝統的支配　20
動員　132
透過性　209
　　──国家　209
統合　83
統治　15
　　──と法　16
道徳的能力　63, 123
トリクル - ダウン理論　10
取引費用　78, 270
努力　218, 220
奴隷制　65

な行
内部的関係　148
ナチス　227
人間　55
認知的次元　142

は行
配当的正義　229
配分的正義　229
八月革命説　19
発展の権利宣言　26, 236
パトス　219
万国民衆の社会　232, 279
万民法　168, 232, 237, 282
比較制度分析　31, 137
比較・法と社会変動　24
非形式的制度　7, 28, 121
非公式司法　246, 261
ビッグバン　197
ビッグマック命題　279
人の支配　192
平等　8

事項索引　323

――主義　223
費用-便益計算　44
フィードバック　39, 48
不確実性　119, 205
　　――回避度　205
不均衡　178
不正義　151
不文法主義　206
普遍的法モデル　149
富裕　217
プラスサム・ゲーム　30, 286
ブルジョワ社会　106
ブレトン・ウッズ体制　10
不連続的プロセス　43
文化　201
　　――衝突　215
分業　179
文明の衝突　214
閉塞状況　132
平和　277
　　――へのもう1つの道　16
　　――連合　232, 279
ベーシック・ヒューマン・ニーズ　10
変換費用　79
変更のルール　146
法　176
　　――改革　9
　　――観念　3
　　――規則　151
　　――システム　23
　　――体系論　147
　　――の安定性　167
　　――の一覧性　167
　　――の階層性　144
　　――の学問化　168
　　――の完全性　157, 158
　　――の継受　168
　　――の合理化　149
　　――の柔軟性　167
　　――の体系性　167
　　――の美徳　168
　　――の普遍妥当性　147
　　――の本質　144, 166
　　――文化　203
　　――命題　151
崩壊国家　6
包括的変化　45
法人格　177
法整備協力　29, 276
法整備支援　16, 29, 276
　　――戦略　286
法治主義　91
法的能力強化　248
法的発展　155, 157
法と開発　22
　　――運動　22
　　――研究　23
　　――の一般モデル　32
　　――の一般理論　23
　　――の「危機」　24
法と権利　174
法と道徳　111
法の支配　154, 185, 253
　　――構築ルール　288
　　――支援ユニット　187
　　――資源・調整グループ　187
　　――の重層性　193
　　――の段階性　194
　　――の定義　191
　　――の動態性　194
　　――ユビキタス　256, 284
法の精神　3
法律化　271
法律万能主義　271
ポスト開発　225
ポストモダン　27

ま行

身分　34
　　――登録　161
ミレニアム開発目標　187
ミレニアム宣言　187
民主化　11, 101
民主主義　115, 223
民主政　21
民族性　99
無政府状態　85
メタ・ルール　147, 287

や行

約束　177
役割占有者　37
有効性　144
良い官僚制　91
良い政府　11, 12, 87
　　――のジレンマ　95
良い統治　11, 14
　　――のジレンマ　240
良い法の支配　192
予見可能性　199
弱い国家　6

ら行

立憲主義　91
良心的な政府　13, 93
倫理的性状　219
レンズモデル　57
労働契約　82
ロゴス　219

わ行

ワシントン・コンセンサス　26

人名索引

あ行
アクィナス，トマス　229
アリストテレス　55, 219, 228
ヴォルフ，C　178
オースティン，J　143
オストローム，V　92

か行
カント，I　232, 279
ギャランター，M　32, 150
グロティウス，H　229
ケルゼン，H　64, 143, 144
コース，R　56, 290

さ行
サーモンド，J・W　143
サイドマン，R　22, 32
スミス，A　56, 178, 218, 230, 274
セン，A　74, 157, 224

た行
ダーウィン，C　201
タマナハ，B　30
デューイ，J　32
トゥルーベック，D　26, 150, 195

な行
ノース，D　6, 92, 202, 289

は行
パーソンズ，T　22
ハート，H・L・A　165, 175
ハイエク，F・A　220
ハンティントン，S　214, 216
ヒューム，D　55, 178, 230
プーフェンドルフ，S　178
フラー，L　195
プラトン　226
フリードマン，L　23, 32
フリードマン，T　268, 278
フリードマン，W　236
ベイツ，C　234
ベンサム，J　143, 282
ポッゲ，T　234
ホッブズ，T　86, 230
ポパー，K　43, 215
ホランド，T・E　143

ま行
マハティール，モハマッド　214
宮沢賢治　218
ミル，J・S　230
メリーマン，J　24
モンテスキュー，C　56

ら行
ライカー，W　92
ラズ，J　143, 147, 166, 175, 198
ラタン，V　235
リー，クアンユー　214
ロールズ，J　230, 279
ロック，J　55, 87, 230

著者略歴

1962年長野県生まれ。1985年慶應義塾大学（法学部）卒業。1990年一橋大学（大学院法学研究科博士後期課程）単位取得。横浜市立大学（商学部）助教授，横浜国立大学（大学院国際社会科学研究科）教授を経て，現在，慶應義塾大学（大学院法務研究科）教授。この間，シドニー大学客員教授，オックスフォード大学客員研究員。また，ネパール，ラオス，ベトナム，カンボディア等の民法整備支援に携わる。

【主要業績】『J・ラズ　法体系の概念――法体系論序説（第2版）』（慶應義塾大学出版会，2011），『民法の体系――市民法の基礎（第5版）』（慶應義塾大学出版会，2010），『良い統治と法の支配――開発法学の挑戦』（日本評論社，2009），『財産権の保障と損失補償の法理』（大成出版社，2011），『民法改正を読む――改正論から学ぶ民法』（慶應義塾大学出版会，2012）, Hiroshi Matsuo, "Let the Rule of Law be Flexible to Attain Good Governance," in: Per Bergling, Jenny Ederlöf and Veronica L. Taylor（eds.）, *Rule of Law Promotion: Global Perspectives, Local Applications*, Iustus, Uppsala, 2009, pp. 41-56. その他，研究内容等については，http://www15.plala.or.jp/Matsuo/ 参照。

開発法学の基礎理論
良い統治のための法律学

2012年10月20日　第1版第1刷発行

著　者　　松　尾　　弘
発行者　　井　村　寿　人

発行所　株式会社　勁　草　書　房

112-0005　東京都文京区水道2-1-1　振替　00150-2-175253
電話（編集）03-3815-5277／ＦＡＸ　03-3814-6968
電話（営業）03-3814-6861／ＦＡＸ　03-3814-6854
港北出版印刷・ベル製本

Ⓒ MATSUO Hiroshi　2012

ISBN978-4-326-40280-9　　Printed in Japan

JCOPY　〈㈳出版者著作権管理機構　委託出版物〉
本書の無断複写は著作権法上での例外を除き禁じられています。複写される場合は，そのつど事前に，㈳出版者著作権管理機構（電話 03-3513-6969，FAX 03-3513-6979，e-mail: info@jcopy.or.jp）の許諾を得てください。

＊落丁本・乱丁本はお取替いたします。
http://www.keisoshobo.co.jp

五十嵐清
比較法ハンドブック

四六判／3,360円
ISBN978-4-326-45092-3

篠原敏雄
市民法学の基礎理論
理論法学の軌跡

Ａ５判／3,885円
ISBN978-4-326-40169-7

篠原敏雄
市民法学の可能性
自由の実現とヘーゲル、マルクス

Ａ５判／3,150円
ISBN978-4-326-40210-6

阪本昌成
法　の　支　配
オーストリア学派の自由論と国家論

Ａ５判／3,465円
ISBN978-4-326-40237-3

岡　　孝・沖野眞巳・山下純司 編
東アジア私法の諸相
東アジア比較私法学の構築のために

Ａ５判／4,410円
ISBN978-4-326-40255-7

四本健二
カンボジア憲法論

Ａ５判／8,400円
ISBN978-4-326-40197-0

細江守紀・太田勝造 編著
法 の 経 済 分 析
契約，企業，政策

Ａ５判／3,255円
ISBN978-4-326-50199-1

波光　巌
国際経済法入門［第２版］

四六判／3,570円
ISBN978-4-326-45063-3

阿部昌樹
ローカルな法秩序
法と交錯する共同性

Ａ５判／5,675円
ISBN978-4-326-10136-8

―――― 勁草書房刊

表示価格（消費税を含む）は，2012年10月現在．